夢占徵應 × 社會動盪 × 婚姻狀況 × 家族世系，
從墓誌溯源到國史考證，
銘刻所留下的歷史見證

趙超 —— 著

THE ORIGIN OF STONE CARVINGS

鍥而不捨，中國古代
石刻研究

三十多年的研究成果，論述銘刻的經典著作
33 篇論文，探討全新研究視角，提出應關注的問題

目 錄

目錄

目錄

明拓孤本大相國寺碑叢考（代序）

孫貫文遺稿

大相國寺為北宋開封最大之寺院，最有名之建築。係出內帑所修，與皇室關係至密。舉凡祈禱雨雪，祝延聖節，上元觀燈，北郊肆赦，進士題名[001]，民間廟會，以及正月二日遼使行香等[002]，均於寺中舉行。

大相國寺碑，在北宋先後所立有二通，一為至道三年，一為咸平四年，並為宋白撰文，吳郢書篆。本文所述，乃屬後者。咸平碑拓本罕見，已成孤本。舊為北京中央文史館館員沈稚友所藏，今歸北京圖書館金石拓片部。碑文完整無缺，紙、墨、拓、裱均極精工，神采奪目，實明拓之至佳者。據明李濂《汴京遺蹟志》所述，則此冊應屬正德九年以前所拓，惜為剪裱本，無從見其行款原式。原有額，失拓。

今則以碑文為主，取群書所述，以類排比，摭拾成文。

▌一、碑文校勘

前人抄錄咸平碑文，來源有二：一據原碑，為《永樂大典》（影印本卷一三二二二寘寺條），康熙三十四年《開封府志》（卷一九寺觀一）所從；一為乾隆己未《祥符縣志》（卷九祠祀志·寺觀），文字間有增刪改易，不詳所自。今據碑拓錄文，並將各書錄文有所別異者附注於下。

大宋新修大相國寺碑銘　並序
翰林學士承旨通奉大夫禮部尚書知制誥修國史上柱國廣平郡開國侯食邑一千九百戶實封貳佰戶賜紫金魚袋臣宋白奉　敕撰

001　見宋代龐元英《文昌雜錄》、王瓘《北道刊誤志》，《宋史》卷一一三禮志十六遊觀。
002　見宋代孟元老《東京夢華錄》卷六元旦朝會。

翰林待詔宣德郎守祕書丞同正兼御書院祗候賜緋魚袋臣吳郢奉敕書並篆額

臣供職禁（《永樂大典》誤作業）林，伏膺典策。伽藍故事，緗素預聞。按大（《祥符縣志》無大字）相國寺，本北齊建國寺也。唐室睿宗（《祥符縣志》唐字上有大字）改賜今名（《永樂大典》作額）。大凡有土地，然後置國城，有國城，然後興棟宇（大凡有土地以下《祥符縣志》作曠廓不能自立也，然後置國城，有國城，露處不可暫安也，然後修棟宇）。

恭承

制旨，願畢其辭，謹再拜而揚言曰（《祥符縣志》作於是謹拜手稽首而揚言曰）：天生蒸民，樹之司牧，創業垂統（《祥符縣志》創業此句上有文經武緯四字），建邦設都（《祥符縣志》此句下有風雨所會四字），上古已還，弗常厥所（《祥符縣志》此句下有粵稽載述四字），堯都平陽，舜都蒲坂，周都酆（《祥符縣志》作豐）鎬，漢都長安。咸以為天下之君，保域中之大，乃睠梁國，古屬豫州（《祥符縣志》保域中之大以下作若乃眷視梁國，在古實屬豫州）。主於斗極之三，度人房星之五（《祥符縣志》五下誤衍度字）。無名山大川之阻，衝四通五達之郊。梁開平中升（《開封府志》升字誤作生，《祥符縣志》升作置）為京闕。晉漢有周，三代因之。嘻，天道玄（《祥符縣志》作元）遠，有開必先，唯周之興，為宋經始。遷宗社於斯，築新城於斯。太祖皇帝，潛陽在下，玄（《祥符縣志》作元）德升（《永樂大典》作升）聞。百姓與能，三靈改卜。爰遵（《祥符縣志》作尊））禪讓，方陟元後。以為必躬必親，所以康世，難破澤潞，唯揚之祆（《永樂大典》襖作祆，《祥符縣志》祆作襖）。不壯不麗，何以威外夷（《祥符縣志》作彝）。闢（《祥符縣志》誤作關）皇居應門之象。國之大事，在祀與戎。增嚴禋上帝之壇，大禁衛連營之制（裱本誤作增上帝之壇大禁嚴禋衛連營之制。今據《永樂大典》改）。由是荊湖內附，吳蜀一統。向明而治，十有七年。太宗皇帝德后天地，明齊日月。肇膺顧命，一委長君，恢張四維，奮迅獨斷。盛哉吳越，享國百齡，我以尺一而召之。藐爾并汾，不庭二紀，我則（《永樂大典》作以）一戎衣（《祥符縣志》無衣字）而下

之。攻成制禮，治定作樂。新集仙祕閣之署，草籍田東封之儀，既而麟鳳效祥，草木呈瑞，垂衣端拱，二十二祀。

崇文廣武聖明仁孝皇（《祥符縣志》誤作黃）帝之應運也，紫氣充庭，黃雲作蓋。壽邸通三之貴，震宮明兩之朝，歷數在躬，大寶曰位，以至誠奉六廟，以純孝尊萬安。接盤維（《祥符縣志》盤維二字作宮府）以雍睦，御臣民以公正。禮無違者（《祥符縣志》者字作舉），文思化成。六合無不獲之夫，四海多來賓之國。

皇猷既以（《永樂大典》以字作已）彰矣，昌期亦以（《永樂大典》以字作已）隆矣。一旦負黼辰語侍臣曰：朕荷九天眷命，襲二聖丕基。寅畏奉行，弗敢失墜（《祥符縣志》墜作隳）。人熙（《永樂大典》缺熙字）有慶，時汔小康。行大中之道，吾無閒然；存方外之教，意有（《永樂大典》有字作無）所闕（《祥符縣志》闕字作關）。

太祖革封禪為開寶之號。太宗錫龍興以太平之名。別開啟聖之梵宮，實作上都（《永樂大典》都字作帝）之壯觀。唯相國寺。敕建三門。御書賜額，餘未成就，我當修之。乃宣內臣，餼（《祥符縣志》餼字作飭）大臣，百工麇至，眾材山積。岳立正殿，翼舒長廊。左鐘曰樓，右經曰藏，後拔層閣，北通便門。廣庭之內，花木羅生，中廡之外，僧居鱗次。大殿睟容，即慧雲師所鑄彌勒瑞像也。前樓眾聖，即潁川郡所迎五百羅漢也。其形勢之雄，制度之廣，剞劂之妙，丹青之英。星繁高手，雲萃名工。外國之希奇，八方（《永樂大典》缺此二字）之機（《祥符縣志》機字作異）巧。聚精會神，爭能角騰，極思而成之也。偉夫！舳稜鳥跂，梅梁虹伸。繡栭文楣，璇題玉砌。金碧輝映，雲霞失容。箏（《祥符縣志》作猙）鐸玲瓏，咸韶合奏。森善法於目前，飄樂音於耳界。若乃（《永樂大典》作能）龍華春日，然燈月夕，都人士女，百億如雲。綺羅繽紛，花鬘瓔珞，巡禮圍繞，旃檀眾香。仰而駭之，謂兜率廣嚴，攝歸於人世。又若天仗還都，鳳樓肆赦，千乘萬騎，流水如龍。旌旗篲空，歌吹沸渭。憑欄四顧，佳氣榮光。俯而望之，疑藥（《永樂大典》作蕊）珠閬苑，風神化於海上。狩宏麗也，殊勝也（《祥符縣志》作殊超勝也），皆不可稱不可量。大矣哉！維大

雄氏，真大聖人，佐佑大君，興隆大化。受記（《祥符縣志》作託）付囑，為世外護。故將以法王能仁，兼帝王要道，參而行之。經言廣大，則無思不服。經言慈悲，則視民如傷。經言忍辱，則國君含垢。經言利益，則我澤如春。德唯日新，精進也；畏於天命，持戒也。如是知見，如是信解。然由造有相之功德，廣無邊之福田；固皇圖如泰山，躋蒼山於壽域。冀災沴不作，僭賊不生，風雨咸若，寰區謐寧者歟。古云登高能賦，作器能銘。彼皆小者，尚以文為。昔簡栖（《祥符縣志》作棲）抒頭陀之碑，江總紀栖（《祥符縣志》作棲）霞之跡，庾信述鳳林之景，王勃演牛頭之詞。鴻筆遺妍，龜趺盡在。矧夫夷門巽位，汴水陽涯。旁連北斗之城，近對蒼龍之闕（《祥符縣志》闕下有哉字）。構此大壯，宜揚頌聲（《祥符縣志》無構此以下兩句）。臣久玷鰲山，榮瞻鳳辰，學微睹奧，文愧非工（《祥符縣志》無學微以下兩句）。捧詔惕然，抽毫銘曰：地象為輿，天形如（《祥符縣志》作若）笠。四序循環，三辰出入（《祥符縣志》無四序以下兩句）。吁嗟五代，日不暇給，祖宗耿光，神祇降祥。受天永命，得人者昌（《祥符縣志》無受天以下兩句）。崛起大宋，祚踰皇唐。赫赫太祖，聰明神武。櫛風沐雨，披攘（《祥符縣志》作壤）九土，握機踏矩，炳文如虎（《祥符縣志》無握機以下二句）。明明太宗，寬仁肅恭，務材訓農，萬方來同（《祥符縣志》無務材以下二句），類帝禋（《開封府志》禋字作禮）宗，神德猶龍，重熙累洽，慶流三葉。玉塞鏖兵，銅梁獻捷，文物葳蕤（《祥符縣志》作蕤），禎符（《祥符縣志》作苞笯）雜遝。信及豚魚，混一車書，儒通墳索，道講玄（《祥符縣志》作元）虛。勒行二教，諦奉真如，隋堤（《永樂大典》作是）之側，寺名相國。彷彿天宮，光（《祥符縣志》作先）華日域，下福蒸人，上延聖曆。輪焉奐焉，五（《永樂大典》作立）色相宜，春陵寶馬，許史雲軿。爭趨勝地，如會諸天，不可思議，嘆未曾有。悅懌群心，歡呼萬口。千劫受塵，一時斗藪（《永樂大典》斗藪作抖擻，《祥符縣志》無千劫以下二句）。撲日占（《開封府志》、《祥符縣志》並作卜）皇，揚於紫庭。黃麻錫（《祥符縣志》作賜）詔，翠琰刊銘，金田寶剎，萬祀千齡。（《祥符縣志》在此句下尚有凡一千三百七十七字）

咸平四年歲次辛丑十二月十四日建。

御書院臣王欽臣王余慶鐫字。

供備庫副使銀青光祿大夫檢校右散騎常侍兼御史大夫興平縣開國伯食邑七百戶勾當西八作司監修相國寺臣藍繼宗

祇候內侍高班勾當在京寺務司監修相國寺臣黃進誠

入內內侍殿高品勾當內衣庫權監修國寺臣任文慶

吳郡習柳誠懸書，登堂入室，直可並駕。此碑刻於北宋，歷金、元、明皆完整，至崇禎而毀損。後此再建，便非復故我矣。此拓精美完好，如新出於鋤，純非明後期拓本。拓自明初，抑拓自金元，尚待細考。若以拓擬於柳書，則可作唐拓玄祕塔觀矣，唐拓玄祕塔安可得也。

一九五九年國慶日稚友校後漫記

拓本收藏印記：

崇蘭館。在首題上側（明華亭莫如貴館名）。

會稽章氏。在撰人宋白奉敕撰之下。

宛委山館。

鑑藏金石書畫之印。

雲自在龕。在碑文省行「臣供職禁林」上側。

繆荃孫。在章氏藏印之下。

阮元經眼，裴廬居士，江陰繆荃孫鑑。

以上三印在碑末任文慶題名之下。

藏書籍金石印。

二、碑目著錄

前人著錄大相國寺碑多不標紀年，撰書人又相同，因之二碑每多混淆。今於有紀年之著錄外，另附無紀年著錄一項。

（一）至道碑

❖ 宋熙寧四年集賢校碑王君玉（璹）《北道刊誤志》卷二云〔清陸心源《十萬卷樓叢書》宋晁載之（伯宇）抄《續談助》引〕：「大相國寺，至道中增修；修寺記，宋白撰。」

❖ 明嘉靖二十五年李濂《汴京遺蹟志》卷二〇（《三怡堂叢書》本）相國寺條云：「余少時嘗讀書相國寺僧舍中。凡大殿前有古碑廿餘，多可觀者。四十年矣。昨偶至寺遊覽，止見三二碑，剝落漫漶，皆不可誦。餘不知所在。」

《明史》卷二八六李濂傳云：「舉正德八年鄉試第一，明年成進士。嘉靖五年以大計免歸，年才三十有八……里居四十餘年，著述甚富。」李濂為開封人，正德九年進士。少時所見，當為正德九年以前。所見之三二碑，當有至道碑在內，以其後明末清初無名氏《如夢錄》所記至道碑固尚在也。

❖ 明末清初無名氏《如夢錄》第45頁云（民國八年河南省立圖書館重刊本，首有清咸豐二年常茂徠序）：「東丹墀有宋重修相國寺碑，高二丈餘，至道二年翰林學士承旨宋問撰。」文下有常茂徠附注云：「碑毀無存。」按宋問當是宋白之誤。至道二年，《中州金石考》、《中州金石目》並作三年。常氏碑毀之語，當指康熙二年相國寺災，與明張平山畫布袋佛像同為灰燼[003]。

003　參見《如夢錄》張平山畫像條下常氏附注，抄校本《如夢錄》後附咸豐八年常茂徠附祀繁塔寺條。

❖ 清乾隆六年黃叔璥《中州金石考》卷一云（乾隆六年自序，其子守謙刻本）：「大相國寺碑，至道三年宋白撰。吳郢書並篆額。」後附明王世貞《弇州山人四部稿》跋語。按王跋見於《弇州山人四部稿》卷一三六，乃咸平碑，黃氏誤合為一。

❖ 嘉慶十五年姚晏《中州金石目》卷二云（據該書姚覲元跋，書成於嘉慶十五年）：「大相國寺碑銘，至道三年立。」

綜上所述，知至道碑立於三年，康熙三十一年為火所毀，未見拓本與錄文，內容不詳。

（二）咸平碑

❖ 明范懋敏《天一閣碑目》（附《天一閣書目》後）「大相國寺碑，宋白撰，吳郢書，咸平四年十二月。」

❖ 王世貞《弇州山人四部稿》卷一三六大相國寺碑銘跋云（萬曆五年刻本）：「右寺碑在大梁，為翰林學士承旨宋白撰，待詔吳郢書，完好若新立者。白亦頗有文學名，而辭蕪雜不工，不敢與江總持作奴，何論簡棲。郢雖不能脫祗候習，頗遒勁自賞，殆類集誠懸書，聊為存之。」按王跋具載撰書人，而獨遺紀年，以王氏不滿宋文。稱其不敢與江總持作奴，何論簡棲二語，正用碑文，因知王跋為咸平碑。

❖ 李濂《汴京遺蹟志》卷一〇相國寺條記述相國寺建築有「宋真宗咸平四年增建翼廊三門，前樓迎取潁川郡銅羅漢五百尊置於閣上」等語，亦用碑文，知為咸平碑。

❖ 清全祖望《鮚埼亭集》卷三八（《四部叢刊》初編本）宋重修大相國寺碑跋云：「是碑在真宗咸平四年，宋學士白之文，吳祕丞郢之書。時值宋承平極盛之時，披其卷，康阜之象，盎然行墨之間，而書亦雄渾，不愧大家。」按全跋吳郢誤作吳鄂。所見之本，疑出天一閣。全為鄞人，

所見書帖，多為閣中物。閣藏碑帖據同治甲子（三年）人日趙之謙跋摹刻天一閣藏漢劉熊碑跋云：「天一閣所有，自咸豐辛酉（十一年）賊據郡城，閣中碑版盡為臺州游民取投山澗，爛以造紙。迨鄞人亦有聞而急求者，至則溪水已墨矣。」趙跋閣藏咸平碑拓本，或即亡於此時。

❖ 姚晏《中州金石目》卷二（北京大學圖書館藏原稿本）：「大相國寺碑銘，宋白撰，吳郢書並篆額，咸平四年立。」

上文已述：北京圖書館藏咸平碑拓本後有沈稚友跋云：「此碑刻於北宋，歷金、元、明皆完整，至崇禎而毀損，後此再建，便非復故我矣。」按沈氏所謂毀損，語亦失實。不知嘉靖間李濂所見尚存三二碑，業已剝落漫漶，皆不可誦矣。再建之語，未詳所據。

綜上所述，各家皆未言咸平碑亡於何時，文獻不足，留待後考。

附無紀年著錄

❖ 明周弘祖《古今書刻》第416頁（上海古典文獻出版社排印本，周為嘉靖三十八年進士）：「開封府，相國寺碑，在府城內東南隅。」

❖ 明汪珂玉《珊瑚網》卷二二：「吳郢大相國寺碑。」

❖ 萬曆己未九月趙均序《寒山林金石時地考》上卷：「宋相國寺碑，吳郢書，開封府。」

❖ 于奕正《天下金石志》卷五〔顧氏金石輿地叢書本，首有崇禎壬申（五年）自序〕：「宋大相國寺碑銘，吳郢書。」

❖ 來濬《金石備考》（抄本）：「河南開封府，宋大相國寺碑銘，吳郢書。」

❖ 清初孫承澤《庚子消夏記》卷八寓目吳道玄地獄變相條云：「圖在開封相國寺。余為令時，曾向寺僧借至署中……殿前有宋白碑，又府學石經，今皆沉沒深泥矣。」

❖ 孫承澤《春明夢餘錄》卷六七石刻條：「余向在汴梁，搜閱舊碑，止相

國寺宋白一碑。張孝廉民表云:『國初欲建都於此,悉取燒灰築城。』」
按孫氏所謂為令時及向在汴梁,乃指崇禎八、九、十年間為祥符縣令
時[004]。所謂沉沒深泥,指崇禎十五年相國寺為河水淤沒[005]。

▌三、碑文雜考

碑文內容,有可考者,列其目於下:

(一) 北齊建國寺

❖ 宋王瓘《北道刊誤志》卷二云:「本北齊建國寺,後廢為歙州司馬鄭審
之宅,因疾施為招提坊復置寺。睿宗以舊封相王,改曰相國寺。見

004　見乾隆《祥符縣志》卷一一宮室志。

005　見康熙《開封府志》卷一九。

《汴州記》，一云鄭景之宅。」

❖ 宋高承《事物紀原》卷七引宋敏求《東京記》（《惜陰軒叢書》本）云：「本北齊建國寺，後廢。唐為鄭審之宅。因病，舍為招提坊。神龍二年僧惠雲建為寺。」

❖ 宋劉道醇《五代名畫補遺》塑作門第六王溫條（《王氏書畫苑》卷六）：「先是，有唐中宗大和昭孝皇帝神龍二年丙午歲有汴州安業寺沙門惠雲（安業寺，即今大相國寺也）往濮陽成寺，得彌勒瑞像樣，高一丈八尺。歸寺後鑄成，欲於安業寺安置，乃為本寺僧眾嫉而拒之。惠雲乃於安業寺東偏別營建國寺而安之。睿宗興孝皇帝延和初，建國寺被毀，其像將遷入安業寺，有瑞光。會官吏敷奏，尋敕改建國寺為大相國寺。後賜御書額，乃省安業寺屬焉，則今之京師左街大相國寺是也。又云：『天保二年置建國寺……延和元年壬子歲王志暗為汴州採訪使，奉詔毀拆治內無額祠廟，建國寺尋被毀拆，其金像為安業寺所遷。』」

❖ 宋魏泰《東軒筆錄》卷一五（湖北《先正遺書》影印嘉靖刻本）云：「舊傳東京相國寺乃魏公子無忌之宅，至今地屬信陵坊。」

❖ 明李濂《汴京遺蹟志》卷一〇相國寺條：「（相國寺）在縣治東，本北齊建國寺，天保六年創建，後廢。唐為鄭審宅園。景雲初，遊方僧慧雲睹審後園池中有梵宮影，遂募緣易宅。」

由上述可知，建國寺有建於天保二年、六年之異，安業寺有建於神龍二年、景雲初之說。傳聞殊辭，適從殊難，聊為並存，以俟後考。

（二）唐睿宗賜額

❖《文苑英華》四五三一頁（中華影印本）引李邕大相國寺碑文云：「延和初載，奉詔改為大相國寺，後復置額焉。先天中，內府降財，御書題額。」

❖ 宋郭若虛《圖畫見聞志》卷五相藍十絕條（《四部叢刊》續編本）：「睿宗皇帝親感夢於延和元年七月廿七日，改故建國寺為大相國寺。睿宗御書碑額為一絕。」

❖《北道刊誤志》卷二云：「大相國寺，唐延和元年立額。」

❖《事物紀原》卷七引宋敏求《東京記》云：「延和元年，睿宗以舊封相王，因改為相國寺。」

❖《如夢錄》第45頁有：「內牆匾書大相國寺，唐睿宗御筆（抄校本《如夢錄》無唐睿宗御筆五字）」。

上引宋人著錄皆稱延和元年賜額，而李邕獨謂先天中。意者，延和元年乃改額之時，先天中乃賜額之時。雖前後相距不過數月（延和元年八月，玄宗改元先天）然有延和與先天之異。李文本自明白，宋人誤混為一談。其額至崇禎時尚存，唯不知是原物或複製耳。

（三）宋太宗敕建三門並賜額

❖ 碑文云：「（太宗）別開啟聖之梵宮，實作上都之壯觀。唯相國寺，敕建三門，御書賜額。」

❖《北道刊誤志》卷二：「重樓三門，至道元年造。」

❖《事物紀原》卷七引《宋會要》云：「至道中，太宗御題額，易曰大相國寺。」

❖ 宋王栐《燕翼詒謀錄》卷二（《百川學海》本）云：「太宗皇帝至道二年命重建三門，為樓其上，甚雄。宸墨親填書金字額曰大相國寺，五月壬寅賜之。」

❖ 宋邵博《邵氏聞見後錄》卷二八（商務印書館排印夏敬觀校勘本）：「太祖下南唐，所得李廷珪父子墨，同他俘獲物，付主藏籍收，不以為貴也。後有司更作相國寺門樓，詔用黑漆，取墨於主藏，車載以給，皆

廷珪父子之墨，至宣和年，黃金可得，李氏之墨不可得也。」

❖ 吳曾《能改齋漫錄》卷一三（《守山閣叢書》本）大相國寺額條：「大相
國寺舊榜、太宗御書寺十絕之一。政和中改為宮，御書賜額舊榜，遂
為高麗使乞歸，其後復改為寺，御書仍賜今額。」

（四）正殿

宋代正殿建築，不見宋人記述，無從知其形制。僅知元初寺僧柴某奉
聖旨重加修葺[006]。匾曰聖容殿。而《汴京遺蹟志》、《如夢錄》二書所見，
乃為元時舊制，今錄於後。

❖《汴京遺蹟志》卷一〇相國寺條：「後累經黃河入城，廊廡僧舍，多被
淹塌，今所存者聖容殿，結構奇絕，蓋舊殿也。」

❖《如夢錄》頁四五：「大殿地基大六畝三分，純木攢成，不用磚灰，九
明十一暗。四六槅扇，上蓋一片琉璃瓦，脊高五尺，獸高丈許。銅寶
瓶高大無比。匾曰聖容殿，元時不花丞相親筆……此殿正上六梁，前
後柱共七十八根。結構奇巧，傳為神工，中原一寶也。」

（五）鐘樓

《如夢錄》第45頁：「鐘樓內懸大銅鐘一穎，霜天聲聞最遠，所謂相國
霜鐘，汴梁八景之一也。」按鐘樓與銅鐘不知是否仍為宋時舊制，相國霜
鐘之說，亦不詳起於何時。

（六）後閣

❖《北道刊誤志》卷二：「正殿北資聖閣。」按寺內舊有重閣，高三百尺，
敵揚州西靈塔。唐大順初災。後唐長興二年復修構。咸平中改曰資聖。

006　見元王惲《秋澗居士大全集》卷七〇汴梁路相國寺化工疏。

❖《事物紀原》卷七引《宋會要》云：「咸平五年名後閣日資聖。」《東京記》則云：「景德五年賜名也。」神宗熙寧間重修飾之。

❖ 元代白珽《湛淵靜語》卷二（《知不足齋叢書》本）引《使燕日錄》[007]云：「後一閣（原作間，誤）參云，凡三級。榜日資善之閣，上有銅羅漢五百尊。」按資善即資聖，宋徽宗自大觀後禁用天、王、君、聖等字。如承天寺改為能仁寺[008]。此處資聖易日資善，當在徽宗時所改。至宣和七年七月庚子始詔解禁[009]，此閣仍而未改。

❖《永樂大典》引《周草窗先生記》（按周草窗即周密）云：「樓閣最高而見者，相國寺資聖閣，朝元宮閣，登雲樓。資聖閣最雄麗，五檐滴水，廬山五百銅羅漢在焉，國初曹翰所取者也。」

❖ 日僧成尋《參天臺五臺山記》卷四第74頁云：「次登大殿高閣上，禮五百羅漢，金色等身像，中尊釋迦等身像。」

綜上可知，碑文所稱「後拔層閣」，即指資聖閣，命名在立碑之後，據王惲《汴梁路相國寺化工疏》云：「傑閣歸存，猶是李唐遺構。」是此閣在元初尚在也。

（七）大殿佛像

碑文稱大殿睟容，即慧雲師所鑄彌勒瑞像也。乃指唐中宗神龍二年汴州安業寺僧惠雲往濮陽成寺，得彌勒瑞像樣，高一丈八尺，歸寺後鑄成。五代時經名匠王溫重裝，稱為一絕者也[010]。又據成尋《參天臺五臺山記》云：「先禮彌勒大殿，丈六佛也。西彌陀，東千百億釋迦。」是彌陀像外，尚有釋迦像。未審為何時何人所鑄。

007　該書中稱紹宗癸巳北朝（元）遣王檝來通好。朝廷劄京湖制司就差官鄒沖 [當作伸] 之等六員使北朝審，於次年六月（端平元年）回抵汴京云云。

008　見宋代洪邁《容齋隨筆》卷四。

009　見宋代李心傳《舊聞證誤》卷三。

010　見《圖畫見聞志》，《五代名畫補遺》。

（八）前樓五百羅漢

❖ 宋代葉夢得《石林詩話》卷中云：「相國寺羅漢，本江南李氏物，在廬山東林寺。曹翰下江南，盡取城中金帛寶貨，連百餘舟，私盜以歸。無以為之名，乃取羅漢，每舟載十許尊獻之，詔因賜於相國寺，當時謂之押綱羅漢云。」

❖ 《宋史·曹翰傳》云：「平江州……所掠金帛以億萬計，偽言欲致廬山東林寺鐵羅漢五百頭於京師，因調巨艦艘載以歸。」

❖ 《永樂大典》引《周草窗先生記》云：「資聖閣雄麗，五檐滴水，廬山五百銅羅漢在焉，國初曹翰所取者也。」

❖ 《汴京遺蹟志》卷一〇云：「前樓迎取潁川郡銅羅漢五百尊置於閣上。」

碑文所稱：「前樓眾聖」，即潁川郡所迎取五百羅漢也。與上述諸說不同。一云江州廬山東林寺所取，一云潁川郡所迎；一云置於資聖閣，一云前樓眾聖。未詳其故，存以俟考。

（九）制度之廣

❖ 宋代王栐《燕翼貽謀錄》卷二云：「中庭兩廡，可容萬人。」

❖ 宋代魏泰《東軒筆錄》卷一五云：「寺基舊極大，包數坊之地，今南北講堂巷，即寺之講院，戒身即寺之戒壇也。」

❖ 葉夢得《石林燕語》卷三云：「郭進守雄州，太祖令有司造第於御街之東……太平興國中，始別賜進宅。或以為因展修相國寺，併入為寺基也。」

❖ 宋代周輝清《別志》（《知不足齋叢書》本）卷中云：「大相國寺，舊有六十餘院……檐廡相接，各具庖爨，每虞火災，乃分東西為兩禪兩律。」

❖ 元代白珽《湛淵靜語》卷二引《使燕日錄》云:「其寺舊包十院,今存其八,右偏定慈,廣慈,善慈,律院三,智海禪院一。東偏寶梵、寶嚴,寶覺,律院三。慧林(原作休,誤)禪院一。」

❖ 清代周城《東京考》卷一四引《續文獻通考》云:「東京慧林宗本圓照禪師,無錫管氏子。元豐中,詔辟相國寺六十四院為八禪八律,召慧林為一祖。」

❖《如夢錄》云:「此寺舊基周圍五頃四十畝,南至祥符縣治東街,北至鼓樓西街,東西至兩馬道。」抄校本《如夢錄》有咸豐八年常茂徠附記相國寺條云:「地基周圍大五頃四十晦,南至祥符縣治東街,北至鼓樓西街,東西兩馬道,東馬道北抵鼓樓,西馬道鄰縣署馬廠。」

❖ 成尋《參天臺五臺山記》卷—— 四云:「四面廊各二百間許。」

(十) 丹青之英

　　碑文稱丹青之英,乃指相國寺壁畫。北宋一代,共畫三次。第一次畫於咸平四年;第二次畫於咸平四年以後、治平二年以前,第三次畫於熙寧九年。第一次所畫,即碑文所稱丹青之英者。其餘兩次,皆在其後,亦附及之。今將三次畫人名氏及內容分期列舉於下。

1 第一次畫,畫師及內容

　　《圖畫見聞志》卷三:「高益,涿郡人,工畫佛道鬼神,蕃漢人馬,太祖朝,潛歸京師……時太祖在潛邸,外戚孫氏喜畫,因厚遇益,請為圖畫。未幾,太宗龍飛。孫氏以益所畫搜山圖進上,遂授翰林待詔。後被旨畫大相國寺行廊阿育王等變相暨熾盛光九曜等,有位置小本,藏於內府。後寺廊兩經廢置,皆飭後輩名手,依樣臨仿。」

　　宋代劉道醇《聖朝名畫評》卷一(《王氏書畫苑》卷五):「高益,本涿

郡契丹人，太祖時遁來中國……敕畫相國寺廊壁，會上臨幸，見益寫阿育王戰象，詔問：『卿曉兵否？』對曰：『臣非知兵者，命意至此。』上善之。」又卷二：「相國寺東壁，阿育王所乘，及戰士鹿馬等，皆益之筆，雖經模寫，格制猶在。」

沈括《夢溪筆談》卷一七書畫：「相國寺舊畫壁，乃高益之筆，有畫眾工奏樂一堵最有意，人多病擁琵琶者誤撥下弦，眾管皆發四字，琵琶四字在上弦，此撥乃掩下弦，誤也。余以謂非誤也。蓋管以發指為聲。琵琶以撥過為聲。此撥掩下弦，則聲在上弦也。益之布置尚能如此，其心匠可知。」

《周草窗先生記》云：「相國寺佛殿後壁，有咸平四年高待詔畫大天王，尤雄偉。」

《聖朝名畫評》卷一：「燕文貴……太宗朝駕舟來京師，多畫山水人物，貨於天門之道，高益見而驚之，遂售數番，輒聞於上，且曰：『臣奉詔寫相國寺壁，其樹石非文貴不能成也。』上亦賞其精筆，遂詔入圖畫院。」

綜上所述，知第一次畫師，有高益、燕文貴二人。據郭書知有位置小本，藏於內府。後寺廊兩經廢置，皆飭後輩名手，依樣臨仿。是高益畫壁，自咸平四年後，曾經兩次複製也。

2 第二次畫，畫師及內容

《圖畫見聞志》卷三：「高文進……後以攀附，授翰林待詔。未幾重修大相國寺，命文進效高益舊本，畫行廊變相……相國寺大殿後擎塔天王，如出牆壁，及殿西降魔變相，其跡存今。」又卷六近事相國寺條：「西門之北，高文進畫大降魔變相。」

《圖畫見聞志》卷三：「高懷節，文進長子。太宗朝為翰林待詔，頗有父風，嘗與其父同畫相國寺壁。」

《聖朝名畫評》卷一：「高文進，蜀中人，太宗時進入圖畫院為祗候……相國寺壁畫，經時圮剝，上惜其精筆，將營治之。詔文進曰：『丹青誰如益者？』對曰：『臣雖不及，請以蠟紙模其筆法，後移於壁，毫髮較益無差。』遂與李用及李象坤翻傳舊本於壁，盡得益之骨氣。文進自畫後門裡東西二壁，五臺、峨嵋，文殊、普賢變相。」

《圖畫見聞志》卷三；「李用及、李象坤，並工畫佛道人馬，尤精鬼神。嘗與高文進、王道真同畫相國寺壁，並為良手。殿東畫牢度叉鬥聖變相，其跡見存。」又卷六近事相國寺條：「東門之北，李用及與李象坤合畫牢度叉鬥聖變相。」

《聖朝名畫評》卷一：「李用及，京師人，能畫天廄馬，深得韓幹筆法。」《北道刊誤志》卷二：「又有玉階，石鑑（檻？），李邕書，韓幹畫，亦皆絕倫。」因疑相國寺壁畫有李用及臨韓幹馬在焉。

《圖畫見聞志》卷三：「王道真……太宗朝，因高文進薦引，授圖畫院祗候。嘗被旨畫相國寺並玉清昭應宮壁。今相國寺殿東畫給孤獨長者買祇陁太子園因緣，並殿西畫志公變十二面觀音像，其跡並存。」又卷六：「東門之南，王道真畫給孤獨長者買祇陁太子園因緣……西門之南，王道真畫志公變十二面觀音像。」

《聖朝名畫評》卷一：「王道真，字幹叔，新繁人……太宗朝，待詔高文進甚有聲望。一日，上問民間誰如卿者？文進曰：『新繁人王道真者，尤出臣上。』遂召入圖畫院為祗候，與文進等傳移相國寺畫壁，及於大殿西偏門南面東壁畫志公化十二面觀音相。又與文進等畫北門東面大神，遷待詔。」

由此可知第二次畫師有高文進、高懷節、李用及、李象坤、王道真等五人。同翻高益舊本於壁。當在咸平四年以後，治平二年以前。

3 第三次畫，畫師及內容

《圖畫見聞志》卷三：「李元濟，太原人，工畫佛道人物，精於吳筆。熙寧中，召畫相國寺壁，命官較定眾手。時元濟藝與崔白為勁敵。議者以元濟學遵師法，不妄落筆，遂推之為第一，其間佛鋪多是元濟之績也。」

又卷六近事相國寺條：「治平乙巳歲（二年）雨患，大相國寺以汴河勢高，溝渠失治，寺庭四廊，悉遭淹浸，圮塌殆盡。其牆壁皆高文進等畫……其餘四面廊壁皆重修復，後集今時名手李元濟等，用內府所藏副本小樣重臨仿者。然其間作用，各有新意焉。」又卷三「王易，鄜州人，亦工畫佛道人物，學鄰元濟，時同畫相國寺壁。」

又卷四：「崔白……然於佛道鬼神、山林人獸無不精絕……相國寺廊之東壁，有熾盛光十一曜坐神等，廊之西壁有佛一鋪，圓光透澈，筆勢欲動。」

綜上所述，知三次畫師有李元濟、崔白、王易等三人。其時在熙寧中。復據郭書卷六高麗國一條云：「丙辰冬（熙寧九年），復遣使崔思訓入貢。因將帶畫工數人，奏請模寫相國寺壁畫。詔許之。於是盡模之持歸，因知三人所畫在熙寧九年冬以前也。」

（十一）上元觀燈

碑文稱：「若乃龍華春日，然燈月夕。都人士女，百億如雲。綺羅繽紛，花鬘瓔珞，巡禮圍繞。栴檀眾重，仰而駭之。謂兜率廣嚴，攝歸於人世。」指上元車駕幸相國寺及官民遊相國寺觀燈。《宋史·禮志》及《東京夢華錄》二書，猶可見其梗概。

《宋史·禮志》卷六六禮一六遊觀條：「天子歲時遊豫，則上元幸集禧觀、相國寺，御宣德門觀燈。」又，「三元觀燈，本起於方外之說。自唐以後，常於正月望夜，開坊市門燃燈。宋因之。上元前後各一日，城中張燈，大內正門，結彩為山樓影燈，起露臺，教坊陳百戲。天子先幸寺觀行

香，遂御樓，或御東華門及東西角樓飲從臣。四夷蕃客，各依本國歌舞，列於樓下。東華、左右掖門、東西角樓、城門大道、大宮觀寺院，悉起山棚，張樂陳燈。皇城雉堞，亦遍設之，其夕，開舊城門達旦，縱士民觀。後增至十七、十八夜。」

宋代孟元老《東京夢華錄》卷六第36頁（上海古典文學出版社排印本）云：「十六日車駕不出，自進早膳訖，登門樂作，卷廉，御座臨軒。宣萬姓。先到門下者，猶得瞻見天表，小帽紅袍，獨卓子，左右近侍，廉外傘扇執事之人。須臾下廉，則樂作，縱萬姓遊賞……西朵樓下，開封尹彈壓幕次，羅列罪人滿前，時復決遣，以警愚民。樓上時傳口敕，特令放罪。於是華燈寶炬，月色花光，霏霧融融，動燭遠近。至三鼓，樓上以小紅紗燈球緣索而至半空，都人皆知車駕還內矣。須臾，聞樓外擊鞭之聲，則山樓上下，燈燭數十萬盞，一時滅矣。於是貴家車馬，自內前鱗動，悉南去遊相國寺。寺之大殿前，設樂棚，諸軍作樂……資聖閣前安頓佛牙，設以水燈，皆係宰執、戚里、貴近占設看位，最要鬧：九子母殿及東西塔院，惠林，智海，寶梵，競陳燈燭，光彩爭華，直至達旦。」

（十二）冬至北郊肆赦

碑文稱：「又若夫天仗還都，鳳樓肆赦。千乘萬騎，流水如龍。旌旗篲空，歌吹沸渭。」指冬至北郊，還詣相國寺恭謝，及御宣德樓肆赦。《東京夢華錄》言之最詳。《宋史・禮志》卷七〇禮二〇條舉赦禮過簡，在此不錄。

《東京夢華錄》卷一〇第60頁郊畢駕回條云：「而法駕儀仗鐵騎，鼓吹入南薰門。御路數十里之間，起居幕次，貴家看棚，華彩鱗砌，略無空閒去處。」下敕條云：「車駕登宣德樓，樓前立大旗數□，內一□大者，與宣德樓齊，謂之蓋天旗。旗立御路中心不動。次一□稍小，隨駕立，謂之次黃龍。青城，太廟，隨逐立之，俗亦呼為蓋天旗。亦設宮架，樂作。須臾，擊柝之聲。旋立雞竿，約高十數丈，竿尖有一大木盤，上有金雞，口

銜紅幡子，書皇帝萬歲字。盤底有彩索四條垂下，有四紅巾者，爭先緣索而上，捷得金雞紅幡，則山呼謝恩訖。樓上以紅綿索通門下一彩樓上，有金鳳銜赦而下，至彩樓上，而通事舍人得赦宣讀。開封府大理寺排列罪人在樓前。罪人皆緋縫黃布衫，獄吏皆簪花鮮潔，聞鼓聲，疏枷放去。各山呼謝恩訖，樓下鈞容直樂作，雜劇舞旋，御龍直裝神鬼，斫真刀、倬刀。樓上百官賜茶酒。諸班直呈拽馬隊，六軍歸營，至日晡時禮畢。」

（十三）撰、書、刻、監修人

1 撰人，宋白

　　《宋史》卷四三九文苑一有傳。稱年十三善屬文。又云：咸平四年拜禮部尚書。與碑同。王世貞跋稱蕪雜不工，正與傳文謂白學問宏博，屬文敏贍，然辭意放蕩少法度之語合。白有集百卷（《宋史‧藝文志七》有錄），不傳。宋白撰文，除本碑外，尚有墓誌二，見《國立北平圖書館藏碑目》（1949年上海開明書店排印本）第128頁，乾德四年四月十八日弘農楊光贊墓誌，其結銜為承奉郎前守澶州衛南縣令宋白撰；第129頁，太平興國八年五月五日廣平郡君宋夫人殘墓誌。僅存宋白撰三字，結銜缺。

2 書人、吳郢

　　吳郢事跡無考，書學柳公權，直入其室。而王世貞跋稱雖不脫祗候習，頗遒勁自賞，殆類誠懸集書，殊非確論，不若全祖望之「雄渾不愧大家」之為得也。考宋人書條，多以二王（羲之、獻之）、歐（陽詢）、虞（世南）、顏（真卿）、柳（公權）為法。見宋趙彥衛《雲麓漫抄》卷二，宣和書畫學之制條；《宋史‧選舉志》卷一一〇選舉三。陸游亦有「學書當學顏」之語[011]。然學顏多於學柳。若韓琦、蔡襄、張孝祥等，皆其著者。學柳除郢外，見於石刻者有大

011　見《劍南詩稿》卷七〇自勉。

中祥符三年七月一日,昭文館習柳書孟得一書並篆額之梅山崇明院碑[012]。

郅書尚有別二石傳世,一端拱二年正月十五日行書大宋重修鎮州龍興寺大悲像並閣碑。銘文見王昶《金石萃編》卷一二五,沈濤《常山貞石志》卷一一。其結銜為翰林待詔將仕郎試少府監主簿御書院祗候賜緋魚袋臣吳郅。一咸平二年十月三十日,行書檢校太傅安定郡公安守忠墓誌[013],其結銜為翰林待詔宣德郎守祕書丞同正兼御書院祗候賜緋魚袋吳郅書並篆。

3 刻人,王欽、王余慶

王欽又刻大中祥符七年九月七日中嶽中天崇聖帝廟碑[014]。其結銜為中書省玉冊宮文林郎守高州司馬御書院祗候臣王欽刻字。

王余慶又刻大中祥符九年七月一日太清官崇真橋記(北京大學圖書館藏拓本),結銜為玉冊官御書院祗候王余慶鐫字。

4 監修人,段允政、藍繼宗、黃進誠、伍文慶

監修四人,皆為宦者,僅一藍繼宗見於《宋史》,餘三人無考。《宋史》卷四六七宦者傳云:「藍繼宗字承祖,廣州南海人。事劉鋹為宦者。」又云:「累遷西京作坊使勾當內東門,監修玉清昭應宮,景靈宮。」碑作西京作坊副使,史無監修相國寺事,此其小異。

附錄:大相國寺石刻著錄目

唐　六通

汴州安業寺碑。殷仲客書,見黃叔璥《中州金石考》卷一。據《五代名畫補遺》王溫條已有神龍二年汴州安業寺僧沙門惠雲,則碑當在其前

012　見《安徽通志稿·金石古物考》卷三。
013　見《國立北平圖書館藏碑目》129頁。
014　見《金石萃編》卷一三〇。

後。又云安業寺即今大相國寺。

窣堵波幢銘。見宋代趙明誠《金石錄》目錄卷七，劉仲邱撰，薛希昌八分書，天寶四載七月。宋朱長文《墨池編》云：「在東京相國寺。」

金剛般若石經記。《永樂大典》引《文苑英華》，釋真言撰，元貞元年，在相國寺。

唐東平王寫真院記。見宋代陳思《寶刻叢編》卷一，李嶠撰，大順元年立，在相國寺。

李邕大相國寺碑。《永樂大典》引《文苑英華》。

房僚石幢記。宋代高承《事物紀原》卷七。

宋　十六通

相國寺金剛經並心經。趙安仁書，太平興國二年十月八日王能刻。見清代孫星衍著《寰宇訪碑錄》卷六，姚晏《中州金石目》卷二，吳式芬《金石匯目分編》卷九之一。一云：「在城南三里繁塔內。」貫文按，當是由相國寺移置於繁塔。

裴休十善業道經要錄。書人、年月、著錄並與上同。

大相國寺碑銘。宋白撰，吳郱書，至道三年。著錄見前文。

大宋新修大相國寺碑銘。宋白撰，吳郱書，咸平四年十二月十四日。著錄見前。

大相國寺額石。仁宗摹太宗書，呂夷簡撰記，慶曆二年正月辛未立。見《北道刊誤志》卷二，清代黃叔璥《中州金石考》卷一。

蘇子瞻、子由、孫子友、秦少游觀晉卿墨竹題名。蘇軾書，元祐三年八月五日。見《永樂大典》引《周草窗先生記》，元代周密《癸辛雜識》。

相國寺加句陁羅尼真言。元祐五年二月二十六日。見《中州金石目》卷二，《金石匯目分編》卷九之一第六頁云：「字多磨滅，在相國寺右廊。」又見《如夢錄》附記。

真宗制法音集箋注題名記。晁文莊公撰，見《北道刊誤志》卷二。

佛牙碑。太宗、真宗、仁宗製頌偈讚。賈昌朝書御製，韓琦立石，趙概篆額，王珪撰序並書。見《北道刊誤志》卷二。

針灸圖經。仁宗篆，夏竦撰序。見《北道刊誤志》卷二。

仁宗飛白書。車得象篆額，晏殊撰記。見《北道刊誤志》卷二。

設粥院記。宋綬撰，見《北道刊誤志》卷二。

資聖閣新院記。李淑撰，見《北道刊誤志》卷二。

浴堂記。吳育撰，見《北道刊誤志》卷二。

東坡草書哨遍。見《永樂大典》引《周草窗先生記》，元代周密《癸辛雜識》。

十絕碑。《王氏書畫苑》卷六、宋代劉道醇《五代名畫補遺》塑作門第六王溫條，宋代郭若虛《圖畫見聞志》卷五相藍十絕條、大相國寺碑稱寺有十絕云云。

元　二通

大相國寺聖旨碑。至元三年二月，見《中州金石目》卷二。

大相國寺建圍牆記。宋衛撰並正書，至元十一年十一月，見《中州金石目》卷二。

明　一通

張平山畫布袋佛（正面），觀音像（背面）李夢陽題贊，左國璣書。《如夢錄》常茂徠按語云：康熙間碑毀於火，郭世寧重刻。

清　五通

重修相國寺碑記。賈漢復撰，順治十八年，見光緒《祥符縣志》卷二二金石部。

重修相國寺碑記。劉昌撰，順治十八年，同上。

重修相國寺碑記。艾元微撰，康熙七年，同上。

重修相國寺碑記。阿思哈撰，乾隆三十三年十月，同上。

御製重修相國寺碑詩。乾隆三十三年，同上。共計三十通。

成都新出漢碑兩種釋讀

　　2011年新年伊始，成都文物研究院榮遠大先生寄來成都新出土的兩件石碑照片，希望我對碑文內容作些釋讀研究。以往主要的漢代碑刻大多在中原地區發現與流傳，使人們可能會誤認為，似乎在西南與南方沿海地區沒有中原那樣的大型碑刻。然而，我們知道在四川地區有著大量的漢代崖墓、石棺、石闕與畫像石刻等墓葬石刻，顯示了這一地區歷史悠久的發達的石刻工藝。因此，這裡也應該相當普遍的使用過在漢代已經定型並大量建造過的石碑。果然，近年來，西南地區陸續出土了多件內容豐富、形制新穎的東漢石碑，充實了我們對於漢代碑刻的認識。成都新發現的這兩件碑刻，是繼「景雲碑」後又一極其重要的考古發現，在了解東漢時期成都地區的政治文化教育狀況，考察當時蜀郡學校建築基址等方面富於歷史考古價值。同時，這兩件石碑的語詞內容可以與其他漢代文獻碑刻互證，在漢代碑刻的研究、漢代文字學與語詞訓詁的研究等方面也多有裨益。榮遠大先生已作有很好的釋文。2011年第2期《成都文物》上發表了這兩件漢碑的發掘報告與何崝、羅開玉、榮遠大、馮先成等學者的相關考釋。拜讀之後，覺得有些文字與詞語尚可推敲。這裡也試著對碑文加以釋讀並作一些注解，以求字形之無誤與文意之暢達。限於學力，尚有一些詞語未得確解，謹俟博雅君子有以正焉。

　　為便於排印，釋文依照原刻改寫為相應的通行正字，異體字即改正為正字；部分有殘泐無法確認的文字，所釋字加以方框標示；原刻為假借字或錯字的在後面附加正字以及說明，用括弧標示；未能完全確定的正字後面加問號標示。

一、《李君碑》

釋文：【碑陽】

惟漢陽嘉，德配辰極[015]。上天顧命[016]，受堯餘澤[017]。協[018]元定紀，掃除姦慝[019]。二九承期[020]，仁佐並毓[021]。開階褒聖，招致九德[022]。玟山會昌／，皇以建福。元首貞良，九成詩作[023]。讚[024]命俊臣，移苻（符）於蜀。同心齊魯，誘進儒墨。遠近緝熙，荒學復殖[025]。改行沾濡[026]，／莫不嘆息。因謠勒銘，延蔓

東漢李君碑陽

015 《文選・卷十八・嵇叔夜（康）・琴賦》：「參辰極而高驤。」韋昭注：「辰極，北斗也。」

016 《尚書・顧命》：「作顧命。」孔傳：「臨終之命，日顧命。」

017 則：法則，《詩經・大雅・烝民》：「天生烝民，有物有則。」

018 協：和睦意。《尚書・湯誓》：「有眾率怠弗協。」

019 《尚書・周官》：「司寇掌邦禁，詰姦慝。」

020 古代習慣將十位數拆成二某的表達形式，如以二七代十四，二八代十六等。此處應指漢順帝繼位承運之事，時漢順帝年十一歲，頗疑此二九是將十一拆成二與九之和，但尚未見漢代文獻中有類似用法。提出待考。或云二九指九天與九野，即指天地。可備一說。

021 毓：與育同。《周禮・地官・大司徒》：「以毓草木。」

022 見《逸周書・常訓・九德》：「忠信敬剛柔和固貞順。」

023 《尚書・益稷》：「簫韶九成。」鄭玄注：「成，猶終也……經言九成，傳言九奏，周禮謂之九變。」

024 讚：有佐意。如《春秋左氏傳》襄公二十七年：「能贊大事。」讚字原無輔佐之意，但古文獻中「贊」、「讚」二字在稱頌讚美的語意上互通。此處應以「讚」字為正字。

025 《隸釋・卷九・東漢熹平六年堂邑令費鳳碑》：「歲袼亏大荒無射之月」，「荒」字亦作「宂」。

026 指代普施恩澤。《史記・司馬相如列傳》：「霑濡浸潤。」《漢書・司馬相如傳》作「沾濡浸潤。」

無億。其辭曰：

作鄂（噩）之歲[027]，龍虎交頸。旋（璇）機（璣）卬（仰）卯[028]，杓與酉並[029]。吳國李君，化懿以清。太伯風烈[030]，蹈度順／經。兆自李（理）官[031]，其先典刑。晉之大夫[032]，恭穆以章。十世崇仁，克慎公平。心聰知（智）[033]敏，疾惡耶（邪）隋（傾）。匿[034]謀反奸，以照下情。郡在坤位，曹國是循。井落（絡）之地[035]，上為炎／辰。君改其俗，五教在寬[036]。候人譏急[037]，屍（鳲）鳩養賢[038]。愍蜀陰險，守善不信。徑（狹？）路遠，蔽於高山。前有相如[039]，嚴平子雲[040]。後雖庶幾，名滅不傳。君乃發憤[041]，／撰其畯（韻？）文。王史張（韓？），知熒（罃）[042]眇然。縱楊羅失，經

027　《爾雅·釋天》：「作噩，太歲在酉。」《淮南子·天文訓》作「作鄂」。高誘注：「作鄂，零落也。」

028　旋機：當即璇璣，指北斗星座中魁第四星。卬：與仰同。《春秋左氏傳》襄公十四年：「卬之如天。」《詩經·大雅·雲漢》：「瞻卬昊天。」等處，卬又作仰。

029　東漢陽嘉二年歲次癸酉。古代天文占星中以十二支劃分一周天方位。北斗在天中旋轉，璇璣星指向卯位時，斗柄指向酉位。可參見《文物》1978年8期〈阜陽雙古堆西漢汝陰侯墓發掘簡報〉介紹安徽阜陽出土漢代式盤實物。

030　太伯：即泰伯，周文王子。見《史記·吳太伯世家》。

031　《漢書·藝文志》：「法家者流蓋出於理官。」《新唐書》卷七十上〈宗室世系表上〉：「歷虞、夏、商，世為大理，以官命族為理氏。至紂之時，理徵字德靈，為翼隸中吳伯，以直道不容於紂，得罪而死。其妻陳國契和氏與子利貞逃難於伊侯之墟，食木子得全，遂改理為李氏。」

032　《新唐書》卷七十上〈宗室世系表上〉：「其後有李宗，字尊祖，魏封於段，為干木大夫。」

033　知：通智。

034　匿：隱藏。《尚書·盤庚上》：「不匿厥指。」

035　《華陽國志》卷三：「蜀之為邦，天文，則井絡輝其上。」《史記·天官書》：「二十八舍主十二州。」《正義》：「《星經》……東井、輿鬼，秦之分野，雍州。」

036　《尚書·舜典》：「敬敷五教，在寬。」

037　《詩經·曹風·候人》：「候人，刺近小人也。」

038　《詩經·曹風·鳲鳩》：「鳲鳩，刺不一也。」詩中云：「淑人君子，正是國人。正是國人，胡不萬年。」或即碑文中稱養賢之意。

039　相如：即司馬相如，見《史記·司馬相如列傳》。

040　嚴平、子雲：《華陽國志》卷十上：「嚴（按原作莊。為嚴字誤。）遵，字君平。成都人也。雅性淡泊，學業加妙。專精大易，耽於老莊。常卜筮於市，假蓍龜以教。與人子卜，教以孝。與人弟卜，教以悌。與人臣卜，教以忠。於是風移俗易，上下弦和。」子雲即揚雄字。見《漢書·揚雄傳》。

041　憤：有敬意。《禮記·禮運》：「山川所以儐鬼神也。」

042　知罃：即荀罃，晉大夫，又稱知武子。《春秋左氏傳》宣公十二年：「楚熊負羈囚知罃。」成公三年，晉以楚公子穀臣等交換回知罃。後主政晉國，為著名賢人。

雖[043]篤醇。儀[044]意川水，折節衡門[045]。並數九九，希世[046]寡群。魂而有靈，百年復歆。惠加（嘉）[047]既徂[048]，垂意生存。微宗（芒）[049]／得顯，飛軌易輪。商容見表[050]，寒灰復爇（燃）[051]。內省於政，田畯（畯？）[052]惟乾[053]。公綽不欲[054]，以正厥身。庶職叢並[055]，心一以貫。思教品式[056]，非下所聞。兼聽夙（素）書[057]，沈（沉）思於神。撢[058]虛效刑，／履霜[059]習寒。夜惟吉夢，戒（？）豫其先。演述三傳[060]，各數萬言。抽擢腴要，采掇異文。以成一家，為後立真。珍儒重能，爵秩其貧。拔擢英才，試之以

043　雖：應讀作唯。《墨子・節葬下》：「今雖毋法執厚葬久喪者言。」孫詒讓《墨子閒詁》：「王云：雖與唯同。」

044　儀：有忖度意，如《詩經・大雅・烝民》：「我儀圖之，唯仲山甫舉之。」

045　衡門：即陋室。《詩經・陳風・衡門》：「衡門之下，可以棲遲。」毛傳云：「衡門，橫木為門。言淺陋也。」鄭箋云：「賢者不以衡門之淺陋則不游息於其下。」後代指隱士之所居。

046　世所希有：《三國志・魏志・和洽傳》：「明帝時為尚書。」注引《汝南先賢傳》：「乃嘆息曰：此則希世出眾之偉人也。」

047　《尚書・蔡仲之命》：「惟惠之懷。」《漢書・禮樂志》：「休嘉砰隱。」

048　《詩經・大雅・桑柔》：「自西徂東。」

049　宗：據詞意疑為「芒」字之假借。微芒指微弱的光亮，比喻民間的隱士賢人。

050　《尚書・武成》：「（武王）乃反商政，政由舊，釋箕子囚，封比干墓，式商容閭。」孔安國傳：「商容，賢人，紂所貶退。式其商巷以禮賢。」式與表通，《史記・留侯世家》作「表商容之閭」。

051　《史記・韓長孺傳》：「安國曰：『死灰獨不復然乎？』」

052　田畯：或指農神及農業先祖，《周禮・春官・籥章》：「凡國祈年於田祖，龡豳雅，擊土鼓，以樂田畯。」鄭玄注：「田畯，古之先教田者。」後亦代指農民。

053　乾：八卦首卦。《周易・說卦》：「乾，天也，故稱乎父。」此比喻以農耕為首要。

054　《論語・憲問》：「子曰：孟公綽為趙、魏老則優，不可為滕、薛大夫。」注云：「公綽，魯大夫。趙、魏，皆晉卿。家臣稱老。公綽性寡欲，趙、魏貪賢，家老無職，故優。滕、薛小國，大夫職煩，故不可為。」

055　叢：眾多紛雜，見《漢書・張湯傳》：「罔密事叢。」並，平列，齊並，見《荀子・儒效》：「俄而並乎堯禹。」及《漢書・高帝紀》：「諸侯並起。」

056　品式：即官員品秩，代指官吏。《漢書・宣帝紀》：「樞機周密，品式備具。」《文選・卷四十六・顏延年・三月三日曲水詩序》：「品式周備。」

057　《文選・卷二十七・古樂府三首・飲馬長城窟行》：「長跪讀素書。」

058　《說文解字・十二上・手部》：「撢，探也。」

059　《詩經・魏風・葛屨》：「糾糾葛屨，可以履霜。」

060　漢代《春秋》分《公羊》、《穀梁》、《左氏》三家，稱為三傳。可見《漢書・藝文志》。

貞。／倚席[061]旋意[062]，鑽仰孔明[063]。潛者得達，萌耳（牙？）[064]振鱗[065]。猶春生芳，莫不說（悅）欣[066]。驂名前列，逸驅良韓[067]。公儀割布，曷之采觀。知（智）[068]配昭輔，隱德未信。揖風微（？）／炳，世俗所傳。

【旁題】

本初元年六月下旬，此石遭水頓赴（仆）。太守河東裴府建福學校，追敘脩（悠）斯（思？）[069]，敕官樹繕，永傳罔窮。時五官掾成都陳奉、左戶曹史賻（？）[070]喬、主事史張之、五官（？）主事廣郡□□典。

---

061 《後漢書・樊宏傳》：「博士倚席不講，儒者競論浮麗。」倚席，指將席放置一旁不用，即廢棄講學。《隸釋・卷一・東漢初平五年益州太守高朕修周公禮殿記》：「誦讀已絕，倚席離散。」

062 旋：歸回，返還。見《曹子建集・卷二十九・愁賦》：「顧旋復之無軼。」

063 《論語・子罕》：「仰之彌高，鑽之彌堅。」後形成鑽仰一詞，指深入探尋研究，如《文心雕龍・徵聖》：「天道難聞，猶或鑽仰。」孔，甚也。

064 耳：疑為「牙」形近誤字。《漢書・金日磾傳》：「霍氏有事萌牙。」注云：「萌牙者，言始有端緒，若草之始生。」今寫作萌芽。

065 《文選・卷十九・宋玉・高唐賦》：「振鱗奮翼，蜲蜲蜿蜿。」

066 說：與悅同。《論語・學而》：「不亦說乎。」《大戴禮記・曾子制言中》：「有說我則願也。」末一字左上筆殘損，疑或為「欣」字。與「鱗」協韻。

067 《戰國策・齊策三》：「韓子盧者，天下之疾犬也。」此比喻優秀人才。

068 知：與智同。

069 脩斯：疑為「悠思」假借字。脩，與悠通，《爾雅・釋詁上》：「悠，遠也。」郝懿行《爾雅義疏》云：「悠與脩同意。」漢代碑刻中脩、悠互借現象頗多。但是「斯」假借作「思」的現象尚未找到，謹提出一孔之見，以待他證。

070 該字可能是賻，作姓氏用，疑通傅。下同。

【碑陰】

陽嘉二年，十二月丁卯朔，廿五日辛卯。／文學主事掾鄭廉、史杜遂及五棠（官？）守掾李位、羊寵、范前，月令掾彭祉，／師王伯、張汜、李成、趙虹、周強、趙竺、鄭茂、李穆、古／為？、王藍、蔣況、上官寶、楊員、賭？賞、王玄、殷平、姚猶、／楊定、姚撫、蘇梁、宋鈞、程據、陳廉、尚集、殷聲、朱奇、／田靈、楊堪、玄強、溫舊、杜陽、郭章、苟穆、郭深、／公孫相、王副、居遷、張郁等發意，貪慕嘉／化，而立石表紀，序賢君良佐，列畫殿堂。／

行祭酒趙鎮、守師河閏、僑演，主事主[071]任茂。石師王仲造。書佐杞頗。

東漢李君碑陰

071　主事主：後一主字疑是史之誤。

二、《裴君碑》

釋文：【碑陽】

巍巍大漢，佁皇承度[072]。昌光耀軫[073]，享伊餘賞。尊明炎上，微而復著。內任公輔，外宣藩守。實生裴君，為國寶助。累錫／苻（符）銀[074]，四世遵統[075]。爰命典蜀，蕩心垂治[076]。膺真當古，瞳（童）矇（蒙）[077]蒙袏。觀俗采詩，甘棠追道[078]。臣有褒君，奚斯作廟[079]。僉論元功，／銘紀績號。其辭曰：／

漢隆迄滋（茲），明辟[080]虎將。殊縱（蹤）[081]異風，篇藉（籍）所記。

072　佁：《說文解字・八上・人部》：「佁，合也。」徐鍇《說文繫傳》注云：「人相合也。」度，《說文解字・三下・又部》：「度，法制也。」《尚書・盤庚上》：「度乃口。」孔穎達疏云：「法度也。」

073　昌：美也。《漢書・揚雄傳上》：「又覽累之昌辭。」顏師古注云：「昌，美也。」又有盛意，《詩經・齊風・雞鳴》：「朝既昌矣。」朱熹傳云：「昌，盛也。」或引申為明。見《文選・卷三十六・王元長（融）・永明九年策秀才文》。軫，古代車後的橫木，用以指代車輿，車輛，見《周禮・考工記》：「加軫與轐焉。」鄭玄注。此處當指天空星象軫宿。《漢書・天文志》：「翼、軫，荊州。」

074　《漢書・百官公卿表》：「凡吏秩比二千石以上，皆銀印青綬。」《漢書・文帝紀》：「初與郡國守相為銅虎符、竹使符。」

075　統：《周禮・天官・太宰》：「以統百官。」孫詒讓《周禮正義》注云：「統，紀也。」又《孟子・梁惠王下》：「君子創業垂統。」朱熹集注：「統，緒也。」

076　蕩：洗滌，去除穢惡。《禮記・昏義》：「蕩天下之陽事。」鄭玄注。又如《文選・卷三十四・枚叔（乘）・七發》：「蕩春心。」李善注。

077　瞳矇：即童蒙，《周易・蒙卦》：「匪我求童蒙，童蒙求我。」疏云：「蒙者，微昧闇弱之名。」童蒙又作「瞳矇」，東漢王充《論衡・自然》：「純德行而民瞳矇。」此處代指民眾，與《論衡》意同。

078　《詩經・召南・甘棠》注稱周武王時召伯奭巡行南國，曾在甘棠樹下休憩，後人思其德，作〈甘棠〉詩。漢代碑刻中多用此典歌頌官員功德。《隸釋・卷七・東漢建寧元年沛相楊統碑》亦云：「甘棠遺愛。」

079　春秋時魯國公子魚字奚斯。《詩經・魯頌・閟宮》：「新廟奕奕，奚斯所作。」《隸釋・卷十二・東漢建寧元年太尉楊震碑》亦云：「故敢慕奚斯之追述。」

080　辟舉：徵召。如《墨子・尚賢上》：「辟私怨。」《後漢書・黃憲傳》：「憲初舉孝廉，又辟公府。」

081　「縱」與「蹤」互通。見《後漢書・荀彧傳》：「是故先帝重指縱之功。」李賢注云：「高祖曰……而發縱指示獸者，人也……縱或作蹤，兩通。」《三國志・魏志・荀彧傳》裴松之注引《彧別傳》即作「指蹤之功。」

表善陳惡[082]，章[083]賢示誠。今惟裴君，仁德冠[084]備。紀初本行，介[085]無纖漏。史官／撰序[086]，君宜錄載。祖自河東，先人造創。銀艾[087]相承，選由孝廉。至君握惠，體含清妙。位歷臺署，博游遼（寮）[088]俊。百工師師[089]，／靡不則印（仰）[090]。超統定襄[091]，外蠻侵暴。朱衣建鈰（旆），[092]順天平亂。奮威討黠，鬼方震悼[093]。師出旬時，猾夷降從。到（倒）載干戈，返文／行慶。利涉大川[094]，黎元砥定[095]。基（朞）月[096]有成，美聲勃洞[097]。運苻（符）四郡，所在流化[098]。蜀承汶水[099]，緝熙[100]極敬。列備五

082　表善陳惡：《隸釋‧卷五‧東漢光和六年漢成陽令唐扶頌》亦云：「表善絀惡」。此處「陳」或為展示意，《國語‧齊語》「相陳以力。」韋昭注云：「陳，示也。」

083　章：明也。彰顯之意，古文獻中多用「章」。如《尚書‧堯典》：「平章百姓。」《國語‧魯語上》：「善有章。」現在一般寫作「彰」。

084　冠：疑或為「完」字之誤。

085　介：善。《尚書‧多方》：「爾曷不介乂我周王。」《爾雅‧釋詁上》：「介，善也。」或認為與芥通。小草意。《廣雅‧釋草》：「芥，草也。」《戰國策‧齊策四》：「無纖介之禍者」即借作芥。從此句語意看，似以本字訓作「善」為佳。

086　譔：與撰同。

087　銀艾：指銀印綠綬，古代織物用艾草染綠色，漢代二千石官員佩銀印綠綬。《後漢書‧張奐傳》「吾前後仕進，十要銀艾。」

088　遼：《隸釋‧卷十‧東漢中平二年外黃令高彪碑》有：「百遼嘆傷」句，即以「遼」借代「寮」。

089　百工師師：《尚書‧皋陶謨》：「百僚師師，百工惟時。」孔疏云：「百官各師其師，轉相教誨。」

090　則印：《春秋左氏傳》昭公七年：「君子是則是效。」《周易‧繫辭上》：「河出圖，洛出書，聖人則之。」印與仰同。《春秋左氏傳‧襄公十四年》：「印之如天。」《詩經‧大雅‧雲漢》：「瞻印昊天」等處，印又作仰。

091　定襄：漢郡名。《後漢書‧郡國志五》：「定襄郡，高帝置。」屬幽州刺史部。

092　朱衣建鈰：《後漢書‧蔡邕傳》：「臣自在宰府，及備朱衣。」注：「朱衣，祭官也。」《隸釋‧卷十‧東漢中平二年外黃令高彪碑》：「被朱衣。」《晉書‧輿服志》：「漢制：一歲五郊，天子與執事者所服各如方色，百官不執事者服常服絳衣以從。」可知紅色為漢代官員常用服色。《說文解字》部：鈰，繼旐之旗也，沛然而垂。《詩經‧商頌‧長髮》：「武王載鈰。」毛傳云：「旗也。」

093　鬼方：為上古方國名。已見於殷墟甲骨。《周易‧既濟卦》：「高宗伐鬼方，三年克之。」王國維《觀堂集林‧卷十三‧鬼方昆夷玁狁考》考證鬼方方位在岐周以西（今陝西甘肅交界一帶），漢代當用以指代西北民族。《金石萃編‧卷十八‧中平二年曹全碑》云：「拜西域戊部司馬。」又稱「庭征鬼方」，即為一例。

094　利涉大川：《周易‧需卦》：「需，有孚。光亨貞吉，利涉大川……利涉大川，往有功也。」

095　黎元：《漢書‧司馬相如傳》「以浸黎民。」《文選‧卷四十八‧漢司馬長卿（相如）封禪文》作「以浸黎元」。

096　期：「朞」之借字。朞月，謂周一歲之月。《論語‧子路》：「朞月而已可也。」

097　勃：盛也。見《後漢書‧陳蕃傳》：「故其興也勃焉。」李善注。洞，疾也。見《文選‧卷五十五‧陸士衡（機）‧演連珠》：「震鳳洞發。」李善注。此形容美譽流行廣泛迅速。

098　流化：《漢書‧成帝紀》：「古之立太學，將以傳先王之業，流化於天下也。」指將教化廣泛傳播。

099　汶水：即岷江。

100　緝熙：《詩經‧大雅‧文王》：「穆穆文王，於緝熙敬止。」毛傳：「光明也。」後以之代稱光明。《隸

都[101]，眾致珍怪。／德盛文彌[102]，尊卑有度。舊設儲置（峙）[103]，瑱（填）盈殿館。金銀文錦，駭目動欲。君億其然[104]，豫設科防[105]。蕩條（滌）枯飭[106]，發徹（撤）延（宴）帳。除損／法服[107]，罷員省御。拔圉漉池[108]，罔（網）罟縣（懸）錯[109]。不貴難成，斷絕玩好。約己惠下，性同宣孟。留心蕭曹[110]，理罪聽恕。雖（唯）得其情[111]，／哀矜原宥。隕涕[112]陷辜，輕疑必赦。民免有恥，囹圄虛曠。禁刑以禮，導儉以固。撟世定常[113]，移風反（返）[114]素。帥（率）[115]人以正，孰敢／不放（仿）。苞鉏（苴）[116]壅[117]

釋·卷十·東漢熹平六年童子逢盛碑》：「日就月將，學有緝熙於光明。」

101 五都：《漢書·食貨志下》以洛陽、宛、邯鄲、臨淄、成都為五都。

102 彌：《文選·卷二·張平子（衡）·西京賦》：「橦末之伎，態不可彌。」李善注：「彌，猶極也。」

103 置：通假為峙。《後漢書·和熹鄧皇后紀》：「離宮、別館儲峙米糒、薪炭。」李善注云：「猶蓄積也。」《資治通鑑·卷四十六·漢紀三十八·元和元年八月》「毋得設儲峙」作「儲峙」。馬三省注引李賢云：「儲，積也。峙，具也。」由此或疑「儲置」為本字。

104 億：度也。《左傳·襄公二十五年》：「不可億逞。」謂以意度之。

105 科防：指官方所設禁令法律。《文選·卷四十四·陳孔璋（琳）·為袁紹檄豫州》：「加其細政苛慘，科防互設。」

106 飭：有巧偽義。《戰國策·秦策一》：「文士並飭，諸侯亂惑。」

107 法服：即官員的禮儀服裝。《漢書·賈山傳》：「故古之君人者於其臣也，可謂盡禮矣；服法服，端容貌，正顏色，然後見之。」

108 漉池：廢棄園林水池。《呂氏春秋·仲春》：「無竭川澤，無漉陂池。」漉為乾涸意。

109 錯：通措，棄置不用。《禮記·中庸》：「有弗學，學之弗能，弗措也。」疏云：「措，置也。」

110 蕭曹：當即西漢名臣蕭何、曹參，相繼執政。《史記·周昌傳》：「自蕭曹等皆卑下之。」《漢書·揚雄傳》云：「夫蕭規曹隨。」

111 雖：應讀作唯。《墨子·節葬下》：「今雖毋法執厚葬久喪者言。」孫詒讓《墨子閒詁》：「王云：雖與唯同。」王引之《經義述聞》：「禮記下·父小功之末」一條中指出古字多借雖為唯。

112 隕涕：《文選·卷四十·繁休伯（欽）·與魏文帝箋》：「莫不泫泣隕涕。」

113 撟：糾正，矯正。《漢書·燕刺王旦傳》：「方今寡人欲撟邪防非。」常，倫常法典，《管子·幼官》：「立常備能。」

114 反：與「返」同。如《戰國策·西周策》：「三國攻秦反。」《漢書·韋玄成傳》：「平復反常。」

115 《呂氏春秋·辯士》：「帥為泠風。」高誘注：「率也。」《儀禮·聘禮》：「帥大夫以入。」

116 苞鉏：原為饋贈禮物，《禮記·少儀》：「苞苴」，鄭玄注云：「謂編束萑葦以裹魚肉也。」《後漢書·第五倫傳》：「在鄉曲無苞苴之嫌。」李賢注云：「饋遺也。」後引申為賄賂，《古文苑·揚雄·司空箴》：「而苞苴是鬻。」章樵注：「謂苞裹以充賄賂也。」此即賄賂意。

117 壅：與壅同。

塞，者遷（遞）[118]辟用[119]。取士鄉人，違絕上來。奸軌（宄）息集[120]，百谷豐（豐）燧[121]。咨諏髦彥[122]，斥遠佞富。委（透）地（迤）貞直[123]，外身成義[124]，／耽道守株[125]。後生顏憲[126]，莫不彈冠[127]，咸蒙寵譽。掊（剖）[128]決珠臧，選先韋布[129]。首貢張（章）服[130]，股桓（肱？）[131]聖朝。連拔俊傑，終始不橈（撓）。弘德／小善，翕（悉）受榮賞。

綱紐詵張[132]，孔修畔（泮）學[133]。恢興七藝，宗老恤幼。存心音律，

---

118 此二字從形體看似為「者遷」，遷通遞，「遞者」為更迭、閒廁相代意，見《爾雅·釋言》：「遞，迭也。」邢昺疏。這裡可能是將二字倒置。邢義田先生示知其意見：「遷」或通「滯」，「滯者」指壅滯不得升遷者。也可能「者」為「諸」別體，「諸滯」指各位被滯塞的人才。

119 辟用：徵召任用。《後漢書·黃瓊傳》：「憲初舉孝廉，又辟公府。」

120 奸軌（宄）：《尚書·舜典》：「寇賊奸宄。」孔傳云：「在外曰奸，在內曰宄。」《史記·五帝本紀》作「寇賊奸軌」。

121 豐：《說文解字》豐部：「豐，行禮之器也……讀與禮同。」漢代多將豐寫作豐。《金石萃編·卷十九·曹全碑》：「歲獲豐年」即作「豐」。又如《武威漢簡·泰射》中「豐」字亦作「豐」。豐燧，富足。《後漢書·郭鎮傳》：「而家人爵祿，益用豐燧。」

122 咨諏：訪問意，見《詩經·小雅·皇皇者華》：「周爰咨諏。」《詩經·大雅·思齊》：「古之人無斁，譽髦斯士。」《爾雅·釋言》：「髦，俊也。」《尚書·太甲上》：「旁求俊彥。」傳云：「美士曰彥。」

123 透迤：有從容自得意，《後漢書·楊秉傳》：「然透迤退食，足抑苟進之風。」《隸釋·卷八·東漢建寧元年冀州從事張表碑》亦云：「委蛇（透迤）公門。」《隸釋·卷九·東漢費鳳別碑》「以君有透蛇（迤）之節。」《易經·師卦》：「貞，正也。」《尚書·太甲下》：「一人元良，萬邦以貞。」

124 外身：即置之於身外，《管子·明法》：「所以禁過而外私也。」此句意同捨生取義。

125 守株：《梁書·蕭子雲傳》：「敕答曰：『此是主者守株，宜急改也。』」比喻坐待其成。

126 顏憲：《史記·仲尼弟子列傳》：「顏回，字子淵，少孔子三十歲。」「原憲，字子思。」索隱云：「《家語》曰：『宋人，少孔子三十六歲。』」均為孔門弟子中年少之輩，此處比喻青少年學子。

127 彈冠：《漢書·王吉傳》：「世稱：『王陽在位，貢公彈冠。』」比喻民間士人準備出來做官。

128 掊：《說文解字·十二上·手部》：「掊，把也。今鹽官入水取鹽為掊。」此當作拋棄意。《莊子·逍遙遊》：「吾為其無用而掊之。」

129 韋布：即韋帶與布衣，指代貧民服裝。

130 服：字從衣旁，當為服之別體。《史記·卷一〇·孝文本紀》：「畫衣冠異章服以為僇，而民不犯。」「章服」指官員禮服，與「韋布」相對。

131 股桓：從文意疑為股肱。《尚書·益稷》：「帝曰：『臣作朕股肱耳目。』」《左傳·僖公二十六年》：「昔周公、大公股肱周室。」但桓、肱字形、語音相差甚遠，尚未見有相通假之例。存疑待考。

132 詵詵：《詩經·小雅·螽斯》：「螽斯羽，詵詵兮。」毛傳：「眾多也。」此疑為「先」之借字。

133 畔（泮）：《詩經·小雅·鹿鳴》：「德音孔昭。」鄭箋：「孔，甚。」《詩經·魯頌·泮水》：「在泮獻馘。」《說文解字·水部》：「泮，諸侯鄉射之宮。」漢代以來皆以泮宮為學宮。

廣宣教誨。文武不隧（墜）¹³⁴，禮樂條暢（暢）¹³⁵。救復衰漸¹³⁶，／舉道崇
行。嗛（謙）虛慍（溫）屬¹³⁷，剛塞簡貶（廉）¹³⁸。（資？）¹³⁹苞（包）¹⁴⁰九
德¹⁴¹，卓爾難副¹⁴²。以不沈（沉）俗，俄（蛾）麋（眉）¹⁴³見姹¹⁴⁴。澤施未
窮，虛受徵問。若玉光潤，泥而／不滓¹⁴⁵。觀過知仁，致仕¹⁴⁶閭巷。三九
吉期，吏民驥望¹⁴⁷。儒宗詠述，永垂億萬。（下缺）【說明：可能此行文字
到此結束，萬下殘五格空間，以下為空白石面，未刻字。】／君興教化，
徑（經）之營之。功平治洽，刻石定基。跡立八載，元嘉有二。仲【下缺七
字】卒以僵介¹⁴⁸。辭讚摩（磨）滅，恐後／莫聞。掾司馬翕時，史常茵。帥
（率）由舊章¹⁴⁹，刺掇行真¹⁵⁰。君名不掩，臣節以【下缺八字】震。

---

134 文武：指周文王、武王。《禮記·中庸》：「仲尼祖述堯舜，憲章文武。」此處指代文王、武王之道。
「隧」通「墜」。

135 條直：通暢意。《說文解字·十三下·田部》：「暢，不生也。」段注：「今之暢蓋即此字之隸變。」
漢碑中常通作暢。如《隸釋·卷五·東漢酸棗令劉熊碑》云：「積和感暢。」《禮記·樂記》：「感
條暢之氣，而滅平和之德。」

136 漸：《荀子·議兵》：「是漸之也。」楊倞注：「浸漬也。」

137 《論語·述而》：「子溫而厲。」

138 剛：強也。《尚書·酒誥》：「矧汝，剛制於酒。」《論語·陽貨》：「好剛不好學。」朱熹集注云：
「剛者，勇之體。」塞，《後漢書·郅壽傳》：「以傷晏晏之化。」李賢注引鄭玄注《尚書考靈耀》云：
「道德純備謂之塞。」簡，簡要。《論語·雍也》：「居敬而行簡。」又意樸直，《文選·卷四十七·
晉袁彥伯（宏）·三國名臣序贊》：「玄伯剛簡。」《說文義證》稱：貶通廉。

139 資：有資質意。如《史記·封禪書》：「少君資好方。」或疑即身姿之姿，代指裴君。《漢書·谷永
傳》：「上主之姿也。」顏師古注：「姿，材也。」

140 苞：與包通，《儀禮·既夕禮》：「徹巾苞牲。」

141 九德：指古人推崇的九種道德品格，說法不一。如《逸周書·常訓》：「九德，忠信敬剛柔和固貞
順。」《隸釋·卷五·東漢光和六年漢成陽令唐扶頌》云：「遵九德以綏民。」

142 卓爾難副：《漢書·河間獻王傳》：「夫唯大雅，卓爾不群。」

143 俄麋：蛾眉，同音假借字。

144 姹：或為嫉誤字。《楚辭·離騷》：「眾女嫉余之蛾眉兮。」

145 不滓：《史記·屈原列傳》：「皭然泥而不滓者也。」

146 致仕：《公羊傳·宣公元年》：「退而致仕。」注：「致仕，還祿位於君。」

147 驥：《廣雅·釋言》：「企也。」同「冀」，希望意。《禮記·文王世子》：「養老幼於東序，終之以仁
也。」鄭玄注：「州里驥於邑。」

148 僵介：懷疑是「疆界」之假借字。

149 率由：《尚書·微子之命》：「率由典常，以蕃王室。」後以為遵循舊例之義。《隸釋·卷三·東漢
光和四年白石神君碑》有：「率由舊章。」《隸釋·卷十一·東漢中平四年小黃門譙敏碑》即作：「帥
由舊章。」

150 刺：有採取意。《史記·封禪書》：「而使博士諸生刺六經中作《王制》。」掇，拾取，選取。《漢書·
董仲舒傳》：「掇其切當世施朝廷者，著於篇。」

【碑陰題名略】

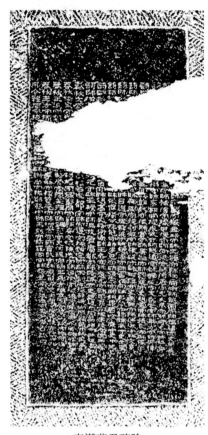

東漢裴君碑陰

附記：

這兩件碑石應該是東漢時期蜀郡學官集資樹立的功德碑。碑文頌揚的對象為兩任蜀郡太守李君、裴君。惜現存文獻中不存此二人姓名事跡。但從碑文看，裴君碑可能樹立在漢桓帝元嘉二年（西元152年），（由於原碑石在仲字下有殘缺，應缺損七字。該段碑文或可斷讀為：「經之營之，功平治洽。刻石定基，跡立八載。元嘉有二，仲□□□。□□□□，卒以僵介。辭讚磨滅，恐後莫聞。」那麼就是原碑樹立在元嘉二年的八年前，即西元144年。而後由於年代久遠，碑石文字磨滅，於元嘉二年重刻。）而李君碑則初立於漢順帝陽嘉二年（西元133年）十二月二十五日，後於漢質帝本初元年（西元146年）六月因水災倒覆，隨即重立。此時裴府君已繼任太守。

碑文中主要歌頌兩任太守的德政，集中在宣揚教化，端正民風，公平選拔，清廉慎刑等方面。現存漢代功德碑頌揚官吏品德政績大多如此。從中可以看到的重要史事，應該是漢代成都地區官方學校的興盛情況與儒家經典教育的深入普及程度。

成都地區漢代學術興盛，淵源於西漢文翁，其後流澤深遠。《漢書·卷五十九·循吏傳》：「文翁，廬江舒人也。少好學，通《春秋》，以郡縣吏察舉。景帝末，為蜀郡守，仁愛好教化……又修起學官於成都市中，招

下縣子弟以為學官弟子……由是大化，蜀地學於京師者比齊魯焉。至武帝時，乃令天下郡國皆立學校官，自文翁為之始云。文翁終於蜀，吏民為立祠堂，歲時祭祀不絕。至今巴蜀好文雅，文翁之化也。」顏師古曰：「文翁學堂於今猶在益州城內。」可見漢代文翁開創的學堂建築至唐代仍然保存在成都城內。而這兩件由漢代學官教授吏員們樹立的碑刻，很可能就是樹立在當時蜀郡學官所在地。

類似記載蜀郡學官情況的實物史料早有記載。《隸釋·卷一·益州太守高朕修周公禮殿記》：「漢初平五年倉龍甲戌，旻天季月修舊築周公禮殿。始自文翁，應期鑿度。開建畔宮，立堂布觀……至於甲午，故府梓潼文君增造吏寺二百餘間……官民寺室，同日一朝，合為灰炭。獨留文翁石廟門之兩觀。禮樂崩坦，風俗混亂。誦讀已絕，倚席離散……郡將高君節符典境，迄斯十有三載……興復第館，八音克諧。」洪注：「今在成都……至於甲午，故府梓潼文君增造吏寺者，建武中益州太守文參也……《華陽國志》云：安帝永初時，講堂火災，獨存石室也。又云郡將陳留高君者，高朕也……朕再作石室，在文翁石室之東，又東即周公禮殿……此記刻於東南之一柱，亦木耳。歐陽氏以為文翁石柱記者，誤也。自興平甲戌至於乾道丁亥，千有三年，殿宇巋然如故。」《隸釋》卷十四收有學師宋恩等題名，洪注云：「今在成都周公禮殿門之西序，蜀人謂之學師題名。其稱師者二十人，史二人，孝義掾業掾各一人，易掾二人，易師三人，尚書掾尚書師各三人，詩掾四人，春秋掾議掾文學孝掾文學掾各一人，文學師四人，從掾位及集曹法曹賊曹辭曹史又三十二人，其漫滅不可辨者十三人。此則蜀郡諸生也。當是郡守興崇學校者鑴石紀德……成都又有左右生題名一巨碑，蓋左學右學諸生也。」由此可見，漢代的成都蜀郡學官所在地應該存有多種碑刻。《華陽國志》卷三：「始文翁立文學精舍，講堂作石室，在城南。永初後，堂遇火。太守陳留高朕更修立，又增造二石室。州奪郡文學為州學。郡更於夷里橋南岸道東邊起文學，有女牆。」這樣看來，可能東漢初平五年

後，益州州學占用了原蜀郡學官校址。蜀郡學校遷至夷里橋南岸，距離河水較近。現在發現的這兩件碑刻立石時間晚於高朕重修石室二十餘年，當位於後遷地點。這樣也好解釋這兩件石碑曾「遭水頓赴（仆）」的現象。

李君碑中稱：「序賢君良佐，列畫殿堂。」也是一個值得注意的紀錄。它指出在東漢蜀郡郡學殿堂中裝飾有賢君良臣的畫像。從古代畫論及相關的畫作記載中可以看到：漢代已經經常使用人物畫像作為瞻仰紀念與室內裝飾，它不僅具有濃厚的實用色彩，也表現出儒家文化教育的色彩。唐代張彥遠《歷代名畫記·卷一·敘畫之源流》中記載：「曹植有言曰：觀畫者見三皇五帝，莫不仰戴；見三季異主，莫不悲惋；見篡臣賊嗣，莫不切齒；見高節妙士，莫不忘食；見忠臣死難，莫不抗節；見放臣逐子，莫不嘆息；見淫夫妒婦，莫不側目；見令妃順后，莫不嘉貴。是知存乎鑑戒者，圖畫也……是以漢明宮殿，贊茲粉繪之功；蜀都學堂，義存勸戒之道。」這裡特別提到蜀都學堂，說明這裡的繪畫十分有名，並且傳至後代。《歷代名畫記·卷三·述古之祕畫珍圖》記載有：「益州學堂圖、十（畫古聖帝賢臣七十子。後代又增漢晉帝王名臣，蜀之賢相牧守，似晉時人所撰。）」李君碑的記載更證實了這一歷史事實。可能當時的人會不斷的在學堂中添加畫像，發揮表彰勸誡的作用。而能在學堂中列入圖像，也應該是一種極大的榮耀。屬吏們為長官在學堂中繪像，自然是對其最好的奉迎了。

漢代儒家經學的興盛，從這兩件碑文的文辭中也可以略見一斑。在上面對碑文的考注中，能看到大量出自《春秋》三傳、《禮記》、《周易》、《詩經》、《尚書》、《周禮》等經典中的詞語，說明當時撰文的文吏對於儒家經典的嫻熟程度。

同時，還有大量詞語與《管子》、《墨子》、《戰國策》等古籍中使用的詞語相同，以及見於《史記》、《漢書》、《後漢書》等漢晉時期成書的文獻中，向我們反映出漢代語言文字的特點，同時也幫助我們深入了解上述諸子書籍成書的具體時代與文字校勘等古籍研究問題。

山東嘉祥出土
東漢永壽三年畫像石題記補考

　　1980年，山東省嘉祥縣滿硐鄉宋山村北山坡古墓中，出土一批漢代畫像石，其中有一塊刻有長篇銘記。文字分為左、右兩部分，左邊10行461字（連重文），右邊1行28字。這是現在所見到的畫像石題記中文字最長、內容最豐富，而且具有明確紀年的一件。《文物》1982年第5期〈山東嘉祥宋山1980年出土的漢畫像石〉（以下簡稱簡報）一文中已作了釋文。李發林在《山東漢畫像石研究》（以下簡稱李文）一書中又做了注釋。但是一些考釋尚有可商榷之處，現提出個人的一些看法，以相切磋。

　　為了便於討論，先將我們對石刻題記的釋文分行標錄於下：

❖ 永壽三年十二月戊寅朔廿六日癸巳，唯許卒史安國禮性方直，廉言敦篤，慈仁多恩，注所不可。稟壽卅四年，遭

❖ □泰山有劇賊，軍士被病，徊氣來西。上正月上旬，被病在床，卜問醫藥：不為知聞，闇忽離世，下歸黃泉。古聖所不免，壽命不

❖ 可爭。嗚呼哀哉！蚤離父母三弟。其弟嬰、弟東、弟強與父母併力奉遺，悲哀慘怛，竭孝，行殊，義篤，君子喜

❖ 之。內修家、事親、順敕，兄弟和同相事。悲哀思慕，不離塚側，草廬宝容，負土成墳，□養凌柏，朝暮祭祠，甘珍

❖ 滋味，嗛設隨時，進納省定，若生時。以其餘財，造立此堂。募使名工，高平王叔，王堅，江胡、欒石，連車，採石縣西南小山

❖ 陽山。琢礪磨治，規矩施張。賽帷反月，各有文章，雕文刻畫，交龍委蛇，猛虎延視，玄猿登高，獅熊嗥戲，眾禽群聚，

❖ 萬獸雲布。臺閣參差,大興輿駕,上有雲氣與仙人,下有孝及賢仁。尊者儼然,從者肅侍,煌煌濡濡,其色若僭。作治連月,功夫無極,價錢二萬

❖ 七千。父母三弟莫不竭思。天命有終,不可復追,憔悴形傷,去留有分。子無隨沒壽,王無扶死之臣。恩情未反,迫褾有制,財幣霧,隱藏魂靈,悲

❖ 痛夫何,涕泣雙併。傳告後生,勉修孝義,無辱生生。唯諸觀者,深加哀憐,壽如金石,子孫萬年。牧馬牛羊諸僮,皆良家子,來入堂宅,

❖ 但觀耳,無得琢畫,令人壽,無為賊禍,亂及孫子。明語賢仁四海士,唯省比書無忽矣。易以永壽三年十二月十六日,太歲在□酉成。

右邊一行為:國子男伯孝,年這六歲,在東道邊,孝有小弟,字閏得,夭年俱去,皆隨國。

以下就部分釋文字義中與前人不同的看法略作說明。

李文中認為;「安國是死者的姓名,姓安,單名國。」按安姓本非漢族姓氏。

據《古今姓氏書辨證》卷七平聲二十五寒部:「安,昌意次子安,居於西方,自號安息國,後漢末遣世子高入朝,因居洛陽。」從《後漢書》中記載的安姓諸人士亦可反映出此點。如安敦為大秦王,安得為車師王,安國為于闐王等等,均為西域人氏。東漢時期,世居中原的漢族中沒有安姓。此畫像石銘文中言及的死者姓氏不詳,名為安國。安國是兩漢時期屢見不鮮的人名。如《漢書》中載有孔安國,《後漢書》中有劉安國等。《尊古齋古璽集林》中收有「朱安國」漢印,《漢印文字徵》卷六亦收入「柳安國」印,均可為證。

「軍土被病,徊氣來西,上正月上旬,被病在床。」「上」字,簡報釋作「土」。李文注云:「軍士指參加鎮壓農民起義的士兵,安國當也是其中之一。……徊氣,徊徨指猶豫不定……意為……一種猶豫不定,軍心動

搖的氣氛瀰漫著。」這樣注釋恐怕缺乏可靠根據。氣，當指疫氣，即大型傳染病。《論衡·命義》云：「溫氣疫癘，千戶滅門。」東漢末年，災荒頻至，疾疫流行，《後漢書·桓帝紀》載：「元嘉元年，京師疾疫。二月，九江、廬江大疫。」延熹九年詔云：「比歲不登，又有水旱疾疫之困。」這些疾疫往往是在天災人禍之後，屍殍遍野而造成的惡性傳染病。《後漢書·桓帝紀》載：「（永壽二年）太山賊公孫舉等寇青兖徐三州，遣中郎將段熲討，破斬之。」《後漢書·段熲傳》云：「擊寶、舉（按即東郭寶、公孫舉）等，大破斬之，獲首萬餘級。」這場大屠殺必然會引起大瘟疫，首先患病及帶菌者，自然有作戰軍士，此即「軍士被病」。傳染病隨著班師的軍隊向西擴散，即「徊氣來西」。安國很可能是在家受染，患病臥床。因為據史載，段熲破公孫舉在七月，而安國患病於「上正月」（此處上似為首意，古代每月初一稱上日，《尚書·舜典》：「正月上日，受終于文祖。」漢·孔安國·傳：「上日，朔日也。」或為過去之意，亦通），即永壽三年正月，為破公孫舉五個月之後。顯然不可能如李文言，是安國在討伐軍中生病。

1　　　　2　　　　3　　　　4

圖1　漢代宀的寫法
1.宿（《武威漢代醫簡》）
2.宨（《馬王堆漢墓帛書·老子》）
3.守（費鳳碑、《隸釋》卷九）
4.密（高彪碑，《隸釋》卷十）

1　　　　　　2

圖2　漢代容字寫法
1.潘乾校官碑，《隸釋》卷五
2.戚伯著碑，《隸釋》卷十二

「卜問醫藥，不為知聞。」李文釋作「不為知間」，注作：「知，借為治，間，間隔，指病情好轉。」審原石「聞」字，「耳」上一橫畫兩邊出頭，乃耳字省筆，並非月字，應釋聞。「卜問醫藥」，是說求神問卜，詢求可否醫治。因病情過重，無法醫治，故而神靈無應，則曰「不為知聞」，即沒有回答。

「壽命不可爭。」「爭」字原石作「諍」。《馬王堆漢墓帛書·戰國縱橫家書》：「臣必以死爭之」，「爭」字即作「諍」。李文云：「諍」同「增」，誤。

「草廬宝容，負土成墳，□養凌柏。」簡報釋作「墓廬擊窀」，李文釋作「草廬舍窀」。後二字按漢代隸書寫法，似應釋作宝容（參見圖1、2）。宝即神主之主，《說文解字·七下》：「宝，宗廟宝祏。」此句意為：住草廬，放置神主。「□養凌柏」首一字，李文、簡報均釋「徐」，解釋為「蓄」字假借，意義可通，但字形尚有差距，故暫付闕如。

「甘珍滋味，嗛設隨時，進納省定，若生時。」李文斷作「甘珍滋味嗛設，隨時進納，省定若生時」。按照東漢碑刻中的習慣句式和韻律，一般多以四字句為主，而且往往協韻。從這件畫像題記的全文來看，也基本上是以四字句為主。

我們認為此段也不例外，上文以「祠」結尾，協「之」部韻，此處兩個「時」字亦協「之」部韻。「進納省定」後疑脫「一」字，讀作「進納省定，一若生時」。是說向安國貢祭禮品和請安問候，都像安國在世時一樣。

「憔悴形傷」，李文及簡報均釋為「憔悴創傷」。原石「刑」字十分清楚。在漢代文字資料中，「形」與「刑」二字互相通假的情況十分多見。如《馬王堆漢墓帛書·老子》171簡「知刑予內，胃之德之行」，《馬王堆漢墓帛書·戰國縱橫家書》268簡「已伐刑」，《銀雀山漢墓竹簡·孫子兵法》154簡「地刑」，《銀雀山漢墓竹簡·孫臏兵法》291簡「知地刑」等，均以「刑」代「形」，形傷即形容毀傷。光和四年十二月乙巳孫根碑云：「遭公夫人憂，憔悴消形，齒不見口。」[151]即與此例近同。

---

151 見《隸釋》卷十。

「子無隨沒壽，王無扶死之臣。」「王」字簡報釋作生，「臣」字簡報與李文均釋作里。李文解釋王借作忘，扶即復，里即理，意思是安國的兒子不應該隨著短命，忘了你父親的恩情沒有報答。細審原石照片，此句末字下面一橫是石花，並非原刻文字中的筆畫，當釋作臣。壽字前似脫一「之」字。此二句應互為對仗，「子無隨沒之壽」為實事，指安國二子先亡，沒有和父親一起卒世的壽算。這一點從石右附刻的安國二子已先亡故的紀錄中可以得知。「王無扶死之臣」為一句虛語，疑採用《春秋左傳》成公十年所載晉平公卒命前，夢小臣負以上天，死後即以之殉葬的典故，感嘆安國死後無子孫扶護喪事。如此則文通字順，不致硬性找出多處假借字後還無法通釋。

「財幣霧，隱藏魂靈，悲痛夫何，涕泣雙併。」「幣」字簡報釋為「幫」。「夫何」簡報及李文均釋作「夫夫何」。李文斷句為：「財幣霧隱藏，魂靈悲，痛夫，夫何涕泣雙併。」解釋為：「金銀財寶務必要隱藏好，安國的魂靈很悲痛，全家人都很傷心呀。哎，何必鼻涕眼淚雙雙併流呢？」這種斷句讀法與漢代文句相距甚遠，解釋也難令人滿意，魂靈悲痛之說恐怕是十分罕見的。我們懷疑「財幣霧」下仍有脫字。此段仍是整齊的四字句。原石中「夫」寫作「去」，故而簡報作者等均誤認為重文。實際上這不是重文符號，而是衍劃。漢隸中「太」字即有在字下加添衍劃的情況，例見圖三。「悲痛夫何，涕泣雙併」，當指安國的父母弟弟們悲痛莫名，涕淚雙流。

圖3　太字加添衍劃
1.《馬王堆漢墓帛書・老子》
2.《武威漢簡・儀禮・太射》
3.衡方碑《隸釋》卷八

「無辱生生」，簡報釋作「生主」。此處「生」字下邊才是重文符號，漢代文字資料中的重文符號均寫在字的右下角，馬王堆漢墓帛書等簡帛資料與東漢石刻中已多有發現，此不贅言。

「太歲在□酉成」，李文作「太歲在矣一目戊」，並解釋「目是日的多筆字」，意思是：「太歲已在此了，一日戊寅（寅字漏刻）。」審原刻，末字顯為「成」字，與銘文開頭的「戊」字明顯不同。另外，按照古代紀年習慣，以虛擬的歲星──太歲所在周天上的位置紀年時，一律在「太歲在」後面接以干支或太歲年名。例如東漢建和元年敦煌長史武斑碑「建和元年太歲在丁亥」[152]，東漢延熹七年元氏封龍山頌「延熹七年歲次執徐」[153] 等。在現存的古代文獻及石刻銘文中，還從未有過「太歲在矣」這樣的詞句。而且古代每月一日多稱為朔日，從未稱作「一日」。原刻中「一目」二字相距甚近，故而懷疑它實際上是酉字缺筆而造成。「太歲在」以下一字似「癸」字。但永壽三年歲在丁酉，「癸酉」不通，此字是否誤舛，尚存疑待正。

原載《文物》1990 年第 9 期

---

152 見《隸釋》卷六。
153 見《八瓊室金石補正》卷四。

「聚」在古代銘刻中的實證

　　古文獻中常常出現「聚」這一行政單位，它的範圍、大小也有明確的定義。

　　《管子・乘馬篇》：「以實數方六里命之曰暴，五暴命之曰部，五部命之曰聚。聚者有市，無市則民乏。五聚命之曰某鄉，四鄉命之曰方，官制也。」《史記・五帝本紀》「（虞舜）一年而所居成聚，二年成邑，三年成都。」《正義》曰：「聚……謂村落也。」《史記・秦本紀》：孝公十二年「作為咸陽，築冀闕，秦徙都之。並諸小鄉聚，集為大縣，縣一令，四十一縣」。正義曰：「萬二千五百家為鄉，聚猶村落之類也。」《史記・始皇本紀》：「武公……葬宜陽聚東南。」《史記・商君列傳》：「而集小（都）鄉邑聚為縣，置令、丞，凡三十一縣。」《漢書・平帝紀》：「鄉曰庠，聚曰序。」注：「張晏曰：『聚，邑落名也』。師古曰：『聚小於鄉』。」《枚乘列傳》：「禹無七十戶之聚。」《說文解字・六下・邑部》：「酇：百家為酇。酇，聚也。」八上㐱部：「聚：邑落云聚。」

　　由以上文獻引證，可以看出，聚是在春秋戰國時期產生，至東漢尚存的一種農村行政單位。它略小於鄉。居民在百家左右。

　　但我們在出土器物及傳世的古文字資料上常常見到的並不是「聚」而是「鄉」、「里」。如：戰國陶文：「去匋里迤」（《鄒滕古匋文字》），漢魏南北朝木簡、銘旌、墓誌有武威磨咀子漢墓王杖十簡「汝南西陵縣昌里」（《考古》1960年第9期，第23頁），銘旌「姑臧北卿（鄉）西夜里」（同上，第15頁）。晉永嘉元年石尠墓誌「樂陵厭次都鄉清明里」（《漢魏南北朝墓誌集釋》冊三第10頁），北魏太昌元年李彰墓誌「河南郡洛陽縣澄風鄉顯德里領秦州隴西郡狄道縣都鄉和風里」（同上冊四，第178頁）。隋大業五

年郭世昌墓誌：「河南郡雒陽縣景福鄉景義里」（同上冊五，第285頁）等等。因此，「聚」這一行政單位是否確實存在，長期以來沒有實物證據可作證明。

一九五四年，洛陽文管會在防洪工程中發現了一對南北朝時期的石天祿闢邪。其頸部刻有「緱氏蒿聚成奴作」七個字（見《文物參考資料》一九五四年第十期封三）。這是一件可以證實「聚」這一行政單位確實存在的信物。

緱氏為漢河南郡屬縣。《漢書・地理志》：「河南郡緱氏」注：「劉聚，周大夫劉子邑。」《括地志輯校・三》：「洛州緱氏縣，緱氏故城在洛州緱氏縣東二十五里，滑伯國也。劉累故城在洛州緱氏縣南五十五里，乃劉累之故地也。」《漢書・郡國志》注亦稱劉累故邑為劉聚。可見當地一直沿存「聚」這一行政單位。

原載《考古》1983年第3期

《鄭州市發現兩批北朝石刻造像》釋文補正

《中原文物》1981年第2期〈鄭州市發現兩批北朝石刻造像〉一文中介紹了六件北魏至北齊的造像。其中三件造像題銘的釋文中存在一些問題。現試加補正予下：

正光二年扈豚造像：

原釋文：大魏正光二年歲次辛丑，七月丁酉二日戊戌。清信士佛弟子扈𧱮為家□造石像一堀（軀），合門大小（，）二生龍天（，）逢遇如來，悟落三途（，）速令解脫，因緣眷屬（，）恆會善居，所求如願願從心。(括弧內標點係筆者補加，下同。)

補正：造像主姓名應作扈豚，漢代至南北朝時期常以豚為名，如漢印「妾盧豚」（《十鐘山房印舉》冊十一第47頁）等。銘中𧱮字從肉從象。象與豕在漢至南北朝隋唐時期常互相通用。如漢印「錡𧱮」（《陶齋藏印》三集），「史𧱮」（《程荔江印譜》下冊第13頁）等均將豚寫作𧱮，北魏永安二年元𬨎墓誌：「司徒掾」（《漢魏南北朝墓誌集釋》三冊第46頁）將掾字寫作掾，北周保定三年賀屯植墓誌（《漢魏南北朝墓誌集釋》四冊第225頁）「封」將豕寫作象，又唐寫本易經釋文中孚：「豚」作𧱮（《古籍叢殘》），均與此銘寫法相同。

「二生龍天」應釋作上生龍天。可能是由於上字中間一豎不清楚而造成。上生為造像題銘中慣用語。如太和十四年邊定光造像題字「願上生天上」（《八瓊室金石補正》以下簡稱八瓊、卷十二第17頁），神龜三年翟蠻造彌勒像「原使亡者上生天上，托生西方」（《陶齋藏石記》卷六第22頁）等等。

「悟落三途」，當釋作誤落三途。悟、誤聲音相同假借。佛教所稱三途為火途、血途、刀途，指地獄裡用猛火所燒之處、畜生相食之處和餓鬼以刀劍棍棒逼迫之處。總之，是指苦難世界。所以，造像中均稱：「解脫三塗惡（惡）道」（八瓊卷十二第19頁〈太和□九年丘穆陵亮夫人題記〉）、「永離三途」（八瓊卷十三第6頁〈永平三年尼法慶題記〉），因此悟應是誤的假借字。同樣用法例見：太和廿二年始平公造像記「若悟（誤）洛（落）人間」。（《金石萃編》卷廿七第18頁，以下簡稱萃）太和十四年邊定光造像題字「若墮三塗，速得解脫」，則與此銘文義相似。

「所求如願願從心」一句，按照通例，如下脫一是字。如北魏延昌元年劉洛真造像記「咸願如是」（萃卷廿七第38頁），孝昌三年元寧造像記「所願如是」（萃卷廿九第23頁），東魏武定三年故比丘曇靜兩題「所願如是」（八瓊卷十七第6頁）等等。

孝昌三年扈文顯造像：

原釋文：孝昌三年四月十五日，清信士佛弟子扈文顯為忘（亡）妻張化融，忘（亡）息（媳）扈（德）蠔，忘（亡）女扈妨仁造石像一堀（軀）。願使忘（亡）者脫安洛之處，願願從心。

補正：顯字，審原題記照片中作顙，當是顯字殘缺，即顯字之異體。此係漢至南北朝時期習見寫法。例如：北魏正始三年冗從僕射等題記「實須時顙」（八瓊卷十三第2頁），正光二年傅姆王遺女墓誌「顙祖」（《漢魏南北朝墓誌集釋》三冊第21頁），東魏興和四年大吳村百人造像記「邑子吳顙叔」（八瓊卷十九第17頁）等均將顯寫作顙。

忘息之息字釋作媳不妥。太和十四年邊定光造像題字中有「息回服……」又有「息女要資（姿）……」。景明四年廣川王太妃侯自造彌勒像記（八瓊卷十三第2頁）稱「願孫息延年神志速就，胤嗣繁（蕃）昌，慶光萬世……」正光二年錡麻仁造像碑稱「祖君鑄光，父錡元白，像主錡麻

仁，息錡莆口，孫鑄昌德……」（見《考古》1965年第3期〈耀縣石刻文字略志〉）從以上例證可知，息是子息之息，不是兒媳之媳。戰國至隋唐之間均稱子作息，或息子、息男，稱女兒作息女。

　　厦悳蠔，應釋作厦惡蠔。《玉篇·卷二十五·蟲部》：「載，毛蟲。蠔，同上。」將這裡的悳釋作德則於義不通，它是將與形狀相近的悳誤作一字了。悳是（惡）字異體，惠是德字簡省，如北齊河清三年在孫寺造像記題名「邑子王悳蠔，邑子高要惠（德），邑子相（德）臣」（萃卷卅三第8頁），（惡）與（德）區別很明顯。南北朝時常見人名作「惡奴」，「惡婢（婢）」，「惡蟲」，「惡蠔」等。例如：梁天監十八年始興忠武王碑「吏金惡奴」（萃卷廿六第5頁），東魏武定七年義橋石像碑「張惡婢」（萃卷卅一第5頁），北齊天統三年宋買造像銘，「邑子宋悳蟲」（萃卷卅四第2頁），東魏興和二年敬史君碑：「州都郭悳蠔」（萃卷卅第7頁）等。《敦煌石室晉人寫經》（神州國光社民國二十年影印本，疑為南北朝寫本）「亦復不與惡人相近」。東魏武定六年邑主造像記「有善有惡」（萃卷卅一第15頁），北齊河清間智超等人造像記：「唯百惡雲消」（八瓊卷十六第28頁），北周天和五年宇文達造像記：「願使眾惡殄滅」（萃卷卅七第20頁）等銘刻中惡字作悳及悳，可以證明該悳字應該讀作惡。

　　「脫安洛之處」，脫字應釋作托，為托生一詞的簡略，或「脫」下落一「生」字。北魏永平三年尼法慶題記：「願使來世托生西方妙樂國土」（八瓊卷十三第6頁）。無年月崇□達為父造像記「願忘（亡）父托生西方妙樂國土」（八瓊卷十六第8頁），及前文所引翟蠻造彌勒像記「托生西方」等等，均可為證。洛則是樂的假借字。

天保七年韓克智造像題銘釋文：

　　「合家眷同登正覺。」審原文所附圖版中銘文，眷字下尚存一「屬」字。

原載《中原文物》1983年第3期

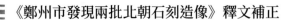

釋「庿」字

　　大同雲岡第十一窟中的太和七年造像題記是北魏時期最早的重要造像題記之一。其中有一句為：「敬造石庿形象九十五區及諸菩薩。」文中「庿」字，以前均釋作「廟」，並無異議。可是〈雲岡石窟研究三種〉（載《中國歷史博物館館刊》一九八○年總第二期）一文中卻提出了一種新的看法，該文稱：「還應指出的是，『石庿形象』的『庿』字，長期以來，被誤認為『廟』。按《說文解字》：『庿，厲石也……《詩》曰：他山之石，可以為厝。』又如本題記『庿』作『庈』，廟則應從廣從朝。一窟之內造九十五石廟，在雲岡第十一窟中無物以證。」這種說法完全是由於作者未曾注意到南北朝隋唐時期廟字的幾種寫法所致。它給本來已經得到正確釋讀的題記又造成了誤解。今列舉一些文例，予以說明。

　　《說文解字·九下·廣部》廟字古文作「庿」。戰國銅器中山方壺銘文云：「外之則牁（將）迖（使）堂（上）勤（觀）於天子之庿（廟）」，廟字正作庿（見《文物》1979年1期〈河北省平山縣戰國時期中山國墓葬發掘簡報〉），與《說文》古文相同。北魏永安二年爾朱襲墓誌「君於是受蠻庿堂」（見《漢魏南北朝墓誌集釋》四冊第173頁）六朝寫本《詩經·小雅·車攻》：「宗庿」（見《古籍叢殘》），唐寫本《穀梁傳》莊公廿三年「朝於庿」（同上）等仍沿用此寫法，借用同音的聲符苗替代朝。其間又形變作庿。如隋大業六年薛保興墓誌「廊庿方岳」（見《漢魏南北朝墓誌集釋》五冊第292頁），唐寫本《春秋左傳》僖公八年「禘於太庿」（見《古籍叢殘》）唐大中十年李畫墓誌「庿堂」（見《陶齋藏石記》卷卅四第1頁）。由此進一步借用形體相近的昔代替苗，將廟寫作庿或厝。如北魏永安元年元欽墓誌：「厝勝之規」（見《漢魏南北朝墓誌集釋》三冊第64頁），東魏天平元年王僧墓誌：「庿

筭（算）之功」（同上，四冊第184頁），隋大業八年孔神通墓誌：「魏孝文皇帝親幸靈庿」（同上，五冊第301頁），唐寫本類書「文公為之立庿」（見《古籍叢殘》），唐寫本《老子化胡經》「破塔懷（壞）庿」（見《鳴沙石室古佚書續編》）等等，都將「廟」字寫作「庿」。由此可見，太和七年造像題記中的庿字仍應釋作廟。

古代文字中由於形體相近而借用、通用的現象很多。日、田二字相互通用就是其中一例。早在戰國文字中，昔字就可以寫作苗。如中山銅鼎銘文「筥者」，中山銅圓壺銘則作「苔者」（見《文物》1979年第1期〈河北省平山縣戰國時期中山國墓葬發掘簡報〉）。漢印中遷字作𤲬（見《待時軒印存》龐遷之印），又可以寫作𤲬（見《范氏集古印譜》范遷私印）。星字又寫作疊，如漢印：疊（見《十六金符齋印存》），東漢光和六年唐扶頌「蠻貉振疊」（見《隸釋》卷四第7頁），北魏正始四年元鑒墓誌「靈射疊祉」（見《漢魏南北朝墓誌集釋》三冊第45頁）。顯字作顯，如東漢中平五年張納功德敍：「平顯共光」（《隸釋》卷五第10頁），熹平六年斥彰長田君斷碑「顯著仁德」（《隸續》卷廿第1頁）；又寫作顯，如建安廿一年熊君碑「君功顯宿著」（《隸釋》卷十一第14頁），東魏興和二年敬使君碑陰「陽翟太守敬鴻顯」（見《金石萃編》卷卅第20頁），北齊河清三年在孫寺造像記「顯南業」（同上，卷卅三第8頁）等。蕾字作薔，如北魏正光元年□玄墓誌「臨薔人也」。以上所舉諸例，均為日、田二字通用。庿（廟）庿相通用亦屬此例。

由於南北朝碑刻造像題記中異體字多見，所以，釋讀時應注意根據原文語句及上下文關係來正確識別文字。如果僅強調了該窟內無九十五處石廟，就會不顧文義是否通順，將庿誤讀作厤。同時，該文斷句也有錯誤。這句話不能連讀，而應讀作：「敬造石廟，形象九十五區（軀），及諸菩薩。」如此則文通字順，如讀作石厤形象，則使人不得其解。原文中提及該組造像主體為彌勒、釋迦、多寶等七像，兩側又有八十八尊佛像，共

九十五像。題記上龕內有觀音、大勢至、文殊師利等菩薩像，即題記中所言諸菩薩。造像與題記相符，也說明我們這樣釋讀是符合實際情況的。

原載《中國歷史博物館館刊》第5期

墓誌溯源

　　墓誌是漢魏南北朝以來出現的一種重要祔葬品，也是一種寶貴的古代文字資料。根據出土情況來看，一般習見的墓誌多為方形石質（或磚質），有盝頂蓋，大多平放在墓室中墓門前、墓主頭前或甬道中。其文體簡繁不等，字數由十數字至數千字。在此之前，還有過一段形制無定的時期。

　　墓誌是十分重要的考古資料，其中保存了豐富的歷史資料，透過它可以了解當時的社會狀況、職官、氏族、地理建置、風俗制度、歷史變遷等等。它又是古代一種重要的文體，文人士子多所撰寫。很多墓誌出於一代名流之手，在文學史上也占有重要的地位。隋唐時期，墓誌極為盛行。雕飾、書法和文體都達到其藝術高峰，上自王公仕宦，下至庶民百姓，咸共採用。直至宋元明清，官僚望族、士子文人仍然在墓中埋設墓誌。墓誌通用歷史之悠久，保存史料之繁多，形制文體之相對穩定，是其他一些考古文字資料難以相比的。

　　作為封建社會埋葬制度中重要成分之一的墓誌，它是怎樣產生，又是怎樣演變成現在習見的標準形制的？它究竟起源於哪一歷史時期？對此，前人則眾說紛紜，莫衷一是，甚至一些與墓誌起源有關聯的墓中銘刻名稱也未予以統一。我們覺得，有必要在前人論述的基礎上，進一步加以探索。

　　前人對墓誌起源的看法中，具有代表性的有以下幾種：

(一) 始於西漢。清代葉昌熾《語石》卷四：「王氏《萃編》（《金石萃編》）曰：《西京雜記》稱前漢杜子春，臨終作文刻石，埋於墓前。《博物志》載西京時，南宮寢殿有醇儒王史威長之葬銘，此實誌銘之始。」

(二) 始於東漢。羅振玉《遼居稿》延平元年賈武仲妻馬姜墓記跋云：「漢人墓記前人所未見，此為墓誌之濫觴。」馬衡《中國金石學概要》第

四章謂墓誌之制「始於東漢，《隸釋》載張賓公妻穿中文，即壙中之刻」。[154] 趙萬里《漢魏南北朝墓誌集釋》卷一馮基石樟題字 (大康三年) 按：「近年陝北出土郭仲理石樟 (按屬東漢) 亦皆有銘。或以專，專之有字者尤多……稍後以誌銘代樟銘，與前世風尚殊矣。」

(三) 始於魏晉。日本的歷史學者日比野丈夫〈關於墓誌的起源〉稱：「由於魏晉時代嚴禁在墓前立碑，迫不得已，在墓中埋下小型的石碑來代替墓碑，這被看作是墓誌的起源。」[155]

(四) 始於南朝。清代顧炎武《金石文字記》卷二大業三年滎澤縣令常丑奴墓誌跋云：「墓之有誌，始自南朝。《南齊書》云：『宋元嘉中顏延之作王球石誌。素族無碑策，故以紀德。自爾以來，王公已下，咸共遵用。』」清代端方《陶齋藏石記》卷五云：「劉懷民誌作於大明七年，適承元嘉之後，此誌銘文字導源之時代也。」

這幾種說法，或依文獻，或據實物，或引政令，或就銘文，對墓誌的起源這一問題做了種種論斷。但這些看法並未得到統一，而且以上看法限於資料，尚嫌不夠全面。古代社會中，任何一種典章制度和任何一種器物形制的形成，都要經過一個逐漸演化的過程，而不是突然產生出來的。墓誌自然也不例外。因此，要想明瞭墓誌的起源，除分析、研究公認為是墓誌的墓中銘刻外，還需要將其他各類墓中銘刻資料逐一加以歸納分析，尤其是研究它們的出土情況、形制、文體、內容及埋設目的等等。我們在此即先將漢魏南北朝時期的墓葬銘刻分類進行討論，希望從中得出較為合理的結論。

---

154 《凡將齋金石叢稿》第89頁 (中華書局1977版)。
155 (日)《江上波夫教授古稀紀念論文集・民族・文化篇》。

一、告地狀

首見於西漢早期墓葬中,是書寫在木質簡牘上的文書。審其內容,可知它是墓主隨身攜帶,由陽世到陰間去的通行證以及隨葬品的證明文書。它雖然表現為迷信的內容,但行文的目的很明確,態度也是十分認真虔誠的。它反映出在當時宗教信仰中把陰間完全看作陽世的翻版。在神祇下面,仍然設有各級官吏管轄死者。死者身帶告地狀,表示將死者戶籍及隨葬器物移交給地下官吏,因此,它完全仿效陽世官方文書。我們試將出土資料中的秦漢官司文書與告地狀對比一下,就可以清楚的認識這一點。

秦漢文書符傳例證如:

「廿年四月丙戌朔丁亥,南郡守騰謂縣、道嗇夫⋯⋯以次傳,別書江陵布,以郵行。」(《睡虎地秦墓竹簡・語書》)

「二月癸酉,河南都尉忠,下郡太守,諸侯相,承書從事。下當用者,實字子功,年五十六,大壯,黑色長鬚⋯⋯」(《居延漢簡甲編》,919A簡)

「建昭二年十二月戊子朔戊子,吞遠候長湯敢言之,主吏十人,卒十八人,其十一人皆作校更相校。不難害。堠上不乏人,敢言之。」(同上,714簡)

「居延計掾衛豐子男居廷平里衛良年十三,軺車一乘,馬一匹,十二月戊子北出⋯⋯」(同上,1959簡)

「永光四年正月己酉,橐他延壽隧長孫時符,妻大女昭武萬歲里□□,年卅二。子大男輔年十九歲,子小男廣宗年十二歲,子小女足年九歲,輔妻南來年十五歲,皆黑色⋯⋯」(《居延漢簡釋文》卷一第82頁)

告地狀例則有:

江陵鳳凰山168號西漢墓出土的一件,文作:「十三年三月庚辰江陵丞敢告地下丞,市陽五大夫墜之言,與大奴良等廿八人,大婢益等十八人,

軺車二乘，牛車一兩，驪馬四匹，騂馬二匹，騎馬四匹。可令吏以合事，敢告主。」[156]

鳳凰山十號墓出土一件，文作：「四年後九月辛亥，平里五大夫倀（張）偃［敢］告地下主，偃衣器物所以蔡（祭）具器物。各令會以律令從事。」[157]

馬王堆三號墓出土一件，文作：「（文帝）十二年二月乙巳朔戊辰，家丞奮移主（藏）郎中，移（藏）物一編。書到先選具奏主（藏）君。」[158]

江蘇邗江胡場五號漢墓出土一件，文作：「卅七年十二月丙子朔辛卯，廣陵官司空長前丞［龍？］敢告土主：廣陵石里男子王奉世有獄事，事已復，故。郡鄉里遣自移詣穴。卅八年獄計承書從事。如律令。」[159]

透過以上對比，可以看到，告地狀和官司文書從內容、行文格式到一些習用詞語都基本相同。它們均以年、月、朔、日（干支）起首，續以行書官員、受書官員職名，然後是文書內容，最後註明文書行布方式，或以如律令結尾。在告地狀裡，只是把陽世官員換成了「地下丞」、「土主」、「主藏郎中」等陰間官吏。這種嚴格仿效官司文書實物的做法顯示告地狀這種形式的原始性。

上文中引用的告地狀，根據其內容，又可以分為兩類：一類為向陰間官吏移交隨葬衣物的證明，如鳳凰山十號墓及馬王堆三號墓出土者。一類為死者本人名籍的移交文書，如鳳凰山168號墓及邗江胡場五號墓出土者。前一類又可能與隨葬的衣物疏、遣策（記載隨葬器物的簿冊）有所關聯。那麼，它就可以與戰國時期墓葬中出土的遣策（如隨縣曾侯乙墓、信陽楚墓等處出土者）相連貫穿起來。在現在見到的戰國墓葬中，還沒有發現可以與後一類告地狀相應的實物。所以，我們推測後一種告地狀當始於秦漢時期。

156　見《考古》1976年第1期〈從江陵鳳凰山168號墓看漢初法家路線〉。
157　見《文物》1975年第9期〈關於鳳凰山168號漢墓座談紀要〉俞偉超先生發言。
158　同上。
159　見《文物》1081年第11期〈江蘇邗江胡場五號漢墓〉。

與墓誌相比，告地狀行書的對象是完全不同的，文體上也極少相通之處。但告地狀中詳細記錄了死者的卒（或葬）日，以及官職、姓名、籍貫等，實開誌墓風氣之先河。就此而言，它與後世的墓誌是存在著一定的淵源關係的。

二、鎮墓券、買地券

東漢時期，讖緯之學興起，道教迷信盛行，尤其是東漢末年，由於社會危機加劇而普遍流行起來太平道，造成墓葬銘刻中的宗教虛妄內容日益增多。從而產生了鎮墓神瓶和鎮墓券這種類型的墓中銘刻形式。東漢初平四年王氏朱書陶瓶就是一件這樣的典型器物，其銘文為：「初平四年十二月己卯朔十八日丙申直危。天帝使者謹為王氏之家後死黃母當歸舊閲，慈告丘丞、墓柏、地下二千石、蒿里君、墓黃、墓主、墓故夫人、決曹、尚書令，王氏塚中先人，無驚無恐，安穩如故。令後增益財口，千秋萬歲無有殃咎。謹奉黃金千斤兩，用鎮塚門。地下死籍削除。文他殃咎。轉要道中人。和以五石之精。安塚墓，利子孫。故以神瓶鎮郭門。如律令。」[160]我們可以看到，鎮墓神瓶（券）的文體格式與告地狀有著相似之處，當與告地狀有一脈相承的密切關聯，但它增加了大量祈福免禍的禱詞，文書的簽寫者與收受者都變成了虛妄的神怪。其主要目的則是希望使死者安息地下，生者延年益壽，消災免咎，增益財富人口。因此，它逐漸變為一種獨立的墓中銘刻。它不起誌墓的作用。這種作用可能被當時存在過的墓表、墓磚銘、柩銘等器物接替過去了。

東漢時期的另一種墓中券約 —— 買地券，分為甲乙兩種，甲種摹仿真正的土地券約，如熹平五年劉元臺買地磚券，其銘為：「熹平五年七月庚寅朔十四日癸卯。廣□鄉樂成里劉元臺從同縣劉文平妻□□代夷里塚地

160　見《文物》1980 年第 1 期〈漢初平四年王氏朱書陶瓶〉。

一處，賈家二萬。即日錢畢。南至官道，西盡□瀆，東與房親，北與劉景□為家。時臨知者劉元泥，狀安居，共為券書平誓。不當賣而賣，幸為左右所禁固平□為是正。如律令。」[161]乙種則是以甲種買地券為基礎，加入了鎮墓解適的文字，或以鎮墓券文為基礎，加入了虛擬誇張化的土地價格，變為純迷信用品的買地券。如延熹四年買地券，文作：「延熹四年九月丙辰朔，卅日乙酉直閉。黃帝告丘丞、墓伯、地下二千石、墓左、墓右、主墓獄吏、墓門亭長，莫不皆在。今平陽偃人鄉筥富裡鐘仲游妻薄命蚤死。今來下葬，自買萬世塚田，賈直九萬九千。錢即日畢。四角立封，中央明堂，皆有尺六桃券，錢布，鈆人。時證知者先□曾王父母□□□氏知也。自今以後，不得干擾生人。有天帝教。如律令。」[162]關於這方面的研究，《考古學報》1982年第一期吳天穎〈漢代買地券考〉一文已做了詳盡的論述，本文即不再重複。

上文已經談到，鎮墓券與告地狀的內容及作用有著本質上的區別。買地券同樣如此。鎮墓券以神怪迷信內容為主，買地券則與墓地購置及道教鬼神崇拜有關。它們作為宗教迷信的產物，自成一類，延至明清仍在使用。東漢的鎮墓券、買地券又多為鉛質長方形條狀物。這也是為道教崇拜所決定的。顯然，它們與後來的墓誌之間沒有什麼明顯的關聯。

日比野丈夫曾經以附有買地券約的北魏延興二年申洪之墓誌為例，推測買地券可能是墓誌的起源之一。申洪之墓誌1940年代出土於大同附近，在〈關於墓誌的起源〉一文中首次發表。因此先轉引於下，再加以討論。該誌文為：「君姓申，諱洪之。魏郡魏縣人也。曾祖鐘，前趙司徒、東陽公。祖道生，輔國將軍、兗州刺史、金鄉縣侯。子孫家焉。君少遭屯蹇，與兄直勤令乾之歸命於魏君。識幹強明，行操真敏，孝友慈仁，溫恭惠和。兄弟同居，白首交歡，閨門怡怡，九族式軌。是以詮才委任，甫授

161　見《文物》1980年第6期〈揚州甘泉山出土東漢劉元臺買地磚券〉。

162　見《貞松堂集古遺文》卷一五。

東宮莫提，將闡茂績，克崇世業，而隆年不遐。年五十有七，以魏延興二年十一月五日喪於京師。以舊墳懸遠，歸窆理難，且贏博之葬，蓋隨時矣。考謀龜筮，皆亦云吉，遂築堂於平城桑乾河南。形隨化往，德與時著，敢克勘石，以昭不朽。先地主文忸於吳提賀賴吐伏延賀賴吐根高梨高都突四人邊買地廿頃，官絹百匹，從來廿一年，今洪之喪靈永安於此，故記之。」

　　這件墓誌大部分內容都與一般的墓誌相同，特殊的是在它的末尾記錄了葬地的買賣情況，這是迄今為止在墓誌中僅有的一例。能不能根據這一個特例來斷定買地券對墓誌有所影響呢？顯然是不可能的。況且申洪之墓誌中的土地買賣紀錄與買地券毫無相似之處。吳天穎〈漢代買地券考〉一文中已經指出了，買地券並非真實的土地券約，而僅僅是隨葬用的明器。早期買地券尚在內容格式上模仿實際買地文書。東漢晚期的買地券則已完全充滿神怪迷信的虛妄內容，沒有實用意義。申洪之墓誌中附有的土地買賣紀錄則不同，它是真實的土地買賣情況。其中記錄了確實的土地頃數，地值用官絹計算而不套用買地券中習用的錢數，特別是記錄著先地主文忸廿一年前買地的情況，而不是申洪之買地的情況。以上種種，乃是這一土地買賣紀錄為真實情況的證明。為什麼申洪之墓誌中要附有這一買地紀錄呢？我們認為，它可能與當時特定的歷史情況有關。墓誌中賣地者均為鮮卑人氏，而申洪之則是投降北魏的漢人官吏。北魏初期，在鮮卑貴族統治下，民族壓迫十分嚴重。鮮卑部族瓜分了中原各族人民的土地。漢民族，包括漢族士人的地位大大低於鮮卑人。這樣，申洪之的家屬在曾經屬於鮮卑人的土地中營造墳墓，不免會擔心以後土地再度他屬。因此，他們在墓誌上刻上買地經過，確切的表明土地所有權。申洪之墓誌中附加買地紀錄，是這種特殊條件下的產物，故不能藉此說明買地券是墓誌的起源之一。

三、柩銘

楊樹達先生《漢代婚喪禮俗考》第二章第五節「棺已盛屍為柩，柩上書死者之官職姓名」一句下引《漢書·薛宣傳》云：「其以府決曹掾書立之柩以顯其魂。」我們現在尚未見到兩漢的柩銘。但《莊子·則陽》記載：「衛靈公死，卜葬沙丘而吉。掘之數仞，得石槨焉……有銘焉，曰：不馮其子。」《太平御覽》卷五五二引《博物志》云：「漢滕公薨，公卿送至東都門。四馬悲鳴，掊地不行，於蹄下得石槨，有銘曰：佳城鬱鬱，三千年，見白日。吁嗟，滕公居此室。」又卷五五一引《異苑》云：「海陵如皋縣東城村邊海岸崩，壞一古墓，有方頭漆棺，以朱題上云：『百七年墮水，元嘉二十載三月墜於懸瀆。』」以上文獻記載，雖然摻雜了神異迷信的成分，但也可以反映出兩漢、甚至戰國時期已存在著柩銘這一事實。

刻寫在棺槨上的葬銘應該來源於喪禮中覆於棺上的銘旌。《儀禮·士喪禮》云：「為銘各以其物，亡則以緇長半幅，赬末長終幅，廣三寸。書銘於末曰：某氏某之柩。」這種柩銘在喪禮中樹於柩前，埋葬時覆於柩上。馬王堆一號漢墓中出土的「非衣」可能即與此類似。1950年代末期，在甘肅省武威磨嘴子地區的一批東漢墓中，曾出土過幾件覆蓋在棺蓋上的銘旌。現轉引於下，以供參考。

M22棺蓋上，麻質銘旌，銘曰：「姑臧渠門里張□□之柩。」

M23棺蓋上，麻質銘旌，銘曰：「平陵敬事里張伯升之柩，過所毋哭。」

一九五七年清理的墓葬中也發現過一件銘旌，銘曰：「姑臧北鄉閭道里壺子梁之［柩］。」[163]

這些記錄死者籍貫姓名的銘旌正與《儀禮·士喪禮》所載相同。顯然，它發揮著誌墓的作用。東漢時期盛行磚室墓、畫像石墓，石棺槨可能也有所採用。在棺上覆以銘旌的做法也會逐漸被在棺槨上刻寫銘文的做法

163　以上見《考古》1960年第9期〈甘肅武威磨咀子漢墓發掘〉。

所代替。唐代杜佑《通典》卷一三九禮部九九、三品以上喪中，掩壙一節云：「主人拜稽顙，旌銘，誌石於壙門之內，置設訖，掩戶，設關籥，遂覆土。」說明當時的旌銘已經不再覆於棺蓋之上，而是和墓誌相類，一起置放在墓門前了。現存實物中尚未見到東漢樞銘，但《隸續》卷二〇記載了永初七年延年益壽樽題字，可能即為棺樽刻銘。至於晉代樞銘尚有物證，體例仍與此相同。如：晉太康三年馮恭石樽題字「晉故太康三年十二月三日己酉，趙國高邑導官令太中大夫馮恭字元恪」；[164] 元康三年樂生樞銘「陽平樂生之樞」[165] 等等。值得注意的是，晉代一些樞銘雖然在銘中稱作某氏某之樞，但並非刻於棺樽之上，而是單獨刻成一塊小型的碑石，如元康六年賈充妻郭槐樞銘，為一高76公分，寬31.2公分，圭首形制的刻石。[166] 元康八年魏雛樞銘亦為一附有兩個小石柱的磚銘，高45.5公分，寬21公分。[167] 又洛陽古代藝術館藏元康三年裴祗樞銘亦為一單獨刻石。這種樞銘，實已向墓誌過渡，與兩漢時期所稱的樞銘有所不同。

四、墓磚銘

東漢時期，已經有大量墓磚銘存在，其中年代最早的是東漢建初年間的墓磚。清代方若《校碑隨筆·建武墓磚文字》中記載：「篆書、陽文十三行、行二字，歸予。磚文類墓誌，誌誌蓋始於東漢也。山東青州出土。未見著錄。」其磚文為：「父以建武二十五年母以建初四年終。少子侵行喪如禮，大歲在巳伴。」據此可知該墓磚造於建初四年後。稍晚於此磚年代，有永和年間以下的東漢刑徒墓磚，多出土於當時首都洛陽附近，早在清代已有出土和著錄。端方曾挑選百餘件編入《匋齋藏磚記》。羅振玉也搜取編輯為《恆農塚墓遺文》、《恆農磚錄》等。1945年後，洛陽附近有過大量

164　見《漢魏南北朝墓誌集釋》冊三。
165　同上。
166　同上。
167　同上。

出土。如《考古通訊》1958年第6期〈漢魏洛陽城刑徒墳場調查記〉,《考古》1972年第4期〈東漢洛陽城南郊的刑徒墓地〉等報告中所介紹的數百方磚銘。張政烺先生〈秦漢刑徒的考古資料〉一文中談到:「今日所見這類刑徒誌磚皆厚黑堅實,字劃係後刻,疑即以建築用磚為之。」[168]上述報告中記錄的墓磚大小正與當時建設用磚相近,其長約30至40公分,寬20至25公分,厚10公分左右。〈東漢洛陽城南郊的刑徒墓地〉一文中介紹:「墓磚放置的位置,以放置兩塊墓磚為例,大體上是一塊放在骨架的上身,一塊放在骨架的下身。猜想是把棺材下於墓坑後,即將墓磚扔置於棺上。」

　　刑徒墓磚銘的大量發現,證明當時確已存在著誌墓的風習。墓磚的放置方法與後代的墓誌置法也很相似。它與告地狀、柩銘等類同之處,是同樣註明死者的名籍、身分、卒年月日,不同之處即標明了這是死者屍骨所在,似為家屬遷葬而用。其銘例云:

「永和三年□月七日弘農盧氏完城旦史□死(屍)在此下。」[169]

「永元五年二月七日無任江夏安陸鬼新(薪)張仲死此中。」[170]

「□□無任東郡雙完城旦□侯□延光四年物故在此下。」[171]

「無任河南雒陽髡鉗趙巨元初六年閏月四日物故死。」[172]

東漢末年與魏晉南北朝時期仍有在墓磚上刻銘的現象。如:

「延熹七年五月九日己卯入時雨萬置年(萬年彊)。」[173]

「甘露二年胡公輔立葬,宜子孫,壽萬年,胡世子宜萬。」[174]

「宋元嘉廿二年,沈麻雁塚。」[175]

「晉故使持節都督青徐諸軍事征東將軍,軍司關中侯房府君之墓。君

168　見《北京大學學報》〔社會科學版〕1958年第3期。

169　見《考古通訊》1958年第6期〈漢魏洛陽城刑徒墳場調查記〉。

170　見《陶齋藏磚記》卷上,第11頁。

171　見《考古通訊》1958年第6期〈漢魏洛陽城刑徒墳場調查記〉。

172　見《考古》1972年第4期〈東漢洛陽城南郊的刑徒墓地〉。

173　見《廣倉磚錄》冊二。

174　見《千甓亭古磚圖釋》卷二,第19頁。

175　同上,卷一五,第11頁。

諱宣，字子宣，和明人也。璜君之子。夫人王氏。大康三年二月六日。」
（磚銘原注：長一尺四寸，廣一尺四寸。）[176]

　　這時的墓磚銘還分為兩種，一種用印模大量印製，同一墓中出現多
塊。另一種刻文或寫文，一般一墓一塊。它們的內容形制與石製墓誌最為
接近。南北朝隋唐時期出現了不少磚質墓誌，至於一些缺少石料的地區則
全用墓磚刻寫墓誌。這時的墓磚銘已經過渡為墓誌。磚尺寸較大，文體也
漸趨完整，但與石墓誌相比仍較簡率，與漢魏兩晉時期的墓磚銘相比則
無根本上的區別，如正始元年許和世磚誌[177]、興和三年范思彥磚誌[178]等。
黃文弼先生《高昌磚集》中收集了高昌國自章和七年（西元537年）至唐永
徽、顯慶年間的墓誌一百二十四方，均為磚製。黃文弼先生〈吐魯番發現
墓磚記〉云：「墓磚則砌入墓道牆壁中，字面向裡。磚皆作方形，泥質，經
火燒煉而成者。寬約一尺一寸至三寸建方。表面光平，每磚上或用朱寫，
或用墨寫，或刻字填朱，書寫死者埋葬年月日及生時官職。」

　　另外，漢晉南北朝時期還有大量印製的、銘有製磚年月及製磚者名稱
的墓磚，有些還加有吉語。這些墓磚是為了修建墓壙而造作的，與專門標
示死者名籍的墓磚不同。[179]

▋五、墓闕、神道

　　東漢時期，墓葬的形制有所發展。除了大量修建磚室墓和畫像石墓之
外，還在地面上建造享堂，樹立墓碑、墓表、墓闕和神道等等。其中墓
碑、墓表、墓闕、神道等均刻有銘文。為便於討論，我們將其分為內容相
近的兩組，即墓闕、神道與墓碑、墓表兩組。

　　墓闕和神道兩種概念，前人在金石著錄和研究中有時混淆不清。如

176　見《陶齋藏石記》卷四，第11頁。

177　見《漢魏南北朝墓誌集釋》冊四，第122頁。

178　同上冊四，第188頁。

179　參看《廣倉磚錄》、《溫州古甓記》、《漢代壙磚圖錄》、《千甓亭古磚圖釋》、《甀盦古磚存》等。

《隸釋》卷一三益州太守楊宗墓道，在《金石錄》卷一九中則稱為益州太守楊宗墓闕。

朱希祖《六朝陵墓調查報告書·神道碑碣考》中認為：「神道亦謂之闕……謂墓門神道。」然而，我們從考古調查發掘情況中可以得知，漢代的墓闕與神道是兩種不同的石刻建築。墓闕仿效宅院的門闕建築，石質方形，上有屋頂形雕飾。闕身上往往刻有孝子、宴樂等各種圖像，有些還刻有銘文。《文物》1961年第12期〈漢代的石闕〉、《文物資料叢刊》第4輯〈四川忠縣漢闕紀略〉等論文中詳細介紹了殘存的漢代石闕情況，它們與沂南漢畫像石[180]、山東肥城漢畫像石[181]等處描繪的門闕形制完全一致，可資參考。神道則是華表狀的圓柱（故又稱之神道柱），頂上有方額，刻寫銘文，如北京西郊出土的東漢幽州書佐秦君之神道。根據幽州書佐秦君神道與石闕同時出土的情況和其他資料，可以推定，東漢墓葬的地上建築採用墓闕一對、神道一對、墓碑（或墓表）一座、享堂一座的組成方式。所稱神道，當由於它立於墓前神道兩側，標示神道位置而得名。據文獻記載，西漢中期已有神道之稱。如《漢書·李廣傳》：「（李蔡）又盜取神道外壖地一畝葬其中。」《史記·李將軍列傳》索隱引《三輔黃圖》云：「陽陵闕門西出，神道四通。茂陵神道廣四十三丈。」

晉代以降，墓闕消失不用，由神道單獨發揮標示塋域的作用。南朝陵墓中殘存的墓前建築即以神道柱、碑為主，輔以天祿、闢邪、石獅等。如《南朝陵墓石刻》圖四介紹的梁臨川靖惠王蕭宏墓前石刻，為石獅二、神道柱二、碑二。圖五七介紹的梁安成康王蕭秀墓前石刻，為石獅二、前碑二、神道柱二、後碑二。

由於闕、神道均左右對峙，其銘文往往為兩條，左右對應。如漢洛陽令王稚子闕，銘文為：「漢故先靈侍御史河內縣令王君稚子闕」，「漢故兗

180　見〈沂南古畫像石墓發掘報告〉。
181　見《文物參考資料》1958年第4期〈山東肥城漢畫像石墓調查〉中介紹的建初八年張文思墓畫像石。

州刺史洛陽令王君稚子之闕」。交阯都尉沈君二神道,銘文為:「漢謁者北
屯司馬左都侯沈府君神道」,「漢新豐令都交阯尉沈府君神道」。又如益州
太守高頤闕[182]、會稽東部都尉路君闕銘[183]等均同此例。南北朝時期仍沿此
制,《六朝陵墓調查報告》介紹的梁文帝蕭順之建陵神道碑即為左右兩方,
均刻「太祖文皇帝之神道」。

漢代墓闕銘中有一些是長篇銘文,如幽州書佐秦君墓闕銘。元初五年
景君闕銘[184]、趙相雍勸闕碑[185]等也是長篇銘誄。後來讚頌墓主功德業績、
表示哀悼的神道碑可能即由此演變而來。但是神道碑的形制、內容都與墓
碑十分相近,併成一類了。

以上所述墓闕、神道的種種銘文,基本上是為了標示墓地所屬而刻寫
的。它雖然立於地上,但是和埋於壙中的銘刻資料在內容及作用上是一脈
相通、互相影響的。

▌六、墓碑、墓表

馬衡先生《中國金石學概要》第四章云:「廟門之碑用石,以麗牲,
以測日景。墓所之碑用木,以引繩下棺(見《儀禮‧聘禮》注及《禮記‧檀
弓》注)。」「(刻辭之碑)始於東漢之初,而盛於桓靈之際……漢碑之制,
首多有穿,穿之外或有暈者,乃墓碑施鹿盧之遺制。其初蓋因墓所引棺之
碑而利用之,以述德紀事於其上。其後相習成風,碑遂為刻辭而設。」

馬衡先生這些論述,以及歷代金石考古學者對墓碑的大量描述、紀
錄、考證,已經將墓碑的形制、作用、產生情況介紹得很清楚了。這裡僅
分析一下它的文體結構及由來。

墓碑銘文多為鴻篇巨制,一般在千字上下。文體顯示出漢代詩賦等文

182　以上見《隸釋》卷一三。
183　同上,卷二四,第3頁。
184　同上,卷六,第4頁。
185　同上,卷一二,第12頁。

體的影響，起首即敘死者名字籍貫，追述祖系，然後頌揚功德，表示哀悼。最後往往以四言韻文結尾。例如：延熹七年孔宙碑首云：「君諱宙，字季將，孔子十七世孫也。」而後云：「天資醇嘏，齊聖達道⋯⋯」末尾云：「延熹六年正月乙未□□□疾⋯⋯於是故吏門人乃其陟名山，采嘉石，勒銘示後，俾有彝式。其辭曰⋯⋯」[186] 又如建寧元年衛尉衡方碑起首云：「府君諱方，字興祖，肇先蓋堯之苗⋯⋯」然後稱：「君天資純懿，昭前之美⋯⋯仕郡辟州舉孝廉，除郎中，即丘侯相，膠東令⋯⋯」最後云：「庵離寢疾，年六十有三，建寧元年二月五日癸丑卒⋯⋯於是海內門生故吏，采嘉石，樹靈碑，鐫茂伐，祕將來。其辭曰⋯⋯」[187]

樹碑的目的，在東漢已完全為標示葬地，頌揚死者休烈。它的前身當即西漢墳墓上的墓表。《漢書·淮南歷王長傳》云：「葬之肥陵，樹表其上，曰：開章死，葬此下。」師古注云：「表者，豎木為之，若柱形也。」說明西漢在墓上立木表，刊名為記。因木質易朽，東漢又改在下葬時裝鹿盧繫棺的石碑上刻銘。銘文也發展為十分完備整齊的一篇誄頌。《後漢書·郭林宗傳》云：「林宗既葬，同志者立碑，蔡邕為其文，既而謂盧植曰：吾為碑多矣，皆有慚德，唯郭有道，無愧色耳。」蔡邕為當時著名學者，尚且大量撰寫碑文。可見其文體已正式定型，流行也十分普遍了。

需要說明的是，東漢以下所稱墓表與西漢的墓表不同。東漢以下的墓表實際上也是墓碑，表是頌揚、表彰之意，如元初元年謁者景君墓表[188]、中平三年蕩陰令張遷表頌[189]、前秦建元十二年梁舒業妻墓表[190]、後秦弘始四年呂憲墓表[191]以及《文苑英華》卷九七〇收錄的大量唐代墓表等。又有人把南朝的神道柱稱為墓表，這種稱呼容易造成混亂，還應稱作神道為好。

---

186 同上，卷七，第5頁。
187 同上，卷八，第1頁。
188 同上，卷六，第1頁。
189 見《金石萃編》卷一八，第4頁。
190 見《文物》1981年第2期〈武威金沙公社出土前秦建元十二年墓表〉。
191 見《陶齋藏石記》卷五，第2頁。

　　魏晉之世，禁止厚葬，不得樹碑立闕。東漢盛極一時的墓碑頓時消失，至隋唐方才重新興起。盛唐之世，王公大人、富豪士族的豐碑巨碣到處林立，墓中往往還有一塊與墓碑內容相同的墓誌。它們併成一組，構成了唐代以降墓葬刻辭的主要形式。

七、墓門、墓記（封記）

　　傳世漢代器物中尚有稱作墓門、墓記者。它們也是壙中銘刻。馬衡先生《中國金石學概要》第四章中考證：「墓門刻字者少而畫像者多，傳世一石，中刻一鹿，左有題字三行，曰：『漢廿八將佐命功苗東藩琴亭國李夫人靈第之門。』靈第即墓也。」又在〈石刻〉一文中介紹了一件西漢左表墓門，並認為：「前面說的西漢左表墓門把死者官職姓名和年月詳細記載，就是墓誌的用意。」[192] 漢時期還有磚製作的墓門，上面刻寫銘文，如《廣倉磚錄》二冊中收錄的「漢議郎趙相劉君之墓門，中平四年三月東平使作」一磚。

　　墓記和封記則和墓磚銘一樣，是與墓誌相近的石刻。傳世品有延平元年賈武仲妻馬姜墓記（高46公分，寬58.5公分）[193]、延熹六年□通封記（高53公分，寬49公分）[194] 等。其內容、埋置目的與墓誌相同。

八、畫像石

　　東漢時期，講求奢華的厚葬之風越演越盛，產生了新的墳墓建築形式 —— 畫像石墓。在畫像石墓四壁上刻有車騎出行、宴樂舞戲、神仙鬼怪、孝子節婦等故事場面。其中還往往刻有文字題榜。這種在畫像石上刻字的做法導致一些將類似墓誌的誄文刻在畫像石上的特例。

192　見《考古通訊》1956年第1期〈石刻〉。
193　見《漢魏南北朝墓誌集釋》冊三。
194　同上。

近年出土的馮孺人、許阿瞿兩件畫像石刻辭就是這種罕見的特例。

馮孺人畫像石出土於河南唐河，石上刻人物、百戲等圖像。文曰：「鬱平大尹馮孺人，始建國天鳳五年十月十七日癸巳葬，千歲不發。」[195]

許阿瞿畫像石出土於河南南陽，刻在一塊長112公分、寬70公分的長方形石上。右側為兩排畫像，上一組為許阿瞿坐在席褥之上觀看樂舞，後面有奴僕侍役。下一組為弄丸、舞劍、踏盤等舞樂場面。左側刻銘，文曰：「唯漢建寧號政三年三月戊午，甲寅中旬，痛哉可哀。許阿瞿身年甫五歲，去離世榮。遂就長夜，不見日星。神靈獨處，下歸窈冥。永與家絕，豈復望顏。謁見先祖，念子營營。三增杖火，皆往吊親。瞿不識之，啼［泣］［東］西，久乃隨逐，當時復遷。父之與母，感□□□，□□五月，不□晚甘。羸劣瘦□，投財連篇，冀子長哉。□此，□□土塵，立起□埽，以快往人。」[196]

日比野丈夫據許阿瞿畫像石認為畫像石也曾影響了墓誌的形成。但僅憑這兩例去下斷語尚嫌武斷。現在可以看到，在西漢和東漢早期已有誌墓的風習。畫像石則產生於西漢末期以降。如果有影響存在的話，只能是各種誌墓的銘刻材料影響了畫像石，產生了像許阿瞿這樣的墓誌畫像石。它恰恰反映了當時確實存在有誌墓的做法，而不能證明畫像石是墓誌的起源之一。

關於漢魏南北朝時期的各種墓葬刻銘，大致簡介至此。此外，還有神座等零星刻銘，與墓門等大體無異，不一一贅述了。在先秦墓葬中尚未發現與以上各類銘刻材料相同的器物，因此，我們的探討即至西漢早期為止。

下面，我們歸納一下墓誌的起源。首先，為便於對比，我們分析一下魏晉南北朝時期定型的墓誌的形制、內容文體、埋設目的三個方面。

195　見《河南文博通訊》1978年第3期〈唐河縣新發現一座有紀年的漢畫像石墓〉。
196　見《文物》1974年第8期〈南陽發現東漢許阿瞿墓誌畫像石〉。

（一）形制

　　南北朝以降，絕大多數墓誌已經定型，統一為方形石（或磚）質，邊長自50公分至100公分不等。常附有盝頂形墓誌蓋，併成一盒。誌蓋由素面過渡到在盝頂、四殺以及誌石旁側雕飾人物、四像、花草等紋飾。字體多為隸書或楷書。從正光二年封魔奴等封氏墓誌[197]、武定二年李希宗墓誌[198]、武定五年堯趙胡仁墓誌[199]、天統二年崔昂墓誌[200]等出土情況看，這些墓誌均平放，置於墓室中墓主頭前或墓室中甬道口內。

　　而在魏晉時期，墓誌卻多仿照碑型，豎立在墓室內。羅振玉《石交錄》卷二云：「晉人墓誌皆為小碑，直立壙中，與後世墓誌平放者不同，故無蓋而有額。若徐君夫人管氏，若處士成君，若晉沛國張朗三石，額並經署某某之碑，其狀圓首，與漢碑形制正同，唯小大異耳。」[201]這種形制的遺風至南北朝時還可以見到。《石交錄》卷三云：「晉人誌墓之文皆植立藏中，至六朝始平放。然仍間有植立者，若魏延昌四年之皇甫、孝昌二年之李謀、普泰元年之賈謹諸誌，仍是植立如碑式。至元氏諸誌中若永平四年元侔誌亦然……隋劉猛進、徐智竦、寧贙諸誌尚是植立，唐誌亦間有之。」羅氏所引之外，尚可見晉元康九年徐美人墓誌[202]、魏太和二十三年韓顯宗墓誌[203]，皆是小形圭首碑狀，當亦「植立壙中」。首都博物館藏晉永嘉元年王浚妻華芳墓誌，誌身長方形，四面刻銘，可能也是豎立墓中的碑式墓誌。又太和二十二年元偃墓誌[204]，趙萬里先生按云：「誌形長方，近下端處不鐫一字，疑葬時直立壙中，如小碑之式。」正始四年奚智墓

197　見《考古通訊》1957年第3期〈河北景縣封氏墓群調查記〉。
198　見《考古》1977年第6期〈河北贊皇東魏李希宗墓〉。
199　見《考古》1977年第6期〈河北磁縣東陳村東魏墓〉。
200　見《文物》1973年第11期〈平山北齊崔昂墓調查報告〉。
201　見《貞松老人遺稿甲集》。
202　洛陽關林古代藝術館藏品。
203　見《漢魏南北朝墓誌集釋》冊四，第120頁。
204　見《漢魏南北朝墓誌集釋》冊三。

誌[205]，羅振玉《丙寅稿》中按云：「此誌如小碑之式……乃植立壙中者。」
此外，尚有一些特殊的變例，如方柱形（《石交錄》卷三載威烈將軍元尚
之誌）、龜形（延昌三年元顯墓誌、[206]陝西省博物館藏唐李壽墓誌等）。

（二）內容與文體

魏晉時期的墓誌，文體內容都較簡單，主要記錄死者姓名籍貫及生卒
年月等。如東晉永和元年顏謙婦劉氏墓誌：「琅耶顏謙婦劉氏，年卅四，
以晉永和元年七月廿日亡，九月葬。」[207]昇平元年劉剋墓誌：「東海郡郯
縣都鄉容丘里劉剋，年廿九，字彥成。晉故昇平元年十二月七日亡。」[208]
同時也開始出現與墓碑銘文相類，有大段誄詞的誌文，如永嘉二年石尟墓
誌[209]等。

南北朝時期的墓誌銘文則從墓碑文中汲取了更多的成分，逐漸演變為
一種兼有散文和韻文的獨立文體。內容一般包括三個方面：對死者姓名、
籍貫、生卒年月、官職履歷、譜系等的追敘；對死者生平事跡、才能品行
的敘述和讚頌；以及被稱作「銘」的韻文，用來表達哀悼和稱頌。這種規
範定型化的墓誌盛行於南北朝隋唐之間。與早期的簡單墓誌相比，它已經
是一種發展到成熟階段的文體了。

（三）目的

從早期簡單的墓誌銘文中可以知道，它是為了標示墳墓所在，銘記墓
主名籍而埋設的。恰如《金石萃編》卷二七司馬元興墓誌銘王昶跋語中所
云：「使有陵谷變遷之日，後人可以識其墓處，覘其行詣而已。」南北朝

---

205 見《漢魏南北朝墓誌集釋》冊四，第124頁。
206 見《漢魏南北朝墓誌集釋》冊三。
207 見《考古》1959年第6期〈南京老虎山晉墓〉。
208 見《考古》1964年第5期〈鎮江市東晉劉剋墓的清理〉。
209 見《漢魏南北朝墓誌集釋》冊三。

時期的墓誌銘文中也多處提到置誌的目的，例如：普泰元年元弼誌云：「陵谷可毀，竹素易亡，不鐫玄石，何以流芳。」[210]神龜三年元孟輝誌云：「猶懼簡策或虧，陵谷易位，故勒銘泉石，為不滅之紀。」[211]天保六年竇泰妻婁黑女誌云：「恐陵移谷換，或見前和，敬鐫琬琰，寘彼岩阿。」[212]正始元年元龍誌云：「故刊石玄泉，式揚不朽。」[213]開皇七年關明誌云：「疑陵谷之易遷，刊金石之難改，寄萬古而揚名，託流芳於千載。」[214]以上墓誌銘中提及的置誌目的，正為王昶所言之本。可見這時刊立誌銘主要為了使後代生人辨識墳墓所在，知道死者名籍，而不是僅僅告諸鬼神了。有些墓誌中特別強調死者名籍鄉里，還包含有為今後遷葬時便於辨認骨殖的意思。如東晉太寧元年謝鯤墓誌[215]中有「舊墓在滎陽」一句，可能就是為了今後遷葬而加注。當時往往聚族而葬，東晉避亂江左，中原名門不得還鄉歸葬祖塋，只能在墓誌中表明舊墓所在，希望將來子孫給予歸葬。東漢刑徒磚上註明「屍在此下」，恐怕也是出於同樣的目的。

綜上所述，我們自然可以對墓誌的起源形成這樣一個結論：在南北朝時期基本定型的墓誌，其形制受到墓磚銘、墓碑等器物的影響；內容、文體則自告地狀開始，吸收柩銘、墓磚銘、墓闕銘、神道、墓碑、墓門等各種刻銘的表現形式，不斷變化、充實、發展；埋設目的則與墓磚銘、柩銘、神道、墓碑、墓門等完全一致，與告地狀也有一定關聯。因此，我們追溯墓誌這條長河的源頭，應該以西漢早期的告地狀為其濫觴。眾所周知，各種隨葬品一般都經歷過由實物（實際使用的器物）至模仿實物的明器這樣一個過程。買地狀完全仿效官方文書，它應該是這類隨葬器物中最早期的形式。文獻記載和柩銘、墓磚銘、墓記等傳世器物也證明了兩漢存

210　同上。
211　同上。
212　見《漢魏南北朝墓誌集釋》冊四，第205頁。
213　見《漢魏南北朝墓誌集釋》冊三。
214　見《漢魏南北朝墓誌集釋》冊五，第244頁。
215　見《文物》1965年第6期〈從王謝墓誌的出土論到蘭亭序的真偽〉。

在著誌墓的風習。兩漢時期，應該稱作墓誌發展史上的第一個階段 ——
濫觴期。魏晉之際，廢棄厚葬，嚴禁立碑。《宋書·禮志二》稱：「漢以
後，天下送死奢靡，多作石室石獸碑銘等物。建安十年，魏武帝以天下雕
弊，下令不得厚葬，又禁立碑。」「晉武帝咸寧四年，又詔曰：『此石獸碑
表，既私褒美，興長虛偽，傷財害人，莫大於此，一禁斷之。其犯者雖
會赦令，皆當毀壞。』」在這樣嚴厲的行政命令下，盛行過一時的墓碑只
得從地面上消失，轉而與壙中的銘刻器物匯合，形成形制較小的石誌。這
一轉化在文體上、刻製工藝上、形制上等方面都對墓誌的發展產生極大的
影響，推進了墓誌正式定型化。魏晉時期可以說是墓誌發展史上的第二個
階段 —— 轉化期。南北朝時期，以宋大明三年劉懷民墓誌[216]為象徵，墓
誌的名稱正式出現，形制、文體都相對穩定成型。墓誌成為主要的墓葬
銘刻，到達了它發展史上的第三個階段 —— 定型期。從此，墓誌的條條
源流匯成寬闊的主河，延續一千餘年，成為封建社會中一種主要的墓中
銘刻。

（原載《文史》第二十一輯）

216　見《漢魏南北朝墓誌集釋》冊三。

南京出土六朝墓誌綜考

自1950年代以來，在南京地區陸續出土了一批東晉至陳代的墓誌資料。歷代以來，在南方極少見到有六朝墓誌出土，因此，這批資料是十分珍貴的重要文物。它們對於研究六朝時代的社會歷史狀況，無疑提供了極為可靠的原始資料。

所以，關於它們的研究文章已多有刊露。特別是由於討論墓誌書體而引起了關於〈蘭亭序〉的一場大論辯，更為影響深遠。

然而，也正因為注意力多集中於書體問題上，對於這批墓誌中反映出的一些社會歷史狀況則未能深入探討。近年來，這一情況有所改變。羅宗真曾著文，對六朝墓誌及相關歷史予以論述。我們在此也搜集了一些相關資料，擬就南京地區的六朝墓葬及出土墓誌中的若干內容再作一些探索，希望有助於六朝史蹟的研究工作。

▌一、王氏墓群與顏氏墓群反映的聚族而葬狀況

1965年以來，在南京北郊象山（一名人臺山）地區，陸續發掘清理了七座東晉以降的王氏墓葬，其中四座墓葬中發現了石質（或磚質）墓誌。

1號墓：東晉咸康七年王興之墓誌（背文為東晉永和四年王興之妻宋和之墓誌）。

5號墓：東晉昇平二年王閩之墓誌。

3號墓：東晉昇平三年王丹虎墓誌。

6號墓：東晉太元十七年王彬妻夏金虎墓誌[217]。

---

217 〈南京人臺山東晉興之夫婦墓發掘報告〉，《文物》1965年第6期；〈南京象山東晉王丹虎墓和二、四號墓發掘簡報〉，《文物》1965年第10期。

　　根據誌文內容可以推定，這七座墓均為琅邪王氏的一個家族分支——王彬及其子女妻室的墓室。對此，原發掘報告及郭沫若〈由王謝墓誌的出土論到《蘭亭序》的真偽〉一文已有所考證。今據《晉書》卷三三《王祥傳》云：「王祥字休徵，琅邪臨沂人，漢諫議大夫吉之後也。祖仁，青州刺史，父融，公府辟不就。」「（祥弟覽）字玄通……咸寧四年卒……有六子，裁、基、會、正、彥、琛。」又《晉書・卷七六・王廙傳》：「父正，尚書郎。」「弟彬……長子彭之嗣，位至黃門郎。次彪之，最知名。」可知王廙、王彬與權傾東晉朝野的大司馬丞相王導同出一祖，互為堂兄弟。結合南京出土的王氏墓誌記載與宋鄧名世《古今姓氏書辯證》卷十四王氏條可得其氏族如下：

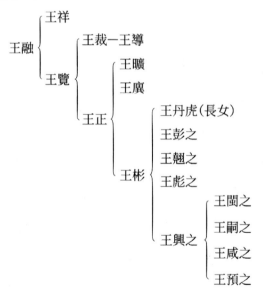

　　（按：王彬四子行次，郭沫若云：「彭之為首，彪之為第三弟，翹之當即第二弟，興之次子，出養第二伯。」此處暫從其說。《新唐書・宰相世系表》與《晉書・王彬傳》相近，亦僅載王彬二子：彭之、彪之。然依據《元和姓纂》而成的《古今姓氏書辯證》王氏條中則稱：「彬生彭之、彪之、翹之。彪之二子：越之、臨之。翹之生望之。」頗疑彭之為王彬第二子。）

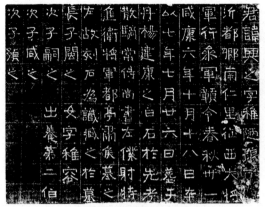
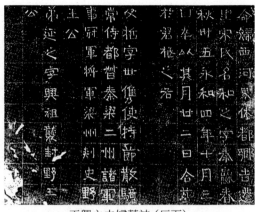

王興之夫婦墓誌（正面）　　　　　　　　王興之夫婦墓誌（反面）

有人曾根據象山7號墓的規模及豐富的隨葬品推測，它可能是當時位居平南將軍荊州刺史王廙之墓。那麼，此處自最西部的7號墓至東北角的王彬繼室夫人夏金虎墓達五萬平方公尺面積的墓區，應該是王正子孫們的家族葬地。根據時間推算，王正父親王覽卒於咸寧四年，享壽73歲，王正幼子王彬卒於咸康六年以前，享年59歲。王正則應卒於西晉年間。其葬地當仍在原山東琅邪郡地。因此，王彬與王廙，應該是葬於此地的南渡之後王氏第一代。排列有序的王廙與王彬子、女、孫等人的墓葬，為我們顯示出一支王氏家族墓地的面貌，同時也有力的證明，當時世家大族仍然普遍採用聚族而葬，形成家族墓地的禮俗習慣。

聚族而葬，是延續久遠的喪葬習俗，在新石器時期的氏族墓葬中已可普遍見到。漢代出於封建集權統治需求，獨尊儒術，崇尚孝悌，且土地兼併的加劇，更加強了家族宗法關係的地位，門閥大族由之興起。至於漢末，豪族巨室各據一方，割據勢力紛起，塢壁林立，更是以家族力量作為依據，家族與祖業的重要性日增。表現在喪葬制度上，即是歸葬祖先舊塋與家族祔葬，形成大型的家族墓區。

例如《漢書·卷七十三·韋玄成傳》載：「玄成病且死，因使者自白曰：『不勝父子恩，願乞骸骨歸葬父墓。』」《後漢書·卷十下·靈帝宋皇后傳》：

「后父酆，執金吾。（光和元年）後自致暴室，以憂死……父及兄弟並被誅。諸常侍、小黃門在省闥者，皆憐宋氏無辜，共合錢物，收葬廢后及酆父子，歸宋氏舊塋皋門亭。」又如《水經注·卷二十三·陰溝水條》云：「過水逕大扶城西，城之東北悉諸袁舊墓……唯司徒滂，蜀郡太守騰，博平令光……自餘殆不可尋。」「譙城南有曹嵩塚……又有兄騰塚……墳北有其元子熾塚……熾弟胤塚。」按此曹氏宗族墓群，近年來已進行了清理發掘，可為證明[218]。

《金石錄·卷十五·漢丹陽太守郭旻碑》云：「君之弟故太尉虆，歸葬舊陵。」羅振玉《五十日夢痕錄》記其遊孔林云：「短垣外為孔氏族葬處。泰山都尉宙，博陵太守彪，郡曹史謙墓皆在焉。」這些文獻記載均反映了聚族葬的史實。

晉代的門閥士族勢力更為興盛。大家豪族，當依然聚族而葬。現存永嘉二年七月十九日〈石尠墓誌〉云：「祔葬於皇考墓側神道之右。」其子〈石定墓誌〉則云：「祔葬於侯（按即石尠）墓之右。」表明其家族三代聚葬一地[219]。《梁書·卷五一·何點傳》附〈何胤傳〉云：「何氏過江，自晉司空充並葬吳西山。」說明東晉同樣盛行聚族葬。1945 年以來的考古發現更證實了這一點，尤以河西地區明顯。如嘉峪關新城公社觀蒲九號墓和十號墓，南北並列於一個東西長 78.2 公尺、南北長 77.45 公尺的礫石圍牆內，東壁開門，門前有通道，牆內西側還築有祭臺。可見這是一個明顯的家族墓區[220]。又如敦煌新店臺 1 號墓所在墓區，也有圍牆，規模與上述新城公社觀蒲九號、十號墓所在墓區相近。此墓區內排列著五座墓葬[221]。這種習俗在北方一直延續下去。1945 年以來清理的河北景縣北魏至隋代的封氏家

218 〈亳縣曹操宗族墓葬〉、〈安徽亳縣發現一批漢代字磚和石刻〉，《文物》1978 年第 8 期。

219 見《漢魏南北朝墓誌集釋》三冊第 10 ～ 11 頁。

220 〈酒泉嘉峪關晉墓的發掘〉，《文物》1979 年第 7 期。

221 〈敦煌晉墓〉，《考古》1974 年第 3 期。

族墓群[222]，北魏至隋的高氏家族墓群[223] 等就是一批明顯的證據。

琅邪王氏是晉代著名大族。王祥為著名孝子，其臥冰求鯉的傳聞被後世列入二十四孝之中，成為封建統治者宣揚孝道的楷式。《晉書・卷三三・王祥傳》載：「（王祥臨終）著遺令訓子孫曰：……揚名顯親，孝之至也，兄弟怡怡，宗族欣欣，悌之至也。」可見王氏一族把家族協和看得多麼重要。西晉傾覆，王氏親族多隨元帝南渡。僅《晉書》所見，即有王敦、王導、王舒、王彬、王廙、王曠及其子孫等數十人。這些王氏子孫南下後，當仍保留著聚族而居、聚族而葬的宗法習制。王彬家族墓地所在的象山一帶，可能也就是他們當時占有的莊田所在。《梁書・卷七・太宗王皇后傳》載：「（天監十一年）高祖於鍾山造大愛敬寺，（后父）騫舊墅在寺側，有良田八十餘頃，即晉丞相王導賜田也。」辨其位置，王導賜田正在今象山以東、紫金山以西的中間地帶。

文獻中記載有另一個重要的證據 —— 即王導也是葬於象山附近的這一地區。《元和郡縣圖志》卷二五江南道一潤州條載：「晉王導墓，在縣西北十四里幕府山西。」宋張敦頤《六朝事跡編類》卷下山崗門幕府山條云：「王導、溫嶠亦葬山西。」《景定建康志・卷四十三・風土志》云：宋明帝陵「在幕府山西，與王導墓墳相近」。朱偰《金陵古蹟圖考》，民國二十四年《首都志》卷四均從此說。與今幕府山西南面相連，有石灰山，今名北固山。《同治上元、江寧兩縣志》云：「俗曰北固山，訛為白骨山，其實古白石也。亦曰白下。」象山即在北固山正西約二公里處。據此，王導則葬於北至長江，南至北固山、象山一線，東至今幕府山這一範圍內，亦即今南京市西北角的一個三角形地帶。此地區與王彬家族墓地已相鄰近。

根據羅宗真介紹的南京地區新出土東吳地券記載，當時已有「莫府山」之稱。如五鳳元年地券文稱：「（葬）莫府山後。」又一永安四年地券稱：

222　〈河北景縣封氏墓群調查記〉，《考古通訊》1957年第3期。
223　〈河北景縣北魏高氏墓〉，《文物》1979年第3期。

「（葬）莫府山前。」羅宗真據此考證兩券出土地之間的郭家山即吳、晉時期的幕府山[224]。此郭家山在今中央門外，北距今幕府山約二公里許，東北連北固山，西接象山。以此地為幕府山推算，幕府山西的王導墓正位於王彬家族墓區附近。這一位置既符合考古現狀，又與文獻相吻合，是比較可信的。

特別是同在象山出土的王興之長子王閩之墓誌中記載：「葬於舊墓，在贛令墓之後。」從南京出土的泰寧元年十一月廿八日謝墓誌「舊墓在滎陽」一語可知，「舊墓」當指祖先聚葬之地。可見王氏家族在東晉已將象山一帶作為祖塋。

綜上所述，象山西南至東南附近地區為琅邪臨沂王氏家族南渡後占有和歸葬之處，應該是可以確定的了。

在此地區另一個明顯的家族葬地是同為琅邪大族的顏氏墓群。

〈南京老虎山晉墓〉（《考古》1959年6期）報導：在老虎山南麓發現四座墓葬，墓室均為南北向，四座墓東西排列，總距離65公尺左右。其中1號墓出土磚誌，誌文為：「琅邪顏謙婦劉氏年卅四，以晉永和元年七月廿日亡，九月葬。」在其他幾座墓中，出土了銅印和石印。如2號墓出土六面印：「顏綝，顏綝白牋，顏文和，顏綝白事，臣綝，白記」；3號墓出石印：「零陵太守章」；4號墓出六面銅印：「顏鎮之，鎮之白牋，臣鎮之，鎮之言事，顏鎮之白事，白記」等。

根據李蔚然、周萼生等人考證：這幾座墓葬應該是顏含子顏約（零陵太守），子顏謙婦，孫顏綝（顏髦子）及顏鎮之的墓葬。[225]

這四座墓方向一致，排列整齊，由長及幼依照從西向東的順序排列。這種家族墓葬的排布情況，正是南京地區六朝早期墓葬普遍沿用的形式。

224　參見中國考古學會1986年年會論文〈六朝文物和六朝史〉。

225　〈南京老虎山晉墓〉，《考古》1959年第6期；〈南京老虎山晉墓的地理佐證〉，《考古》1960年第7期；又袁俊卿在《中國大百科全書·考古卷》中認為顏綝為顏約子。

二、僑置琅邪、臨沂的沿革及位置

王氏家族聚葬於象山附近，顏氏家族聚葬於老虎山地區，這一現象與南京地區的其他東晉及六朝考古發現相結合，可以幫助我們進一步了解當時僑置郡縣的情況。

僑置郡縣，是晉祚南渡後，隨著中原人士南下避難而產生的特殊歷史現象。

《宋書·州郡志一》記載：「自夷狄亂華，司、冀、雍、涼、青、并、兗、豫、幽、平諸州一時淪沒，遺民南渡，並僑置牧司，非舊土也。」

在諸僑郡中，琅邪是設置最早，也最為重要的一處。晉元帝以琅邪王身分南渡立國，南方士族開始持不合作態度。如《晉書·卷六五·王導傳》載：「及徙鎮建康，吳人不附，居月餘，士庶莫有至者。」在此情況下，跟隨元帝過江的琅邪國人，自然成為晉室的主要依靠力量。在王氏家族和琅邪舊人的支持下，元帝才能安定局面，建立東晉王朝。如〈王導傳〉載：王敦、王導等琅邪國人擁元帝出行，以顯帝威，使吳人懾服，即其一例。

《宋書·州郡志一》載「瑯琊國人隨元帝過江千餘戶」。這千餘戶人落居江南，必須占有田土，建立莊園，才能保持大家世族的地位。而晉元帝又必須依靠這些大家世族支持帝位。因此，晉元帝才將過江的琅邪舊人安置在京城附近，以保證自己的安全。太興三年，首先在京城為琅邪人戶設懷德縣。《晉書·元帝紀》太興三年秋七月丁亥詔云：「朕應天符，創基江表。兆庶宅心，襁負子來。琅邪國人在此者近有千戶，今立為懷德縣，統丹揚郡。昔漢高祖以沛為湯沐邑，光武亦復南頓，優復之科，一依漢氏故事。」《建康實錄》卷五「太興三年」條與上引《晉書》內容相同。但值得注意的是，《建康實錄》原注云：「按中宗初，琅邪國人置懷德縣在宮城南七里，今建初寺前路東，後移於宮城西北三里耆闍寺西……其宮城南舊處，咸和中移建康縣，自苑城出居之。」懷德縣北遷的具體時間不詳，但當下

距成帝咸和年有一段間隔，依全注內容推斷，可能是在元帝立縣後不久即行北遷。因此，早在東晉之初即有相當多的原琅邪國人居於建康宮城以北一帶地域。

以後，晉室又多次對琅邪加恩：如《晉書‧成帝紀》載：「（咸康六年）十一月癸卯，復琅邪，比漢豐沛。」一再優復琅邪舊人，也顯示他們已經占有田宅，有了新的聚居之地。

自此時起，僑置郡縣逐漸由借設在原有郡縣土地之中，類似流亡政府的性質向占有實際地域，成為新的行政區劃這一狀況演變。南京地區出土的墓誌資料則為這一變化過程提供了證明。

以前，文獻中關於僑置琅邪郡和臨沂縣的記載有限，而且往往語焉不詳，各種記載也互有出入，致使無法窺其全豹。現在結合出土墓誌，可以進一步了解它們的沿革情況。茲詳加整理如下：

（一）琅邪和臨沂的設置

《晉書‧地理志下》琅邪國：「元帝渡江之後，徐州所得唯半，乃僑置淮陽、陽平、濟陰、北濟陰四郡。又琅邪國人隨帝過江者遂置懷德縣及琅邪郡以統之……以江乘置南東海、南琅邪、南東平、南蘭陵等郡。」

《宋書‧州郡志一》載：「晉亂，琅邪國人隨元帝過江千餘戶，太興三年立懷德縣，丹陽雖有琅邪相而無土地。成帝咸康元年，桓溫領郡，鎮江乘之蒲洲金城上，求割丹陽之江乘縣境立郡，又分江乘地立臨沂縣。」

《元和郡縣圖志》卷十一沂州琅邪條：「自永嘉之後，琅邪陷於胡寇，成帝於丹陽江乘縣界別立南琅邪城。」

《建康實錄》卷七：「咸康七年夏四月後，分江乘縣西界置臨沂縣，屬琅邪郡。」注：「按臨沂縣廢城在東江獨石山，西臨大江。」

《資治通鑑》卷九七：晉康帝建元元年，「徵徐州刺史何充為都督揚、豫、徐州之琅邪諸軍事（胡三省注云：永嘉之亂，琅邪國人隨元帝過江者

千餘戶，大興三年立懷德縣，丹陽雖有琅邪相而無其地。是年桓溫為內史鎮江乘之蒲洲金城上，求割丹陽之江乘縣境立郡，所謂『徐州琅邪』此也。）」

《讀史方輿紀要》卷二〇：「江乘城……咸康初桓溫領琅邪太守，鎮江乘之蒲洲。」「臨沂城，在上元縣西北三十八里，晉咸康初分江乘縣境僑立臨沂縣，為南琅邪郡治。齊永明中，始移郡治白下，縣亦移焉。」

綜觀以上記載，諸家記錄設立僑置琅邪、臨沂的步驟並無大異。均為由於安置隨元帝過江的琅邪國舊人先設立懷德縣及琅邪相署，但僅有治所而無實際轄區。後於桓溫領琅邪時，始分割江乘縣境一部分為琅邪郡地，並為臨沂縣確定了轄界。據有實地的時間則說法不一，最早為咸康元年，最晚為建元元年。諸種說法中除《資治通鑑》胡注以外，多採用咸康初年的說法。而上引文獻中，《宋書》成書於齊梁之間，距東晉最近，資料可靠性強，與桓溫領郡的史實也較統一。我們認為這種說法較為可信。

（二）琅邪、臨沂的沿革

上文已引《晉書・地理志下》、《宋書・州郡志一》等關於設立僑置琅邪、臨沂的記載。設地而後，其轄區又有多次變化。《宋書・州郡志一》載：「永初郡國有陽都、費、即丘三縣，並割臨沂及建康為土。費縣治宮城之北……（元嘉）十五年省費，併建康、臨沂。孝武大明五年省陽都，併臨沂。」《南齊書・州郡志上》南徐州南琅邪郡：「本治金城，永明徙治白下。（領縣）臨沂、江乘、蘭陵、承、譙。」《陳書・宣帝紀》：「（太建十年）冬十月戊寅，罷義州及琅邪、彭城二郡，立建興，領建安、同夏、烏山、江乘、臨沂、湖熟等六縣，屬揚州。」

因此可見，琅邪、臨沂二僑置地，自東晉初期設立，歷經五朝，至陳末曾罷琅邪，但仍保留臨沂縣。據《隋書・地理志下》可見當時丹陽郡內已無臨沂縣，而於北方原琅邪郡地重立琅邪郡與臨沂縣。南方僑置郡縣當

於隋滅陳後一齊撤置。自桓溫請地後，琅邪與臨沂成為具有實際轄地的行政單位，從上文到《宋書》記載割江乘縣境立琅邪、臨沂並曾將臨沂轄地分立出陽都、費、即丘等縣即可說明。

（三）琅邪郡首縣臨沂的範圍

東晉僑置郡縣首建之時，僅管理北方流亡人口戶籍，附著於當地原有行政區劃內，往往很難判定它的具體轄區。《同治上元江寧兩縣志》卷二七即感嘆：

「地理之學，莫難於江左，以僑置郡縣在其間也。」文獻闕載，變遷頻仍，致使僑置郡縣的範圍多難以確定，但是，臨沂縣的轄地卻在史載中時有反映，兼以南京地區出土的六朝墓誌佐證，使得我們可以嘗試推測一下它的大致範圍。

1978年5月在南京城北、長江岸邊燕子磯地區發現的〈輔國將軍墓誌〉云：「普通二年八月七日窆於琅邪郡臨沂縣（下泖）。」「窆」字，原簡報釋作「定」，誤[226]。細審拓本照片應為「窆」。據此可知該墓位於當時臨沂縣境內。燕子磯北臨長江，西連今幕府山，東指棲霞山（攝山），此沿江一線當為臨沂縣的北界，亦即琅邪郡北界。這一點可以從文獻記載中得到旁證。

《高僧傳·卷九·齊琅邪山釋法度傳》：「宋末遊於京師，高士齊郡明僧紹抗跡人外，隱居琅邪之山……及亡，捨所居山為棲霞精舍，請度居之。」《同治上元江寧兩縣志》卷三載：「臨沂山，在上元東北長寧鄉。《建康志》云：『……臨沂縣城倚焉。』（按嘉慶六年重刻宋本《景定建康志》卷十七作：『臨沂山在城東北四十里，西南有臨沂縣城。』）《實錄》注：『臨沂縣廢城在東江獨石山。』《江南通志》：「今山之西白常山即其地。」」

據上揭文獻所證，燕子磯與棲霞山之間的地區（方志中所稱臨沂山）可能曾為僑置臨沂縣治所在。其北瀕大江，即臨沂縣和琅邪郡的北界。

---

226 〈南京郊區兩座南朝墓清理簡報〉，《文物》1980年第2期。

　　琅邪郡東界，可見《六朝事跡編類》卷上城闕門琅邪郡城條：「王隱《晉書》及山謙之《南徐州記》云：江乘南岸蒲州岸有琅邪城……《圖經》云在縣東北六十三里，今句容縣有琅邪鄉亦其地也。」據《景定建康志》及明弘治丙辰《句容縣志》、《同治上元江寧兩縣志》等附圖，句容縣琅邪鄉自宋代至清代始終存在，正位於句容西北角，與今棲霞山地區相鄰。東晉時期的江乘縣沿江東西延伸很長。《同治上元江寧兩縣志》亦曾指出：「（江乘）地錯句容。」因此，句容縣內琅邪鄉可能就是僑郡琅邪的東界。它同樣可能是作為琅邪首縣的臨沂縣東界所在。至少臨沂東界不會越過句容縣琅邪鄉界。

　　琅邪、臨沂的南界，據文獻記載，當在今南京城東北，以古潮溝為界。《太平寰宇記》卷九十江南東道昇州上元縣條引《南徐州記》云：「又置琅邪郡，割潮溝為界。」《建康實錄・卷二・吳太祖下》：「（赤烏四年）冬十一月，詔鑿東渠，名青溪，通城北塹潮溝。」注：「潮溝亦帝所開，以引江潮，其舊跡在天寶寺後，長壽寺前，東發青溪，西行古承明、廣莫、大夏等三門外，西極都城牆，對今歸善寺西南角……自歸善寺門前東出至青溪者名潮溝……其青溪北源亦通後湖，出鐘山西，今建元寺東南角度溪有橋……其橋西南角過溝有埭，名雞鳴埭……其溝（潮溝）是吳郡儉所開，在苑城後，晉修苑城為建康宮，即城北塹也。」《景定建康志》引上文並認為：「歸善寺故基在今城北雞籠山東。」一般認為：雞籠山即今雞鳴寺、北極閣所在[227]。而光緒六年重刊《江寧府志》卷六山水條認為：「雞籠山在駐防城北，即鐘山之南麓也。近世呼雞鳴寺所據山崗為雞籠，此並誤也。古雞籠正在鐘山南面，今所稱龍廣山。自香林寺後西接太平門，為明代建城壓為城址者皆是。」其所指即今富貴山一帶。

　　依一般看法，潮溝則位於今玄武湖南岸。依後一種看法，潮溝應位於今南京市內北京東路一線，較上說南移約一公里。出入雖不甚大，但《江寧府志》卷八古蹟條云：「臺城，今北極閣、雞鳴寺正是其北城所屆，故雞

227　蔣贊初：〈南京地名與文物古蹟〉，收入南京文管會編《南京市文物普查資料彙編》。

鳴寺東猶存一段古城。城下有門，俗曰臺城門。」據此推測，潮溝為臺城北塹，仍應在雞鳴寺以北。又光緒六年重刊《江寧府志》卷八古蹟條云：「懷德縣：宋石邁《古蹟編》：費縣與琅邪分界於潮溝村，今上元北鍾山鄉。」由此可見：今富貴山至雞鳴寺北一線，基本上可認為是琅邪與臨沂的南界。

在這一範圍內出土的大量六朝石刻銘文資料可對此予以有力的佐證。

棲霞山西側，燕子磯東南方的古甘家巷地區，是六朝墓葬比較集中的地區。

1945年以來，在這一地區清理了大批六朝墓葬。其中發現了一些重要的墓誌資料。如劉宋元徽二年十一月廿四日〈明曇憘墓誌〉稱：「窆於臨沂縣貳壁山。」該誌出土於今南京太平門外甘家巷北[228]。出土於同一地區的〈蕭融妻王氏墓誌〉記錄：「葬於弋辟里弋辟山。」[229]明曇憘誌文中的「貳壁山」，當即此「弋辟山」。據此可知，甘家巷一帶在宋、齊、梁時屬臨沂縣，有弋辟里、弋辟山之稱。

甘家巷地區，又是蕭梁諸王的葬區，除蕭融誌外，這裡還發現了可能是蕭秀及其家族的墓群[230]。著名的梁普通元年十一月二十八日〈故侍中司空永陽昭王（蕭敷）墓誌銘〉及〈故永陽敬太妃（王氏）墓誌銘〉中記載：（其）「葬於琅邪臨沂縣長千里黃鵠山。」該誌出土地點也是甘家巷一帶[231]。這樣，我們可以確定，燕子磯、棲霞山、甘家巷一帶在宋、梁之時已經是琅邪臨沂縣的實際轄地，猜想這種行政轄區在東晉時已經形成。

以上三面轄區，似無疑義。現在，我們來探討一下臨沂西界所在。

由上述範圍西向，玄武湖一線以北、北至長江，西至下關江岸，包括今幕府山及其餘脈北固山、象山、老虎山、獅子山等地，正是上文所述王

---

228 〈南京太平門外劉宋明曇憘墓〉，《考古》1976年第1期。

229 〈南京梁桂陽王蕭夫婦合葬墓〉，《文物》1981年第12期。

230 〈南京棲霞山甘家巷六朝墓群〉，《考古》1976年第5期。

231 據《六朝事跡編類》碑刻門載：「梁永陽昭王墓誌銘，徐勉造，在清風鄉居民井側。」「梁永陽敬太妃墓誌銘，徐勉造，在清風鄉路旁。」宋時甘家巷即屬清風鄉。同書記錄：梁散騎常侍司馬安成康王碑在清風鄉甘家巷，可證。

氏、顏氏等臨沂大族聚葬之地。這一地區當屬何縣呢？

上文已介紹了老虎山一帶的顏氏族葬，對此，顏含後裔，北朝著名文人顏之推及唐代名士顏真卿等人的詩文中都多次提及，均可參佐。如《北齊書・顏之推傳》載：「（之推）琅邪臨沂人也……曾撰〈觀我生賦〉，文致清遠。其詞曰：……吾王所以東運，我祖於是南翔，去琅邪之遷越，宅金陵之舊章。作羽儀於新邑，樹杞梓於水鄉……經長干以掩抑，展白下以流連。（注曰：『長干舊顏家巷』，『靖侯以下七世墳塋皆在白下』。）」由賦可知：顏氏南渡後，定居於舊稱金陵的建康，家居長干里顏家巷，族葬於白下地區。所言長干，或即上揭〈蕭敷墓誌〉中所言之長干里，又名甘家巷，甘、顏似因音近而訛。甘字見鈕、談部韻，顏字疑鈕，刪部韻，聲鈕，同為舌根音，談、刪韻部相近。六朝時臨秦淮河亦有長干地名，故〈觀我生賦〉中「顏家巷」的具體位置尚不能完全確定。但其時當有顏氏族人留居於僑置的臨沂縣境，自不待贅言。白下，即白石壘地區。顏真卿所撰〈顏氏家廟碑〉亦云：「晉侍中右光祿大夫西平靖侯諱含字弘都，隨元帝過江，以下七世，葬在上元幕府山西。」[232] 所言與出土情況正相吻合。

文獻記載，顏含墓當在今老虎山東南地區。《景定建康志》卷四三顏含墓條：「右光祿大夫西平靖侯顏府君葬靖安道旁。」考證：「晉顏含乃唐時真卿十四世祖也，得古碑於靖安道旁，乃李闡及顏延之文，墓不知所在。」《同治上元江寧兩縣志》卷三載：「蟹浦，源出鐘山，北流九里入大江，今湮。西為金陵崗，本曰靖安鎮……有顏含墓。含，魯公十四世祖也，舊有碑。」《六朝事跡編類》江河門云：「直瀆……《輿地志》云：『白下城西南有蟹浦，浦西北有直瀆。』」《同治上元江寧兩縣志》卷二十七上云：「（大江）南岸曰幕府山……山東曰燕子磯……有小河即直瀆。」《六朝事跡編類》城闕門亦云：「今靖安鎮北有白下城故基……屬金陵鄉，去府城十八里。」綜合以上記載可判定，古靖安鎮位於今燕子磯西南，古白石

---

232 《金石萃編》卷一〇一。

壘南，距宋代府城（今南京市中心）十餘里，正屬今邁皋橋一帶。西距發現顏謙婦等墓葬的老虎山約三公里。但《景定建康志》記載只見到顏含墓碑，墓所不詳。推測顏含墓可能更偏西，接近老虎山。

　　上述資料，證實顏氏家族七世聚葬於今幕府山西南、老虎山至北固山一線。正是南朝所稱白下的白石壘附近。

　　王氏家族的葬區和莊田，顏氏家族的葬區已經占據了這一地區的大片土地，可以想見，這裡應該是琅邪臨沂士族們南渡後定居占有的土地，它從屬於僑置臨沂縣當無疑義。大量臨沂士族的墓葬，顯示他們仍然遵從歸窆故土的舊習，江北原籍既不可歸，便將僑置臨沂認作自己故土。《晉書·王廙傳》記載，王廙卒於任所荊州，仍要迂柩歸葬京都，亦應是遷回其莊田所在。又據《南齊書·州郡志上》：「南琅邪郡，本治金城，永明徙治白下。」《讀史方輿紀要》稱：「縣（按即臨沂）亦移焉。」可見在東晉以後，琅邪郡及臨沂縣治所亦西移至位於這一地區中心的白石壘。這一地區行政上完全屬於臨沂所治，可以確定。

（四）白石與金城的位置

　　為了更進一步證實臨沂縣西界，我們再深入討論一下先後為琅邪及臨沂治所的白石、金城兩個城壘之位置。

　　前人對這兩個城壘的紀錄不盡一致。如白石，《六朝事跡編類》城闕門白下縣城條云：「按《圖經》及《寰宇記》引《輿地志》云：『本江乘之白石壘也……《圖經》云，在西北十四里，今靖安鎮北有白下城故基。』」大多數方志則認為白石「即今神策門外之石灰山」。朱偰《金陵古蹟圖考》總結為：「與幕府山東南相連，有石灰山，俗曰北固山，訛為白骨山，其實古白石也。一曰白下，亦歷代戰役要塞。」上文已述：北固山西約二公里處的象山出土王氏誌石銘文中稱當地為「白石」，北固山西北約二公里處的老虎山顏氏墓葬區亦被稱為「白下」。這些實證完全可以證明北固山地區

即古白石所在。

史料中記載的白石情況亦可予以佐證。

《晉書·卷六六·陶侃傳》:「監軍部將李根建議請立白石壘……根曰:『查浦地下,又在水南,唯白石峻極險固,可容數千人。』」其時蘇峻作亂,占據石頭城,陶侃立白石壘,正與石頭相對峙。

《南齊書·卷四十·南海王子罕傳》:「永明六年……上初以白下地帶江山,徙琅邪郡自金城治之。子罕始鎮此城。」

《建康實錄·卷十三·宋下》:「少帝(景和元年九月戊午)於白下濟江幸瓜步城。」

《同治上元江寧兩縣志》卷三:「隋伐陳,陳主命樊猛等領青龍八十艘於白下游弋以御隋六合之師。」

尤以《資治通鑑·卷一六六·梁紀》記載最為重要,梁太平元年(五月)「齊兵發蕪湖……丙申,至秣陵故治……癸卯,齊兵自方山進及倪塘……六月甲辰,齊兵潛至鐘山……丁未,齊師至幕府山……壬子,齊軍至玄武湖西北,將據北郊壇。(梁)眾軍自覆舟東移頓壇北,與齊人相對……霸先帥麾下出莫府山……安都自白下引兵橫出其後,齊師大潰。追奔至於臨沂,其江乘、攝山、鐘山等諸軍,相次克捷。」

以上文獻,不僅說明白石一地依山傍江,有形勢之險,而且透過對照反映出白石所在。《資治通鑑》載梁、齊之役可為顯證。當時,北齊軍自丹揚登陸,由於西部有石頭城與秦淮河阻擋,繞路從建康東南轉向北進,至鐘山後轉向西進。集中在玄武湖西北,即今北固山以南、象山以東地區,欲南下都城。梁軍陳霸先原駐臺城、鐘山一帶,移至玄武湖一帶,北向齊軍。北固山上的白石壘正在齊軍之後,故史稱安都自白下引兵橫出齊軍之後。方位正相符合。

關於金城的紀錄也不相同。《建康實錄》九寧康元年秋七月桓溫薨條

「（桓溫）咸康七年出鎮江乘之金城」注：「按《圖經》，金城吳築，在今縣城東北五十里。中宗初於此立琅邪郡也。」方志中又稱之為琅邪城，或前琅邪城明弘治丙辰《句容縣志》卷一：「琅邪城在縣治東北六十五里，本縣琅邪鄉即其地也。」（按此處言東北不符，當為西北之誤。）而《景定建康志》卷二〇則稱：「金城，在城東二十五里，吳築，今上元縣金陵鄉地名金城戍即其地。」《同治上元江寧兩縣志》卷二十七下則云：「蒲州金城略當在今神策門外邁高橋左右，玄武湖北地也。」光緒六年重刊《江寧府志》卷四亦同此說。卷八更詳引云：「金城，即前琅邪城，亦名宣武城……在上元東北金陵鄉，地名金城戍，即其地也。」兩種說法，一源於宋代，一源於唐代，似應從唐《建康實錄》所言，以今棲霞山以北為前琅邪城金城所在。但是，六朝史錄中一些實證，卻似可證明金城位於邁皋橋附近。如《晉書·孝武帝紀》：「（太元八年）十一月庚申，詔衛將軍謝安勞旋師於金城。」此為淝水大戰後，謝安迎接自安徽壽春一帶凱旋的軍隊，當由南京西邊登岸，而不致順流東下至今江寧、句容一帶。由此推之，金城只能在後一說的金陵鄉（今邁皋橋一線）[233]。

邁皋橋地區也是1945年以來發現六朝墓葬較多的地區，可見這一地區在當時曾是較重要的居民點。這為上述看法提供了一些側證。由此看來，金城的具體位置尚待進一步確定。然而，這前後兩琅邪城的位置已可以表示象山一帶屬琅邪臨沂西界。

由此產生了一個問題，即象山出土咸康七年七月二十六日〈王興之墓誌〉卻稱其「葬於丹揚建康之白石」。這些應該如何解釋？

直接將白石劃歸建康最易解決。但是它卻無法解釋王氏、顏氏等臨沂

---

233 關於蒲洲金城尚有一說，《資治通鑑》卷一六二梁太清三年二月庚子條胡注云：「馬印洲蓋即今王家沙、老鸛渚一帶……按晉置琅邪郡於江乘蒲洲上，即前所謂今王家沙也。」將金城定於長江中洲上，疑此說不確，與其他文獻出入甚大。馬印洲位置，一般認為在今南京西北方長江中，即北固山西方。《太平寰宇記》昇州上元縣條云：「馬昂洲在縣西北三十三里，周十五里。《南徐州記》云：『臨沂西入江北三里有馬昂洲，晉帝渡江牧馬於其所，故名之。』」由此或可證明臨沂西界包括今北固山、老虎山、象山一帶。

大族聚葬此地，王導賜田於此，甚至在兵亂之中，王導要奔白石以自保等現象[234]。

同樣值得注意的有如下現象：

《宋書·明帝紀》載：「太宗明皇帝，（泰豫元年）五月戊寅，葬臨沂莫府山之寧陵。」而同書《文帝沈婕妤傳》卻云：「元康三十年卒，時四十，葬建康之莫府山。」《古刻叢鈔》所收〈宋故散騎常侍護軍將軍臨澧侯劉使君（襲）墓誌〉云：「曾祖宋孝皇帝，祖諱道鄰、字道鄰，侍中太傅長沙景王，妃高平平陽檀氏字憲子，諡曰景定妃，合葬琅邪臨沂幕府山。」

時稱臨沂幕府山，時稱建康幕府山。這和〈王興之墓誌〉中稱建康白石一樣，應該是僑置郡縣轄區由借土轉向實際占有，以及頒布土斷詔令等政治原因造成的結果。

東晉設置僑郡縣，主要為了管轄南渡的中原人口。這些人定居在沿江各縣的空曠土地上，形成一種「插花地」的狀態，僑縣與原有縣轄區重疊。因此，習慣上以原地名為主。王興之墓誌恰恰如此，反映了該白石地區原屬丹揚建康縣。可見當時，琅邪、臨沂還僅從戶籍上管理這裡的臨沂人士，沒有完全占據該土地。兼以咸康七年夏四月，晉室實行了首次土斷，命令「王公以下皆正土斷白籍」。[235] 隨著土斷實行開來，僑置郡縣權力大大削弱，甚至取消建置。〈王興之墓誌〉恰逢其時，它正好說明了當時土斷確實有所貫徹。然而，土斷立即遭到南渡士族的反對，因此，終東晉之世曾多次實行土斷，但多廢而復興。琅邪、臨沂始終存在，而且不斷向西擴展，由只管戶籍擴大為占有實際轄區的行政實體，正說明了這一點。

---

234 《晉書·成帝紀》咸和三年，蘇峻陷京城；「九月戊申，司徒王導奔於白石」。二十四史百衲本卷七。
235 《晉書·成帝紀》，二十四史百衲本卷七。

三、謝氏家族墓葬

王氏、顏氏等士族墓葬，反映了僑置郡縣的發展過程與歸葬故里（僑置的故里）之風俗。但是，不能歸依僑置郡縣的南渡士族如何安窆呢？同在南京出土的謝墓可以反映謝氏家族的情況。

〈南京戚家山東晉謝鯤墓簡報〉（《文物》1965年6期）報導：在南京中華門外戚家山清理了古殘墓五座。其中3號墓出土了太寧元年十一月廿八日〈謝鯤墓誌〉。為文獻中記錄的謝氏葬地提供了實證。

〈謝鯤墓誌〉載：「假葬建康縣石子崗。」可證戚家山一帶在晉時稱為石子崗。此地又稱梅嶺。文獻記載，謝的侄子，東晉著名政治家謝安的墓葬也在此地。《陳書‧卷三六‧始興王叔陵傳》載：「晉世王公貴人多葬梅嶺。及彭（叔陵母）卒，叔陵啟求於梅嶺葬之，乃發故太傅謝安舊墓，棄去安柩，以葬其母。」《景定建康志》卷四三載：「謝安墓在城南九里梅嶺崗。」

《元和郡縣圖志》卷二五潤州上元縣：「謝安墓，在縣東南十里石子崗北。」正可證明。由此可見，謝鯤、謝安等人的墓葬均在石子崗一帶，這應當是謝氏的家族葬區。謝鯤墓簡報報導的五座殘墓，很可能就是謝氏

謝鯤墓誌

子弟的墓葬。由《陳書》所載，知當時已發謝安墓。所以，這些殘墓，很可能在六朝時期已經被毀了。

謝氏族葬於南京城南，正由於謝氏（謝鯤等）是在西晉末年，避亂來江南的，先於王氏等琅邪舊人，而東晉在成帝咸和四年始僑立豫州於江淮之間，距建康甚遠。其時也還沒有設立謝氏原籍 —— 陳郡陽夏的僑置郡縣。謝氏原籍既已淪陷，又無僑郡縣等地可為寄託，只能權葬晉世貴人習慣葬所 —— 今雨花臺一帶。未能歸葬故土，在士族大家的眼裡應是莫大遺憾。故而〈謝鯤墓誌〉中專門刻明：「舊墓在滎陽。」當為子孫後代提示，如有可能，仍應遷窆故土。由此可見，僑置郡縣的設立，不僅是安置了江北流亡人士，它還代表了北方故土，寄託了流亡士族的鄉土之情。而東晉王朝不思恢復，偏安江左的本心，隨著僑置郡縣的擴展，也得到了充分的展現。

本文承宿白先生、徐蘋芳先生審閱，並蒙宿白先生多所匡正，謹深表謝忱。

（此文與王去非先生合作）

原載《考古》1990 年第 10 期

中國國家博物館藏北朝封氏諸墓誌匯考

　　中國國家博物館收藏的眾多歷代墓誌中，有一批在 1950 年代初集中入藏的北朝墓誌特別引人注意。這就是 1948 年在河北景縣發現的封氏家族成員諸墓誌，其中包括：北魏正光二年十月二十四日封魔奴墓誌、東魏興和三年十月二十三日封延之墓誌、北齊河清四年二月七日封子繪墓誌、隋開皇三年二月十五日封子繪妻王楚英墓誌與隋開皇九年二月二十六日封氏崔夫人（長暉）墓誌。

　　根據張季〈河北景縣封氏墓群調查記〉的實地考察報告[236]，這批墓誌是 1948 年 5 月出土於景縣安陵區前村鄉十八亂塚墓群中的。這裡人所稱的十八亂塚是十八座高大的封土堆。當時，該地村民平整土地時挖掘了封土下面的墓葬。出土器物包括陶俑、陶瓷器、玻璃器、墓誌等，已經在事後被收集送交到中國歷史博物館。根據出土器物判定，這些墓葬與其封土應該都是北朝時期的遺物。而收藏在中國國家博物館的這些墓誌顯示，它們的墓主人都是出自同一個封姓的大家族，這裡是當地北朝時期的豪族大姓封氏家族成員的墓葬所在。在《魏書》、《北史》等相關文獻中記載有這些人物的傳記，可以與墓誌互為補正。

　　而後，在 1950 至 1960 年代，這裡與鄰近的吳橋縣還陸續發現了其他一些封氏家族成員的墓誌，如 1956 年在吳橋縣小馬廠村南出土的東魏興和三年十月二十三日封柔妻（畢修密）墓誌和東魏武定四年二月十一日封柔墓誌，1966 年在十八亂塚這裡出土的北周大象元年十月二十七日封孝琰墓誌和隋開皇十九年十一月十二日封孝琰妻（崔婁訶）墓誌等。它們現在保存在河北文物研究所中，可以繼續補充封氏家族的世系與歷史情況。這

236　張季：〈河北景縣封氏墓群調查記〉，《考古通訊》1957 年第 3 期。

些墓誌的記載，對於了解北朝時期的相關歷史與大族門閥狀況都是非常重要的第一手資料。以前周錚先生、石永士先生等前輩對這些墓誌已作過考釋研究，[237] 但是將封氏諸墓誌綜合起來加以研究，則尚有可為，故不揣鄙陋，捃拾史料，略作考證，以為引玉之磚，就正於諸大方之家。

自南北朝時期至隋唐時期，是古代門閥士族政治盛行的一個歷史階段。各地的豪門大姓在地方乃至中央的政治經濟活動中占有極其重要的位置。而在這一時期中，封氏家族始終是一個在冀州（今河北地區）具有重要影響的地方豪族，有過大量家族成員在北朝各國出任重要官職，其家族勢力十分強大。其中見於正史的主要人物有：

《新唐書·宰相世系表一下》：「封氏出自姜姓，炎帝裔孫鉅為黃帝師，胙土命氏，至夏后氏之世，封父列為諸侯，其地汴州封丘有封父亭，即封父所都。至周失國，子孫為齊大夫，遂居渤海蓨縣。裔孫岌，字仲山，後漢侍中、涼州刺史。生，四世孫仁，仁孫釋，晉侍中、東夷校尉。二子：恹、悛。悛二子：放、弈。弈，燕太尉。二子：蘄、勸。勸孫鑒，後魏滄水太守。三子：琳、回、滑。」

《魏書·封懿傳》記載：「封懿，字處德，渤海蓨人也。曾祖釋，晉東夷校尉。父方，慕容暐吏部尚書。兄孚，慕容超太尉。懿俊偉有才氣，能屬文，與孚雖器行有長短，然名位略齊。事慕容寶，位至中書令、民部尚書。寶敗，歸闕。除給事黃門侍郎、都坐大官、寧朔將軍、章安子。太祖數引見，問以慕容舊事。懿應對疏慢，廢還家。太宗初，復徵拜都坐大官，進爵為侯。泰常二年卒。懿撰燕書，頗行於世。子玄之，坐與司馬國璠、溫楷等謀亂，伏誅。臨刑，太宗謂之曰：『終不令絕汝種也，將宥爾一子。』玄之請曰：『弟虔之子磨奴，字君明，早孤，乞全其命。』乃殺玄之四子，而赦磨奴。磨奴被刑為宦人。崔浩之誅也，世祖謂磨奴曰：『汝

237　周錚：〈封魔奴墓誌考釋〉，《北朝研究》1991年上半年刊，總第4期；石永士：《河北金石輯錄》，
　　　河北人民出版社，1993年。

本應全，所以致刑者，事由浩之故。』後為中曹監，西使張掖，賜爵富城子，加建威將軍、給事中。久之，出為冠軍將軍、懷州刺史。太和七年卒。贈平東將軍、冀州刺史、渤海公，諡曰定。以族子叔念為後，高祖賜名回。回父鑒，即慕容暐太尉奕之後也……除鎮東將軍、冀州刺史。肅宗末，徵為殿中尚書，頻表遜職，以為右光祿大夫。莊帝初，遇害於河陰，時年七十七。贈侍中、車騎大將軍、司空公、定州刺史，諡曰孝宣。長子隆之，武定中，開府儀同三司、齊州刺史、安德郡開國公。子子繪，武定中，渤海太守。隆之弟興之，字祖冑……孝昌中卒。天平中，追贈散騎常侍、撫軍將軍、雍州刺史，尋重贈殿中尚書，諡曰文。子孝琬，字子倩。武定末，開府中郎。孝琬弟孝琰，祕書郎。』」

這是封氏家族中主要的一支，封磨奴，墓誌中作魔奴。《新唐書·宰相世系表》中的「放」即為《魏書·封懿傳》中的「方」，而出土墓誌中反映的封回季子「封延之」一支後代則為文獻中失載。

茲試將以上家族成員排列成世系如下：

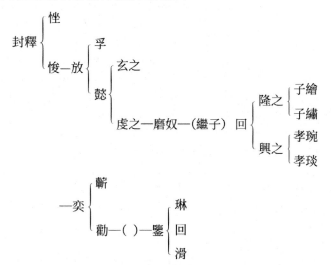

現將這些封氏墓誌中關於他們仕歷與家族成員的記載摘錄如下：

北魏正光二年十月二十四日封魔奴墓誌：「祖懿，燕左民尚書、德陽

鄉侯、魏都坐大官、章安子。父勖，太原王國左常侍；夫人中山郎氏，父和，涼明威將軍。棘子回，從兄渤海太守鑒以第五子繼……即加建威將軍，賜爵富城子。尋遷給事中。北朝此職第三品也。又除使持節冠軍將軍懷州刺史，進爵高城侯。」

　　東魏興和三年十月二十三日封延之墓誌：「司空孝宣公之季子焉。」「弱冠州辟主簿。正光末起家為員外散騎侍郎。會大將軍江陽王杖鉞西討，僚寀之選，妙盡時英，乃以公為田曹參軍，仍轉長流事……永安二年，孝莊流葵，潢池氣梗，赤子盜兵，既欲安之，非公莫可。乃敕假節假征虜將軍防境都督行渤海郡事……三年，除中堅將軍散騎侍郎。會大丞相渤海王煉石補天，斷鼇柱地，以期四友，志訪五臣，乃以公為大行臺右丞，委之群務……尋除持節平南將軍濟州刺史當州大都督……未幾，加中軍將軍，從班例也。太昌元年，復除征東將軍大丞相府司馬……永熙二年，除衛大將軍左光祿大夫郊城縣開國子，邑三百戶。司馬如故……復以本官行相州事。天平之始，兗州刺史樊子鵠據州反噬……公受命忘身，椎鋒衛國，旬月之間，克殄凶醜，乃除使持節散騎常侍驃騎大將軍青州刺史。於時侯淵叛換，據有全齊……公龍旗雲動，蛇鼓雷貫，地綱前張，天羅後設，曾未浹辰，逆淵授首。遂乃褰帷問苦，下車布政……更滿還鄉。屬大軍西討，仍行晉州事。及秦賊蟻集洛陽……復召公行懷州事……以興和二年六月廿四日遇疾卒於晉陽，時年五十四。朝廷痛惜之，有詔追贈使持節侍中司徒公尚書左僕射都督冀瀛殷三州諸軍事驃騎大將軍冀州刺史郊城縣開國子。」

　　北齊河清四年二月七日封子繪墓誌：「祖司空孝宣公，父太保宣懿公……起家祕書郎中……既而魏道將季，群凶作梗……太祖獻武皇帝選徒誓眾，雷動晉陽，戎車東指，將清王略。公發自信都，迎於釜口，亦即見止，喜得其人，即署開府主簿。俄而相府崇建，仍為丞相主簿，加伏波將軍……中興初，除左將軍散騎常侍，在通直，領中書舍人……稍遷征南將軍光祿大夫……復為通直常侍，又兼黃門侍郎。天平中，除衛將軍右光祿

大夫，常侍如故。出為平陽太守，加散騎常侍當郡都督。尋徵大行臺吏部郎中。所奉之主，太祖其人也。武定三年丁太保公憂……太祖西征，徵公大都督，復居吏部郎中，尋為渤海太守……襲爵安德郡開國公，又加散騎常侍，增秩一等。轉驃騎將軍，餘官如故。天保初，入為太尉長史。其間再行南青，一行南兗事。六年，除使持節都督海州諸軍事本將軍海州刺史。未及之任，朝廷以合肥衝要，地在必爭，取威馭眾，非公莫可，改授都督合州諸軍事合州刺史。九年，遷鄭州諸軍事鄭州刺史……十年，徵為司徒左長史，仍行魏尹事。乾明初，除司農大卿，尋正京尹。皇建中，加驃騎大將軍。大寧二年，除都官尚書，尋行冀州事……河清二年，除儀同三司。三年，暫行懷州事。尋轉七兵尚書，仍換祠部。其年閏九月二十日遘疾，終於京師，春秋五十二……詔贈使持節都督冀瀛二州諸軍事本將軍冀州刺史開府儀同三司尚書右僕射，開國如故。」「從弟孝琰。」

隋開皇三年二月十五日封子繪妻王楚英墓誌：「夫人姓王諱楚英，小子僧婢，太原晉陽人……祖世珍，中書監長社侯……父廣業，徐州刺史。」「夫人產二男四女。長子玄，字寶蓋。州辟主簿，不就。釋褐左丞相府參軍，轉司空府中兵參軍，加廣德將軍，襲爵安德郡開國公，遷通直散騎常侍，龍驤將軍，又除鴻臚少卿。屬齊滅，仕周為威烈將軍、襄州總管府掾。次子充，字寶相。州辟主簿，釋褐右丞相府參軍事，轉司徒府士曹參軍，齊滅歸鄉。年廿六卒於本郡之邑，今葬於此墓之正東。長女字寶首，適隴西李桃杖，清淵縣侯；次適范陽虞公令，尚書郎，後適隴西李子亢。次女寶豔，小字徵男，適代郡婁定遠。即齊武明皇太后之弟子，司空公、尚書令、青瀛二州刺史、臨淮郡王；後適京兆韋藝，上大將軍、齊州刺史、魏興郡開國公。第三女寶華，小字男弟，適斛律須達。開府儀同三司、護軍將軍、鉅鹿郡開國公；後適范陽盧叔蔡，汾州治中。小女寶麗，小字四璠，適清河崔張倉，郡功曹、州主簿。」

隋開皇九年二月二十六日封氏崔夫人（長暉）墓誌：「夫人崔氏，諱

長暉，博陵安平人也……司徒封祖業（即封延之）之妻。祕書郎崔輔之長女……夫人維產四女，而慈育三男。長女適范陽盧景柔，次適隴西李仁舒，次適范陽祖長雄，次適博陵崔叔胤。長男孝纂、次孝原、次孝緒。」

以上為中國國家博物館藏品。

又北周大象元年十月二十七日封孝琰墓誌：「祖司空孝宣公……父雍州刺史、殿中尚書、文侯……年十六辟為主簿……釋褐祕書郎中，轉太子舍人，典文記……天保三年丁憂去職……俄遷中書舍人，轉司空掾……兼散騎常侍、聘陳使主……遷中書侍郎，後除太尉府從事中郎、通直散騎常侍、南陽王友、判並省吏部郎中事，仍攝左丞，尋正吏部……轉散騎常侍……兼尚書左丞、侍詔文林館，仍正左丞，奏門下事……大周建德六年正月廿六日，追贈使持節儀同大將軍廣州刺史瀛洲平舒縣開國男，邑三百戶。」

隋開皇十九年十一月十二日封孝琰妻（崔婁訶）墓誌：「夫人諱婁訶，博陵安平人也。祖習，并州刺史。父叔業，汲郡太守……長子君碻、妻隴西李氏；父仁舒。第二息君靜，第三息君嚴，第四息公贊。長女僧兒，適同郡李明緒，父子貞，兗州刺史。第二女阿尼，適安定梁孝讓，父子彥，儀同三司。第三女饒弟，適范陽盧公禮，父師道。」

東魏興和三年十月二十三日封柔妻（畢修密）墓誌：「祖眾，宋徐州長史、沛郡太守、贈兗州刺史。父文慰，散騎常侍、安東將軍、滄州刺史、贈撫軍將軍，兗州刺史。諡曰恭。兄祖彥，黃門侍郎，追贈衛大將軍濟兗二州刺史。」

東魏武定四年二月十一日封柔墓誌：「君諱柔，字思溫，冀州渤海條縣人也。其先封巨，是為皇帝之師……八世祖仁，魏侍中……六世祖釋，晉平州刺史，領護東夷校尉……祖景，冀州別駕從事史……父仲靈，東莞、東安二郡太守……（封柔）再辟州主簿、本國大中正。權衡士族，貽詠鄉部。除輔國將軍，諫議大夫……除驃大府長史。俄遷征虜將軍，中散大夫，從班列也。除滄州驃大府司馬……尋除安德太守……除平東將軍、

開府、諮議參軍事。……夫人博陵崔氏……繼夫人東平畢氏。」

以上為河北文物研究所藏品。

這些墓誌中詳細記錄了關於封氏成員的歷任官職以及主要政績，而史書中關於他們的記載則相對比較簡略，從墓誌記載中不僅可以證實封氏家族在北朝歷史中的作用與地位，而且為我們提供了更豐富的史料以資參佐。例如可以將史書中記載的封氏世系補充為：

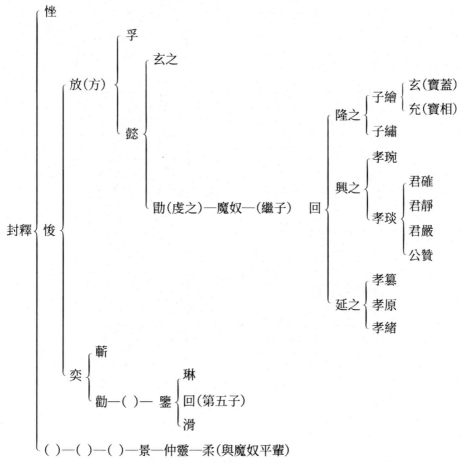

此外，在明隆慶壬申《景州志》、康熙十一年重修《景州志》、乾隆甲子重修《景州志》以及民國二十一年《景縣新志》中，記載了歷史上出自景

縣的封氏人物。其中還有見於北朝各史書的封軌、封述、封詢、封偉伯、封翼、封琳、封子施、封伯達、封休杰、封靈佑、封進壽、封蚌、封粲、封業等，可見當時封氏家族人才之盛。

封氏家族，特別是封魔奴、封回的後裔支派直至唐代仍然是具有一定影響的大姓，並且有一些成員在各級官府任職。封子繡之子封倫（德彝）曾在唐高祖、唐太宗兩朝為相。所以在唐代文獻中，如《新唐書·宰相世系表》、《全唐文》等記載中，可以見到很多封氏後人。就是在出土的唐代墓誌中，也可以看到封氏後人的影蹤，為了解這一世家大族的歷史提供了寶貴的資料。如：

封魔奴墓誌

唐咸亨三年八月十四日封泰墓誌：「公諱泰，字安壽，渤海蓨人也……高祖回，魏司空孝宣公；曾祖隆之，司徒宣懿公；祖子繡，齊穎川、渤海太守，隋通州刺史……父德輿，齊著作郎，隋扶風南由令。」[238] 封泰有子

238　見〈唐代墓誌彙編〉，上海古籍出版社，1991年。

玄朗、玄景、玄震、玄節、玄慶等，就是封魔奴一支的封氏直系後代。

又如唐開元三年二月二十一日封無遺墓誌載：「曾祖君夷，隋兗州都督府任城縣令。」[239]根據《新唐書·宰相世系表一下》封氏的記載，封君夷為封興之的孫子。封無遺一支也是封魔奴直系後代。

封延之墓誌

賀知章撰唐開元九年十一月六日大唐故銀青光祿大夫行大理少卿上柱國渤海縣開國公封禎墓誌載：「公諱禎，字全禎，渤海蓚人……曾祖詢，燕太尉孚之孫，魏太尉軌之子也。」[240]說明這是與封魔奴同出一祖的另一支封氏家人。

唐代中期的一部著名筆記作品《封氏聞見記》是封演所作。根據余嘉錫先生和岑仲勉先生的考證，認為封演應該是封行賓的曾孫或者是封行高的曾孫，或者是封梁客的曾孫[241]。總之，應該是封隆之的六世孫（不計本人一世）。《新唐書·宰相世系表一下》記載封氏世系有：封回 ── 封隆

239　見〈唐代墓誌彙編〉，上海古籍出版社，1991年。
240　見《唐代墓誌彙編續集》，上海古籍出版社，2001年。
241　見《封氏聞見集校注》趙貞信序，中華書局2005年重印本。

之 —— 封子繡 —— 封德潤 ——（三子）封行賓，封行高、禮部郎中，封
梁客、吏部員外郎、中書舍人。封演應該就是這一支的後人。

封子繪墓誌

　　顏真卿撰唐大曆七年〈宋璟碑〉碑側有「屯田郎中、權知邢州刺史封
演」[242] 的記載；《文苑英華》卷八六三收有大曆十三年封演撰〈魏州開元寺
新建三門樓碑〉；《新唐書‧藩鎮魏博傳‧田悅傳》載：「封演司刑，並為侍
郎。」從這些歷史文獻記載中，可知封演自安史之亂後一直在河北魏博軍
鎮中任職，正是封氏家族桑梓所在。這應該反映出在唐代封氏一族仍然在
河北東南部擁有一定的家族勢力與政治影響。

　　附帶提及，《魏書‧封津傳》還記載了另一支封姓人士：「封津，字醜
漢，渤海人也。祖羽，真君中為薄骨律鎮副將，以貪汙賜死。父令德，
娶黨寶女。寶伏誅，令德以連坐從法。津受刑，給事宮掖。」從「肅宗
初，冀州大乘賊起，詔津慰勞。津世不居桑梓，故不為州鄉所歸」的記載
來看，封津早已脫離原籍，在地方上沒有家族勢力存在。封津「養兄子長
業，襲爵。齊受禪，例降……津兄憑，字元寄……後除衛大將軍、左光祿

242　見《金石萃編》卷九十七，掃葉山房本。

大夫。興和三年夏卒，年六十七⋯⋯子靈素，襲。齊受禪，例降⋯⋯津從兄答，光祿大夫。子宗顯，司徒掾。」

《魏書・封敕文傳》載：「封敕文，代人也。祖豆，皇始初領眾三萬東征幽州，平定三郡，拜幽州刺史。」則應該是鮮卑人，與渤海封氏沒有關聯。

中國國家博物館與河北所藏的上述封氏諸墓誌與相關文獻結合，為深入了解北朝時期北方大姓之間的婚姻關係乃至政治關係提供了寶貴的資料。門閥士族、豪門大姓，是南北朝社會政治中非常重要的一個方面。當時，在北方形成了若干著名大姓為代表的地方勢力。如崔姓、盧姓、李姓、王姓、鄭姓、高姓以及這裡提及的封姓等等，他們是維護地方，與歷屆統治者合作的重要政治力量。

有學者指出：「十六國時期和北朝前期宗族聚落和大家庭的存在與當時的戰亂有關。留在北方的漢族地主和士大夫為了自身的生存，往往聚集本族或外族的人民結成帶有鮮明的血緣地域色彩的宗族鄉里集團 —— 塢堡組織以對抗外來的侵犯。在戰亂頻仍和民族矛盾尚未得到緩和的形勢下，這種宗族鄉里集團對於保護北方人民的生存，保護北方的經濟文化產生了一定的積極作用，同時也使北方的宗族組織和家庭規模結構呈現出一種特有的面貌。入主中原的少數民族政權從原有的部落觀念出發，將中原地區的塢堡組織當作一個部落對待。而對於宗主所統轄下的戶口卻不嚴加追究，這便是北方大家族盛行的原由。」[243]《通典・食貨典》轉載《關東風俗傳》云：「至若瀛冀諸劉、清河張宋、并州王氏、濮陽侯族，諸如此輩，一宗將近萬室，煙火連接，比屋而居。獻武初在冀部，大族猬起應之。」就生動的反映了當時大姓在北方的勢力狀況。高齊的興起，就是得到了封氏這樣的河北大族勢力的大力支持。《北齊書・封隆之傳》記載：「尋高祖自晉陽東出，隆之遣子子繪奉迎於滏口，高祖甚嘉之。」「隆之自義旗初建，首參經略，奇謀妙算，密以啟聞。」唐代朱敬則〈北齊高祖論〉云：「當

243　凍國棟：〈北朝時期的家族規模結構及相關問題論述〉，《北朝研究》1990年第1期。

時趙魏之豪，有高虔邕、高傲曹、封隆之、李元誠、盧文偉、崔祖禽等盡其死力。」[244] 可以想見，在北魏，特別是東魏、北齊時期，北方大姓在政治權衡中是一個多麼強大的砝碼，這些大姓中的眾多官宦人士，在當時的政局中發揮著非常重要的作用，同時也保護著他們的家族勢力世代延續下去。反過來看，這些大姓強大的勢力與相互通婚結成的密切連結，也對統治者造成一定的威脅，成為醞釀政治災難的種子。封孝琰遭到抄沒被殺的結果就是一個例子。

大姓之間密切的通婚關係，是北朝政治中的一大特點，也是北方士族長期延續，保有其在地方上乃至在中央政府中的強大影響力的重要因素。從封氏墓誌中保存的部分通婚關係裡，我們可以明顯看到這種服從於政治需求，同時由長期姻親關係決定的大族通婚情況。

隋開皇三年二月十五日封子繪妻王楚英墓誌記載：「夫人姓王諱楚英，小字僧婢，太原晉陽人……祖世珍，中書監、長社侯……父廣業，徐州刺史。」「夫人產二男四女……長女字寶首，適隴西李桃杖，清淵縣侯；次適范陽盧公令，尚書郎；後適隴西李子亢。次女寶豔，小字徵男。適代郡婁定遠。即齊武明皇太后之弟子，司空公、尚書令、青瀛二州刺史、臨淮郡王；後適京兆韋藝，上大將軍、齊州刺史、魏興郡開國公。第三女寶華，小字男弟，適斛律須達，開府儀同三司、護軍將軍、鉅鹿郡開國公；後適范陽盧叔粲，汾州治中。小女寶麗，小字四璠，適清河崔張倉，郡功曹、州主簿。」

隋開皇九年二月二十六日封氏崔夫人（長暉）墓誌記載：「夫人崔氏，諱長暉，博陵安平人也……司徒封祖業（即封延之）之妻，祕書郎崔輔之長女……夫人維產四女，而慈育三男。長女適范陽盧景柔，次適隴西李仁舒，次適范陽祖長雄，次適博陵崔叔胤。長男孝纂、次孝原、次孝緒。」

隋開皇十九年十一月十二日封孝琰妻（崔婁訶）墓誌記載：「夫人諱婁呵，博陵安平人也。祖習，并州刺史。父叔業，汲郡太守……長子君確、

244　見《文苑英華》卷七五二，中華書局影印本。

妻隴西李氏；父仁舒。第二息君靜，第三息君嚴，第四息公贊。長女僧兒，適同郡李明緒，父子貞，兗州刺史。第二女阿尼，適安定梁孝讓，父子彥，儀同三司。第三女饒弟，適范陽盧公禮，父師道。」

東魏興和三年十月二十三日封柔妻（畢修密）墓誌記載：「祖眾，宋徐州長史、沛郡太守、贈兗州刺史。父文慰，散騎常侍、安東將軍、滄州刺史、贈撫軍將軍，兗州刺史。諡曰恭。兄祖彥，黃門侍郎、追贈衛大將軍、濟兗二州刺史。」

以上墓誌中記載的與封氏通婚的家族，主要有：范陽盧氏、博陵崔氏、隴西李氏、清河崔氏、京兆韋氏、安定梁氏、以及當時位高權重的婁氏、斛律氏、范陽祖氏等。其中有文獻可考的人物及其氏族頗多，例如：

▌盧景柔

《新唐書·宰相世系表三上》盧氏：盧敏，後魏議郎，號二房。生義悙。義悙生景開、景柔。景柔，蘭陵太守、南州刺史，生海相。海相生彥恭。據唐天寶十三載十月六日唐故東平郡壽張縣令盧君（含）墓誌銘記載：「曾王父彥恭府君，固安公、隋西亳州刺史。[245]」向上推算，該支世系中的盧景柔所在時代正與隋開皇九年二月二十六日封氏崔夫人（長暉）墓誌中所記載的封延之女婿盧景柔相符，當即同一人。由此可以追溯出與封延之聯姻的盧氏世系，即北方著名的范陽盧氏二房。《魏書·盧玄傳》記載：盧玄嫡子度世，「四子：淵、敏、昶、尚。」「淵弟敏，字仲通，小字紅崖，少有大量，太和初，拜議郎，早卒。贈威遠將軍、范陽太守，諡曰靖。高祖納其女為嬪。敏五子。義僖……興和中卒，年六十四……弟義敦，字季和。徵北府默曹參軍。子景開，字子達，武定中，儀同開府屬。」盧景柔即景開弟，北朝史書闕載。

245　見《唐代墓誌彙編》，上海古籍出版社，1991年。

王世珍

《魏書·王慧龍傳》:「(慧龍子)瓊,字世珍。高祖賜名焉。太和九年,為典寺令……瓊女適范陽盧道亮……卒,年七十四。贈征北將軍、中書監、并州刺史。自慧龍入國,三世一身,至瓊始有四子。長子遵業……及爾朱榮入洛,兄弟在父喪中,以與莊帝有從姨兄弟之親,相率奉迎,俱見害河陰。」其身分、時代均與隋開皇三年二月十五日封子繪妻王楚英墓誌記載的王楚英祖父王世珍相符,當即同一人。又《魏書·王慧龍傳》中記載:「王慧龍,自云太原晉陽人,司馬德宗尚書僕射愉之孫,散騎侍郎緝之子也……初,崔浩弟恬聞慧龍王氏子,以女妻之。」「及魯宗之子軌奔姚興,後歸國,雲慧龍是王愉家豎,僧彬所通生也。」雖然對王慧龍的出身另有說法,但是王慧龍及其子孫在北魏始終受到重用,與皇室通婚,仍以太原王氏這一顯族身分出現。

婁定遠

《北齊書·婁昭傳》:「婁昭,字菩薩,代郡平城人也。武明皇后之母弟也。祖父提,雄傑有識度,家僮千數,牛馬以谷量。性好周給,士多歸附之……神武將出信都,昭贊成大策,即以為中軍大都督……出為定州刺史……齊受禪,詔祭告其墓,封太原王。」「次子定遠,少歷顯職,外戚中偏為武成愛狎。別封臨淮郡王……因高思好作亂,提婆令臨淮國郎中令告定遠陰與思好通。後主令開府段暢率三千騎掩之。令侍御史趙秀通至州,以贓貨事劾定遠。定遠疑有變,遂縊而死。」「昭兄子睿。」近年在山西太原還發掘出婁睿的墓葬,可以證實相關史實。隋開皇三年二月十五日封子繪妻王楚英墓誌記載的婁定遠當即此婁昭次子婁定遠。封子繪次女封寶豔先嫁婁定遠,婁定遠自殺後又再嫁韋藝。

斛律須達

　　《北齊書・斛律光傳》：「光，字明月……拜光左丞相，又別封清河郡公。」「光有四子……次須達，中護軍、開府儀同三司，先光卒。」隋開皇三年二月十五日封子繪妻王楚英墓誌記載的斛律須達即此斛律光次子。斛律光為北齊重要軍事統帥，多次打敗北周軍隊，後因北周行反間計被殺。據《北齊書・後主紀》：「（武平三年）秋七月戊辰，誅左丞相、咸陽王斛律光及其弟幽州行臺、荊山公豐樂。」斛律須達在斛律光被殺前去世，即在武平三年前去世。封子繪在北齊河清三年去世，卒年五十二歲。大致推算，其三女封寶華嫁斛律須達的時間也應該是在北齊初年，即西元551～564年間。據北齊河清四年二月七日封子繪墓誌：「天保初，入為太尉長史……十年，徵為司徒左長史，仍行魏尹事。乾明初，除司農大卿，尋正京尹。皇建中，加驃騎大將軍。大寧二年，除都官尚書，尋行冀州事……河清二年，除儀同三司。三年，暫行懷州事。尋轉七兵尚書，仍換祠部。」說明在北齊初年，封子繪進入北齊中央政府，歷任要職，他與當時手持重權的婁氏、斛律氏結親，明顯是出於官場政治的需求，這與他們傳統的北方大姓之間通婚並無牴牾。也說明北方大姓雖然標榜儒學傳統，但對華夷之防卻並不看重。斛律須達死後，封寶華再嫁范陽盧氏，看來這種大姓之間的通婚仍是士族通婚時的首要選擇。

韋藝

　　《北周書・韋孝寬傳》記載：「韋叔裕字孝寬，京兆杜陵人也，少以字行。世為三輔著姓……及宣帝崩，隋文帝輔政……孝寬兄子魏郡守藝又棄郡南走。」此韋藝當即隋開皇三年二月十五日封子繪妻王楚英墓誌記載的封寶艷再嫁丈夫韋藝。是時，北齊已被北周所滅，封氏作為地方大姓，仍然是新統治者拉攏的對象。《北周書・武帝紀》記載：「（建德六年下詔書）

偽齊侍中特進開府崔季舒等七人，或功高獲罪，或直言見誅，朕兵以義動，剪除凶暴，表閭封墓，事切下車，宜追贈諡，並窆措。其見存子孫，各隨蔭敘錄。家口田宅沒官者，並還之。」北周大象元年十月二十七日封孝琰墓誌記載：「大周建德六年正月廿六日，追贈使持節、儀同大將軍、廣州刺史、瀛洲平舒縣開國男，邑三百戶。」正是此次追封北齊被誅大姓的結果。作為關中大姓的韋氏，以北周官員的身分來管理封氏所在的河北地區。《北周書·靜帝紀》載：「以上柱國、郿國公韋孝寬為相州總管。」正是河北南部的總管。而韋藝，上引《北周書·韋孝寬傳》中稱其為「魏郡守」，隋開皇三年二月十五日封子繪妻王楚英墓誌記載其為上大將軍、齊州刺史、魏興郡開國公，也是在今河北景縣或其附近的地方主管。封氏與其聯姻，顯然會得到政治保障，其實用目的是非常明顯的。而且特別值得尋味的是，韋孝寬正是導致斛律光被殺的禍首。《北周書·韋孝寬傳》載：「孝寬因令岩作諸歌曰：『百升飛上天，明月照長安。』百升，斛也。又言：『高山不摧自崩，槲樹不扶自豎。』令諜人多齎此文，遺之於鄴。祖孝徵既聞，更潤色制，明月竟以此誅。」封氏家族全然不計韋氏是自己家中女兒的仇人，反而積極聯姻。北朝大姓在當時社會中只顧保護自己的家族勢力生存而毫無道義原則的特性，在這裡表現得十分明顯。正如趙翼《陔餘叢考》「六朝忠臣無殉節者」條中指出：士族「其視國家禪代，一若無與於己」。

▌李桃杖

《北史·序傳》：記載梁武昭王暠之後，李沖之子「延實，字禧。長子彧，字子文，尚莊帝姊豐亭公主。」彧四子仕齊，位琅邪郡守。「彧弟彬，字子儒。……襲祖爵清泉縣侯，位中書侍郎，卒於左光祿大夫，贈驃騎大將軍、光祿勳、齊州刺史。」彬子桃杖，「襲彬弟彰位，通直散騎侍郎，從父在青州，同時遇害，贈左將軍、瀛州刺史。」此李桃杖所在時代與墓

誌中的李桃杖相同，當即隋開皇三年二月十五日封子繪妻王楚英墓誌記載
「長女字寶首」的丈夫。墓誌載：寶首「適隴西李桃杖，清淵縣侯」。史載
作清泉縣侯，當從墓誌為清淵縣侯，《魏書·地形志上》司州、陽平郡：「清
淵，二漢屬魏郡，晉屬，有清淵城。」而《隋書·地理志中》清河郡：「清
泉，後齊廢千童縣入。」（注云：葉圭綬云，「千童」是「發干」之誤。）則
是隋代改稱「清泉」，地在今河北臨清縣城西南，《北史》所載有誤。墓誌
中稱封寶首多次再嫁，李桃杖為其第一個丈夫，說明李桃杖早逝，《北史》
中關於李桃杖被害的記載是確實的。李桃杖出自隴西李氏，李氏為北朝隋
唐時期著名大姓。

此外與封氏通婚的一些人物，雖然在歷史文獻中沒有記載，但是也可
以大致推測一下他們的家族世系情況。例如：

博陵崔氏：

隋開皇九年二月二十六日封氏崔夫人（長暉）墓誌記載：「夫人崔氏，
諱長暉，博陵安平人也……司徒封祖業（即封延之）之妻。祕書郎崔輔之
長女……夫人維產四女，次適博陵崔叔胤。」

《新唐書·宰相世系表二下》崔氏記載：「崔氏定著十房：一曰鄭州，
二曰鄢陵，三曰南祖，四曰清河大房，五曰清河小房，六曰清河青州房，
七曰博陵安平房，八曰博陵大房，九曰博陵第二房，十曰博陵第三房。」
可見博陵崔氏在北方廣泛分布，具有強大的家族勢力。

崔叔胤不見於文獻記載。據《魏書·崔鑒傳》記載：崔鑒子秉，「長子
忻，字伯悅」，「忻弟仲哲」，「仲哲弟叔彥」。又仲哲「長子長瑜，武定中，
儀同開府中兵參軍」。「長瑜弟叔瓚」。「秉弟習」，「長子世儒」，「世儒第三
弟叔業，武定中，南兗州別駕」。可見崔鑒孫輩的命名中習慣採用按伯仲
叔季排字的做法，而且叔業等人的在世時代與這裡的崔叔胤相同。我們由
此懷疑崔叔胤也是崔秉一支的後代。崔秉也是在河北東北部歷任官職的地
方名士，屬博陵安平房，為著名大姓。

前人對於北朝隋唐特有的大族通婚現象已經有過明晰的總結。《通志·氏族略一》云:「自隋唐而上……家之婚姻,必由於譜系。」又唐元和十二年六月二十四日故譙郡永城縣令李崗墓誌云:「魏氏重天下氏姓,定天下門族,有甲乙之科,不唯地望之美,兼綜人物之盛,自高齊、周、隋、有唐,益以光大焉。」[246]

近年臺灣學者毛漢光〈中古大族著姓婚姻之研究 —— 北魏高祖至唐中宗神龍年間五姓著房之婚姻關係〉一文中再次指出:「趙郡李氏、隴西李氏、清河崔氏、博陵崔氏、范陽盧氏、滎陽鄭氏等,每姓望皆與其他異姓望有通婚紀錄,實際上在隋及初唐已形成很完整的婚姻圈。」[247]而封氏墓誌中關於通婚的這些重要資料,不正是生動的證明了上述的歷史事實嗎?

除關於世系、婚姻的資料外,河北的這批封氏墓誌中還包含了另一些有價值的歷史資料,例如封魔奴墓誌中關於祈雨的一段記述。該記載為:「既而辰序衍陽,自春彌夏,遍祈河岳,莫能致感……議者僉云:張掖郡境,實有名山。靈異斯憑,煙雨攸在。西州冠冕,舊所奉依。宜遣縉紳一人,馳馹往禱。唯靈飧德,儻或有徵。上曰:有封君者,侍朕歷年,誠勤允著,跡其忠亮,足動明靈。可備圭幣,遣之致請。君於是奉旨星馳,受言雲驚。深誠剋應,至虔有感。唯馨未徹,俾滂已臻。」

這件事發生在封魔奴為宦官任職宮廷之時,周錚先生曾考證為魏文成帝和平五年(西元464年)。原因為《魏書》帝紀中記載旱災的只有這一次與封魔奴在世時相符。該段記載見於《魏書·高宗紀》:「(和平五年)閏月戊子,帝以旱故,減膳責躬。是夜,澍雨大降。」[248]實際上,《魏書》中關於旱災的記載涉及封魔奴在世時段的,並不僅有此一處。如《魏書·天象志》中就記載了太安四年、和平元年、天安元年等多次旱災。《魏書·高

246　見《唐代墓誌彙編》,上海古籍出版社,1991年。

247　見(臺灣)《中央研究院歷史語言研究所集刊》第五十六本第四份。

248　見《魏書·高宗紀》,中華書局二十四史標點本,1974年。

祖紀》中也記載了延興三年等旱災年分。而且據《魏書‧高宗紀》的記載可知，和平五年這次旱災的祈雨方式只是皇帝自己減膳來求得上天賜福，並且立竿見影，當天就下了大雨，顯然沒有專程派人遠去西北求雨。所以，這次去西北祈雨的活動時間尚不可確定。

我們覺得比起具體時間來，更具價值的是對這次祈雨活動的詳細記載。

由於古代中國是一個以農業生產為主的集權國家，早期的農業活動又大多處於比較乾旱的內陸地區，所以對於自然氣候的依賴程度很高。適時的降雨關乎人民的生存與國家的穩定，透過祭祀山川神祇來祈求降雨一直是官方祭祀與民間祭祀的重要內容。新出土的楚簡《魯邦大旱》中已經記錄了春秋時的祈雨習尚[249]。《周禮‧春官‧大宗伯》載：「大宗伯之職，掌建邦之天神、人鬼、地示之禮，以佐王建保邦國。以禋祀祀昊天上帝，以實柴祀日、月、星、辰，以槱燎祀司中、司命、風師、雨師，以血祭祭社稷、五祀、五嶽，以貍沉祭山、林、川、澤……」就概括的敘述了古代官方的自然祭祀內容。

漢代的祈雨祭祀已經成為法定的宗教活動。《後漢書‧禮儀志中》：「自立春至立夏盡立秋，郡國上雨澤。若少，郡縣各掃除社稷；其旱也，公卿官長以次行雩禮求雨。閉諸陽，衣皂，興土龍，立土人舞僮二佾，七日一變，如故事。」注引董仲舒奏江都王云：「求雨之方，損陽益陰。願大王無收廣陵女子為人祝者一月租，賜諸巫者；諸巫毋大小皆相聚於郭門，為小壇，以脯酒祭；女獨擇寬大便處移市，市使無內丈夫，丈夫無得相從飲食；令吏妻各往視其夫，皆到即起，雨注而已。」又注引《春秋繁露》云：「大旱，陽滅陰也。」所以在祈求降雨時，要注意避免陽性。封魔奴以宦官身分前往祈雨，是否也出於這樣的禁忌習慣呢？

古代石刻中保留有大量關於祭祀的內容。東漢光和六年白石神君碑、

249　見《上海博物館藏戰國楚竹書》（二），上海古籍出版社，2002年。

祀三公山碑等石刻就是記錄了漢代祭祀山神，祈求降雨的重要資料。如白石神君碑中記載：「白石神君……幽贊天地，長育萬物，觸石而出，膚寸而合。不終朝日，而澍雨沾洽。前後國縣，屢有祈請，指日刻期，應時有驗。」「縣以白石神君道德灼然，乃具載本末，上尚書，求依無極為比，即見聽許。於是遂開拓舊兆，改立殿堂，營宇既定，禮秩有常。縣出經用，備其犧牲，奉其圭璧，潔其粢盛，旨酒歡欣，燔炙芬芳，敬恭明祀，降福孔殷。故天無伏陰，地無鮮陽，水無沉氣，火無災輝。時無逆數，物無害生。用能光達宣朗、顯融昭明，年穀歲熟，百姓豐盈，粟斗五錢，國界安寧。」「蓋聞經國序民，莫急於禮，禮有五經，莫重於祭。祭有二義，或祈或報。報以章德，祈以弭害。故先哲王，類帝研宗，望於山川，遍於群神。」[250] 由此可見，祭祀名山，特別是有著降雨徵應的名山，是古代官方祭祀的一個重要部分。很多這樣的名山被列入官方的法定祭祀中，受到官府的固定供奉。在漢代，已經形成了這樣的祭祀體系，其中首要的就是「五嶽」，以及山川。《說苑·辨物》中稱：「五嶽者何謂也？泰山，東嶽也。霍山，南嶽也。華山，西嶽也。常山，北嶽也。嵩高山，中嶽也。五嶽何以視三公？能大布雲雨焉，能大斂雲雨焉。雲，觸石而出，膚寸而合，不崇朝而雨天下。施德博大，故視三公也。」「山川何以視子男也？能出物焉，能潤澤物焉，能生雲雨，為恩多。然品類以百數，故視子男也。」

北魏時期，祭祀山川求雨仍然是官方祭祀的固定內容。《魏書·禮志上》記載何琦論修五嶽祠曰：「所以昭告神祇，祬報功德，是以災厲不作，而風雨寒暑以時。」《魏書·靈徵志下》也記載：「太延元年，自三月不雨至六月，使有司遍請群神，數日，大雨。」

這樣的自然祭祀，遍布漢文化所及的廣大地域。因此，西北地區也有長期祭祀的山川神祇。《魏書·沮渠蒙遜傳》記載：「丹書曰：『河西、河西三十年，破帶石，樂七年。』帶石，山名，在姑臧南山祀旁，泥陷不通。

---

250 見《金石萃編》卷六、卷十七。掃葉山房本。

牧犍征南大將軍董來曰：『祀其有知乎？』遂毀祀伐木，通道而行。牧犍立，果七年而滅。」這裡就告訴我們，河西也存在著山神祭祀的祀壇。帶石，南山祀即其代表。又《讀史方輿紀要》卷六十三載：「甘州後衛，（漢置張掖郡）……合黎山，在鎮西北四十里。〈禹貢〉導弱水至於合黎，即此山也。《括地志》：合黎山一名蘭門山，晉隆安五年，北涼沮渠蒙遜欲圖段業，約其兄男成同祭蘭門山。」由此反映出合黎山既為古代有名的大山，又是當地人祭祀的對象。封魔奴來張掖祭祀的山，很可能就是這座位於張掖郡內的合黎山。

原載《中國歷史文物》2007年第2期

慧光法師墓誌與唐邕刻經

近年來，在河北民間流傳著一件新出土的東魏昭玄沙門大統慧光墓誌。這是十分重要的北朝佛教資料，它不僅幫助我們確認了東魏著名高僧慧光的生平事跡，同時對了解古鄴城附近的北朝刻經源流也有一定的參考作用。現特將它介紹於下，並由此討論一些相關的問題。

慧光墓誌誌石現在由私人收藏。所見拓片長50.5公分，寬50公分，由於是社會上流傳而來，未識有否誌蓋。原石保存不甚完好，已斷裂成數塊，造成多字殘損，但拼接後尚能看出全貌。墓誌形制與現在可以見到的東魏北

唐邕刻經記

齊墓誌近似，文字通順，內容與史載相符。書體端正，字體寫法與同時期的東魏墓誌書法近同。銘文中出現的異體字也符合當時的常見寫法。由此看來，這件墓誌應該沒有什麼問題，是東魏時期的真品。

墓誌中記載：「法師字慧光，俗姓楊氏，中山盧奴人也。道性出自天然，悟玄彰於齓歲。童齡踐法，棲心妙境，奉禁持律，猶護明珠，戒行冰潔，若茲水玉。而每岩棲谷隱，禪誦賢性，棲林漱沼，味道為業。幽衿與

妙理雙明，悟玄共沖旨俱遠。十二幽宗，靡不苞究。三藏祕義，罔不該覽。內外敷演，法音滿世。凡在輪下，咸成正首。是使寰中義士，望玄風而雲馳；日下緇英，□妙響而影萃。德音隨年而彌高，聲價與運而俞美。德標緇林之中，望蓋□儒之上。故能仰簡帝心，請為戒師，綱紀緇徒，動成物軌。清直之操，金石未之□其堅；秉理弗虧，威形莫能易其志。是使慧水濁而更清，道綱翕而復顯。雖安肇業盛秦鄉，生觀名播宋域。准德方仁，豈云加也。宜延遐算，永茲法猷。而遷變理恆，終同生滅。春秋七十，寢疾不救。□元象元年歲次戊午三月庚申朔十四日癸酉在於大□□□□□世靈山喪寶。法宇摧梁，門徒崩號，痛結羅□，終□悲戀，泣等熙□。□是天子哀至德之喪淪，悼靈岳之不永，乃遣黃門侍郎賈思同賚旨弔慰賜贈齋施，墓夫悉逾恆式。所謂善始令終，存亡佩寵者也。十七日丙子道俗更送，遷窆於豹祠之西南。四部望高墳而殞涕，學徒撫幽泉而長悲。徘徊顧慕，莫之能返。乃相與刊之玄石，永茲泉堂。庶靈音妙趣，千載而弗朽。」[251] 說明它正是著名高僧慧光的葬誌。

慧光是北朝晚期的重要僧官，也是佛學大家，在傳播佛教經義上做出了非凡的貢獻，當時即具有極大的社會影響。《魏書·釋老志》載：「世宗以來至武定末，沙門知名者，有惠猛、惠辨、惠深、僧暹、道欽、僧獻、道晞、僧深、惠光、惠顯、法榮、道長，並見重於當世。」其中惠光，即此處慧光。《續高僧傳》中有詳細紀錄。墓誌記載與《續高僧傳·惠光傳》中的記載相同。

《續高僧傳·惠光（即慧光）傳》云：「釋惠光，姓楊氏，定州長盧人也。年十三，隨父入洛，四月八日往佛陀禪師所，從受三歸……會佛陀任少林寺主，勒那初譯十地，至後合翻……光時預沾其席，以素習方言，通其爾諍，取捨由語，綱領存焉。自此地論流傳，命章開釋，四分一部，草創基茲。其華嚴、涅槃、維摩、十地、地持等，並疏其奧旨而弘演導。然

251　拓片見趙生泉：〈慧光墓誌〉，《書法家》2003年第3期。

文存風骨，頗略章句。故千古仰其清規，眾師奉為宗轄矣。司徒高傲曹、僕射高隆之及朝臣司馬令狐子儒等齊代名賢，重之如聖……初在京洛任國僧都，後召入鄴，綏緝有功，轉為國統……奄化於鄴城大覺寺，春秋七十矣……凡所撰勝鬘、遺教、溫室、仁王、波若等皆有注釋。又再造四分律疏百二十紙，後代引之，以為義節。並羯摩戒本，咸加刪定，被於法侶。今成誦之。又著玄宗論、大乘義律章、仁王七誡及僧制十八條，並文旨清肅，見重時世。」

湯用彤《漢魏兩晉南北朝佛教史》第二十章中指出：「釋慧光者，地論宗之元匠，亦四分律宗之大師，且亦禪學之名僧也。」「慧光大師，備通經論，為當世所宗，故學《涅槃》者亦從之受業。光師著有《涅槃疏》。門人法上及再傳弟子慧遠，均特以此經擅名。」「慧光……亦於《華嚴》研究最有關係之人也。《華嚴傳》謂光聽《華嚴》，妙盡隅奧。乃當元匠，恆親講授。又以為正教之本，莫過斯典，作疏四卷。」今存敦煌石室卷子中還保存有《華嚴經義記》一卷，為「大覺寺沙門惠光述」。可見慧光在當時是博學多識，享譽天下的高僧，北朝佛學主要的流派均出於其門下。其弟子中很多是當時著名的高僧，在佛學講壇上占據著重要的地位。如法上，投慧光受具足戒，講《十地》、《地持》、《楞迦》、《涅槃》等經，以後又曾為國僧統（北齊昭玄大統），繼承著慧光的國統職位，綱領北方佛寺將近四十年。慧光又有弟子僧範、道憑、靈裕等人，均為著名經師，講授《地論》、《涅槃》、《華嚴》、《四分》等經典，著述頗多。這些弟子在佛學傳播中弘揚著慧光的思想，傳授慧光主要研修的經典。同時又一直掌握著國家管理佛教的職位，應該是反映了北朝佛教的主流。也就是以講求佛學的義理教義為主，而不是以禪修為主的佛教義學流派。這種流派主要受東南地區的影響，反映了當時東魏、北齊與南朝之間的密切往來。這一點已經被近代以來的佛教史研究者與北朝佛教石窟研究者所認同。

　　從關於北朝佛教的記載中來看，當時慧光所專精的佛經涉及《涅槃》、《華嚴》、《般若》三大體系。他研究與講授的這些經卷當時在北方流傳得相當普及，正是北朝佛學的重點所在。因此，慧光在世的東魏末年與其死後的北齊年間，由於慧光本人與其弟子們的廣泛影響，世人經常接觸的經典，當為慧光學派研習的主要經典。石刻佛經中正反映了這一點。北齊晚年的唐邕寫經就是如此。李裕群在《北朝晚期石窟寺研究》中也提出：「鄴城地區諸石窟在一定程度上受到了地論宗的影響。」

　　那麼，我們就具體看一下北響堂石窟的建造原委及唐邕刻經的情況。

　　北響堂石窟是北朝晚期時中國北方最重要的石窟之一。它位於東魏、北齊首都鄴城通往陪都晉陽的道路旁，臨近鄴城，是北齊皇室開鑿的皇家石窟。根據北響堂長樂寺中的金代正隆四年碑刻紀錄，這裡是北齊文宣帝高洋開鑿。另據《資治通鑑》卷160中記載：「武定五年虛葬高歡於漳水之西，潛鑿武安鼓山石窟佛寺之旁為穴。」反映出在高歡死前這裡就有石窟存在了，但現在一般認為它開鑿於高洋時期。作為皇家石窟，它不僅建造技術最精湛，在佛教供養與佛學研究上也應該是國家的中心。陳垣先生在〈大同武州石窟寺〉一文中指出：雲岡不僅是國家石窟的所在，而且是當時佛經翻譯的中心。雲岡聚集了大量僧人，以顯示佛、法、僧三寶合一。北響堂石窟也應該具備著同樣的佛學功能。在這裡刻寫佛經，正是國家尊崇佛法的表現。

　　唐邕是北齊歷史上的一個重要人物，曾歷事五代北齊帝王，「備極人臣之榮」。他又是著名的佛教信徒，曾「造一切經三千經，造佛像三萬二千軀」。北響堂山石窟可能就是他為皇家監造的，所以他才有資格在這裡的南洞外刻經立碑。

　　北響堂石窟寺中的〈唐邕寫經碑〉至今保存完好，上面記載：「於鼓山石窟之所寫維摩詰經一部，勝鬘經一部，孛經一部，彌勒成佛經一部。」[252]

252　陸增祥：《八瓊室金石補正》卷二十二，文物出版社影印本，1985年。

該碑通高1.65公尺，寬1公尺，上部雕二層佛龕，龕內雕刻佛像，無碑額與趺座。楷書20行，行34字。書體兼有隸意，書法價值很高。

　　唐邕為什麼在這樣重要的石窟寺院中專門刻寫這幾篇佛經呢？我們認為這展現了慧光的佛學流派影響，也就是反映了東魏北齊的佛教學術主流。下面具體分析一下。

　　《維摩詰經》，全稱《維摩詰所說經》，又稱《不可思議解脫經》，後秦弘始八年由名僧鳩摩羅什在長安大寺翻譯，凡三卷十四品。它是初期大乘經典之一，闡揚大乘般若性空的思想，是在家佛教的重要代表作，在中國具有非常廣泛的影響，也是大乘般若思想的主要宣傳品。僧肇的〈維摩詰所說經注序〉中稱：「此經所明，統萬行則以權智為主，樹德本則以六度為七根，濟蒙惑則以慈悲為首，語宗極則以不二為門。」說明它將大乘佛教的基本思想均包含在內，同時又是講說維摩居士這樣的世俗富有人士與佛教的淵源，從而深得世俗上層信士的青睞，是他們的首選經典。敦煌、龍門等北朝石窟中有大量的維摩詰經變圖壁畫（或浮雕），也可以證實這一點。上文已經引述，慧光也曾經注疏、講演《維摩詰經》。慧光去世不久，他講述的佛經義理仍有他的弟子在傳習。作為權貴的在家居士唐邕，接受與採納這種佛經是非常合理的。

　　《勝鬘經》，全稱《勝鬘獅子吼一乘大方便廣經》，曾有北涼曇無讖譯本，南朝宋求那跋陀羅譯本等。該經記錄勝鬘夫人勸信佛法的說教。傳說勝鬘是古印度拘薩羅國波斯匿王之女。該經在大藏經中列入寶積經部。但張總指出：「其實本經所詳義理，按其內容應該列入涅槃部。」[253] 如上所述，它也是慧光做過注疏，予以講授的一部經典。慧光再傳弟子慧遠也著有《勝鬘經義記》。顯示了它在當時的普及性與重要性。而且，唐邕與北齊皇后有親戚關係，建窟與刻經可能也有為皇后祈福的意義，採用這種佛經來比喻皇后也是非常合適的。

253　張總：《金川灣三階教刻經窟研究》，待刊本。

《孛經》，全名《佛說孛經抄》，十六國支謙譯，是記載佛祖前身孛的本生故事。有人曾認為它與唐邕自身的經歷有所相似。

由此可見，唐邕所刻經文的選擇上，除了自身的考慮外，主要受到當時佛教學術主流的影響，也就是由慧光這樣的佛教大師所提倡與引導的義學主流的影響。華嚴、涅槃、維摩、十地諸經是慧光研修頗深，並且引導北方佛教界大力學習與誦讀的佛教經典，在東魏、北齊一直廣泛流傳，唐邕刻經在這些經典範圍內來選擇，理所當然。

最後一則《彌勒成佛經》的刻寫，則應該與在北朝佛教界具有極大影響的「末世」思想相連起來。彌勒思想與彌勒淨土信仰的流行正是這種意識的表現。

「末法」思想，很早就傳入中原，李裕群在《北朝晚期石窟寺研究》中認為：「末法思想的流傳由來已久，約在十六國北涼時期，首先在河西地區流行。」[254] 北涼緣禾三年（西元434年）石塔白雙員發願文中有「生值末法」的說法，同年程段兒發願文中有「生值末世」的說法[255]。又如《文選》李善注中已經提及「正法五百，像法一千，末法萬年」。在北齊時期，慧思所作《誓願文》明確講述了「正法五百年，像法一千年，末法一萬年」，並稱自己誕生於進入末法時期的第八十二年。由此顯示了北齊佛教界普遍認為已經進入末法時期的觀點。由於這種思想的流行，佛教徒中對繼釋迦牟尼以後成佛的彌勒佛崇拜倍至。佛教徒中對佛教「末世」來臨的恐懼，希望彌勒降世的期待，使得當時對彌勒淨土的崇拜遍及天下。在河北、山東等地出土的大量交腳彌勒單座造像是其突出的證明。為了保存佛經而大量刻寫石經的作法則是「末世」思想的直接反映。如《唐邕刻經記》中所云：「殺青有缺，韋編有絕。一托貞堅，永垂昭晰。」

根據南朝梁代僧佑編寫的中國早期佛教重要著作《出三藏記》中的記

254　李裕群：《北朝晚期石窟寺研究》，文物出版社，2003年。

255　見王毅：〈北涼石塔〉，《文物資料叢刊》第1期，文物出版社，1977年。

載，在晉代僧人竺法護翻譯的諸經中，已經具有《彌勒成佛經》一卷，《彌勒本願經》一卷（又稱《彌勒菩薩所問本願經》），為晉太安二年五月十七日譯出。

《高僧傳》卷一中有《晉長安竺曇摩羅剎（竺法護）傳》，云：「竺曇摩羅剎……世居敦煌郡，年八歲出家……博覽六經，遊心七籍……護乃慨然發憤，志弘大道，遂隨師至西域，遊歷諸國。外國異言三十六種，書亦如之。護皆遍學，貫綜詁訓，音義字體，無不備識。遂大齎梵經，還歸中夏。自敦煌至長安，沿路傳譯，寫為晉文……經法所以廣流中華者，護之力也。」《出三藏記》中記載：竺法護「自太始中至懷帝永嘉二年已前所譯出，凡一百五十四部，合三百九卷」。可見印度佛典傳入中華，使佛教教義得以普及，竺曇摩羅剎（法護）是具有不可磨滅的開創之功的。而在他譯出的經典中，就包括了彌勒信仰主要的經典兩種。

以後，在佛教經典翻譯史上同樣具有重要地位的鳩摩羅什，也翻譯了彌勒經典。《出三藏記》中稱：「晉安帝時，天竺沙門鳩摩羅什以偽秦姚興弘始三年至長安，於大寺及逍遙園譯出（佛經）。三十五部，凡二百九十四卷。」其中包括：「《彌勒下生經》一卷，《彌勒成佛經》一卷。」他譯的《彌勒成佛經》與竺法護所譯的不是同一個本子，等於是介紹了另一種佛典。

南朝劉宋孝武帝時期，偽河西王從弟沮渠安陽侯於京都翻譯出四部經書，共五卷。其中就有重要的彌勒經典《觀彌勒菩薩上生兜率天經》（或云《觀彌勒菩薩經》，又云《觀彌勒經》）。

隨著彌勒經典的翻譯，在中原僧人中對於彌勒的尊崇越來越顯著。《高僧傳・卷五・晉長安五級寺釋道安傳》記載：「安每與弟子法遇等於彌勒前立誓，願生兜率。」道安是當時著名的高僧，精於經義。他對彌勒的信仰，表現了當時的僧人對彌勒的重視。這與他從出家時就接觸關於彌勒的經義有關。湯用彤先生在《漢魏兩晉南北朝佛教史》中指出：道安第一次所讀之經為《辯意經》，而現存之北魏法場譯之《辯意長者經》之末，有

彌勒佛授決云云，可能表現了道安所受到的彌勒崇拜影響。與道安同時的一些僧人也崇尚彌勒。《高僧傳・卷五・晉京師瓦官寺竺僧輔傳》云：「後憩荊州上明寺，單蔬自節，禮懺翹勤，誓生兜率，仰瞻慈氏。」《晉長沙寺釋曇戒傳》云：「後篤疾，常誦彌勒佛名不輟口。弟子智生侍疾，問何不願生養。戒曰：吾與和上等八人，同願生兜率。和上及道願等皆已往生，吾未得去，是故有願耳。」這裡說的和上，是指道安。

凡此種種，顯示在晉代的僧人中已經十分重視彌勒經典的作用。僧人重視彌勒，可能有到彌勒處領受學習佛教教義的思想。如《高僧傳・卷十一・宋京師中興寺釋慧覽傳》記載：「達摩曾入定往兜率天，從彌勒受菩薩戒。」雖然這是佛家的傳說，但是仍可以反映當時僧人認為在彌勒兜率天可以領受佛教經義的看法。

而在民間，廣大佛教信徒則著重於彌勒作為未來佛的救世功能上。在戰亂頻繁的南北朝時期，這種救世的功能與民眾對未來幸福的殷切期盼相結合，使彌勒淨土的信仰得以廣泛流傳。在佛教崇拜的造像上，集中展現了當時的這種信仰狀況。

早期的彌勒造像，多以彌勒菩薩的身分出現，大多為菩薩裝，頭戴寶冠，有些身披瓔珞等飾物，身材修長。造像的姿勢基本採取交腳坐式。有些作說法印，有些以手支頤，作思惟狀。所以，有人也在沒有明確題記的情況下將它稱作交腳菩薩或思惟菩薩。實際上，思惟狀的造像一般可以用來表現兩種內容：一種是彌勒菩薩，一種是太子思惟像。

到了東魏、西魏、北齊、北周時期，尤其是在東魏、北齊地區，佛教更加盛行。在北方的東西分裂時，東魏占有原北魏政治、文化的中心地區，並將接近西魏的洛陽地區的文人、工匠遷往鄴城一帶，從而基本繼承了北魏的文化傳統。同時，它又與南朝有比較密切的文化互動，使北方佛教文化得以繼續發展，並且與南方佛教文化有所交流。這時，對於彌勒的崇拜也比北魏時期更虔誠。除現存於山西天龍山石窟、河北響堂山石窟、

山東千佛山石窟等地的造像外，近年來在河北曲陽、山東博興、青州等地出土的大型佛教造像窖藏中大量交腳菩薩與思惟菩薩的造像精品，便反映了對彌勒的空前重視。其中曲陽造像對於思惟菩薩等的新處理手法，獨具特色，是這時新創造的造像形式，並影響到山東等地。例如曲陽出土的東魏元象二年（西元539年）惠照造思惟菩薩像與興和二年（西元540年）鄒廣壽造思惟菩薩像[256]等，就表現了這種新的形式。這些菩薩的面相顯得略長，肌膚豐碩，低頭下視，上身前傾，右手持蓮蕾，緊貼腮部，帶有含蓄的微笑，坐姿自然，特別是頭上的高冠，兩條飄帶向上翻起，直衝上天，披肩呈鋸齒形，衣裙外展，褶紋疏朗整齊，襯以纖細的身段，顯得生動優美，清秀脫俗。但是它們在題銘中自稱「造思惟菩薩」，不一定是專指彌勒。而造型相類似的東魏武定二年（西元544年）戎愛洛造像，則在題記中只說造白玉像一軀，就有可能包含彌勒的意義了。

實際上，東魏與北齊流行的思惟菩薩造像，應該大多表現彌勒的形象，其中北齊彌勒菩薩像的一個重要特點，就是它們的背光已經不用以往常見的火焰紋舟形或蓮瓣形背光，而是改為用兩株菩提樹對稱組成的盤枝作為背景襯托，中央有一座佛塔，兩邊是飛天形象。彌勒菩薩坐在兩樹中央，多採用一腳下垂，一腳平盤的半跏座。身著菩薩裝，頭戴寶冠，作支頤思惟狀。如美國舊金山亞洲藝術館藏北齊天保二年（西元551年）思惟菩薩像、日本東京國立博物館藏思惟菩薩像[257]等。

作為東魏北齊皇家造像代表的鄴城周邊石窟造像，反映了這一時代的佛教信仰傾向。在南響堂第1、2窟中西方淨土變中有彌勒說法的雕像。而同為鄴城附近的安陽寶山寺大留聖窟，裡面將彌勒佛與盧舍那佛、阿彌陀佛並列，它還正是慧光的弟子道憑法師主持開鑿的，反映出慧光為首的義學僧人明確的「末法」觀念。

256　季崇建：《千年佛雕史》，臺灣藝術圖書公司，1997年。
257　季崇建：《千年佛雕史》，臺灣藝術圖書公司，1997年。

　　慧光墓誌的出土發現，充分證明了《魏書·釋老志》與《續高僧傳》中關於慧光的記載是完全可靠的，從而反映出東魏北齊時期河北、山西、山東等地的佛學主流是《涅槃》、《華嚴》、《般若》三大體系與末法思想，這也就是東魏北齊國家尊崇的佛教主流。結合相關文獻記載與石窟造像情況，就可以清楚的看到唐邕寫經時代的佛教背景。從而說明唐邕刻寫的幾種佛經並不是簡單的隨意選擇，而是受到慧光等義學大師開創的佛學潮流影響，是當時北方流行的佛教學派造成的社會崇尚。

原載《北朝摩崖刻經研究》，內蒙古人民出版社2007年版

《東魏武定元年聶顯標邑義六十餘人造四面佛像》考

　　《東魏武定元年聶顯標邑義六十餘人造四面佛像》原流失海外，曾被香港收藏家常萬義先生收藏，並在深圳博物館展出。現歸上海博物館。這是一尊保存得比較完好的北朝造像。造像雕刻得生動精細，內容豐富，具有文辭明晰的造像發願文和大量供養人姓名的記載。這些內容對於判斷該造像的真偽，從而更好的了解北朝晚期的造像情況，以及認識相關的北朝時期佛教文化歷史等都具有重要的價值。現就該造像的造像情況與銘文介紹於下，並略作考釋說明，以供參考。

　　這件造像為青石質，呈長方柱形，高128公分，正面寬43公分，側面寬40公分。碑石四面均在上半部開鑿上下兩龕，上面為大龕，有火焰形龕楣與雙龍首楣沿。四面造像組合不同，各面大龕內分別圓雕佛像及弟子、菩薩、天王等形象。下面為橫向長方形小龕，小龕內均並排圓雕四尊坐像，由於頭部均已殘損，僅可根據龕下題名確定為王子像。在小龕下面分別刻寫銘文與供養人姓名。各面的造像情況與銘文依次為：

　　正面（現將有造像發願文的一面確定為正面，其餘三面均僅刻寫供養人姓名）：

　　上部大龕內主尊作佛裝，頭上梳寶髻，外著通肩大衣，內著僧祇支，端坐於須彌座上，結跏趺坐，右手上舉，手掌心向外，作施無畏印，左手下垂，同樣掌心向外。主尊兩側從內至外各有一弟子、一菩薩、一天王像。天王手握金剛杵。天王下面各有一手持蓮蕾、盤坐禮拜的小供養人像。佛像著衣質地輕薄，衣褶疊垂。衣紋明顯呈有稜角的Z形，與傳世造像

中東魏武定二年戎愛洛造思惟菩薩像[258]、東魏武定五年南門村人造二佛並坐像[259]等造像的衣紋相似，具有典型的東魏雕刻風格。類似衣紋還可以在四川成都萬佛寺出土的梁代及北周時期的佛教造像上看到[260]，學界認為，它顯示當時受從南朝而來的佛教藝術影響。楊泓先生曾指出：「類似四川出土上述薄衣單身立佛像，都可在青州造像中看到風格類似的遺物。說明青州北齊造像新風的來源之一是受南方梁朝造像的影響，或與青州地區與南方可以透過水路等管道進行密切的文化交流有關。[261]」從這件早於青州北齊造像的四面造像上，我們已經可以看到南方佛教文化藝術對北方的影響。

聶顯標造四面像

下面的小龕中四尊造像頭部已損壞，均身著通肩大衣，結跏趺坐。雙手平放在腿上，被衣裾遮蓋，手印不詳。

小龕下面有一列題名，題名下面刻寫造像發願文。銘文為：

大魏武定元年歲次癸亥六月己未朔廿一日己□。／夫玄像開融，冏淨界於大（原文疑脫一字，當作「四大」）；真言覺俗，掃群疑於／彼岸。是已（以）靈智潛影，閉諸相之根。佛弟子都維／那聶顯標邑義六十餘人等，盡是弈代臺胤，綿／世儒宗，體悟無常，財非身有，各減衣食之資，

258　日本東京書道博物館藏品。

259　河北曲陽縣出土，故宮博物院藏品。

260　見《成都萬佛寺石刻藝術》，中國古典藝術出版社，1958年。馮漢驥：〈成都萬佛寺石刻造像〉，《文物參考資料》1954年第9期。

261　楊泓：〈山東青州北朝石佛像綜論〉，《中國佛學》第二卷第二期，1999年秋季號。

上／為皇帝陛下，群官司牧，復為七世父母並家／眷屬，復為邊地咸生輩類，造四面石像一軀，璨／然煥目。磬（磬）滄海之珍，盡荊山之寶。自能人潛影，／像法住世，建德立功，未有如斯者也。相兜率之／境可蹬，龍華之會必至，然善不虛立。其詞曰：／照灼真容，燦爛吐暉，寶官彰月，峻壁停曦。丹梁／仙集，碧棟鳳飛，群生風偃，四部雲歸。／聖途修緬，法理唯空，歸心三寶，仰敬玄宗。翱□／慧境，夕躍真縱（蹤），化感群惑，誰擬挑功。[262]

這一面上還散刻著一些題名。在大龕楣的左右刻有：

菩薩主□□□。菩薩主聶僧朗。

在大龕下中央刻有：

大像主聶寄生。

在小龕的左右刻有：

像主聶□□。四面都像主聶顯貴、顯暢。八關齋主□□□。

在小龕的下面刻有：

道場主□聶僧敬。王子像主程道帝。王子像主程道貴。王子像主程野叉。王子像主聶樹生。天龍主聶難宗。□官行道主王□□。

右側面：

上部大龕內主尊作佛裝，身著通肩大衣，內著僧祇支，結跏趺坐，右手上舉，手掌心向外，作施無畏印，左手下垂，同樣掌心向外[263]。佛座下部內收作圓弧形，上邊為平沿。佛座下左右各有一小夜叉背負佛座。主尊左側有一菩薩、雙手在胸前合掌，著長裙，腳踏蓮座。右側應為菩薩像，右手舉至胸前，手持一物，腳踏蓮座。

262　□中為殘缺的字或無法辨認的字，（）中是前一字的正字。未能確釋者，後面加有（？）。

263　這裡左手下垂，掌心向外，以往報告中多稱類似手印為施願印。然而根據佛經中關於施願印的說法來看，施願印似應主要為掌心向外，右手下垂或雙手下垂。如：唐僧智通譯《觀自在菩薩隨心咒經》施無畏印咒第三十四：「起立以左臂直舒向下，五指亦舒向下，掌背向後，右手亦爾，以掌向前。」《佛說造像量度經解》：「南方寶部主寶生如來，黃色，手印右手作於圖樣中救度母右手同，謂之施願印。」該經中救度母圖樣正是右手下垂，掌心向外。右手上舉，掌心向外行施無畏印時，左手似不應該看作另一單獨的手印。

　　下面的小龕中四尊造像頭部已損壞，身著通肩大衣，結跏趺坐。雙手平放在腿上，被衣裾遮蓋，手印不詳。

　　在大龕楣的右側刻有：

　　菩薩主聶黃頭。

　　在大龕下中央刻有：

　　大像主眾。

　　在小龕的下面刻有：

　　（第一排）王子像主韓慶賓。王子像主聶安國。王子像主聶充。王子像主高顯進。（第二排）唯那僧慧朗邑子聶小。邑子聶法進。邑子聶天智。邑子聶應仁。邑子聶思洛。邑子王繼伯。邑子聶元明。邑子聶景勝。（第三排）邑子聶道憐。邑子聶成愭。邑子聶會。邑子聶思和。邑子桑顯賓。邑子聶難宗。邑子聶繼伯。邑子龐貴。邑子聶顯貴。邑子齊文璨。邑子聶察。邑子聶豐。邑子聶和賓。邑子韓寄生。（第四排）邑子張中興。邑子連嵩。邑子聶舍標。邑子聶洪貴。邑子聶僧敬。邑子聶山。邑子孫元。邑子聶董仁。邑子聶洪添。邑子聶子華。邑子聶子憲。邑子聶子寧。邑子聶秋蘭。□□王□□。（第五排）□□□□□。邑子□□□。邑子聶□□。邑子聶世□。邑子聶野祿。邑子聶思歡。邑子王遷。邑子聶游誕。邑子聶洪遵。邑子王智休。邑子聶誕。邑子聶清爵。邑子王貴遵。

聶顯標造像題記

背面：

上部大龕內主尊作佛裝，頭部已殘損，身著通肩大衣，身披披帛，端坐於須彌座上。披帛在胸前結成十字結。佛像結跏趺坐，右手握拳放於胸前，食指上舉。左手下垂，掌心向外。須彌座旁左右各有一獅子，左側獅子頭正面向外，右側獅子頭側向佛座。主尊兩側從內至外各有一弟子、一菩薩像，均站立在蓮座上。左側菩薩左手執枝葉，舉至胸前，右手下垂持物。右側菩薩雙手合掌拱在胸前。

下面的小龕中四尊造像頭部已損壞，身著通肩大衣，結跏趺坐。雙手平放在腿上，被衣裾遮蓋，手印不詳。

在大龕楣的左上方刻有：

□□劉□□□村。

在龕右側刻有：

菩薩主聶永羅。

在大龕下中央刻有：

大像主聶閭（？）。

在小龕的下面刻有：

（第一排）王子像主聶和賓。王子像主聶長高。（第二排）比丘尼□普。比丘尼曇恆。邑母孫勝姬。邑母牛明陵。邑母蔡女。邑母張照男。邑母賀要仁。邑母孔光仁。邑母宋逢容。邑母靳妙容。邑母楊頭仁。邑母張保英。邑母邢同。邑母史侍。邑母王洛勝。邑母賈花。邑母聶□□。（第三排）邑母李伯奶。邑母吳女子。邑母王僧妙。邑母聶容。邑母聶亂。邑母王要仁。邑母韓勝堂。邑母成明勝。邑母聶英。邑母染始姿。邑母桑妙容。邑母王牛女。邑母華玉英。邑母楊光男。邑母王外光。邑母邴金玉。邑母龍相（？）女。（第四排）清信女王金姜。清信女王金銀。邑母孔明昭。邑母吳清女。

左側面：

上部大龕內主尊作佛裝，頭部已殘損，身著通肩大衣，端坐於須彌座上。佛像結跏趺坐，右手掌放於胸前。左手下垂放在腿上。須彌座旁左右各有一菩薩像，均站立在蓮座上。右側菩薩頭部已殘，右手撫在胸前。左手下垂持物。左側菩薩雙手合掌拱在胸前。

下面的小龕中四尊造像頭部已損壞，身著通肩大衣，結跏趺坐。雙手平放在腿上，被衣裾遮蓋，手印不詳。

在大龕楣的右側刻有：

菩薩主聶羅義。

在大龕下中央刻有：

大像主聶輔國。

在小龕的下面刻有：

（第一排）王子像主聶洪標。都王子像主聶僧寶。

（第二排）邑師比丘法憐。邑主聶顯標。邑主聶輔國。中正聶顯珍。維那聶繼叔。都維那聶羅文。維那聶思義。都維那聶正。邑子李勝宗。邑子聶活。邑子聶曇晏。邑子聶漢。邑子聶周。

（第三排）邑子聶天吉。邑子聶顯達。邑子王眾念。邑子聶磨王。邑子聶道顯。邑子王顯和。邑子聶芒承。邑子聶桑仁。邑子聶天貴。邑子聶道晏。邑子聶叔仁。邑子聶顯宗。邑子晁敬賢。邑子聶敬。維那王桃虎。維那聶永暉。

（第四排）邑子聶□□。邑子聶僧洛。邑子聶天虬。邑子聶蒷。邑子王寄。邑子程道帝。邑子吳顯龍。邑子聶僧副。邑子聶暉。邑子聶思伯。邑子聶景高。邑子聶賓。邑子聶曇顯。邑子聶充。邑子聶終。維那韓慶賓。

（第五排）邑中正聶隆。邑子楊義和。邑中正聶洪標。邑子聶甄奴。邑中正王元貴。邑子聶思達。邑子聶猛雀。邑子聶蓋海。邑子聶休。邑子聶景。邑子聶顯永。邑子聶宜奴。邑子聶神貴。邑子聶思略。邑子聶買

德。邑子聶元僖。

（第六排）邑子晁猛。邑子王里。邑子王輔世。邑子聶伏虎。邑子聶市官。邑子聶騰□。

由於該造像為流散文物，缺乏具體的出土情況與原所在地的記載，因此需要對其真偽先作一判斷。

我們可以看出上面敘述的造像特點（包括造像組合、雕刻手法、衣著紋飾等）符合當時北方佛教造像，特別是中原地區造像的基本特徵，而銘文文體（包括文辭內容體例、慣用詞語）與常見的異體字寫法等也與現在可以見到的當時造像題記相符，未見一般偽刻中會出現的文辭不類、缺乏字體時代特點等明顯破綻，可以確定它是一件製作於東魏武定元年的佛教造像真品。這一時期的佛教造像可對比者甚多，如在河北（如曲陽、邢臺、邯鄲等地）和山東（如青州、博興等地）就出土過大量東魏北齊的佛教造像。這件造像的造型和雕刻手法與東魏首都鄴城附近的造像（特別是出於皇家石窟寺院的造像，如響堂山石窟等）相比起來還顯得比較粗糙，造像比例略顯短粗，一些手相也不是很規範，如背面佛像右手握拳放於胸前，食指上舉，左側面佛像右手掌放在胸前等。與河北北部、山東中部等地的同期造像相比，雖然主要的造型基本相似，但也存在著一些造像風格上的不同之處。因此，我們懷疑這是一件距離東魏政治中心較遠地區的民間石工製作的造像。

在主龕下面開刻小龕，雕刻並排的王子坐像，這是該件造像的一個特點，在其他的北朝佛教造像中是比較罕見的。該造像四面一共有十六尊王子像，應該是表現《法華經·化城喻品》中提到的十六王子，即大通智勝佛的十六子，均出家為沙彌，第十六子就是釋迦牟尼。張總先生在〈十六王子像小記〉中列舉了山東東平白佛山與河南偃師水泉石窟等處有明確題記的十六王子造像，說明在北朝晚期有過為十六王子造像的習俗。如水泉石窟洞口碑記上稱：「造十六王子行像十六區。」而白佛山造像的第五排最

內側一龕佛像龕側題記為：「十六王子像主萬義緒、張基。」又如開皇四年阮景暉等造十六王子像碑也記載：「敬造十六王子之像一軀。」後兩處造像為一尊坐佛像，張總先生認為是在表現作為第十六王子的釋迦牟尼。可見十六王子像又與當時常見的太子像有共通之處。早期佛教造像中的太子形象主要出現在佛本生故事中，如山西大同雲岡石窟中的太子逾城圖像等。而後出現有大量單座的太子造像。製作太子像，是東魏北齊時期佛教造像中常見的做法。比較多見的主要是製作成思惟菩薩形式的太子坐像，如現藏美國大都會博物館的東魏武定二年思惟菩薩像等。又見傳世的東魏武定元年七月廿七日道俗九十人等造像讚碑上刻有系列的太子圖畫，圖像漫漶，但有「太子得道諸天送刀與太子別」、「摩耶夫人生太子九龍吐水洗」、「想師瞻□太子得想時」、「隨太子乞馬時」等題記[264]，顯示這是一組表現釋迦從出生到得道出家的太子故事，也可以反映當時的造像習俗。有人認為當時流行思惟菩薩與當時中土佛教盛行彌勒淨土思想有關[265]。彌勒淨土的流行，主要是在民間的廣大佛教信徒看重於彌勒作為未來佛的救世功能。在戰亂頻繁、人生變幻莫測的南北朝時期，民眾對這種救世功能的崇拜與對未來幸福的殷切期盼相結合，使彌勒淨土的信仰得以廣泛流傳。在展現民間佛教崇拜的大量造像上，集中反映了當時的這種信仰狀況。

早期的彌勒造像，多以彌勒菩薩的身分出現，大多為菩薩裝，頭戴寶冠，有些身披瓔珞等飾物，身材修長。造像的姿勢基本採取交腳坐式，雙手一般作說法印，所以有人也在沒有明確題記的情況下將它稱作交腳菩薩。思惟菩薩則多作半跏座，頭部側傾，右手支頤，身著菩薩裝，頭戴寶冠。佛教經典中大量出現佛與其他菩薩思惟悟道的記載[266]。但是北朝造像中的思惟菩薩大多應該是在表現太子感悟人世的思惟圖像，如雲岡六窟、

---

264 《金石續編》卷二，《八瓊室金石補正》卷十九。

265 金申：《中國歷代紀年佛像圖典》，文物出版社，1994年版。

266 如：《長阿含經》卷一，「太子悵然不悅，即告侍者回駕還宮，靜默思惟。」《佛般泥洹經》：「佛還維耶梨國，入城持缽行分衛，還止急疾神樹下露坐，思惟生死之事。」《大般涅槃經》卷上：「（世尊言）吾今當往遮波羅支提，入定思惟。」

五三窟的佛傳造像。又如臺灣震旦博物館所藏的一件造像碑上，背面主龕中有一位做思惟狀的菩薩裝太子，身旁有僕人與白馬，則正是表現了太子思惟的形象。

有時思惟菩薩也單獨作為主尊出現，如耀縣藥王山所藏北魏始光元年魏文朗造像碑陰的主龕中就是一尊思惟菩薩像。我們懷疑，這種處理就不一定是在表現太子像了。在北朝造像中，還可以見到彌勒與思惟菩薩共同出現的現象，例如西安碑林博物館所藏的北魏佛龕像，主龕中央為交腳彌勒菩薩像，左右兩側為思惟菩薩像[267]，顯示這兩者之間存在一定的關聯。

至於這件造像的主尊，在它的題記中沒有明確說明是造何種佛像，但從其發願文中「相兜率之徑可登，龍華之會必至」的詞語中，正表現出造像者們的彌勒信仰。「兜率」即兜率天，為佛教中的未來佛彌勒居住的天界。《法華經・勸發品》稱：「若有人受持讀誦，解其義趣，是人命終……即往兜率天上彌勒菩薩所。」「龍華之會」指彌勒出生後在華林園中龍華樹下開法會，普度人天，叫作龍華會。《彌勒下生經》稱：「坐龍華菩提樹下，得阿耨多羅三藐三菩提，在華林園……初會說法。」

北朝時期，由於「末法」思想的流行，佛教徒中對繼釋迦牟尼以後成佛的彌勒佛崇拜備至。佛教徒中對佛教「末世」來臨的恐懼，希望彌勒降世的期待，使得當時對彌勒淨土的崇拜遍及天下。在河北、山東等地出土的大量交腳彌勒單座造像是其突出的證明。為了保存佛經而大量刻寫石經的作法則是「末世」思想的直接反映。

彌勒經典屬於最早進入中國的佛教經典之一。根據南朝梁代僧佑編寫的中國早期佛教重要著作《出三藏記》中的記載，在晉代僧人竺法護翻譯的諸經中，已經具有《彌勒成佛經》一卷，《彌勒本願經》一卷（又稱《彌勒菩薩所問本願經》），為晉太安二年五月十七日譯出。《出三藏記》中記載：竺法護「自太始中至懷帝永嘉二年已前所譯出，凡一百五十四部，合三百九

267　裴建林：〈西安碑林藏北魏佛龕像考釋〉，《碑林集刊》第七集，2001年10月。

卷」。竺曇摩羅剎（法護）是早期譯經的重要人物，對佛教傳入有不可磨滅的開創之功。他譯出的經典中，就包括了彌勒信仰主要的經典兩種。

以後，在佛教經典翻譯史上同樣具有重要地位的鳩摩羅什，也翻譯了彌勒經典。他譯的《彌勒成佛經》與竺法護所譯的不是同一個本子，等於是介紹了另一種佛典。

南朝劉宋孝武帝時期，偽河西王從弟沮渠安陽侯於京都翻譯出四部經書，共五卷。其中就有重要的彌勒經典《觀彌勒菩薩上生兜率天經》（或云《觀彌勒菩薩經》，又云《觀彌勒經》）。

而隨著彌勒經典的翻譯，在中原僧人中對於彌勒的尊崇越來越顯著。《高僧傳·卷五·晉長安五級寺釋道安傳》記載：「安每與弟子法遇等於彌勒前立誓，願生兜率。」道安是當時著名的高僧，精於經義。他對彌勒的信仰，表現了當時的僧人對彌勒的重視，這與他從出家時就接觸關於彌勒的經義有關。湯用彤先生在《漢魏兩晉南北朝佛教史》中指出：道安第一次所讀之經為《辯意經》，而現存之北魏法場譯之《辯意長者經》之末，有「彌勒佛授決」云云，可能表現了道安所受到的彌勒崇拜影響。與道安同時的一些僧人也崇尚彌勒。《高僧傳·卷五·晉京師瓦官寺竺僧輔傳》云：「後憩荊州上明寺，單蔬自節，禮懺翹勤，誓生兜率，仰瞻慈氏。」《晉長沙寺釋曇戒傳》云：「後篤疾，常誦彌勒佛名不輟口。弟子智生侍疾，問何不願生養。戒曰：吾與和上等八人，同願生兜率。和上及道願等皆已往生，吾未得去，是故有願耳。」該傳記中所說的和上即指道安。

凡此種種，顯示在晉代的僧人中已經十分重視彌勒經典的作用。僧人重視彌勒，可能有到彌勒處領受學習佛教教義的思想。如《高僧傳·卷十一·宋京師中興寺釋慧覽傳》記載：「達摩曾入定往兜率天，從彌勒受菩薩戒。」雖然這是佛家的傳說，但是仍可以反映當時僧人認為在彌勒兜率天可以領受佛教經義的看法，這種風氣在南北朝的僧人中始終存在。這件四面造像的建造有僧人參與主持，其崇拜對象也應該受到僧人習尚的影響。

到了東魏、西魏、北齊、北周時期，尤其是在東魏、北齊地區，佛教更加盛行，對於彌勒的崇拜也比北魏時期更虔誠。除現存於山西天龍山石窟、河北響堂山石窟、山東千佛山石窟等地的造像外，近年來在河北曲陽、山東博興、青州等地出土的大型佛教造像窖藏中發現有大量交腳菩薩與思惟菩薩的造像精品，應該反映了對彌勒的空前重視。這座四面造像，也從發願文和王子像的內容中表現出彌勒崇拜的影響，成為說明北朝佛教流派的又一個可貴證據。

造像銘文中還記載了詳細的民間造像組織情況，可以看出，整個造像是由一個以聶顯標為首、主要由聶姓人士組成的邑社組織集資刊刻的。主持邑社的各級職名有：都維那、維那、邑中正、邑師。這也是在北朝造像中經常看到的邑社組織職名。特別是邑師一職，由僧人擔任，這與多處北朝隋唐造像中的記載是相似的，例如北齊天保八年劉碑造像題名中，為首的是「大邑師惠獻」、「大邑師僧和」等[268]。雲居寺唐代刻經題記中反映出當時有一個穩定的造經社邑群，是由附近各地寺院中的僧尼出面組織的，成員則多為僧尼所在地居民。題記中表現出這些社邑都由僧尼擔任主要的負責人，類似題記在現有題記中也占有相當的比例。例如：雲居寺石經大涅槃經卷一百七十三條四百四十五「石經邑邑主惠昭、平正大慈、錄事修德……」卷一百三十二條三百四十五「昌平縣石經邑主真空寺上座僧實際……」等[269]。看來當時民間造像邑社的組織中大多有僧侶的參加與推動。

除去邑社中每人要交納共同的捐資外，對於各個具體的造像部位，應該是另行單獨捐資，因此，這些單獨的捐資者姓名也單獨刊刻出來，被稱為某某主，如「菩薩主」、「大像主」、「王子像主」等，值得注意的是正面題名中有「八關齋主□□□、道場主□聶僧敬」等記載。說明在建立造像時可能還要舉辦八關齋等活動。八關齋是指佛教提倡的八種禁戒，齋主指

268　見《八瓊室金石補正》卷二十一。
269　北京圖書館：《房山石經題記彙編》，書目文獻出版社，1989年。

齋食的施主，如《首楞嚴經》卷一：「求最後檀越以為齋主。」這裡可能是指施主舉行的八關齋會，即聚集僧徒施捨齋食，應該是與建造樹立佛像同時舉行的，說明當時聚眾造像是一種程序完備且十分隆重的佛事活動。「道場」一詞，在佛經中有多種含義，或指佛成道之處，或指佛子舉行法事之處，或指供養佛像之處。這裡應該是後者，道場主或者是出資購置樹立佛像地點的人，或者是對寺廟出資供養的人。那麼，在樹立造像的同時還會有對寺院加以供養或出資為樹立造像購買寺院土地的情況。

鑑於能夠說明這件造像原所在地的資料極少，我們試提出一條線索以供參考。造像題名中參加捐資造像的邑人以聶氏居多，可見造像地點的居民也應該是以聶姓為主。北朝時期地方上大姓林立，同姓聚居的現象十分普遍，很多大姓都有自己固有的定居地域。聶姓，《姓觿》入聲十六葉部聶姓載：「《氏族大全》云：『楚大夫食采於聶，因氏。』《路史》云：『衛公族之後。』《千家姓》云：『河東族。』」可見聶姓原本是分布在今河南、山西南部一帶。《晉書・劉元海載記》載：「東嬴公騰使將軍聶玄討之，戰於大陵，玄師敗績，騰懼，率并州二萬餘戶下山東，遂所在為寇。」可能也說明聶姓在十六國時期仍有些居住在并州地區，後有些遷到東方。

此外，這件四面造像背面的題名全是婦女，除為首的比丘尼外，俗家稱謂有邑母與清信女兩種，大概是對已婚婦女和未婚婦女的分別稱呼。也就是說，參與造像邑社的普通人眾，被稱為邑子、邑母與清信女。而在其他的北朝造像題記中，無論男女供養人都被稱作「邑子」。「邑母」的稱呼是非常罕見的[270]，可能是某一地區的特有稱呼。值得注意的是，上引東魏武定元年七月廿七日道俗九十人等造像贊碑題記中也有「邑母」的稱呼，陸增祥曾指出：「邑母之稱僅見於此。」而據《金石續編》卷二記載，該道俗九十人等造像題記原在河南河內縣北孔村，即今河南省沁縣境內。根據

270　北朝造像碑中不分男女統稱邑子者很多，此舉一例：北齊天保八年劉碑造像：題名均署為「維那」與「邑子」，中有「邑子陽郭女」、「邑子田桃姬」、「邑子樂妃」等，明顯是女性的供養人。見《八瓊室金石補正》卷二十一。

「邑母」這一罕見的特有稱呼推測，這件聶顯標邑義六十餘人造四面佛像也可能出於今河南省沁縣一帶。有趣的是，這一帶也有古代聶姓居住的遺跡。如《史記・刺客列傳》載：「聶政者，軹深井里人也。」《史記索隱》云：「《地理志》，河內有軹縣，深井，軹縣之里名也。」《史記正義》云：「在懷洲濟源縣南三十里。」直至清代，《讀史方輿紀要》卷四十九濟源縣軹城條下仍記載：「旁有深井里，即聶政所居也。」這些記載，也許對於確定該造像的原所在地有所參考。

原載《中國歷史文物》2007 年第 5 期

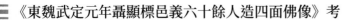

中國古代金石著作中的北朝刻經情況

　　中國古代具有歷史悠久的金石學傳統。如果從對古代石刻銘文的記載算起，早在漢代，司馬遷就在《史記》中記錄了秦代刻石的內容。宋代金石學興起以後，在中國學者中形成了重視研究金石資料、收集與整理金石資料的傳統學術風氣，從而產生了一系列的金石著錄著作，成為中國古代文化中的一個重要部分。而後在地方志的編纂中，與歷史、地理、人物、名勝相結合的金石資料便日益受到重視，並且形成了固定的《金石志》篇章，保存下了大量的古代石刻資料。

　　1930年代，容媛先生編寫的《金石書錄目》中收集了當時所能見到的歷代金石著作，共計997種。但據其後記中稱：王獻堂先生曾錄寄山東圖書館所藏金石拓本書目，多未收入，可見現存金石書籍不盡於此。如此之多的金石書籍，收錄了自宋代至民國初年一千多年間歷代學者所見所聞的諸多石刻資料。總數目前還沒有人統計過，但是在現在收錄石刻內容最多的幾種清代石刻目錄及彙編類著作中，所收錄的石刻資料數字都不過幾千種，如孫星衍《寰宇訪碑錄》中收錄6,000餘種，陸增祥《八瓊室金石補正》中收錄2,000餘種。由於各種金石著錄中重複出現的資料相當多，所以在以往金石書籍中收集到的古代石刻數量應該在6,000至10,000種之間，而著錄重複率較大的主要石刻資料數量則與《八瓊室金石補正》中收錄的2,000餘種相差不遠。

　　與此相比，如果把總數達上萬件的房山雲居寺石經僅作為一種計算，那麼古代金石著錄中記載的古代佛教刻經數量就相當稀少了。大致統計，見於歷代金石著錄中屬於北朝時期的刻經不過三十餘種。然而這也是我們多年來了解與研究的北朝刻經主體。賴非先生在〈北朝刻經的起源、發

展和分布〉一文中曾歸納了現在所知的北朝刻經情況[271]，裡面除近年在邯鄲、東平等地新發現的少數北朝刻經外，主要還是在歷代金石著錄中所記載的資料。鑑於以往研究中對於這些刻經資料的著錄情況與經文來源等問題還沒有全面的說明與核對，而且有些記載中的稱呼與說法不一，造成一些疑問，故將這些金石著錄中的刻經資料歸納並考察核對如下：

（一）阿彌陀佛，見於《江蘇通志稿‧金石志》卷三，稱：「魏阿彌陀佛，在銅山雲龍山，拓本四紙高廣各一尺，正書」；「蓋太武以鐵筆畫是字。」

（二）金剛經碑，見於《新疆訪古錄》卷一，出新疆吐魯番廳木頭溝，「光緒三十四年土人掘地得之。碑高二尺餘，寬二尺五寸，厚一尺，共二十二行，行二十三字。書法秀逸，的是北魏時筆意。同知曹炳熿移庋廳署中」。王樹枬認為屬北魏。碑文內容沒有記載。

（三）北魏天平四年元月天平造經，僅見於《藝風堂所藏文字目》，內容不詳。

（四）河內東魏《金剛經》，《金石續編》二稱：「高八尺六寸，廣三尺五寸，正書，三十四行。字數剝蝕難辨，在河南河內縣。金剛般若波羅蜜經，經文不錄。按書經刻經人及歲月皆不可辨，以字體定之，附於東魏之後。」

（五）濟南黃石崖東魏武定二年《大般涅槃經偈》，見於尹彭壽《山左六朝碑存目》，無經文錄文。

（六）北齊天保二年風峪華嚴經石柱，在太原縣，見於《山右金石錄》。跋尾云：「竹垞有記，載《曝書亭集》。近人拓得三十餘紙，無書者姓名，唯卷卅七之末有佛弟子許智通妻宋十娘、許五娘、女許三娘等字。往在并州，與王幼海兵備緣竹垞之意議欲移植晉祠，後兵備左遷，遂不果。」無錄文。查北京圖書館藏《山右金石存略目錄摘要》抄本中亦僅有目錄記載。

（七）山西遼州（左權縣）北齊天保三年《華嚴經》，見於《山西通志》

271　賴非：〈北朝刻經的起源、發展和分布〉，《北朝摩崖刻經研究（三）》，內蒙古人民出版社，2006年。

卷九十七和《語石異同評》卷一。馬忠理先生在〈邯鄲北朝摩崖佛經時代考〉一文中已經詳細論證了這個記載是錯誤的，所指應該就是在河北涉縣中皇山刻寫的摩崖佛經[272]。

（八）北齊天保十年《妙法蓮花經》碑，在河南輝縣通玄寺，見於《河朔新碑目》，內容不詳。

（九）北齊乾明元年方法師鏤石班經記，見於《安陽縣金石錄》卷二，《宜祿堂所藏金石記》卷十三，以及《八瓊室金石補正》卷二十一，《八瓊室金石補正》記載：「鏤石班經記，高二尺，廣七尺，記十五行，行七字，經四十二行，行五字至四十字不等。字徑一寸六分，分書，在安陽善應村洹水北崖。大齊天保元年，靈山寺僧方法師、故云陽公子林等率諸邑人刊此岩窟，仿像真容。至六年中，國師大德稠禪師重瑩修成，相好斯備，方欲刊記金言，光流末季。徂運感將移，暨乾明元年歲次庚辰於雲門帝寺奄從遷化。眾等仰惟先師，依准觀法，遂鏤石班經，傳之不朽。華嚴經偈贊，第一行五字，二至九行七字，十行、十一行、十二行十二字，十三行五字，十六、十七行十四字。大般涅槃經聖行品。經廿七行，行四十字，末行七字。」《安陽縣金石錄》與《宜祿堂所藏金石記》錄有經文。又見於《藝風堂所藏金石目》，說明在清末民初有拓片傳世，藝風堂所藏拓片現主要被北京大學圖書館收藏。

（十）維摩經，刻於北齊皇建元年雋敬碑碑陽，原在山東泗水天明寺，碑陰刻雋敬功德頌文。見於《山左金石志》卷十、《平津讀碑記》、《金石續編》、《八瓊室金石補正》卷二十一、《宜祿堂所藏金石記》卷十三等，其中僅《宜祿堂所藏金石記》錄有經文。《八瓊室金石補正》記載：「鄉老舉孝義雋敬碑並維摩經刻，連額高三尺六寸、廣一尺七寸，一面經刻十一行，行廿三字，方界格，字徑一寸餘。一面記十七行，行廿一二字，下截題名四列，亦十七行，凡六十五人，字並徑七分，額題大齊鄉老舉孝義雋

272　馬忠理：〈邯鄲北朝摩崖佛經時代考〉，《北朝摩崖刻經研究（三）》，內蒙古人民出版社，2006年。

修羅之碑十二字，均正書。在泗水。維摩經見阿閦佛品第十二。經文不錄。」敬字修羅，所以有些金石著作中又稱雋修羅碑。《宜祿堂所藏金石記》錄該碑經文，題為：「維摩經見阿閦佛品第十二。」經對比，所錄經文為鳩摩羅什譯本，但是有個別文字不同，並有衍字及漏字。如：今大正藏本《維摩經》「汝欲見如來為以何等觀如來乎」碑刻則無「汝」、「以」二字，且「乎」作「於」等等。又見於《藝風堂所藏金石目》。

（十一）觀世音經，刻於北齊皇建元年山東東平海檀寺重修海檀寺碑碑陰，在東平州城北塔山下（賴非〈北朝刻經的起源、發展和分布〉一文中稱現仍在原處，碑陽刻經文，碑陰刻題記，兩側刻供養人名）。見《藝風堂金石文字目》卷二。

（十二）北齊河清二年二月抹疾經頌，《寶刻叢編》卷二十引金石錄，僅存目，無錄文，其內容不可得知，亦不見於後來著錄。

（十三）北齊河清三年七月八日石經寺佛經碑，在山東巨野，見於《山左金石志》卷十、《鐵橋金石跋》卷一、《山左碑目》卷三等，《鐵橋金石跋》僅稱：「在巨野，正面佛經不知何時所刻。」無錄文。《山左金石志》的記載比較詳細，云：「河清□年立，八分書，側正書，碑高七尺，廣二尺六寸五分，厚五寸五分，在巨野縣石佛寺，正面刻經文八行，行二十五字，徑三寸。經句未了，似非止一石。」又見於《藝風堂所藏金石目》。近年周建軍等介紹了現存巨野縣文物管理所的該碑情況，稱：舊址在巨野大義鎮小徐營村西石佛寺遺址，1945年初，石佛寺被拆，該碑仍丟棄在原址，1989年在文物普查中被發現，已經斷為兩截，但文字與紋飾保存尚好。刻寫《華嚴經》，自「伽葉菩薩長跪合掌曲躬恭敬而白佛言……」至「如此眾事皆當有苦」[273]。

（十四）《山右金石存略目錄摘要》記載：「佛經石刻，河清三年，正書，藏絳州洪宅。」該書僅是一個目錄，沒有記載石刻內容，從藏絳州洪

---

273 周建軍等：〈山東巨野石佛寺北齊造像刊經碑〉，《文物》，1997年第3期。

宅一語推測這件佛經石刻很可能只是一種拓片，我們懷疑它就是山東巨野的北齊河清三年七月八日石經寺佛經碑拓片。

（十五）北齊天統四年六月造石經並記，《寶刻叢編》卷二十引《金石錄》，僅存目，無錄文，其內容不可得知，亦不見於後來著錄。

（十六）北齊武平元年徂徠山題刻，包括佛號摩崖，大般若經摩崖等，在山東泰安。見於《山左金石志》卷十、《八瓊室金石補正》卷二十二、《金石萃編》卷三十四。《山左金石志》記載：「徂徠山佛號摩崖，武平元年刻，八分書，崖高四尺四寸，廣六尺二寸，在泰安縣徂徠山大般若經東面。徂徠山佛號摩崖，武平元年刻，八分書，崖高四尺六寸，廣一丈餘，在泰安縣徂徠山大悲庵東南二里映佛岩下。文殊師利云云，凡十四行，行七字。徂徠山大般若經摩崖，無年月，八分書，崖高六尺四寸，廣四尺四寸，在泰安縣徂徠山光華寺東南里許巨石上。石刻經文八行，行六字，徑七寸。後王子椿等題名五行。」《八瓊室金石補正》記載：「徂徠山王子椿等經刻高四尺五寸，高六尺八寸，八行，行七字，後五行行字不一，字徑五寸，分書，在泰安。大般若經曰：經文不錄。冠軍將軍梁父縣令王子椿造像，息道升、道昂、道、道恂、修真共造。王世貴，在泰安縣徂徠山光化寺東南里許。昂字引筆特長，與佛號摩崖佛字同。」《金石萃編》稱：「映佛岩摩崖，摩崖橫廣一丈四尺、高六尺，又橫廣四尺四寸，字徑六寸，行七字，得十四行，又一行七字，又一行十一字，又一行四字，一行五字，一行二字，一行四字，又三行，一行三字，兩行四字，並正書，在泰安縣徂徠山映佛岩。」描述有所不同，但實際上是同一處石刻。《十二硯齋金石過眼錄》卷七僅記載冠軍將軍梁父縣令王子椿造像，不記刻經。《潛研堂金石文字跋尾》卷三記載所見拓片有：武平元年《般若波羅蜜經》與武平元年《大般若經殘字》及佛名兩種。無錄文，僅稱：「吾友聶劍光遊徂徠山始訪得之，手拓寄予都下，題王子椿字。」可知錢大昕記錄的也是這兩件徂徠山題刻。又見於《藝風堂所藏金石目》。《金石萃編》記

載有經文與「般若波羅蜜經主」等題名，據經文當為梁曼陀羅仙譯《文殊師利所說摩訶般若波羅蜜經》卷下節錄。

（十七）北齊武平三年唐邕寫經，在河北邯鄲北響堂山，該地原稱鼓山石窟，見於《金石存》卷十一、《集古錄目》、《寶刻叢編》卷二十、《九鐘精舍金石跋尾甲編》、《八瓊室金石補正》卷二十二，據該處唐邕寫經碑文稱寫《維摩詰經》一部，《勝鬘經》一部，《孛經》一部，《彌勒成佛經》一部，分布在北響堂刻經洞的前廊六面石壁上。又《八瓊室金石補正》記載：「《無量義經》，二紙各高四尺一寸，廣三尺三寸，共卅五行，行三句，每句七字……十二部經名，高二尺一寸，廣二尺八寸，八行，行八字。字徑三寸，分書。佛號刻石，高三尺，廣二尺七寸，三行，行三字，字徑七寸五分，分書。彌勒佛、師子佛、明炎佛。」馬忠理先生介紹為《無量義經》、《佛說佛名經》、《現在賢劫千佛名經·三佛名》，在刻經洞前面與頂部的石壁、石柱上[274]。

（十八）婁睿造華嚴經碑，見於《八瓊室金石補正》卷二十一，《八瓊室金石補正》云：「司徒公婁睿華嚴經碑高五尺一寸，廣二尺九寸，卅八行，行六十六字，字徑六分，正書。方界格。大方廣佛華嚴經菩薩明難品第六。」又《安陽縣金石錄》卷二稱：「大方廣佛華嚴經碑明難品第六，在治西寶山。」未錄經文。根據所在地與經文名，應該就是此婁睿造華嚴經碑。又見於《藝風堂所藏金石目》。

（十九）北齊武平六年尖山摩崖，見於《山右金石志》卷十（稱尖山摩崖十種）、《十二硯齋金石過眼錄》卷七記載尖山摩崖三種，但均為題名，沒有刻經。《石泉書屋金石題跋》卷六，《山東通志·藝文志第十》記錄兩種尖山刻經「文殊般若經摩崖」、「波羅蜜經摩崖」，又有「文殊般若」、「大空王佛」兩條，應該也在尖山摩崖刻經之內。又見於《藝風堂所藏金石目》，藏七段。

274　馬忠理：〈邯鄲北朝摩崖佛經時代考〉，《北朝摩崖刻經研究（三）》，內蒙古人民出版社，2006年。

（二十）水牛山佛經碑，見於《山左金石志》卷十記載：「無年月，在寧陽縣水牛山洞中，經文十行，行三十字，字徑寸五分，碑額中刻佛像，左右刻文殊□□般若四字，陰題名十五行。」《山東通志‧藝文志第十》則稱：「北齊文殊碑，在寧陽縣水牛山頂。碑並額高五尺六七寸，廣二尺弱，楷隸十行，行三十字，字徑一寸五六分，額刻佛像。像右刻文殊二字，像左刻般若二字。字徑六寸。此文殊般若經與徂徠山王子椿寫經同，後段文同，字跡亦同。此碑矗立山頭，磚砌其三面。」二說略有不同，但所指應為同一經碑。《平津讀碑續記》記載有文殊般若經碑，無錄文，但根據《寰宇訪碑記》歸入北齊末年。《十二硯齋金石過眼錄》卷七記錄經文，自「爾時文殊師利白佛言……」至「無念無作故」，當為梁曼陀羅仙譯《文殊師利所說摩訶般若波羅蜜經》卷下節錄。

上引《山左金石志》、《山東通志》二書中又記載有水牛山摩崖，刻有「舍利弗」等五十二字。《八瓊室金石補正》卷二十二記載：「高八尺二寸，廣六尺二寸，六行，行九字，末行七字。字徑尺許，分書，在寧陽。舍利弗（云云）是名觀佛。」根據經文可知，這件摩崖刻寫的是梁曼陀羅仙譯《文殊師利所說摩訶般若波羅蜜經》卷上節錄。《十二硯齋金石過眼錄》卷七也記載了這件摩崖。

（二十一）北周大象二年七月岡山摩崖五段，在山東鄒縣，見於《山左金石志》卷十記載岡山佛經四種、《十二硯齋金石過眼錄》卷七記錄一種、《石泉書屋金石題跋》卷十記載十三段、《山東通志‧藝文志第十》記載十三段與一批單字，應摘自《入楞伽經》卷一諸佛品，如「之與大比丘……」「現皆是……」「日月光輝……」「園香樹皆寶香林……」等段，又有「大空王佛」等佛名；另有岡山雞爪石寫經三段，「如是我聞一時佛在王舍城……」與「掌恭敬向耆闍崛山……」二段，可以相連，應摘自《佛說觀無量壽佛經》，第三段為「三昧比丘惠暉比丘尼法會……」屬於刻經者題名。

　　《八瓊室金石補正》卷二十三根據所收拓片將上述刻經一併記載：「岡山比丘惠暉等題名，高五尺，廣五尺六寸，九行，行字高低大小多寡均不一，分書。在鄒縣城北崗山大石北面。二郎，比丘惠暉、比丘尼法會，大象二年七月日比丘造成僧岸、唐章，像主翰（朝？）思和、韋傳珍、□（此二行在佛號上方、佛像之右，）石經，（此行在佛像北，）釋迦文佛、彌勒尊佛、阿彌陀佛」，「經文，高八尺二寸五分，廣五尺一寸，十行，行十四字。唯末行十一字，字徑四分，分書，在大石東面。」銘文為：「如是我聞，一時佛在王舍城，（至）漱口畢已合。」「又高四尺、廣三尺五寸五分、五行，隨石左斜，首行七字。次三行八字，四行六字，五行四字，字徑五寸許。分書，在大石南面。」銘文為：「掌恭敬（至）授我八戒。」上文已記述這兩段可以相連，應摘自《佛說觀無量壽佛經》。又「高四尺三寸五分，廣三尺八寸，五行，行三字，字徑尺餘。正書，在後面。」銘文為「神通之力奮迅遊化善於五性自性識」，又「高二尺二寸，廣三尺五寸，三行，行一二字，字徑九寸許，正書」。銘文為「法得道之處」，（此與前段字跡相似）又：「高五尺五寸，廣五尺八寸，六行，行字不一，字徑八寸許，正書。」銘文為：「與大比丘僧及大菩薩眾從他方佛土俱來集會，是諸菩薩俱是無量自在三昧」，又「高三尺六寸，廣六尺八寸，四行，行二字，字徑一尺餘，分書，雙線方界格」。銘文為「大比丘僧及大菩薩」。又「高三尺，廣三尺四寸，二行，行二字，字徑一尺餘，分書，有雙線方界格，在西面」。銘文為「眾皆從種」，又「高五尺一寸，廣五尺八寸，三行，行三字，字徑一尺二三寸，分書，雙線方界格」。銘文為「琨（按應為現字）皆是古昔諸仙賢聖（以上三段疑是一種）」。以上各段應摘自《入楞伽經》。又殘字：重、俱、音、種、常、間。又見於《藝風堂所藏金石目》。

　　（二十二）北周大象二年葛山摩崖，見於《山左金石志》卷十、《石泉書屋金石題跋》卷十一，與岡山摩崖類似。

　　（二十三）小鐵山佛經摩崖，見《石泉書屋金石題跋》卷九，《山左金石

志》卷十記錄小鐵山摩崖殘字八種，《十二硯齋金石過眼錄》卷七記錄四種。

（二十四）河南衛輝市齊香泉寺華嚴經摩崖碑，見《綴學堂河朔碑刻跋尾》卷五，云：「此摩崖刻亦未全，中間有韻語四言曰：經涉亂流，馮陵疊嶂，始達幽源，而觀妙象……《一統志》：『香泉寺在汲縣西北三十五里霖落山。』」但未記載經文。又見於《藝風堂所藏金石目》。

（二十五）董珍陀經題字，附有經文。見《八瓊室金石補正》卷二十二：「高六尺七寸，廣八尺，四行，首行十一字，字徑六寸餘，經文七行，行八字，字徑八寸餘，分書，在山東。斛律太保家客邑主董珍陀。文殊師利白佛言世／波羅蜜佛言般若波／無名無相非思量無／犯無福無晦無明如／亦無限數是名般若／薛摩訶薛行處非行／一乘名非行處何以。」應摘自《文殊師利所說摩訶般若波羅蜜經》，每行下部殘缺。陸增祥懷疑石在尖山。

（二十六）佛會說發願文及大乘妙偈碑並陰側，見《八瓊室金石補正》卷二十二：「連額高六尺，廣二尺八寸，卅五行，上層十一字，下層四十八字，字徑七分。左側小字一行，行十一字。字徑七分。下接大字廿五字。又四行，行卅五字，字徑一寸二分。陰上層卅六行，行十一字。字徑六分。下層廿行，行廿八字。字徑寸許。篆額六行。題『佛□心□大乘妙偈刊石千記怖見聞益法住』……右側五行，行卅五字，字徑一寸二分。並分書，方界格，在安陽靈泉寺。第一會□□□□普賢說（九行），第二會普光□文殊師李碩（九行），第三□勝妙殿法慧說（九行），第四會夜摩天功德林說（八行）以上上層，又一行在左側。第五會□□天金剛□說（九行），□□□□□□在天□□□□（九行），第七□□□□□□普賢說（九行），□□□□□□舍善才說（九行）。以上碑陰上層。發願文，在碑陽下層。」

（二十七）龍華菩提佛經殘碑，見於《陶齋藏石記》卷十三，未錄經文。只有原石尺寸，「橫式，斜廣約三尺四寸」，可見應為端方私人藏石，來源及現所在不明。

（二十八）維摩經碑，見《續語堂碑錄》。

（二十九）維摩詰佛經殘碑，見於《陶齋藏石記》卷十三，存二石，未錄經文。應為端方私人藏石，來源及現所在不明。

（三十）《山右訪碑記》山西陽曲刻經，殘刻，無詳細記載。

（三十一）新鄭臥佛寺《妙法蓮花經幢》，見乾隆四十一年《新鄭縣志》卷二十九《金石志》：「妙法蓮華經石幢，幢在臥佛寺山門內東。二面為風雨剝蝕，餘四面可辨。字體甚古，未知何代人書，其風格總在唐以前。」沒有記載經文。具體情況不可考。但是，現在所知經幢一般為唐代出現，這件經幢是否屬於北朝刻經，現無法確認。或者原定名不確，當是刻經石柱。

此外還有幾種大型的摩崖刻經，所刻經文篇幅較長，如涉縣中皇山佛經可達 13 萬餘字。但是相關金石著錄卻比較少，可能是由於銘文過多，拓片不易流傳吧。這兩種是：石經峪金剛經，見於《山左金石志》卷十，稱：「無年月，八分書，在泰山經石峪。」又見於《藝風堂所藏金石目》卷二。

涉縣佛經，見於《循園金石文字跋尾》下，無錄文，稱：「在縣西北二十里唐王峧媧皇廟，分刻三洞內外崖壁，計十餘萬言……不知為何人所刻……定為北齊唐邕所鐫……亦齊刻也。」又見於《藝風堂所藏金石目》卷二。

常見的與刻經有關的石刻還有北周建德元年匡哲刻經頌一則與北齊武平六年刻的鄒縣尖山韋子深刻經記一則。匡哲刻經頌不見所刻經文，僅在碑文中看到「寫大集經眾等□□九百廿字」。見於《山左金石志》卷十、《山東通志·藝文志第十》。又見於《藝風堂所藏金石目》卷二。

鄒城鐵山北朝摩崖刻經

有學者曾認為洛陽龍門石窟中有北朝刻經，如蓮花洞刻般若波羅蜜多心經與陀羅尼經等。但是近來龍門石窟研究院王振國等人的考察研究中已經找出龍門石窟中有19處刻經，並確定這些刻經基本上是唐代的作品[275]。所以，如《藝風堂所藏金石目》記載龍門多心經歸入北朝，北京圖書館等處所藏多心經拓片也定為北朝石刻，就是錯誤的了。

統計以上北朝刻經的經文，可得以下幾種：維摩經、觀世音經、般若經、無量義經、華嚴經、金剛經、觀無量壽經、入楞伽經、文殊師利所說摩訶般若波羅蜜經、涅槃經、勝鬘經、彌勒上生經、孝經與十二部經名、佛號等。而將這些經文按大正藏的分類情況大致分一下類，又可以看出它們分屬於：般若部，包括般若經、金剛經、文殊師利所說摩訶般若波羅蜜經；法華部，包括觀世音經、無量義經；華嚴部，包括華嚴經；寶積部，包括勝鬘經、觀無量壽經；涅槃部，包括涅槃經；經集部，包括維摩經、彌勒上生經、入楞伽經、孝經以及佛名經。也就是說，佛教大乘經典中主要的各部經典都有所反映。從刻經分布上來看，山東地區的刻經中以般若經典為主，而安陽附近地區的刻經則以法華、華嚴、寶積與經集類經典為多。

以上刻經中出現較多的經典，應該與當時佛教僧眾講研佛教的主流學派有著密切的關係。如：《入楞伽經》，全稱《楞伽阿跋多羅寶經》，該經為法相宗所依六經之一，宣說世界萬有由心所造，對「如來藏和阿賴耶識問題有重點論述」。傳本有北魏菩提流支譯《入楞伽經》十卷。菩提流支義譯道希、覺希等，據《續高僧傳》卷一、《歷代三寶記》卷九記載：他是北天竺僧人，遍通三藏，北魏宣武帝永平元年來洛陽，敕住永寧寺。與勒那摩提、佛陀扇多共譯世親的《十地經論》，四年方成，以後至鄴城譯經，共譯經39部121卷。他有記載的譯經活動進行至東魏孝靜帝天平二年，被尊為地論師相州北派之祖，卒年不詳。《中國佛教史》卷三稱其共傳無著世親的瑜伽行派論著，共傳唯識法相之學，形成北朝引人注目的譯經活動。該經又有南

275　王振國：《龍門石窟刻經》、《龍門石窟與洛陽佛教文化》，中州古籍出版社，2006年。

朝宋求那跋陀羅譯本。唯識法相之學應是當時北方一個主要的佛學流派。

《佛說觀無量壽佛經》，西域三藏畺良耶舍譯。據《高僧傳》卷三等載，畺良耶舍在南朝宋文帝元嘉元年至建康。文帝深加敬重，請住鐘山道林精舍，應沙門僧含所請，譯《觀無量壽經》、《觀藥王藥上二菩薩經》各一卷。畺良耶舍卒於元嘉十九年以後，年六十。

其他如《觀世音經》、《無量義經》、《維摩經》、《華嚴經》等所代表的也都是北朝末期流行的主要佛學流派。湯用彤《漢魏兩晉南北朝佛教史》第二十章中指出：「判教之事，不但與宗派之成立至有關係，而研究判教之內容，亦可知時代流行之學說，研究之經典為何。蓋判教者之所採取，必為當時盛行之經典與學說，故實其時佛學情形之反影也。隋唐章疏均述北方之四宗說，此說稱為地論師所立，亦謂為光統（慧光）之說。」「釋慧光者，地論宗之元匠，亦四分律宗之大師，且亦禪學之名僧也。」「四宗者謂因緣、假名、不真、真。初謂《毗曇》、二謂《成實》、三謂《般若》四論，四謂《涅槃》、《華嚴》及《地論》，四者除《般若》四論外，均為北方之顯學。」從有關北朝佛教的記載中來看，當時慧光所專精的佛經正涉及《涅槃》、《華嚴》、《般若》三大體系。他研究與講授的這些經卷當時在北方流傳得相當普及，是北朝佛學的重點所在，應該是反映了東魏、北齊佛教的主流，也就是以講求佛學的義理教義為主。這一點已經被近代以來的佛教史研究者所認同。而在金石著作中記載的當時石刻佛經也正反映了這一點。

李靜傑在〈北朝隋時期主流佛教圖像反映的信仰情況〉一文中提出：「北魏中晚期至東、西魏時期，佛教圖像的構成基本由法華經支配，北齊、北周至隋代，法華經的支配力逐漸減弱。維摩詰經圖像大體包含在法華經圖像之中，原為小乘佛教美術主體的本生、因緣、佛傳圖像，傳播到中原北方地區之後被大乘化了。北齊、北周至隋代，華嚴經成為支配佛教圖像的另一重要經典。與此同時，西方淨土信仰對佛教圖像的影響力日益加強。出現法華經、華嚴經、西方淨土信仰交會融合，共同影響佛教圖像

的情況。」[276] 而從上述刻經情況，主要是北齊、北周的刻經情況來看，當時佛教宣傳中占主要地位的應該是般若、華嚴與涅槃類經典，以及反映西方淨土思想的彌勒上生經、觀無量壽經等。這與李靜傑的觀點不盡相同。

尤其是山東地區流行般若經典，且使用的是南朝齊、梁時期新譯的譯本，反映著南朝佛教流派對北方的影響。代表者如《文殊師利所說摩訶般若波羅蜜經》，梁曼陀羅仙譯。據《續高僧傳》卷一僧伽婆羅傳記載，曼陀羅仙是扶南國人，梁天監二年扶南國王闍耶跋摩派遣其帶梵文經與珊瑚像等贈與中國，梁武帝命與僧家婆羅共譯《寶雲經》、《法界體形無分別經》、《文殊師利所說摩訶般若波羅蜜經》。梁武帝曾親講般若，極大的推動了般若之學的重興。山東地區這些《文殊師利所說摩訶般若波羅蜜經》、《金剛般若經》的刊刻，應該是反映了當時北方山東地區與南朝之間相當密切的文化交流情況，這與其他考古發現，如山東地區北朝晚期墓葬壁畫中反映出的南朝藝術影響，北方陶俑、瓷器等出土器物中的南朝文化影響等是一致的。

從以上的歸納中，也可以顯示，就刻經形制來講，應該是先有經碑，而後發展到大型摩崖與石柱等形式。刻經碑應該與造像碑同出一源，先在平原與政治經濟中心地的寺院中產生。隨著佛教宣傳的擴大與寺廟向山中的推進，越來越大的摩崖刻經才發展開來，向著廣闊的天地喊出「我觀正法。無為無相無得無利。無生無滅無來無去。無知者無見者無作者」這樣的呼聲。

從金石著作中記載的刻經情況可以看到，這些刻經裡面，絕大多數只是摘錄某一經典中的一個段落或表示佛教教義精髓的一、兩個句子，而且多有重複。這就應該表示它們是當時僧人的一種宣傳方式，將自己所精心研習佛經的心得，自己認為佛法精義所在的語句廣泛宣揚給世人。它不僅反映了當時佛子研讀的主要佛經情況與僧人宗派開始形成的狀況，也使我

276　李靜傑：〈北朝隋時期主流佛教圖像反映的信仰情況〉，見李振剛主編《2004年龍門石窟國際學術研討會文集》，河南人民出版社，2006年。

們對以往的一種傳統說法產生了疑惑。以往多認為古人刻寫石經主要是出於對末法時代的畏懼，為了防備滅佛情況的再次出現，從而產生用石刻保存佛經的做法。與這種傳統說法明顯不符的現象就是北朝刻經。現在所見到的北朝刻經基本都是佛經的隻言片語，這顯然不能達到保存佛經的目的。因此，它更應該是當時僧人宣傳佛教與世人造作功德的結果。直至涉縣中皇山與北響堂山唐邕的刻經，才具備了保存佛教經典的性質。

原載《碑林集刊》第 14 集

由墓誌看唐代的婚姻狀況

　　家庭是社會的細胞。在宗法制度統治下的中國古代封建社會，更是把婚姻、家庭、宗族與社會的政治、經濟等緊密相連在一起。

　　中國婦女的地位，在宋代程朱理學產生後出現了一個根本性的變化。處於這一變化前夕的唐代，正是中國封建社會的極盛時期。這一時期的婚姻狀況，自有它的特點。唐代墓誌對於當時的婚姻狀況及其特點都有所反映。這裡，僅就筆者所見墓誌，擷拾數例，以資參佐。

▌一、婚齡

　　中國古代歷來把婚姻納入國家行政管理之中，對婚嫁的年齡也有過多種規定。《周禮·地官·媒氏》云：「媒氏掌萬民之判，凡男女自成名以上，皆書年月日名焉。令男三十而娶，女二十而嫁。」漢儒推循古禮。《白虎通》亦云：「男三十筋骨堅強，任為人父。女二十肌膚充盈，任為人母。」不過，事實上古代早婚之風極盛。《墨子·節用》：「古者聖人為法曰：丈夫年二十無敢不處家，女子年十五無敢不事人。」《國語·越語》記載勾踐命令：「女子十七不嫁，其父母有罪。丈夫二十不娶，其父母有罪。」《禮記·內則》孔穎達正義曰：「鄭注昏禮云：『女子十五許嫁，笄而禮之。』」可見當時社會上以十五歲為女子婚嫁年齡的做法十分普遍。晉武帝泰始九年冬十月辛巳詔令：「制女年十七父母不嫁者，使長吏配之。」[277]仍以行政命令早婚。這種早婚風俗在唐代依然十分盛行。大量女子墓誌中記載她們「及笄而適」和「初笄出適」。例如：顯慶四年二月二日張達妻李夫人墓

277　見《晉書·卷三·武帝紀》。

誌銘云：「年甫初笄，出適張氏。」[278]貞元二十一年正月三日故許氏夫人祈氏墓誌云：「年始初笄，歸於許氏。」[279]也就是十五歲出嫁。這還不是最早的。還有十二歲、十三歲、十四歲出嫁的。如天寶六載二月庚申唐故揚州大都督府揚子縣令博陵崔府君之夫人范陽盧氏墓誌銘云：「年一十有二，歸我揚子府君。」[280]天寶十二載二月二十四日唐故高士通直郎賈（隱）府君並夫人京兆杜氏墓誌銘云：「夫人……載十有三，日歸於我。」[281]貞觀十五年十月九日隋滄州饒安縣令侯君妻劉夫人墓誌銘云：「十四適於侯氏。」[282]《唐大詔令集》卷一一零收唐貞觀元年二月四日詔云：「男年二十、女年十五以上……並須申以婚媾，令其好合。」《唐會要》卷八三載開元二十二年二月敕云：「男年十五、女年十三以上，聽婚嫁。」上引志文對此詔敕給予了充分的證明。

　　墓誌還記載有十六歲至二十歲出嫁的女子。例如：萬歲通天二年六月二十一日大周前承務郎行趙州贊皇縣主簿劉含章故李夫人墓誌銘云：「年逾二八，作嬪君子。」[283]光宅元年十一月十三日大唐故銀青光祿大夫尚書左丞盧君夫人李氏墓誌銘云：「年甫十七，作嬪於盧氏。」[284]開元十八年四月十六日唐太中大夫行定州長史上柱國李（謙）府君墓誌銘云：「夫人彭城劉氏……年十八歸我府君。」[285]開元五年三月二日唐故太府丞兼通事舍人左遷潤州司士參軍源府君夫人清河崔氏墓誌銘云：「年甫十九，嬪於源族。」[286]開元二十八年八月十八日故尚輦直長崔公故夫人榮陽鄭氏墓誌銘云：「年廿歸於崔氏。」[287]

278　北京圖書館藏拓本。
279　黃本驥：《古志石華》卷十五。
280　北京圖書館藏拓本。
281　開封博物館藏石。
282　北京圖書館藏拓本。
283　北京圖書館藏拓本。
284　北京圖書館藏拓本。
285　《千唐誌齋藏誌》。
286　《千唐誌齋藏誌》。
287　《千唐誌齋藏誌》。

　　與十五及笄而嫁相比，女子二十歲以上才出嫁可以算是晚婚了。然而，在唐墓誌中，二十歲以上才出嫁的女子亦不乏見，尤以開元、天寶以後為多。如：乾封二年六月十三日大唐洛州陸渾縣處士張兄仁故夫人成公氏墓誌銘云：「年廿有一，嬪於張氏。」[288] 天寶十二年五月二十日唐滎陽鄭夫人墓誌銘云：「年廿有二歸我。」[289] 會昌三年八月唐故京兆杜氏夫人墓銘云：「年廿三從先府君之命適我家。」[290] 元和九年七月二十八日唐亡妻清河崔氏墓誌銘云：「元和七年冬來歸於我。……（元和九年）五月廿七日殀於東都思恭里，享年廿有六。」[291] 可知崔氏二十四歲才出嫁。大中元年十月五日唐故處士朱府君臧氏夫人墓誌銘云：「至廿有五，爰適於朱氏。」[292] 甚至有超過二十五歲才得出嫁者，如元和二年八月十一日唐許州長葛縣尉鄭（煉）君亡室樂安孫氏墓誌銘云：「夫人歸之五歲……殀歿於東都康俗里，春秋三十二。」[293] 由此推算，其出嫁時年齡已達二十七歲。

　　造成晚婚的原因多種多樣。唐代後期社會動亂，禮教影響減弱，門第族望難符，擇偶條件過高，家中連遭事故，貧困無力陪嫁……這些都有可能成為晚嫁的原因。白居易〈議婚〉一詩云：「貧為時所棄，富為時所趨……綠窗貧家女，寂寞二十餘。荊釵不值錢，衣上無真珠。幾回人欲聘，臨日又踟躕……貧家女難嫁，嫁晚孝於姑。」正表現了唐代貧女難嫁的現實。大中九年六月十三日唐故江夏李氏室女墓誌銘云：「吾家道素空，不及早嬪於大族，以顯其懿範。」[294] 即這種社會現象在墓誌中的反映。

　　女方擇偶條件過高造成晚嫁的情況也可見於墓誌中。大曆九年十二月七日唐故連州桂陽縣主簿杜府君之夫人隴西李氏墓誌銘云：「夫人……天

288　北京圖書館藏拓本。
289　《千唐誌齋藏誌》。
290　《千唐誌齋藏誌》。
291　《千唐誌齋藏誌》。
292　羅振玉：《芒洛塚墓遺文》五編七卷。
293　《千唐誌齋藏誌》。
294　《千唐誌齋藏誌》。

姿柔順,至性溫柔,□讓居身,禮義自度。欲求其偶,不亦難乎?故年廿四方歸於杜氏。」[295]就是一個明顯的例證。

二、擇妻標準

中國古代禮教,對於婦女的壓迫尤深。這種精神上的奴役特別表現在夫妻關係上。《禮記·昏義》云:「成婦禮,明婦順,又申之以著代,所以重責婦順焉也⋯⋯是故婦順備,而後內和理。內和理,而後家可長久也。故聖王重之。」這種擇婦重順的觀點,反映了把婦女當作從屬的家庭奴隸來看待的宗法禮制特點。禮教把柔順作為婦德的最高標準,也是擇妻的首要標準。大量唐代女子墓誌中都反映出這一點,表現出禮教根深蒂固的影響。

開元十九年十月二十二日唐吏部常選滎陽鄭公故夫人廣平宋氏墓誌銘云:「夫人婉娩聽從,授之順也。」[296]天寶元年南海郡番禺縣主簿樊君夫人田氏墓誌銘云:「奉舅姑孝而謹,居娣姒順而和。」咸通三年十二月二十六日渤海李氏一娘子墓誌銘云:「(夫人)以柔順著於鄉里,故從於我陝州士曹韋公。」[297]在此基礎上,再對婦女的儀貌、年齡、門第、族望、操行、才學等提出進一步的要求。即上引宋氏墓誌中所稱頌的「摽梅之實,得乎時也。衣錦耿衣,盛乎儀也。蘋藻脯修,存乎道也。既誕既育,言乎成也。斯可以儷我□人,張煌婦德矣。」具體描述起來,即:「夫人內則承家,閫言師訓。翠鬟笄總,玉珮施盤。家服是宜,素章增絢。習禮蹈和,明詩納順。」又如上引鄭煉妻孫氏墓誌云:「端莊自持,勤遵禮法,方明柔婉,備賢婦之體範矣。組釧文繡之事,精能而不怠;詩書圖史之學,耽玩而有得。未嘗以疾聲忤色加於幼賤,則其奉長上可知矣。」

---

295 《千唐誌齋藏誌》。
296 《千唐誌齋藏誌》。
297 《千唐誌齋藏誌》。

在具體擇婦時，也有不同的側重。一般多側重於門第族望。陳寅恪先生《元白詩箋證稿》中提出：「唐代社會承南北朝之舊俗，通以二事評量人品之高下，此二事一曰婚，一曰宦。凡婚而不娶名家女，與仕而不由清望官，均為社會所不齒。」反映在唐志中，則有：開元二十七年八月十二日大唐故通議大夫鄂州刺史上柱國盧府君夫人清河郡君墓誌銘云：「（夫人父）詢於甲門，擇對而適。」[298] 天寶六載二月庚申唐故揚州大都督府揚子縣令博陵崔府君之夫人范陽盧氏墓誌銘云：「生於甲族，長於清門。」[299] 天寶十載十月二十四日唐故潞府參軍裴府君夫人北平陽氏墓誌銘云：「夫人北平陽氏，冠婚之右族也。」[300]

或有重於儀貌者。例如：先天元年十月十三日夫人長孫氏墓誌云：「夫人玉女含態，姮娥孕質，蘭蕙芳意，桃李妍顏。」[301] 開元二十三年八月十九日唐故中大夫行太子內直監白（羨言）府君墓誌銘云：「夫人河南賀若氏……其顏鮮膚，綢直如髮。」[302] 貞元九年十月三日大唐故朝散大夫太子左贊善大夫南陽樊府君墓誌銘云：「夫人富春孫氏，以芳蘭玉炳，妍姿淑德歸於我。」[303]

或有重於才學者。如：天授二年九月二十八日大周朝散大夫行鳳閣主書皇甫君故妻南陽縣君張夫人墓誌銘云：「風絮驚謝琰之詞，霜紈逸班姬之詠。」[304] 大中十年十一月二十七日唐故祕書郎兼河中府寶鼎縣令趙郡李府君夫人滎陽鄭氏墓誌銘云：「夫人……尤精魯宣公之經誥，善衛夫人之華翰，明左氏之傳，貫遷固之書。」[305] 又咸通九年七月十二日唐祕書省歐陽（琳）正字故夫人陳郡謝氏墓誌銘云：「夫人……雅好詩書，九歲善屬

---

298 《千唐誌齋藏誌》。
299 《千唐誌齋藏誌》。
300 開封博物館藏石。
301 《千唐誌齋藏誌》。
302 《千唐誌齋藏誌》。
303 《千唐誌齋藏誌》。
304 《千唐誌齋藏誌》。
305 羅振玉：《芒洛塚墓遺文·卷中》。

文……其才思清巧，多有祖姑道蘊之風，頗為親族所稱嘆。」[306]

或有重於持家勤儉者。如：大中元年十月五日唐故處士朱府君臧夫人墓誌銘云：「至若織紝之事，裁製之功，繪畫之能，蘋藻之務，親臨精意，無不干絕之所妙也。」[307] 又咸通三年正月十六日唐故范陽盧夫人墓誌銘云：「夫人有葛覃勤儉之德也……至於食飲，必伺其所尚而羞之。」[308]

亦有重於舞姿歌喉者。如聖武元年正月二十二日大燕聖武觀故女道士馬凌虛墓誌銘云：「至於七盤長袖之能，三日遺音之妙，揮弦而鶴舞，吹竹而龍吟。」（馬氏原嫁李史魚）[309]

晉武帝為太子納衛瓘女時曾經提出五條標準：「種賢、多子、端正、長、白。」這些標準在唐代仍有遺風沿襲。但是值得注意的是，唐代對於女子門第族望與才學的重視，遠遠超過前人，更是後世無法企及的。尤其是注重女子才學更具特色，它與宋元以後「女子無才便是德」的說教是一個明顯的對比。這不僅反映出唐代文化教育的昌盛景象，也表現出唐代社會高度發達的經濟對於舊禮教的衝擊。

▌三、婚姻方式

「父母之命，媒妁之言」的聘娶婚是封建社會的主要婚姻方式。《禮記·曲禮》稱：「男女非有行媒不相知名，非受幣不交不親。」這種由父母擇媳，經媒妁言成的婚姻方式在唐代占主要地位，見於唐志的有許多處。如：聖武二年十一月二十一日大燕贈右贊大夫段公夫人河內郡君溫城常氏墓誌銘云：「先君乃回於行人，將歸於段為塚婦。」[310] 大曆六年十二月二十日大唐故淨住寺智悟律上人墓誌銘云：「上迫父命，強為婚媾，晚歲

---

306 《千唐誌齋藏誌》。
307 《千唐誌齋藏誌》。
308 《千唐誌齋藏誌》。
309 《千唐誌齋藏誌》。
310 開封博物館藏石。

歸道。」[311]元和十五年九月二十二日廣平郡宋氏夫人墓誌云：「及婚娶之年，父母匹配。」[312]會昌元年七月二十九日唐故太原府參軍贈尚書工部員外郎苗（蕃）府君夫人河內縣太君玄堂志銘云：「（夫人）先擇今丞相司徒公隴西牛僧孺之長女為愔娶，復選故絳守河間劉元鼎之次女為憚妻，又選故溧陽令范陽盧揆次女為恪婦。」（愔、憚、恪均為苗夫人之子）[313]

　　由於父母之命決定婚姻，唐代的親上加親，尤其是姑舅之間子女通婚的現象十分多見。聖曆二年二月十二日唐故岐州雍縣尉太原王（慶祚）君墓誌銘與大周故相州鄴縣尉王（望之）君墓誌銘是父子二人的墓誌銘。父王慶祚娶「清河崔氏，唐朝散大夫寧州長史玄弼之季女」。子王望之則娶「清河崔氏，唐寧州長史玄弼之孫，綿州顯武令道鬱之女」。望之妻為其舅氏表姊妹。神龍二年十一月二日大唐故朝議郎行益州大都督府士曹參軍李（延祐）墓誌銘云：「夫人清河崔氏，祖義玄，御史大夫，父神基，大理卿。」[314]天寶八載十二月一日唐故李（韜）公崔夫人墓誌銘云：「夫人清河崔氏，御史大夫神慶之孫，光祿卿瑤之第二女。」[315]李韜為李延祐之子。據《新唐書·宰相世系表二下》，崔神慶、崔神基均為崔義玄之子，則李韜所娶為其母從兄弟之女。又如貞元十六年二月五日唐太常寺奉禮郎盧瞻妻清河崔氏夫人墓誌銘云：「年十九配長舅子瞻。」[316]會昌六年十一月十六日崔隋妻趙氏墓誌云：「夫人實郎中鄭夫人之長女。」「郎中出於滎陽鄭氏，夫人亦別祖之出，可謂代修其姻也。」[317]咸通三年正月十六日唐范陽盧夫人墓誌銘云：「丞即璋之親舅也，以宿敦世親，許垂婚媾。」（璋為盧夫人之夫李璋，丞為盧夫人之父洛陽縣丞盧匡伯。）[318]

311　毛鳳枝：《關中石刻文字新編·卷四》。

312　北京圖書館藏拓本。

313　《千唐誌齋藏誌》。

314　《千唐誌齋藏誌》。

315　周紹良先生藏拓本。

316　北京圖書館藏拓本。

317　北京圖書館藏拓本。

318　《千唐誌齋藏誌》。

在親友之間，指腹為婚的現象也經常發生。如咸通六年五月十六日唐鄉貢進士孫備夫人于氏墓誌銘云：「外姑幼與太夫人為中表，善始撫腹，期為二親家……余冠有二歲，先君率太夫人徵金陵舅如約，故余與金陵二世於外氏重姻。」[319]

由於女方門第、財產、地位較高，而由女方擇定女婿的情況也多有反映。如顯慶二年三月二十一日大唐故段（秀）君墓誌銘云：「天水董君，鄉閭領望，一見風彩，便偉器之，尋以子妻焉。」[320]開元二十一年十月十六日唐故通議大夫鄂州刺史上柱國盧（翊）府君墓誌銘云：「初公以弱冠見於父之友吏部侍郎房公諱穎叔，有知人之鑑，眷深國士，以元女妻焉。」[321]會昌四年十月十八日唐京兆韋承誨妻河間邢氏墓銘云：「年十餘歲，詳婦儀許嫁，擇韋承誨以妻之。」[322]唐人筆記《玉泉子》中記載：「白敏中為相，嘗欲以前進士侯溫為子婿，且有日矣。其妻盧氏曰：『身為丞相，願為我婿者多矣。』」同樣是高門擇婿的反映。

此外，也有男子直接求婚者。從墓誌記載中看，這樣的男子多為繼娶。如：大中十年十一月二十一日唐故潁川陳夫人墓誌銘云：「予向其清規，飽其懿淑，遂因親友傳導，願委禽焉。」[323]又大中十三年十二月十五日唐故留守李（士素）大使夫人曲氏墓誌銘記錄了其女在秋天「領女奴輩數人，徐步金堤，閒觀雪浪，裙服綽約，豔態橫逸」。被洛陽令魏鑣「目逆而送之」，即「俾媒妁導意於夫人……喜而納之」，[324]更是生動的反映出唐代的生活風貌。

漢唐間的婚姻程序，必有媒妁通言，而後互報婚書或私約，行納采、納幣等六禮。迎親後拜舅姑、行廟見之禮。故《唐律疏議》卷十三規定：

319 《千唐誌齋藏誌》。
320 北京圖書館藏拓本。
321 《千唐誌齋藏誌》。
322 北京圖書館藏拓本。
323 羅振玉：《芒洛冢墓遺文》。
324 北京圖書館藏拓本。

「諸許嫁女,已報婚書及有私約而輒悔者,杖六十。」「為婚之法,必有行媒。」《儀禮·士昏禮》云:「贊見婦於舅姑。」又賈疏云:「案曾子問云:『三月而廟見,稱來婦也。』」《禮記·曾子問》云:「女未廟見而死,則如之何?孔子曰:『不遷於祖,不祔於皇姑……歸葬於女氏之黨,示未成婦也。』」而在墓誌中,反映出一些未經媒妁、未舉行正式婚禮的情況,當然,這都是一些特殊原因造成的。例如:大曆九年十二月二日唐故韋氏墓誌銘云:「□屬喪見,匪由媒妁。」[325] 元和二年八月十一日唐許州長葛縣尉鄭(煉)君亡室樂安孫氏墓誌銘云:「初屬先夫人違念,不忍離供養。及禍酷奄鐘,則哀毀生疾,故未暇修廟見來婦之禮。」不過,禮教的影響、壓力還明顯存在。孫氏墓誌中稱:「初議夫窆穸之事,將祔穸於先姑之兆。懼未合禮,故改卜此原。」[326] 明顯的遵循了《禮記》所言「示其未成婦也」的規定。但是鄭煉仍然採用了變通之法,聲言:「待吾百歲之後,同歸於洛東舊域。」可見孔子的禮法並不能絕對無誤的被後人遵守。這與唐代後期禮教趨於式微的狀況是一致的。

四、守節

《禮記·郊特牲》云:「信事人也,信婦德也。壹與之齊,終身不改,故夫死不嫁。」漢代以來,在士大夫的影響下,形成了一種注重貞節、強調女子不再適的觀點。唐代宋若昭的《女論語》中,把這種觀點發揮得淋漓盡致。其〈守節〉章中曰:「夫婦結髮,義重千金,若有不幸,中路先傾,三年重服,守志堅心,保持家業,整頓墳塋,殷勤訓後,存歿光榮。」此書成於唐晚期貞元年間,但從唐代墓誌中可以看到,這種守節的觀念在有唐一世始終存在,尤以女子本身中毒最深。

顯慶五年二月十三日樊寬墓誌云:「誓守兩髦,闃居孀獨,悲懷紆鬱,

---

325 《千唐誌齋藏誌》。
326 《千唐誌齋藏誌》。

遂結沉痾。」[327]龍朔三年十一月二十三日大唐揚州大都督府戶曹太夫人墓誌云：「早失所天，孀居守志。」[328]乾封元年九月十日唐故處士張府君夫人梁氏墓誌銘云：「及所天雲喪，遂守志窮居……家懸半菽，門罕尺童。生人伶，備常之矣。」[329]這種孤苦的生活有至幾十年者。會昌四年八月七日唐故常州武進縣尉王府君夫人武功蘇氏墓誌銘云：「不幸武進蚤世，夫人惸獨三紀於茲。」[330]大中十年十一月二十七日唐故祕書郎兼河中府寶鼎縣令趙郡李府君夫人滎陽鄭氏墓誌銘云：「夫人稱未亡人凡四十三年。」[331]更是令人吃驚。

唐代官府對於女子改嫁雖不限制，但在詔令與法律中卻一再強調，女子自願守節，別人不得強迫其改嫁。《唐律疏議》卷十四：「諸夫喪服除而欲守志，非女之祖父母、父母而強嫁之者，徒一年。」可見官府實際上支持守節的禮教規定。

守節的婦女中，多有中年、青年喪夫，孤守至老者。數十年孤身生活有如漫漫長夜，可以想見她們精神的苦悶。白居易〈婦人苦〉一詩云：「人言夫婦親，義合如一身。及至生死際，何曾苦樂均。婦人一喪夫，終身守孤子。有如林中竹，忽被風吹折。一折不重生，枯身猶抱節。」可說是表達出了一些女子守節的痛苦。

這些苦悶紆鬱的心情何以解脫？在唐代只有一條出路：歸心佛道。我們在墓誌中看到，大量孤守的婦女成為虔誠的佛陀信徒。貞觀十五年十月九日隋滄州饒安縣令侯君妻劉夫人墓誌銘云：「忽喪天從……歸女奈苑，常思八正之因；主意竹園，復想一乘之業。為此修營佛像，造作經文，罄竭家資，望垂不朽。」[332]景龍四年四月二十一日大唐洛州合宮縣千金鄉麟德里陳守素故妻李夫人墓誌銘云：「若乃警悟泡幻，覺達因緣，歸心三

327　北京圖書館藏拓本。
328　《千唐誌齋藏誌》。
329　北京圖書館藏拓本。
330　《千唐誌齋藏誌》。
331　《千唐誌齋藏誌》。
332　北京圖書館藏拓本。

寶。」[333]貞元四年八月九日唐故游擊將軍行蜀州金堤府左果毅都尉張暈府君夫人吳興姚氏墓誌銘云：「孀居毀容，回心入道……轉法華經，欲終千部。」[334]多少年輕女子，就這樣面對著青燈古佛度過了孤寂的殘生。唐代佛教是歷史上最為興盛的，但又有誰想到，在佛前繚繞的香煙中，有多少是這些守節孀婦的清淚化成。

五、改嫁與離婚

唐代守節的觀念雖然十分普遍，但是唐代並不視改嫁為邪端。唐貞觀元年二月四日詔曰：「孀居服紀已除，並須申以婚媾，令其好合。」[335]表達了當時官方對改嫁的通達態度。所以多有父母兄長勸說，逼迫女子改嫁。名儒韓愈的女兒亦曾先適李氏，後嫁樊宗懿。見於唐志的有：天寶四載十月二十五日大唐潁川郡夫人三原縣令盧全善故夫人陳氏墓誌銘云：「始以外王母所，歸故東海徐文公，有子曰崐。無幾為伯父、叔父所奪，改孀於盧氏。」[336]又開元十八年九月九日銀青光祿大夫行太子右諭德鐘紹京妻唐故越國夫人許氏墓誌銘云：「昔在笄歲，以腆義合於關侯，無何關侯早逝……三去無從，再結移天之援，後適越國鐘紹京。」[337]許氏卒後，先夫關氏之子仍在誌中稱嗣子，且為之立銘，可見當時社會對改嫁的寬容態度。在敦煌卷子中，曾經發現過唐代的「鄉百姓某專甲放妻書」一件，記錄了當時的離婚協議書格式。它反映了當時離婚、改嫁的普遍存在。值得注意的是：從這件文書的詞語中看，夫婦雙方是在一定的平等地位，由於感情破裂協議離婚的。其文曰：「（夫婦）今已不和相（相和），是前世怨家，販（反）目生嫌……見此分離……夫與妻物名，具名書之，已歸。

333　北京圖書館藏拓本。
334　北京圖書館藏拓本。
335　見《唐大詔令集》。
336　羅振玉：《芒洛塚墓遺文》五編五卷。
337　《千唐誌齋藏誌》。

一別相隔之後，更選重官雙職之夫……解緣捨結，更莫相談。三年衣糧，便畜獻柔儀。伏願娘子千秋萬歲。」[338] 這種協議離婚的情況，在墓誌中亦可見到。上引大中十三年十二月十五日曲氏誌即云：「初嫁劉僕射呂裔之幼子，日紓……紓為貴公子，無所愛惜。迫於太夫人之命，不得已禮娶他室。遂厚遺金玉繒彩玩用臧獲，數盈百萬，俾歸於李大使士素之室。」

此外，還可見到女子主動請求離婚的例證。元和七年十一月三十日唐陝州安邑縣丞沈君妻弘農楊夫人墓誌銘云：「以去家相離，疾心纏疾，每約於夫，請於姑，日願衣褐還家，請夫別娶。」[339] 這種主動請離的做法不禁使人想起漢樂府中〈焦仲卿妻〉：「君家婦難為……便可白公姥，及時相遣歸。」可見漢唐之間，婦女也有為自身命運抗爭的一定自由。《雲溪友議》中記載唐中期儒生楊志堅妻「厭其饘藿不足，索書請離……詣州，請公牒以求別適。」同樣說明當時社會上女子尚有一定的離婚改嫁自由。

六、女子喪偶後的歸屬

《禮記·郊特牲》云：「婦人，從人者也。幼從父兄，嫁從夫，夫死從子。」婦女的這一從屬地位，是幾千年來的封建禮教造成的。在唐代墓誌中，可以看出這種禮教思想在唐代的實際影響。

唐代守節的孀婦往往想自立門戶，撫育幼兒。而唐代戶律在授田時以男子為主，寡妻妾得田僅為男丁的十分之三，自立門戶的寡婦也只能得到男子的一半田地[340]。沒有多少財產的寡婦在這種情況下是不易謀生的。因此，她們往往返回母家，由父母、兄弟甚至侄子贍養，母家親友也將這種贍養看作是一種義務。例如大曆十三年四月九日有唐朝散大夫守汝州長史上柱國安平縣開國男贈衛尉少卿崔（暟）公墓誌銘云：「公奉嫂及姊，盡祿

---

338 敦煌卷子 P3730 號背面，見黃永武《敦煌寶藏》，臺灣新文豐出版公司 1985 年版。

339 《千唐誌齋藏誌》。

340 見《大唐六典》卷三戶部尚書條。

無匱……群甥呱呱，開口待哺。」[341]開成元年正月二十日唐故邕管招討判官試左清道率府兵曹參軍清河崔（洧）公墓誌銘云：「為嬬姊幼弟孤侄之衣食，遂求署小職。」[342]均是女子寡居以後，歸母家，由其弟贍養。大中十二年八月十四日唐故太原王（修本）府君夫人韋氏墓誌銘云：「夫之族無家可歸，歸於季父母弟之黨。」[343]則是由女子堂弟擔負起贍養的責任了。開成六年正月十日故滎陽郡夫人墓誌銘云：「有女一人，歸弘農楊氏……其子……以夫人無歸，親迎侍養。」[344]乃是歸於外孫家中了。

至於貞觀十四年十一月三日魏府君夫人雷氏墓誌銘「夫人隨男赴任，忽遇纏痾，遂捨官歸邑」[345]。開元十八年十一月十日大唐故宣義郎行涇州陰盤縣尉騎都尉周（義）君墓誌銘「嗣子思莊卜措以往，哀祥之外，限以名宦，將授淄州淄川縣令，慈親清河房氏，承顏膝下，扶侍東征」[346]。大曆十五年正月十八日唐故明（承先）府君夫人隴西李氏墓誌銘「從子濟佐邑武陟三年，終於官舍」[347]等大量誌文，則記錄了依子而生的婦女。比起無處安身、寄人籬下的嬬婦，她們要幸運一些。但為了依託兒子，她們也不得不在高齡隨子宦遊四方，甚至客死他鄉。封建社會中婦女的命運，從這些中下層官吏家屬的生活中，也可窺見一斑。

▌七、男子多再娶

《大戴禮記·本命》云：「婦有七去：……無子，為其絕世也。」在宗法制度下，延續後代是夫婦的首要任務。即《詩經·周南·螽斯》中反覆詠誦的：「宜爾子孫振振兮。」因此，在為延續男子宗族服務的宗法禮制下，

341　北京圖書館藏拓本。
342　《千唐誌齋藏誌》。
343　北京圖書館藏拓本。
344　《千唐誌齋藏誌》。
345　北京圖書館藏拓本。
346　《千唐誌齋藏誌》。
347　周紹良先生藏拓本。

出現了男子再娶合法、女子改適非禮的不平等現象。

　　唐代墓誌中反映出，男子再娶是當時社會的普遍現象。如，上元二年十月二十七日大唐故劉（洪）君墓誌銘云：「（其父昂）夫人程氏，後娉韓夫人。」[348]景龍三年二月九日唐故奉義郎前將作監大蔭監副監高（知行）府君墓誌銘云：「前婚焦氏，後聘梁門。」[349]永貞元年十一月一日唐故桂州臨桂縣令范（弈）府君墓誌銘云：「前娶夫人河南獨孤氏，一子遙。繼室夫人李氏。」[350]又如開成五年正月十九日故金紫光祿大夫檢校太子詹事守右神策軍正將兼殿中侍御史上柱國潁川郡開國公食邑二千戶陳（士棟）府君墓誌銘云：「君後經三娶。」[351]大中元年七月二十一日唐故東都留守左衛飛騎將上輕車都尉兼守上柱國譙郡曹（慶）府君故上黨樊氏夫人合祔墓誌云：「夫人樊氏，先公而亡。公先娶隴西李氏……公又娶清河張氏。」[352]則不僅再娶，甚至三娶。長慶元年十一月二十七日魏氏繼室范陽盧氏墓誌銘云：「嫡妻盧氏卒……內顧家室，闃其無人，思欲以立其門風，昌我似繼，是用納采於舒州督郵掾盧君日謙之門，而得繼室夫人焉。」[353]正清楚的說明了繼娶的目的。為《大戴禮記》闡發的封建禮制做了生動的注腳。

八、合葬

　　《詩經·王鳳·大車》所唱「谷則異室，死則同穴」，本是年輕男女由衷的愛情誓言。但在封建禮法的篡改下，竟成了宗法等級制度的一種表現。

　　上古時期，人們對於合葬並不怎麼看重。《禮記·檀弓上》載：「舜葬於蒼梧之野，蓋三妃未之從也。季武子曰：周公蓋祔。」又云：「季武子成寢，杜氏之葬在西階之下，請合葬焉。許之。入宮而不敢哭。武子曰：

348　《千唐誌齋藏誌》。
349　《千唐誌齋藏誌》。
350　北京圖書館藏拓本。
351　毛鳳枝：《關中石刻文字新編·卷四》。
352　《千唐誌齋藏誌》。
353　《千唐誌齋藏誌》。

『合葬，非古也。自周公以來，未之有改也。』」可見合祔是在西周宗法禮制奠定後才納入禮法範圍的。至於孔子將其野合的父母合葬時，則是已經把合葬的意義提高到可以籍之正夫婦名分的地位了。

有唐一代，夫婦合祔之風極盛。從現存唐代墓誌中可見，大部分誌文中均記載了夫婦合祔的事實。例如，顯慶元年十一月二十四日唐故樂（文義）君墓誌銘云：「夫人王氏……發自先塋，與君同窆於芒山之陽。」[354] 天授三年正月六日唐故益州大都督府功曹參軍事張（玄弼）君墓誌銘云：「（子柬之）奉夫人遺誨……移（玄弼）與夫人合葬於安養縣西相城里之平原。」[355] 元和十年八月四日大唐故河南府密縣丞薛府君夫人河南元氏墓誌銘云：「夫人……祔於密縣府君之穴，遵舊禮也。」[356] 由此可見，無論是男子先卒，還是女子早亡，最後多移合一穴。甚至有女方父母為之合葬者，見於久視元年十一月十六日大周故左衛翊衛沈（浩禕）君墓誌銘：「夫人吳郡姚氏，（其父）姚使君以……幽匹可期，庶交歡於金碗，於是埏交二旍，隧合雙棺。」[357] 亦有女方卒後先葬，墓所失尋，故招魂而合祔者。如乾封二年十月二十二日唐故隰州大寧縣令王（篡）君墓誌銘云：「夫人吉氏，去貞觀十三年六月十五日終於積德坊……以乾封二年十月二十二日招魂與君合葬於邙山之陽。」[358]

合葬之妻，依禮制當以正妻元配祔之。前人或有稱母以子貴，元配無子，繼室有子，則以繼室為祔[359]。然而，從唐代墓誌中可以發現，唐代士庶對這一禮制遵守得並不很嚴格。上引永貞元年十一月一日范弈誌云：「前娶夫人河南獨孤氏，一子遙。繼室夫人隴西李氏。」范弈卻「與李夫人同祔於河南府洛陽縣平陰鄉之北原。」又有先後數妻同時合祔者。元和十二

---

354 《千唐誌齋藏誌》。
355 北京圖書館藏拓本。
356 《千唐誌齋藏誌》。
357 《千唐誌齋藏誌》。
358 《千唐誌齋藏誌》。
359 陳顧遠《中國婚姻史》第六章。商務印書館 1936 年版。

年十月五日唐故鄭滑節度十將孟（維）府君墓誌銘：「與張氏、宋氏夫人合
祔於北原平陰鄉。」[360] 上引大中元年七月二十一日曹慶墓誌云：「夫人樊
氏，先公而亡。公先娶隴西李氏……又娶清河張氏。」曹慶侄子辦理其喪
事時，「啟樊氏叔母、李氏叔母窆穴，合祔玄宮」。

　　合祔之風如此熾盛的唐代，也有公然遺命反對合祔的婦女。她們有的
是佛教徒，如長安三年故潤州刺史王美暢夫人長孫氏墓誌銘云：「夫人深
悟法門……以為合葬非古，何必同墳，乃遣令於洛州合宮縣界龍門山寺側
為空以安神柩。」[361] 會昌四年八月七日唐故常州武進縣尉王府君夫人武功
蘇氏墓誌銘云：「（夫人臨終）敕家臣曰：吾奉清淨教，欲斷諸業障，吾歿
之後，必燼吾身。」[362] 也有的是道教徒。如景龍元年十二月二十六日唐故
許州扶溝縣主簿滎陽鄭道妻李夫人墓誌云：「夫人晚年尤精莊老……有遺
訓曰：合葬非古，始自周公，清真之道微矣，汝曹勿喪吾真。」[363] 亦明言
不可合祔。佛教、道教與儒家禮教的牴牾之處，在這裡也有所表現。

▍九、冥婚

　　《周禮・地官・媒氏》云：「禁遷葬者與嫁殤者。」鄭注：「嫁殤者，
謂嫁死人也，今時娶會是也。」「生不以禮相接，死而合之，是亦亂人倫
也。」可見先秦已有冥婚之事。漢代稱為娶會。僅在民間流行，官方及士
大夫不予首肯。至三國時期，曹操為其少子曹沖娶甄氏亡女合葬[364]，則已
表現出冥婚習俗日益普遍。唐代冥婚之風也很興盛。《新唐書》載韋后為
其弟韋洵和蕭至忠亡女冥婚，即為一例[365]。《舊唐書・中宗懿德太子傳》

---

360 《千唐誌齋藏誌》。
361 濟南市博物館藏拓本。
362 《千唐誌齋藏誌》。
363 《千唐誌齋藏誌》。
364 見《三國志・魏書・武文世王公傳》。
365 見《新唐書・卷一二三・蕭至忠傳》。

云：「中宗即位……仍為聘國子監丞裴粹亡女為冥婚，與之合葬。」這一記載已由七十年代對懿德太子墓的發掘所證明。石槨內殘存男、女二人骨架，出土墓誌中也記載了此一事實[366]。

在墓誌中記載的冥婚就更多了。如顯慶五年五月二日大唐尚書都事故息顏（襄子）子之銘云：「與文林郎劉毅故第二女結為冥婚。」[367] 神功元年十月二十二日大周故右翊衛清廟臺齋郎天官常選王孺墓誌銘云：「冥婚梁吳郡王孫邢州司兵蕭府君之女。」[368] 垂拱二年十二月十八日大唐故處士陳（沖）君墓誌銘云：「冥婚合葬於侯山西南十五里平原之舊塋。」[369]

冥婚的目的，則不外乎安慰孤魂，示成夫婦之配。正如天寶四載十二月十六日□西郡李（璿）墓石云：「未婚而終，父母哀其魂孤，為結幽契，娶同縣劉氏為夫人。越十一日合葬於郡州西北二百步。」[370]

唐代婚姻中注重門第族望，上文已述，而冥婚亦不例外。垂拱元年正月十三日唐故昌平縣開國男天水趙（承慶）君墓誌銘云：「爰求勝族，冥婚劉氏。」[371] 即是冥婚亦擇門第族望的例證。

原載《中華文史論叢》1987 年第 1 期

366　陝西省文物管理委員會：〈唐懿德太子墓發掘簡報〉，《文物》1972 年第 7 期。
367　北京圖書館藏拓本。
368　北京圖書館藏拓本。
369　北京圖書館藏拓本。
370　黃本驥：《古志石華・卷十一》。
371　北京圖書館藏拓本。

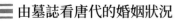

蓋蕃一家墓誌綜考

　　咸亨元年十月四日唐故曹州離狐縣丞蓋（蕃）府君墓誌銘，永徽五年五月十六日大唐曹州離狐縣蓋贊故妻孫（光）夫人墓誌銘，以及聖曆二年正月十七日大周故處士前兗州曲阜縣令蓋（暢）府君墓誌銘，均藏於河南新安千唐誌齋，傳為洛陽出土。據蓋蕃誌云：「字希陳，魯郡泗水人也……夫人宜陽孫氏，先薨，自有墓記……子暢。」蓋暢誌亦云：「父蕃，唐曹州離狐縣丞。（暢）……永徽三年制除太子校書。」可證其二人為父子。而蓋贊故妻孫光誌又云：「（夫人）永徽四年六月廿一日終於離狐縣之公第……有子曰暢，字國華，太子校書郎。」與上揭蓋蕃、蓋暢二誌所載相吻合，可見孫光當為蓋蕃之妻、蓋暢之母。蓋蕃在孫光誌中寫作蓋贊，疑蕃為後日改名，抑或贊為字誤，唐誌因多借手他人，掉字、誤字的現象常見。暢字國華，亦與蓋暢誌中作「字仲舒」不同，可能仲舒亦為後日改字。然而，從時間、職官、地點等方面來看，此三誌之誌主為一家人當無可疑。

　　這三件墓誌，尤其是蓋蕃墓誌中，保存了一些十分可貴的歷史資料，對於了解初唐社會的某些狀況頗為有益。鑑於前人從未言及，故試掇集相關史料，綜考如下。

▌一、蓋蕃的仕歷與隋唐官制

　　蓋蕃一生，正值隋唐相交之際，他在隋末入仕。其誌云：「未弱冠，隋大業初，以父蔭入為太廟齋郎。久之，授堯臺府司馬。」

蓋蕃墓誌

　　查《隋書·百官志》不載太廟齋郎一職，可能是因為其未及品秩而不予提及。而《舊唐書·職官志三》太常寺條則云：「太廟齋郎，京、都各一百三十人。」「凡有事於宗廟，少卿帥太祝，齋郎入薦香燈，整拂神幄，出入神主。」唐代官制是在隋代官制的基礎上設置的。隋代的太廟齋郎可能亦與《舊唐書》所載相同。

　　齋郎是隋唐時期官僚子弟出身入仕的一種途徑。《舊唐書·職官志一》云：「有唐以來，出身入仕者……若以門資入仕，則先授親勳翊衛，六番隨文武簡入選例。又有齋郎、品子、勳官及五等封爵，屯官之屬，亦有番第，許同揀選。」又《通典·職官七》「中宗將為韋后父酆王陵廟各置五品令。太常博士楊孚曰：『……太廟齋郎尚取七品以下子……』」可見太廟齋郎是為低品官員們的子弟安排的一條出仕之途。七品以下官員的子弟可在幼年補籍為齋郎，先供廟祀之役使，在一定時間後可以參加吏部的揀選，委任官職。在唐代墓誌中，可以看到多件由齋郎解褐的例子。如：天寶十載八月十日大唐故中散大夫行滎陽郡長史上柱國賞魚袋清河崔（湛）府君

墓誌銘云：「涿城府果毅祥業之子……長安中，國家祭祀明堂，以門子選齋郎出身。」[372]其父官終果毅都尉。據《舊唐書·職官志一》，上府果毅都尉為從第五品下階，下府果毅都尉為從第六品下階。崔湛選齋郎時尚年幼，其父或尚未升至六品。又闕年月大唐故定州無極縣丞白（慶先）府君墓誌云：「父羨言，太中大夫上柱國，歷太子內直郎。」（慶先）「初任太廟齋郎，解褐拜通直郎。」[373]據《舊唐書·職官志三》，太子宮屬無內直郎，有「司直一人，正九品上」，疑即此官。這些墓誌中的記載，與上引文獻基本相符。隋代齋郎選補入仕的方法，大概與此相近同。

堯臺府司馬一職，當為隋代鷹揚府中之司馬。《隋書·百官志下》：「鷹揚府，各府置鷹揚郎將一人，正五品，副鷹揚郎將一人，從五品，各有司馬及兵，倉兩司。」谷霽光先生認為：堯臺府地處弘化郡[374]。

隋滅唐興，隋代的大批舊官吏，先後歸附或投降了唐政府。如何處理這批官吏，是唐政府面臨的一個重要問題。對於有名望、勢力與才能的人物，唐政府多加以擢用，兩《唐書》中多載，此不贅述。然而如何處理中下層的舊官員，則是史料中不曾明言的。從初唐墓誌中可以看出：大部分隋代降官都僅僅授予極低的文武散秩，這可能是唐代初年為安撫降官採取的一種政策。即蓋蕃墓誌中所云：「及皇唐威靈暢於華夏，以隋官降授文林郎，從時例也。」此類時例又可見於龍朔二年四月十四日唐故潞州上黨縣丞劉氏賈夫人墓誌銘，其誌云：「父宜，隋正議大夫，唐文林。」[375]又顯慶五年正月五日唐故都水監舟楫令孟（普）君墓誌銘云：「解褐隋景義郎，將事郎……（唐）授登仕郎。」[376]又永徽六年四月十六日唐故張（才）君墓誌銘云：「皇泰之初，仕至上柱國大將軍。」入唐後，「隋官例降，准

372　北京圖書館藏拓。
373　中國國家文物局古文獻研究室藏拓。
374　見《府兵制度考釋》第117頁。
375　北京圖書館藏拓。
376　千唐誌齋藏石。

當陪戎副將，謹從班例，遷居洛中」[377]。又咸亨三年二月二十三日唐故陪戎副尉康（武通）君墓誌銘云：「皇泰初，仕至大將軍、□城縣開國子。」「唐皇啟聖，唯新是建，皆復齒於諸任。貞觀一十二年授陪戎副尉，從班例也。」[378]這裡一再提到的班例，可能就是唐朝政府制定的處理降官品秩的統一措施了。據《舊唐書・職官志一》，正第九品下階有「登仕郎，文散官」；從第九品上階有「文林郎，文散官」；從第九品下階有「陪戎副尉，武散官」。張才誌中所言「陪戎副將」，未識是否即「陪戎副尉」之誤。由此可見，唐政府對一般隋代降官，基本上僅授予九品的低階散秩，使之仍保有進身的初階和一些官吏的特權，以避免政治上的反作用。

唐代的官吏銓選制度是隋唐史研究中的一個重要課題，而蓋蕃誌中的一段記載則可以為此增添很有意義的參考資料。

其誌文云：「貞觀中，兄伯文任洋州洋源縣令，坐事幽摯……得減死配流高昌。（蕃）白兄曰：『正爾而往，取逢何期。某受彼官，庶幾可濟。』於是起選，授西州蒲昌縣丞，允所祈也。乘馹赴官，先兄至，躬率人力，渡磧東迎。」

據《大唐六典》、兩《唐書・選舉志》、《通典》等，唐代選官是十分繁瑣的。《大唐六典》卷二云：「凡選授之制，每歲孟冬以三旬會其人……以三銓分其選，一曰尚書銓，二曰中銓，三曰東銓……凡任官……凡三銓注擬迄，皆當銓團甲，以過左右丞相。若中銓、東銓則先過尚書迄，乃上門下省，給事中讀；黃門侍郎省，侍中審；然後進甲以聞……凡大選終季春之月。」這說明，唐代一般選官自十月起，至來年三月止，其間歷時約半年之久，而能否被選上還不一定。蓋蕃則由於其兄犯法配流高昌，迫切需要任職西州以便設法照顧，當然不可能等到孟冬應選，到第二年再授官上路。這就使得蓋蕃的授官過程有所不同。

377　千唐誌齋藏石。
378　千唐誌齋藏石。

從誌文中可以看出，蓋蕃授官和赴職的時間要比其兄流放到西州用的時間短。而《大唐六典》卷六云：「流移之人……配西州、涼州者送涼府……其涼府等，各差專使領送，所領送人皆有程限，不得稽留遲緩。」《唐律疏議》卷十：「諸公事應行而稽留……一日笞三十，三日加一等，過杖一百，十日加一等，罪止徒一年半。」可見犯人流放途中的行程和期限是有規定的，而且不能違期，否則要予以處罰。因此，我們可以先推算一下蓋伯文的流放程限。《唐律疏議》卷三云：「諸流配人在道會赦，計行程過限者，不得以赦原。」疏云：「議曰：『行程』，依令：『馬，日七十里；驢及步人，五十里；車，三十里。』……但車馬及步人同行，遲速不等者，並以遲者為限。」「假有配流二千里，准步程合四十日。」這一行程令可以由敦煌唐代文書P3714號卷子背面的傳馬坊文書中得到確證。這件文書記載了從敦煌到伊州的驛馬行程和往返日期。[379]《通典‧州郡四》云：「伊州至敦煌郡界七百四十里。」《元和郡縣圖志》卷四十隴右道「伊州，正南微東至沙州七百里」，又「沙州，敦煌」。上揭傳馬坊文書記於總章二年，其中一段為：「右件人馬去六月卅日差送使往伊州，八月三日到縣，計逶二日。」又一段為：「右件人馬驢去七月四日差送鐵器往伊州，八月七日到縣，計逶二日。」據此計算，正好是步行每日五十里行程。《通典‧州郡四》云：（交河郡領縣五）：「高昌……去西京五千三百六十五里。」《舊唐書‧地理志三》云：「河西道，西州中都督府……在京師西北五千五百一十六里。」《元和郡縣圖志》卷四十：「隴右道：西州……東南至上都五千三百里……並沙磧，難行……蒲昌，西南至州一百八十里，貞觀十四年置。」但是蓋蕃誌中記載：「高昌……距長安七千餘里。」敦煌縣博物館藏第53號卷子載唐代《地志》亦云：「安西，（距）京七千五百。」據馬世長先生考證，這件《地志》依據的是唐代早期的底本[380]，與蓋蕃所在時代相近。這樣，我們且

379　關於這一問題的考證，參見《敦煌吐魯番文獻研究論集》（一）〈伯希和3714號背面傳馬坊文書研究〉。

380　《敦煌吐魯番文獻研究論集》（一）敦煌博物館藏地志殘卷。此《地志》闕山南道，無洋州至京路程。

以蓋蕃誌與《地志》記載的路途計算，配流犯人須走一百五十天左右。而且蓋伯文尚未到西州，在磧南就遇到了就職後返回迎接的蓋蕃，其行程還不到七千五百里。文獻記載，高昌至敦煌之間，沙磧近兩千里[381]。如此，蓋伯文的行程僅五千餘里。即使蓋伯文從原任所洋州上路。《舊唐書·地理志二》山南西道：「洋州下……在京師南八百里。」《通典·州郡五》：「洋川郡（洋州）……去西京一千四百五里。」加上這段距離，也不過七千里。程限為一百四十天。還需要考慮到，蓋蕃要在授官後先趕到西州，再率人渡過千里大漠來迎接蓋伯文，他的行路速度，即使乘驛馬連續不停的奔馳，每天也只能走一百二十里左右。《大唐六典》卷五云：「凡三十里一驛。」《唐會要》卷六一御史臺中館驛條云：「長安四年五月二日，乘傳人使事閒緩每日不得過四驛。」這條規定雖然發布在蓋蕃卒後，但在此之前亦不會超過太多。依此，蓋蕃馳至西州，要用六十四天以上，再減去他返回磧南所需時日，留給他選官的時間就少得可憐，猜想僅有兩個月左右。

當然，唐代選官也有例外，《大唐六典》卷二云：「若優勞人有敕，卻與處分及即與官者，並聽非時選，一百日內注擬畢。」這種非時選，不必等到孟冬入銓，時間也較快。蓋蕃所從，可能就是這種「即與官」的非時選。它從入選到注擬完需近百日。但是，這段時間對蓋蕃亦嫌過長。由此可見，蓋蕃能在五個月中從申請起選，實授官職到趕至高昌，又率人回迎其兄，不能不說是初唐官吏選授中速度空前的一個特例。

蓋蕃誌中透露了一些能達到這個特例的原因。首先，有中樞要人的疏通。誌文云：「使人漢王府參軍蕭德昭，孝友人也，不堪其悲。左僕射房玄齡特為奏請。」唐代選官時，要人的推薦是很有作用的。房玄齡位居中樞，深得太宗器重，他被蓋蕃的孝友之情感動，可能在選官中發揮過一定作用。其次，誌文云：「（時高昌）此國初平，磧途險澀。」這樣凶險邊遠的地區，中原官吏定然不願前往。當時，褚遂良曾上疏諫曰：「歲調千餘

381　見《舊唐書·卷六九·侯君集傳》。

人屯戌……所遣多復逃亡……高昌者，他人之手足，奈何麋弊本根以事無用之土乎！」建議復立高昌國[382]，正反映了中原人士對西州的態度。而且貞觀時期官吏不足，《通典・選舉三》云：「初……天下兵革方息……官不充員。」「貞觀中，京師穀貴，始分人於洛州選集參選者七千人，而得官者六千人。」官吏不足，無人願赴西州，而唐政府又迫切需要派官吏到西州去維持統治，這一切，也利於蓋蕃快速受官。此外，蓋蕃以孝友之道造成輿論。誌文云：「（伯文）將置嚴刑，府君泣血申冤，辭令懇惻，見者莫不歔歟。」「德昭每言及天下友于，即引府君為稱首。」唐代極重孝悌，把宣傳孝悌作為一種維護統治的重要方式，除優獎高年，察舉孝廉，制定嚴格的親禮制度外，還把《孝經》作為重要的教科書。唐玄宗甚至親自書寫刊碑，至今立於西安碑林。敦煌文書中也保存了唐代的多件《孝經》寫本。蓋蕃以孝友著稱，自然應優先予以照顧。凡此種種，造成了蓋蕃的授官特例。蓋蕃誌中涉及隋唐官制的這些內容，對於考察研究隋唐官制和社會狀況，具有重要的參考價值。

二、隋唐之際社會動盪的見證

《全唐文》卷四太宗備北寇詔云：「自隋氏季年，中原喪亂，黔黎凋盡。」《全唐文》卷二高祖罷差科徭役詔亦云：「至大河南北，亂離日久，師旅薦興，加之饑饉，百姓勞弊，此焉特甚。」這些詔令中反映的隋末戰亂中百姓死傷慘重、社會凋零的狀況，在蓋蕃一家的墓誌中充分呈現出來了。蓋贊（蕃）妻孫光墓誌中記載：「隋末土崩，洛中雲擾，米遂騰躍，斗至十千。頓踣於是成行，骨肉不能相救。」「夫人偶逢棄子，歧路呱然，哀而鞠之。」與《資治通鑑》卷一八九武德四年記載的：「唐兵圍洛陽……城中乏食，絹一匹直粟三升，布十匹直鹽一升……民食草根木葉皆盡，相與澄取浮泥，投米屑作餅食之，皆病，身腫腳弱，死者相枕倚於道。」正可互為印證。

382　見《舊唐書・卷八〇・褚遂良傳》。

在蓋蕃的家鄉山東一帶，由於唐王朝對竇建德、徐圓朗、劉黑闥等義軍的鎮壓，大批無辜百姓死於非命。如《資治通鑑》一八八武德三年載：「（行軍總管羅士信）又圍千金堡……突入，屠之。」即為唐軍屠城之一例。

唐統一以後，災荒與徵役依然不絕於踵。《舊唐書》卷二太宗紀上：「（貞觀元年八月）關東及河南，隴右沿邊諸州霜害秋稼。」「是歲，關中飢，至有鬻男女者。」同書貞觀二年八月，「是月，河南河北大霜，人飢」。《資治通鑑》卷一九二貞觀二年云：「關內旱飢，民多賣子以接衣食。」同書卷一九三貞觀四年：「元年關中飢，米斗直絹一匹。二年，天下蝗。三年，大水。」同書卷一九四貞觀六年，魏徵諫曰：「今自伊洛以東至於海岱，煙火尚希，灌莽極目……今河南北數州大水。」[383]（貞觀七年）「九月，山東、河南四十餘州大水，遣使賑之。」與此同時，還有連續不斷的禦突厥，征高麗，平高昌等大規模邊境戰爭。褚遂良就平高昌事諫曰：「然則王師初發之歲，河西供役之年，飛芻挽粟，十室九空，數郡蕭然，五年不復。陛下歲遣數千人，遠事屯戍，終年離別，萬里思歸。去者資裝自辦，既賣菽粟，傾其機杼，經途死亡。」[384] 這種狀況，唐太宗也不得不予承認，其備北寇詔中稱：「皇運以來，東西征伐，兵車屢出，未遑北討，遂令胡馬再入，至於涇渭，蹂踐禾稼，駭懼居民，喪失既多，虧廢生業。」《貞觀政要》卷十載：「（貞觀十一年太宗謂侍臣云）朕昨過懷州，有上封事者云……即日徭役不下隋時，懷洛以東，殘人不堪其命。」《資治通鑑》卷一九六貞觀十五年：「上曰：『高麗本四郡地耳……取之不難，但山東州縣雕瘵未復，吾不欲勞之耳』。」這些都是從帝王嘴裡吐露的情況，實際狀況必然比這更嚴重。

高宗期間，水旱災害和邊境戰爭同樣頻繁不斷，兼以官吏豪族的剝削掠奪，致使隋末喪亂造成的破壞久久未能恢復。《全唐文》卷一五八劉仁

---

383 見《舊唐書・卷八〇・褚遂良傳》。
384 《舊唐書・卷七一・魏徵傳》作：「今自伊洛以東，暨乎海岱，灌莽巨澤，蒼茫千里，人煙斷絕，雞犬不聞，道路蕭條，進退艱阻。」

軌陳破百濟軍事表云：「自顯慶五年以後，頻經渡海，不被紀錄，州縣發遣百姓充兵者，其身少壯家有錢財賂與官府，任自東西藏避，即並得脫。無錢用者，雖是老弱，推皆令來。」《全唐文》卷二一二陳子昂諫靈駕入京書云：「頃遭荒饉，人被薦飢，自河而西，無非赤地，循隴以北，罕逢青草。莫不父兄轉徙，妻子流離，委家喪業，膏原潤莽。」戰爭使少壯亡佚逃避，老弱輾轉溝壑。災荒使百姓流離失所，田地廢棄荒蕪。據《舊唐書》卷四高宗紀：「（永徽三年）上問戶部尚書高履行：『隋日有幾戶？今見有幾戶？』履行奏：『隋開皇中有戶八百七十萬，即今見有戶三百八十萬。』」當時的戶數僅為隋開皇年間的百分之四十三點七。蓋蕃墓誌中記載：「自違鄉從官，更歷亂離，邑里蕭條，桑梓蕪沒，眷言疇昔，千不一存。」正是反映了上引文獻中談及的初唐社會狀況。

人口缺乏，生產蕭條，對下級官吏們的生活也造成了影響。蓋蕃誌云：「永徽元年至於京洛。初，許昌君（蓋蕃父）及夫人隋仁壽中相次薨於本州瑕丘縣……卜厝稱家，力不逮禮，至是方議遷合。竊念曰：『儻得便延一任，經營豈不易從。』」此時，蓋蕃已作過一任縣丞。縣丞品秩，據《舊唐書·職官志三》，為從八品下至正九品下。《通典·職官十七》云：「貞觀二年制，有上考者乃給祿，其後遂定給祿俸之制（以民地租充之）。京官……正九品，五十七石……其在外文武官九品以上，准官皆降京官一等給……其俸錢之制，京司諸官初置公廨，令行署及番官興易以充其俸……外官則以公廨田收及息錢等常食公用之外，分充月料。」《舊唐書·職官志二》云：「凡官人及勛，授永業田。幾天下諸州有公廨田，凡諸州及都護府官人有職分田。」上引文獻，說明唐代官吏（尤其是外官）的俸祿，完全依靠當地的社會生產狀況來決定。官祿源於地租，月料則依靠公廨田的收入和公廨本錢的利息等來解決。如果勞動力缺乏，田地歉收，必然使社會貿易活動減少，官吏們的俸祿也會隨之減少。如果生產穩定，一個縣丞每年五十五石五斗的祿米，加上

從每縣六頃以上的公廨田收成與數百千錢本錢放息的收入中分得的月料，[385]是一筆不太小的收入，一任縣丞之後，不致連營建一座一般墳墓的財力都沒有。而蓋蕃卻任職縣丞近九年，仍無力建墓，只好希望再延一任以便經營，這不正在一定程度上反映了唐初生產的荒廢程度嗎？

▌三、關於高昌國史的考證

蓋蕃誌中記載，其兄是在高昌初平時流放去的，誌中又載有「左僕射房玄齡」。《舊唐書》卷三太宗紀云：「（貞觀十六年）秋七月戊午，尚書左僕射、梁國公玄齡為司空。」則其流放時當在貞觀十六年七月前。

貞觀十三年十二月，唐太宗以侯君集為交河道行軍大總管，起兵伐高昌。戰爭的起因，是高昌王麴文泰與唐朝對立，阻遏西域各國商賈，斷絕了中西交通的絲綢之路，又與西突厥聯合，攻擊西域各國。侯君集突發奇兵，於貞觀十四年八月占領高昌，下其二十二城，以其地置西州及安西都護府。十二月，執高昌王麴智盛返長安[386]。

占領高昌後，唐政府採取了歷代攻占敵國後的慣用手法，徙當地的豪族大姓於京師附近，以便控制。即《新唐書》卷二二一上高昌傳所云：「徙高昌豪傑於中國。」《舊唐書》卷一九八高昌傳作：「其智盛君臣及其豪右，皆徙中國。」這一史實，可從出土文物中找到證明。如吐魯番出土的武周年間張懷寂墓誌就記載了張姓被遷至內地。吐魯番阿斯塔那5號墓出土了李賀子、李舉仁兄弟從洛州寄回西州的家書。李氏兄弟亦是在高昌滅國後被遷往洛州的[387]。

與此同時，唐朝派兵屯戍高昌，又「詔在京及諸州死罪囚徒，配西州

---

385 《通典・職官十七》關於降等注云：「八品、九品皆以二石五斗為一等。」又敦煌博物館藏58號卷子《地志》與天福十年《壽昌縣地境》等都記載了公廨本錢數。

386 見《舊唐書・卷六九・侯君集傳》及兩《唐書》高昌傳。

387 參見《吐魯番考古記》，《吐魯番出土文書》第六冊上裁李賀子上阿郎阿婆書四件，推測其年代於貞觀二十二年至總章元年之間。

為戶，流人未達前所者，徙防西州」[388]。《資治通鑑》卷一九六貞觀十六年，「九月癸酉，以涼州都督郭孝恪行安西都護、西州刺史。高昌舊民與鎮兵及謫徙者雜居西州。（胡三省注云：謫徙，謂死罪流徒謫徙者。）」這顯然是以內地兵民典高昌舊戶混合編籍，以加強控制，防止叛離的重要措施。它與遷高昌豪右於內地是相輔相成的。蓋蕃誌中記載的蓋伯文配流高昌，正是這樣一個政策的結果，它為相關史載做了有力的證明。

高昌官員內遷，唐政府必須派出官吏。蓋蕃正是在此時授官西州。其誌云：「乘馹赴官，先兄而至，躬率人力，渡磧東迎。」可見高昌滅國後，其原有的官衙、驛站等設施仍保存完好，繼續在發揮作用。

《舊唐書·卷六九·侯君集傳》云：「文泰聞王師將起，謂其國人曰：『唐國去此七千里，沙磧闊二千里，地無水草，冬風凍寒，夏風如焚，風之所吹，行人多死，常行百人不能得至。』」可見其路途艱險。蓋蕃誌亦云：「磧途險澀。」蓋蕃為使其兄不死於流途，不惜求官去高昌以率役接濟。此誌所載，正可與史載互為印證。

四、蓋蕃等誌中反映的初唐佛教信仰和夢占徵應

湯用彤先生曾指出：「自晉以後，南北佛教風格，確有殊異，亦係在陳隋之際，始相綜合，因而其後我國佛教勢力乃達極度。隋唐佛教，因或可稱為極盛時期也。」[389]這種舉國上下崇尚佛教的社會狀況，在唐代墓誌中也時有反映，蓋蕃夫妻的墓誌就是一個代表。

蓋蕃夫妻都是虔誠的佛教信徒。蓋蕃誌中稱其「生平常事藥師琉璃光佛」，蓋贊（蕃）妻孫光墓誌則云：「（夫人）留心釋典，好殖勝因……常頌金剛般若灌頂章句。」由此可見，蓋蕃信奉的是藥師淨土（東方淨土）。湯用彤先生認為：「有唐一代，淨土之教深入民間，且染及士大夫階層。」又

---

388 見《舊唐書·卷三·太宗紀·貞觀十六年》。
389 見《隋唐佛教史稿》第1頁。

據《續高僧傳・玄奘傳》指出：「唐初因玄奘信彌勒淨土，故彌勒淨土頗盛一時。」[390] 從敦煌塑像和壁畫的題材中可以看出：隋唐時期，阿彌陀淨土（西方浮土）變與彌勒淨土變出現得較多，占有較重要的地位，說明它們具有較大的影響[391]。在隋唐時期的龍門山、白佛山、雲門山、耀縣等佛教造像題記中，也多次出現造彌勒像、阿彌陀像的內容[392]。這些與湯先生的看法相符。而蓋蕃夫妻墓誌則反映出藥師淨土在隋代和初唐的影響，這在敦煌壁畫中也可以得到證明。在屬於隋代中晚期的敦煌417窟、433窟、屬於隋末唐初的敦煌394窟等處壁畫中都有藥師經變的題材。據《續高僧傳・達摩笈多傳》，達摩笈多在隋代又重新翻譯了《佛說藥師如來本願功德經》，其內容與東晉帛尸梨密多羅翻譯的《佛說灌頂拔除過罪生死得度經》相同。據《大藏經總目》祕密部，初唐時，玄奘又將此部經文重新翻譯，並改名為《藥師琉璃光如來本願功德經》。藥師經的一再翻譯，也反映了隋唐時期社會上信仰藥師淨土的狀況。

蓋贊（蕃）妻孫光墓誌中之「金剛般若灌頂章句」，當指《金剛般若經》和上言之《佛說灌頂拔除過罪生死得度經》。《金剛般若經》是大乘教的重要經典，以其簡明易誦而普遍流行。《佛說灌頂經》則是藥師淨土信仰的經典。說明孫光也是一個篤信藥師淨土的佛門弟子。

值得注意的是：《金剛般若經》的早期譯本，如鳩摩羅什、菩提流支等譯本均稱《金剛般若波羅蜜經》；自隋達摩笈多以下譯本則改名《金剛能斷般若波羅蜜經》或《能斷金剛般若波羅蜜經》[393] 而孫光墓誌中仍採用《金剛般若》和《佛說灌頂》這兩種較早的譯本名稱。或許是由於隋唐時期的新譯本尚未廣泛流傳使用，未能取代舊譯本的緣故。

從墓誌中還可以看出：蓋蕃這樣一個虔誠的佛教徒卻同時迷信中國傳

390　同上第192頁。

391　參見《中國石窟・敦煌莫高窟》（二）。

392　參見《八瓊室金石補正》，《藝風堂所藏金石目》與《考古》1965年第3期〈耀縣石刻文字略志〉。

393　見《大藏經總目》般若部（頻伽精舍本）。

統宗教中的夢兆徵應。這也突出反映了印度佛教流入中國後，吸收了傳統宗教中的大量成分，形成中國佛教的特點。

眾所周知，夢占徵應是與中國古代宗教緊密相連的。《漢書·藝文志》雜占家收有：「黃帝長柳占夢十一卷，甘德長柳占夢二十卷。」又云：「眾占非一，而夢為大，故周有其官。」實際上占夢的歷史比這更悠久，至少商代已有占夢。《史記·殷本紀》載：「武丁夜夢得聖人，名曰說。」《尚書·說命上》「高宗夢得說」，「夢帝賚予良弼，其代予言」。商代甲骨文中，有大量關於夢占的占卜卜辭。如《簠室殷契徵文》雜65：「庚辰卜，貞，多鬼夢叀疾見。」又同書人6：「庚子卜，賓貞，王夢白牛，隹占？」《殷墟文字乙編》6385：「貞，有夢鼻，叀有它？」等，均是因夢設卜。《詩經》中記錄的周人占夢例證也不少，如《小雅·正月》：「召彼故老，訊之占夢。」鄭玄箋曰：「不尚道德而信徵祥之甚。」又如《小雅·斯干》：「乃寢乃興，乃占我夢。吉夢維何？維熊維羆，維虺維蛇。」又《小雅·無羊》：「牧人乃夢，眾維魚矣，旐維旟矣。大人占之：眾維魚矣，實維豐年，旐維旟矣，室家溱溱。」自王公至牧人均以夢占，可見其重要。至於《春秋左傳》中記錄的夢占情況，就更多了。

佛教傳入中原後，吸收了利於佛教廣泛宣傳的中國古代宗教中的神異迷幻成分，因果報應之說與占卜徵應之法混合為一體。對此，蓋蕃誌是一個極好的例子。誌文云：「（一日，蓋蕃）忽謂人曰：『吾昔夢遇韭兩畦，是重九也。老子今年八十一，其殁乎？』」其後不久，他果然病終。類似事件，在《太平廣記》卷一四一中還記有一次。劉宋時，太尉沈慶之「嘗歲旦夢人餉絹兩匹，曰『此絹足度』。覺而嘆曰：『兩匹八十尺，足度無盈餘。老子今年不免矣。』其年，果為原和所誅」。

蓋蕃是否套用沈慶之的先例以表達自己達人知命，不可確知，然而當時的和尚也確實大談夢占徵應。如開元二年六月十日六度寺侯莫陳大師壽

塔銘文云：「（大師）宿植因果，生知夢幻。」此僧「年甫弱冠，便入嵩山，初事安合黎，晚歸秀和上。」[394]秀和上，疑即禪宗北祖神秀。如是，則侯莫陳大師先事密教，再歸禪宗。但他善識夢幻卻始終未變，並在塔銘中著重提出，可見佛教與夢占徵應的密切關係。在《幽明錄》、《報應記》、《法苑珠林》等佛教宣傳品中都可以看到很多類似的徵應故事，說明蓋蕃等墓誌中大談徵應，正是當時社會上佛教宣傳的反映。

　　附帶提一下，上引諸文中。老子一辭，為蓋蕃及沈慶之自稱。這種用法在漢代和南北朝都很普遍。如《後漢書·馬援傳》：「援輒曰：『此丞掾之任，何足相煩，頗哀老子，使得遨流。』」《南史·潘綜傳》云：「綜與父驃共走避賊……驃亦請賊曰：『兒年少自能走，今為老子不去。老子不惜死，乞活此兒。』」由蓋蕃誌文看來，這種稱呼至隋唐尚存。

394　藝風堂藏拓，現歸北京大學圖書館。

唐代墓誌中所見的高句麗與百濟人士

　　隋唐時期，中原政權與當時位於朝鮮半島上的三個藩國——高句麗、百濟、新羅之間，存在著十分密切的關係。就當時與中原政權長期保持密切關係的各藩國來說，這三個國家接受中原文化的影響是最深的。它們的政治、經濟、文化與中原有著千絲萬縷的關聯，特別是在文字與文化上面，深受中原漢文化的影響。但是，這三國之間始終存在矛盾衝突，同時，倭國一直介入半島局勢，造成這三國與中原政權之間一度激化的矛盾，並且在隋代與初唐時期形成了極其尖銳的軍事衝突，最終導致唐高宗用兵滅掉百濟與高句麗兩國。在此前後，大批高句麗與百濟的上層人士以及強壯丁口被遷入中原，並且逐漸融入了中原社會，從而在唐代社會歷史上留下了多處明顯的痕跡。作為唐代中上層社會重要附葬品的墓誌，在近代以來大量出土，成為一種研究唐代歷史的重要文獻資料。在它們中間，同樣反映出了當時流寓中原的高句麗、百濟人士的生活狀況。本文擬就涉及這些人士的唐代墓誌略作歸納，並且探討一下相關的幾個歷史問題。不當之處，敬請各位師友多加匡正。

　　唐代墓誌在20世紀初期開始於西安、洛陽以及北方各地大量出土，至今總數已達到六千件以上。其墓主涉及唐代社會中大量重要人物，作為初唐社會中重要的外來人士之一的原百濟與高句麗王族、重要官員也籍身其中。羅振玉曾將他所見到的唐代高句麗、百濟人士墓誌彙集成《唐代海東藩閥志存》一書，共收入七件墓誌，即高句麗王族高慈、高震，高句麗貴族泉男生、泉男產、泉獻誠、泉毖以及百濟王扶餘隆等人的墓誌，並且就這些墓誌涉及的史實進行了考證[395]。

395　羅振玉：《唐海東藩閥志存》，自刻本。

　　現在，我們還可以在唐代墓誌中發現四件具有明確族屬記載的高句麗與百濟人士墓誌。它們是：聖曆二年二月十七日黑齒常之墓誌[396]、神龍二年八月十三日黑齒俊墓誌[397]、天授二年十月十八日高玄墓誌[398]和萬歲通天二年正月八日高足酉墓誌[399]。這四件墓誌與上述羅振玉收集的七件墓誌都包含有十分豐富的歷史資料，頗足珍貴。在《唐代海東藩閥志存》一書中，羅振玉曾經對所收集墓誌的相關史料予以逐一考證。此外，還有人對扶餘隆、黑齒常之等墓誌做過單獨考釋[400]。但是將它們綜合起來看，還可以從更廣闊的角度上對關於高句麗、百濟等民族的問題再做些探討。因此，現就其中涉及的幾個問題加以歸納，討論如下。限於篇幅，前人已經論及之處，恕不一一引錄。

黑齒常之墓誌

396　周紹良主編：《唐代墓誌彙編》，上海古籍出版社，1991年。

397　周紹良主編：《唐代墓誌彙編》，上海古籍出版社，1991年。

398　隋唐五代墓誌彙編編輯委員會：《隋唐五代墓誌彙編·洛陽卷》，天津古籍出版社，1991年。

399　隋唐五代墓誌彙編編輯委員會：《隋唐五代墓誌彙編·洛陽卷》，天津古籍出版社，1991年。

400　李之龍：〈唐代黑齒常之墓誌文考釋〉，《東南文化》1996年第3期；束有春、焦正安〈唐代百濟黑齒常之、黑齒俊父子墓誌解讀〉，《東南文化》1996年第4期；李之龍：〈跋唐扶餘隆墓誌〉，《華夏考古》1999年第2期。

一、墓誌中反映出的幾支流寓中原高句麗、百濟家族世系

上引諸高姓人士的墓誌中，大曆十三年十一月廿四日高震墓誌中記錄了一支傳自原高句麗國王的直系家族。墓誌云：「祖藏，開府、儀同三司、工部尚書、朝鮮郡王、柳城郡開國公。祢諱連，雲麾將軍、右豹韜大將軍、安東都護。公乃扶餘貴種、辰韓令族、懷化啟土、繼代稱王。」高震本人為「開府、儀同三司、工部尚書、特進、右金吾衛大將軍、安東都護、剗國公、上柱國」。「嗣子朝請大夫深澤令叔秀」。又《舊唐書·東夷傳·高麗》記載：「（貞觀十六年，蓋蘇文）立建武弟大陽子藏為王。」高藏是最後一位高句麗國王，被俘入唐。現仿照《新唐書·宰相世系表》的體例排列，則可寫成：高大陽 ── 高藏 ── 高連 ── 高震 ── 高叔秀。其家族世系自初唐延承至盛唐，始終在中原朝廷中占有一席之地。

聖曆三年臘月十七日高慈墓誌則記錄了一支由於軍功而被高句麗國王賜姓高氏的高句麗貴族世系。墓誌云：「公諱慈，字智捷，朝鮮人也。先祖隨朱蒙王平海東諸夷，建高麗國，已後代為公侯宰相。至後漢末，高麗與燕慕容戰，大敗，國幾將滅。廿代祖密當提戈獨入，斬首尤多。因破燕軍，重存本國，賜封為王。三讓不受。因賜姓高，食邑三千戶。仍賜金文鐵券曰：宜令高密子孫代代為公侯，將相不絕。」「曾祖式，本蕃任二品莫離支……祖量，本蕃任三品柵城都督、位頭大兄兼大相……父文，本蕃任三品位頭大兄兼將軍。（入唐後）除左威衛將軍……加授柳城郡開國公，食邑二千戶。」「公……緣破契丹功，授壯武將軍、行左豹韜衛翊府郎將……贈……左玉鈐衛將軍。」「有子崇德，奉制襲父左豹韜衛翊府郎將。」

這件墓誌中記錄的關於高句麗國早期史料以及官員職名等資料頗可珍貴。羅振玉曾經在《唐代海東藩閥志存》中考證高慈先祖高密的歷史，稱「其祖父孫三世之名不見於《麗史》及新舊兩書《東夷傳》，至其二十代

密，《麗史》亦不載其人。唯《三國史記》載烽上王二年秋，慕容廆來侵，王欲往新城避賊，行至鶴林。慕容廆知王出，引兵追之。將及，王懼。時新城北部小兄高奴子領五百騎迎王，逢賊，奮擊之。廆軍敗退。王喜，加奴子爵為大兄，兼賜鶴林為食邑。所記與志略同，唯人名則異。疑高密或即高奴子。」但從墓誌中稱「因賜姓高」一語觀之，高密原本並不是姓高，而高奴子似原即高姓，《三國史記》中也僅提封邑賞爵而不提賜姓。那麼，將高密看作高奴子則不盡適宜。或者當時另有功臣救國之舉，與《三國史記》上的記載並非一事。

排列該支世系，得：高密（十七代孫）── 高式 ── 高量 ── 高文（性文）── 高慈（智捷）── 高崇德。

高玄墓誌中記錄的是另一支高氏貴族：「（玄）字貴王，遼東三韓人也……曾祖寶，任本州都督。祖方，任平壤城刺史。父廉，唐朝贈泉州司馬。」高玄為「冠軍大將軍行左豹韜衛翊府中郎將」。高玄與其祖、父在高句麗的地位可能不高，係隨泉男生投降唐朝後，因軍功得以逐漸擢升。

排列其世系為：高寶 ── 高方 ── 高廉 ── 高玄。

另一件高足酉墓誌中則未曾記錄其家族先世情況。但是在墓誌中稱其「字足酉，遼東平壤人也」。高足酉遷入中原以後又「家於洛州永昌縣」。那麼，他與上面稱「家貫西京」的高玄應該不是近支。高足酉官至鎮軍大將軍、行左豹韜衛大將軍，封高麗蕃長、漁陽郡開國公。其子名帝臣。但二人均不見於史載。以上高姓的四個支系，高藏一支當然是正宗主支。其他三家可能是一般高姓貴族。由中原存在如此之分散的高麗高姓家族這一狀況來看，可能唐朝強迫遷入中原的高句麗人士主要是高姓各分支。

調露元年十二月廿六日泉男生墓誌、長安二年四月廿三日泉男產墓誌、大足元年二月十七日泉獻誠墓誌、開元廿一年十月十六日泉毖墓誌共同記載了泉氏一家的世系情況。泉男生與泉男產等的內訌，造成了高句麗

的滅亡。而泉氏一家在唐代累受重賞，爵位尊顯，死後多為官方營葬。保留下來的這批墓誌，製作精美，不僅文辭書法均可傳世，而且保存了重要的史料。根據這些墓誌的記載，參考其他文獻記載，可以排列出泉氏至盛唐為止的主要世系，即：

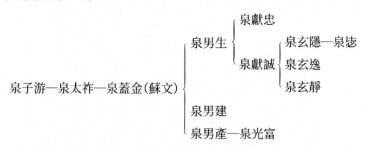

扶餘隆即原百濟國太子，百濟國滅亡後被俘來唐。《舊唐書·東夷傳·百濟》中載：「顯慶五年，命左衛大將軍蘇定方統兵討之，又大破其國。虜義慈及太子隆、小王孝演、偽將五十八人等送於京師，上責而宥之。」龍朔元年，百濟僧道琛等起兵反唐。唐朝「乃授扶餘隆熊津都督，遣還本國，共新羅和親，以招輯其餘眾」。以後在儀鳳二年又「拜光祿大夫、太常員外卿、兼熊津都督、帶方郡王，令歸本蕃，安輯餘眾。時百濟半地荒毀，漸為新羅所據，隆竟不敢還舊國而卒」。永淳元年十二月廿四日扶餘隆墓誌則稱：「得留宿衛」，又稱「薨於私第」。似乎扶餘隆自與新羅會盟以後就一直蟄居中原，然其後不蕃。根據墓誌與文獻的記載，列其世系如下：

扶餘璋 —— 扶餘義慈 —— 扶餘隆 —— (孫)扶餘敬。

泉男生墓誌

　　黑齒常之原為百濟國重臣，百濟滅後入唐，見兩《唐書》本傳。《新唐書·黑齒常之傳》云：「黑齒常之，百濟西部人。長七尺餘，驍毅有謀略。為百濟達率兼風達郡將，猶唐刺史云。蘇定方平百濟，常之以所部降。」黑齒常之英勇善戰，成為初唐時期著名的邊防將領。現出土有黑齒常之與其子黑齒俊二件墓誌，黑齒常之墓誌云：「曾祖諱文大，祖諱德，顯考諱沙次，並官至達率。」黑齒俊墓誌云：「曾祖加亥，任本鄉刺史；祖沙子，任本鄉戶部尚書。」「父常之，皇朝左武衛大將軍、上柱國、燕國公。」這兩份墓誌中記錄的祖先名字有所不同，頗足玩味。顯然，墓誌是假手漢族文人撰寫的，但是對其祖先名字的記載則應來自黑齒常之與黑齒俊家人提供的資料。黑齒常之墓誌中稱「大祖諱德」，而黑齒俊墓誌中則將之稱作「加亥」。那麼就是黑齒家人自己將「加亥」這一百濟語名字改成了漢化的「德」。而黑齒常之墓誌中的「沙次」與黑齒俊墓誌中的「沙子」，很顯然是同一百濟名語音的不同漢字寫法。由此可見這些百濟祖先的名稱在其家族中一直是以百濟語的形式傳留下來，顯示這些百濟家族中還長期保留著一

定的民族習慣。而黑齒俊墓誌中將百濟官職名改成了相應的唐代官職名，是否反映出，隨著時間的推移，在中原的黑齒家族已經逐漸淡忘了百濟的歷史與官職制度了呢？

泉男產墓誌

據之結合文獻可列出其家族世系：黑齒文大 —— 黑齒加亥（德）——黑齒沙次（沙子）—— 黑齒常之 —— 黑齒俊。

唐代注重譜牒，確實可以透過譜牒紀錄的世系反映出很多社會狀況。我們這裡將初唐時期高句麗與百濟人士的幾個家族世系略作歸納，透過它可以看出當時遷入中原的這些家族的政治地位及生活狀況，這對於了解當時的對外政策、官吏制度以及民族融合情況等都有一定的參考價值。

▌二、唐朝強行遷徙高句麗、百濟國人的情況

在中國歷史上，有一種長期沿用的統治政策，即：一個政權消滅了敵國後，為了削弱其反抗勢力，加強對占領地的控制而強行將敵國的豪族大姓、技巧百工等人口遷徙到自己都城的附近地區。這種做法在歷史記載中

屢見不鮮，如西周滅殷以後遷其遺民，秦始皇遷六國貴族豪門實關中等。唐代政府在滅掉諸多藩國以後，也同樣採取這種政策。以高句麗來說，就有從唐太宗到唐高宗年間的多次移民。《舊唐書・東夷傳・高麗》載：「高麗北部傉薩高延壽、南部傉薩高惠貞……率十五萬六千八百人請降。太宗引入轅門。延壽等膝行而前，拜手請命。太宗簡傉薩以下酋長三千五百人，授以戎秩，遷之內地。」《東國通鑑》載：唐太宗曾「徙遼、蓋、岩三州戶口入中國者七萬人」。《舊唐書・高宗紀》載：「顯慶五年，十一月戊戌朔，邢國公蘇定方獻百濟王扶餘義慈、太子隆等五十八人俘於則天門，責而宥之。」這些百濟人被宥後，可能也像扶餘隆等那樣安置在中原。又載：「（總章二年）五月庚子，移高麗戶二萬八千二百，車一千八十乘，牛三千二百頭，馬二千九百匹，駝六十頭，將入內地。萊營二州般次發遣，量配於江淮以南及山南、并、涼以西諸州空閒處安置。」

這些安置是相當大規模的民族遷徙活動。遷徙的對象自然是在高句麗國內具有較大影響的王族與豪門大姓。上面彙集的十一件高句麗、百濟人士的墓誌，其墓主的家族都應該是在這些遷徙中遷入中原的。由中原出土的高句麗高氏諸墓誌中可見，這些高句麗人有落戶於洛州、長安及其附近的，他們應該屬於上層貴族。此外，還有大量高句麗人被安置在西北、西南等邊鄙地區。如《舊唐書・職官志》兵部尚書條載：「（西北五州）有高麗羌兵。」又高玄墓誌中稱其曾經「永昌元年奉敕差令諸州簡高麗兵士」。這些高句麗兵士，大概就是當時從被安置在各州的高句麗人戶中選拔出來的。盛唐時期威震西域的名將高仙芝，也是出生在西北的高句麗人。此外，見於唐代史書的著名高句麗人物還有王毛仲、乙弗弘禮、王思禮等。

當然，唐代生活在中原各地的高句麗人不僅限於初唐這幾次遷徙的家族及其後代。早在北朝時期，就有不少高句麗人遷至內地。如《魏書・道武帝紀》載：「天興元年徙山東六州民吏及徒何、高麗雜役三十六萬、百工技巧十餘萬以充京師。」《周書・高琳傳》載：「其先高句麗人。五世祖宗

自燕率眾歸魏，拜第一領民酋長，賜姓羽真氏。」近年，金憲鏞、李健超等考察了陝西關中地區的高句麗人、新羅人遺跡，並根據出土的北朝造像碑、唐似先義逸墓誌等資料指出陝西中部縣附近自北朝以來就是高麗人的一個聚居點[401]。然而，從墓誌等資料中見到的唐代高句麗人則主要來源於初唐的遷徙安置活動。

　　這些遷居中原的高句麗人士被安置到各州後，是否仍保持著高句麗族人單獨聚居的狀態？因為資料不足，現在仍無法回答這個問題。但是從文獻中關於各州有高麗兵的記載中看，這些州中對於高句麗兵士可能是採取單獨編隊的做法。唐代軍事制度中，府兵按例要經常進行查點以及增補、沙汰。《大唐六典》載：「衛士皆取六品已下子孫及白丁無職役者點充，凡三年一簡點。」《新唐書‧兵志》載：「玄宗開元六年，始詔折衝府兵每六歲一簡。」可見「簡」是當時用於核查士兵的詞語。因此，前引高玄墓誌中「永昌元年奉敕差令諸州簡高麗兵士」一句話就是很珍貴的一筆資料了。它既說明了在武后時期也有「簡」各州士兵的傳統，又表示在各州的高句麗士兵可能是單獨集中編隊的，而且可能在他們中間保持著高句麗的語言與習慣。否則，不會專門指派一個高句麗將軍去「簡高麗兵士」。

　　那麼，這些高麗兵士屬於哪一類軍隊呢？我們先看一下《大唐六典》中的相關文字。《大唐六典》卷五兵部郎中條載：「凡關內團結兵，京兆府六千三百二十七人，同州六千七百三十六人，華州五千二百二十三人，蒲州二千七百三十五人（選戶殷丁贍，身材強壯者充之，免其徵賦，仍許在家常習弓矢，每年差使，依時就試。）秦成岷渭河蘭六州有高麗、羌兵（皆令當州上佐一人專知統押，每年兩度教練，使知部伍。如有緊急，即令赴援。諸州城旁子弟亦常令教習，每年秋集本軍，春則放散。）黎雅邛翼茂五州有鎮防團結兵。（並令刺史自押領，若須防遏，即以上佐及武官充。）」有學者根據這裡將秦成岷渭河蘭六州的高麗、羌兵與其他州的團結

401　金憲鏞、李健超：〈陝西新發現的高句麗人、新羅人遺跡〉，《考古與文物》1999年第6期。

兵一併敘述而認定高麗、羌兵也是屬於團結兵性質的民丁，認為團結兵的特點是：「不是職業兵，也不具有身分性，他們在役為兵，放役為民，從而與開元以後長住邊軍的健兒和番代宿衛的彍騎有區別。」[402]

反覆研讀這一段引文，我們覺得秦成岷渭河蘭六州的高麗、羌兵不宜與其他州的團結兵同等看待。其文意亦不連貫而下，分為關內團結兵，秦成岷渭河蘭六州高麗、羌兵和黎雅邛翼茂五州鎮防團結兵三種情況。注文中對於秦成岷渭河蘭六州高麗、羌兵的管理、訓練方法就與其他州的團結兵不同，更加嚴格，更加專業化。對比當時對府兵的訓練要求，兩者基本相同。《新唐書·兵志》載：「每年季冬，折衝都尉率五校兵馬之在府者，置左右二校尉，位相距百步。每校為步隊十，騎隊一，皆捲矛幡，展刃旗，散立以俟……是日也，因縱獵，獲各入其人。」就是記載了當時府兵固定的集訓情況。此外，府兵在上番之時可能還有集中教閱。《舊唐書·職官志》云：「番集之日，府官率而課試。」這與上述高麗羌兵的每年兩度教練近似。其他州的團結兵則沒有這樣的教練。而「如有緊急，即令赴援」的特殊規定又說明這些高麗羌兵應該是一支時刻保持戒備，隨時能調動出戰的機動部隊。它與處於鬆散的民兵狀態，只有保護家園任務的團結兵應該有著明顯的不同。

此外，現在研究團結兵的中外學者，大都認為團結兵制度始於武則天時期。日本學者岡崎武夫認為武則天萬歲通天元年（西元697年）在山東設置武騎團是團結兵的前身[403]。中國方積六等學者也認為團結兵是「武則天統治時期戰爭日益頻繁，徵發府兵與兵募已不能滿足軍事需求的情況下出現」[404]。而作於天授二年（西元691年）的高玄墓誌中已經記錄了高玄在世時於永昌元年（西元689年）奉敕差令諸州簡高麗兵士。顯然時在山東

402　張國剛：〈關於唐代團結兵史料的辨析 —— 兼談唐代的子弟與鄉兵〉，見《唐代的歷史與社會》，武漢大學出版社，1997年。

403　岡崎武夫：〈唐代的府衛制〉，（日）《歷史與地理》第9卷第9期，1911年。

404　方積六：〈關於唐代團結兵的探討〉，《文史》第25輯。

設置武騎團以前，也就是在團結兵出現之前。那麼，把這些高麗士兵看作團結兵就很難成立了。

因此，唐代前期的高句麗士兵，其身分地位可能有以下幾種情況：其一是屬於屯墾戍邊的邊防軍隊，耕戰結合。從他們處於秦成岷渭河蘭六州這一點可以看出他們主要被用於防備吐蕃進犯的戰略目的。如屬於這種情況，這些高麗士兵以及他們的家屬很可能是比較集中的聚居在各州中的某個固定區域，形成類似家族聚落的定居點。但這些聚居點應該分散於六州，每個定居點不會擁有太多的人口。之所以做出這樣的推論，一是由於唐代遷徙中國的高句麗人口並不太多，前後不足十萬戶。二是唐政府將其分散安置在各州，就具有離散其力量，防止高句麗人再次叛亂的用意，自然不會容許過多的高句麗人聚居在一起。

第二種可能，就是這些高句麗士兵也屬於府兵。唐代初期是府兵制的興盛時期。隴右道內也設有軍府37處。當時府兵作為軍隊的核心精銳力量，選擇的是在資財、材力、丁口三方面均達到標準的壯勇士兵。《舊唐書·職官志》載：揀選外府兵「皆取六品以下子孫及白丁無職役者點充」。《唐律疏義·卷十六·擅興律》：「諸揀點衛士」條下疏義云：「揀點之法，財均者取強，力均者取富，財力又均，先取多丁。」遷徙中原的高句麗人士中，其首領人物中不乏被唐政府授予職銜者，上面所引用的高句麗人士墓誌就反映了這一點。而沒有職銜者，原本也是在高句麗財力雄厚、人丁眾多的大戶。依照唐代挑選府兵的標準，他們均有可能被選為府兵。而且似乎唐代對於府兵的民族出身沒有什麼限制。如上引高足酉墓誌稱其「唐總章元年授明威將軍、守右威衛真化府折衝都尉，仍長上。又授守左威衛孝義府折衝都尉」。高玄墓誌亦稱其「授宣城府左果毅都尉」。高句麗人既可出任軍府官員，被選為府兵自然亦屬可能。

如果這些高句麗士兵屬於府兵，那麼，又可以結合唐代府兵制的特點，推測當時存在高句麗移民在中原定居，成為編戶之民的情況。谷霽光

先生《府兵制度考釋》一書中分析了唐代府兵制的特徵，指出：隋統一以後，軍戶編入民戶，「即改屬州縣管轄，無復軍戶的存在……就其戶口的整體言，則為民籍或者叫編戶。軍人與其家室不能分割，軍人與民戶又緊密相連在一起，其家室的生產、生活以及在封建法律上，直屬州縣」。如此，可能具有府兵身分的高句麗人就是在遷入中原以後，被分別安置在各州縣中，分給土地，成為定居的編戶。這樣，他們就不再按民族聚居在一起，而會逐漸融入中原漢族社會中去了。

三、高句麗、百濟將士與唐代軍事

綜觀上面歸納的十一件高句麗、百濟人士的墓誌，我們會發現這些人及其親屬中除早殤者以外，大多在唐代歷任軍職，有些還是戰功顯赫，在唐代史書中留下了傳記的著名將領。似乎高句麗、百濟的人士進入中原以後，就注定要與唐代的軍事結下不解之緣。

黑齒常之、泉男生、泉獻誠均為身經百戰、功勳卓著的高階將領，兩《唐書》中相關傳記與墓誌記載甚詳，前人亦多加考證，限於篇幅，此不贅複。僅就高玄等人的墓誌記載略加梳理。

高玄墓誌云：「大破平壤，最為先鋒，因之立功，授宜城府左果毅都尉。總管以公智勇，別奏將行。關塞悚其餘塵，石梁飲其遺箭……故一從征討，七載方還……至垂拱二年二月，奉敕差行為神武軍統領。三年四月，大破賊徒，薊北振其英聲，燕南仰其餘烈。俄而蒙授右玉鈐衛中郎將。又永昌元年奉敕差令諸州簡高麗兵士。其年七月，又奉敕簡洛州兵士，便充新平道左三軍總管征行天授元年□月恩制改授左豹韜衛行中郎將。」墓誌中所稱破平壤時總管疑即契苾何力。當時攻高麗，「命司空、英國公勣為遼東道行軍大總管」[405]，「乃拜何力為遼東道行軍大總管、安撫

405　見《舊唐書·高宗紀》。

大使經略之，副李勣同趨高麗」[406]。高玄參與的是攻打平壤之役，屬契苾何力統管，「何力率兵五十萬先趨平壤，勣繼進」[407]。而且契苾何力在滅高句麗以後，又曾準備西御吐蕃。高玄亦因「總管」別奏，被派征討邊塞，與史近合。垂拱三年四月大破賊徒一事，當指與突厥戰事。是年，任燕然道大總管的黑齒常之「與李多祚、王九言等擊突厥骨咄祿、元珍於黃花堆，破之，追奔四十里，賊潰歸磧北」。高玄可能也參加了這次戰役，而且應該是以禁軍統領的身分參加的。同時參戰的有左監門衛中郎將爨寶璧。可見當時與突厥的戰鬥中經常調用禁軍部隊參戰。高玄在此次戰役後被擢升為右玉鈐衛中郎將，而黑齒常之卻因為爨寶璧貪功兵敗而連坐無功。看來高玄確實是在此次立有戰功的。附帶提及，以往多根據《新唐書·兵志》的記載，認為唐肅宗至德二載才設立神武軍，而高玄墓誌中出現「神武軍統領」一詞，說明早在武后時期就已經在禁軍中設立神武軍了。

高足酉墓誌云：「唐總章元年授明威將軍、守右威衛真化府折衝都尉，仍長上。又授守左威衛孝義府折衝都尉，散官如故。貳年授雲麾將軍、行左武衛□衛府中郎將。儀鳳四年授右領軍衛將軍，准永隆元年制加勳上柱國。永昌元年制授右玉鈐衛大將軍……出靜邊荒，入陪蘭錡……今大周天授元年拜公為鎮軍大將軍、行左豹韜衛大將軍……長城絕飲馬之篇，萬里罷輪臺之戍。（證聖元年）即封高麗蕃長，漁陽郡開國公，食邑二千戶。其年，萬州蠻陬作梗，敕以公為經略大使。」

從上引誌文中可以看出，高足酉也是長期侍衛宮禁，並且曾經多次出征邊疆的將領。武后時期，他還被封為高麗蕃長、漁陽郡開國公，地位幾與高句麗國王的後人相侔。顯然他在唐代軍事活動中立下了不少戰功，活動區域除禁中外，主要是北方邊境。只是誌文中未曾一一明言，文獻又闕載，現在尚無法得知。

406　見《新唐書·契苾何力傳》。
407　見《新唐書·契苾何力傳》。

高慈墓誌中云：「父文……奉總章二年四月六日，制授明威將軍、行右威衛翊府左郎將。其年十一月廿四日，奉制授雲麾將軍、行左威衛翊府中郎將。永隆二年四月廿九日除左威衛將軍……公少以父勛回授為上柱國，又授右武衛長上，尋授游擊將軍，依舊長上。又泛加寧遠將軍，依舊長上。又奉恩制，泛加定遠將軍，長上如故。萬歲通天元年五月，奉敕差父充瀘河道討擊大使。公奉敕從行，緣破契丹功，授壯武將軍，行左豹韜衛翊府郎將……尋以寇賊憑陵，晝夜攻逼，地孤援闊，糧盡矢殫，視死猶生，志氣彌勵。父子俱陷，不屈賊庭。以萬歲通天二年五月廿三日終於磨米城南。」

這裡對於高慈父子征戰的記載比較詳細。據《舊唐書·則天皇后本紀》記載，萬歲通天元年五月營州契丹首領、松漠都督李盡忠與其妻兄媯誠州刺史孫萬榮舉兵反。朝廷命鷹揚將軍曹仁師等二十八將討之。羅振玉認為：高慈父高文（性文）當即此二十八將之一。磨米城地點今不可考。

黑齒俊墓誌云：「弱冠以別奏從梁王□西道行，以軍功授游擊將軍，任右豹韜衛翊府左郎將，俄遷右金吾衛翊府中郎將、上柱國。」其父黑齒常之墓誌亦稱：「長子俊，幼丁家難，志雪遺憤，誓命虜庭，投軀漢節，頻展誠效，屢振功名。聖曆元年，冤滯斯鑑，爰下制曰……其男游擊將軍、行蘭州廣武鎮將、上柱國俊，自嬰家咎，屢效赤誠，不避危亡，捐軀徇國。宜有褒錄，以申優獎。可右豹韜衛翊府左郎將，勛如故。」說明黑齒俊自黑齒常之死後即投身戎伍，可能一直在蘭州等與吐蕃交界地區的邊防軍中服役。根據黑齒俊卒於神龍二年（西元706年），卒年31歲推算，黑齒常之卒時，黑齒俊僅14歲。他投身軍旅，而且到西部邊疆（即有高麗兵隊的秦成岷渭河蘭六州，很可能就是蘭州）去，很可能就有投奔族人或關係較密切的高麗人，以求庇護的意思。然其置身軍旅近17年，也真可以說是「屢效赤誠，不避危亡，捐軀徇國」了。

這些人士，或由於其原在高麗、百濟的尊崇地位，入唐後仍能夠被授予官職，或者由於父輩的軍功世襲而處於比較優渥的環境，大多能進入中

央禁軍或關中諸府，有較多的升遷機會，多達到較高的軍職。受到朝廷的恩寵。也說明他們入唐後，確實對朝廷表現出不二忠心。甚至在中原存在的華夷之防面前，也表現得謹小慎微，像泉獻誠，為了怕推舉出的善射軍官中全是非漢族人士，使唐官以為恥，索性勸武后取消推舉一事。如此作為，表現出在他們的思想中已經喪失了固有的高句麗民族意識。高句麗的徹底滅亡，應該就是這些首領人物的變化最終造成的。

而較下層的高句麗內遷人士，雖然也有不少人在唐朝軍隊中服役，但大多奔走於西北及北方戰場，只是被朝廷利用來「以夷制夷」的工具了。

高句麗入唐人士大多由軍功出身，除了他們當時在文學科舉上缺乏競爭力，無法走文職一途外，更可能是由於唐朝廷看中高句麗人英勇善戰的本性，誘使他們投身軍旅。前引《舊唐書・東夷傳》中，載唐太宗時，「簡傉薩以下酋長三千五百人，授以戎秩，遷之內地」，就說明了這種目的。

相比起來，高句麗兵士更為驍勇頑強，隋唐時期多次大軍進攻仍不能取勝即證實了這一點。歸降唐朝的高句麗等國人依舊保持了這種精神。上述諸墓誌均為顯證。又《東國通鑑》中記載：唐太宗攻高句麗時「新羅人薛罽頭，嘗與親友言其志……隨海舶入唐。及是戰，自薦為左武衛果毅，深入疾鬥而死，功一等。帝泫然曰：『中國人尚畏死，顧望不前，而外國人為吾死事，何以報其功乎？』」

由於歸附的各藩國以及其他少數民族將士更為率直而勇猛。唐代初期，有大量各藩國以及各民族的將士在軍隊中服役，其中出現一大批著名的將領。這是其他朝代所罕見的。僅列入《新唐書・諸夷蕃將列傳》的就有突厥人史大奈、阿史那社爾、阿史那忠、執失思力，嶺南土著馮盎、馮猷，鐵勒人契苾何力、契苾明，百濟人黑齒常之，靺鞨人李謹行、李多祚，高麗人泉男生、泉獻誠，吐蕃人論弓仁、論唯貞，于闐人尉遲勝，鮮卑人尚可孤、疏勒人裴玢等。此外還有單獨列傳的高句麗人高仙芝等。未能列入傳記的人物應當更多。特別是在禁軍中，收有不少蕃夷士兵。除

上引墓誌外，又如《太平廣記》卷七十五韓志和條：「韓志和者，本倭國人也。中國為飛龍衛士。」有些藩國還專門派子侄入質，作唐皇侍衛。如《東國通鑑》載：唐乾封元年，「新羅遣奈府漢林、三光如唐宿衛……三光，金庾信之子……帝以三光為左武衛翊府中郎將。」高句麗將士則可能是外來士兵中最具戰鬥力的一批。從上引《大唐六典》等文獻可知，直至唐玄宗開元年間，隴右的高句麗士兵仍然是一支重要的軍事力量。

四、安東都護府的相關問題

唐高宗滅高句麗以後，於其故地設安東都護府管轄高句麗地區。《舊唐書·高宗紀》記載：總章元年「九月癸巳，司空、英國公勣破高麗，拔平壤城，擒其王高藏及其大臣男建以歸。境內皆降。其城一百七十、戶六十九萬七千，以其地為安東都護府，分置四十二州」。首任安東都護當為薛仁貴。《新唐書·薛仁貴傳》載：「有詔仁貴率兵二萬與劉仁軌鎮平壤，拜本衛大將軍，封平陽郡公，檢校安東都護，移治新城。」

由於高句麗境內居民不甘滅亡，多次起義。兼以新羅乘機逐步向原高句麗境內擴張。這一地區長期未能平定。儀鳳元年，「徙安東都護府於遼東故城」[408]。可能就是迫於這種形勢的撤退。同時，唐政府還採取了一系列安撫高句麗人的政策。「先是有華人任東官者，悉罷之」[409]。「儀鳳二年，工部尚書高藏授遼東都督，封朝鮮郡王，遣歸安東府，安輯高麗餘眾。司農卿扶餘隆熊津州都督，封帶方郡王，令往安輯百濟餘眾，仍移安東都護府於新城以統之」[410]。這時的安東都護府，應該是擁有重兵，督統高藏與扶餘隆兩個都督。向新城遷移。自然是代表了一種進取與保全的傾向。然而高藏至安東以後，與靺鞨合謀，意在復國。被唐朝廷召回後流放

408　見《舊唐書·高宗紀》，《資治通鑑》卷202，唐儀鳳元年二月甲戌條《考異》云：「《實錄》……儀鳳元年二月甲戌，以高麗餘眾反叛，移安東都護府於遼東城。」

409　見《資治通鑑》卷202，唐儀鳳元年二月甲戌條。

410　見《舊唐書·高宗紀》。

邛州。扶餘隆懼怕新羅進逼，不久也返回了京師。唐朝廷的安撫政策是完全失敗了。

在此期間，安東都護府都護可能一直由漢族將領擔任。如薛仁貴子薛訥就曾經被「俄遷幽州都督、安東都護」。至聖曆二年，才「授高藏男德武為安東都督，以領本蕃」[411]。此職。《新唐書·薛仁貴傳》：「武后以訥世將，詔攝左威衛將軍、安東道經略使……」上引高震墓誌云：「祢諱連，雲麾將軍、右豹韜大將軍、安東都護。」高震本人為「開府、儀同三司、工部尚書、特進、右金吾衛大將軍、安東都護、剡國公、上柱國」。高連與文獻中的高德武不知是否同一人。如非同一人，則安東都護一職由德武傳至其弟連，又傳至連子震。自聖曆二年至高震卒年大曆八年之間，尤其是玄宗年間，根據文獻記載，尚有其他人任安東都護，而且這些人多為握有軍權的戰將。如《舊唐書·玄宗紀》：「開元十五年夏五月癸酉……潁王沄為安東都護、平盧軍大使。」《舊唐書·劉全諒傳》：「（呂）知誨遂受逆命，誘殺安東都護馬靈晉，……仍遣與安東將王玄志遙相援應。」《舊唐書·侯希逸傳》：「希逸為平盧裨將，與安東都護王玄志襲殺歸道，使以聞，詔以玄志為平盧節度使。」與這些握有軍權的安東都護相比，高氏諸代的安東都護職務可能只是一種名譽虛銜。特別是高震卒於洛陽私邸，可能從來就沒有去遼東安東都護府任職。恐怕這時的安東都護，由於轄地多失之於新羅、靺鞨，只是一種名義而已了。

但是作為一級官署，安東都護府應該是長期存在著的。《唐方鎮年表》卷八平盧條：「平盧節度使鎮撫室韋靺鞨，統平盧、盧龍兩軍，榆關守捉，安東都護府，屯營、平二州之境，治營州，兵三萬七千五百人。」《新唐書·方鎮表》載：「開元七年，升平盧軍為平盧節度，經略河北支度，管內諸蕃及營田等使，兼領安東都護府及營、遼、燕三州。」這時，安東都護府不僅早已經退出高句麗新城，而且退出了高句麗故地。即使是負責東北

411　見《舊唐書·東夷傳·高麗》。

邊防的平盧軍，也在突厥與靺鞨的壓力下，逐步西移了[412]。安史之亂時平盧軍及安東都護府甚至可能遷到了山東青州。《舊唐書·侯希逸傳》稱：「乾元元年冬，玄志病卒。軍人共推立希逸為平盧軍使。朝廷因授節度使……既淹歲月，且無救援，又為奚虜所侵。希逸拔其軍二萬人達於青州。詔就加希逸為平盧淄青節度使。」安東都護府成為並無轄地的空頭官署，應該就是這種形勢的結果。而《舊唐書·地理志二》中稱安東都護府「至德後廢」，與高震至大曆年間仍稱安東都護的記載也不相吻合。

五、高氏族望的變化與其漢化

上面引用的十一件墓誌中，屬於玄宗以前年代的九件都明確寫明了是高句麗、百濟或者是平壤、三韓等地的人氏。而開元與大曆年間的兩件墓誌則不再是這樣，仿照中原人的習慣，將籍貫改成了中原地望。這可能反映出遷入中原的外族人士逐漸漢化的過程。特別是高震墓誌中改稱自己為「渤海人」，更與中原高氏混為一談。如果沒有對其祖父高藏等人的記載，我們真沒有辦法確定他是漢族還是高句麗族。套用渤海高氏的族望，可能既有對漢族文化的傾慕，也有一定的為免於歧視的無奈。由於唐代是一個極其重視門第族望的社會，除上品大姓外，一般姓氏在上流社會的社交中幾無廁身之地。何況高句麗的族姓呢？《舊唐書·高仙芝傳》載：已經身為高階將領的高仙芝，因一時不周，就被上司夫蒙靈詧當面痛罵為：「噉狗腸高麗奴，噉狗屎高麗奴。」社會上對高麗人的偏見由此也可見一斑。

因此，高麗高姓改為渤海高氏，可能有盡力掩蓋自己出身的意識。類似高震墓誌中的這種做法似乎不是孤證。我們試在唐代墓誌中找了一些例證，雖然還不能絕對肯定其墓主們是高句麗人，但在誌文的含混字句中，

---

412 《唐方鎮年表·卷八·平盧許欽澹》：「《唐會要》、開元八年四月，除許欽澹……《舊契丹傳》：可突於反，營州都督許欽澹移軍西入榆關。」考證卷下：「平盧，彭楚玉：自平盧遷范陽。按楚玉以開元二十年為范陽，為平盧應在十九年前。王斛斯：《舊紀》、開元二十九年七月遷幽州。」

仍令人懷疑這些墓誌中自稱「渤海人也」的高氏與高句麗有一定關係。

例如：開元二十一年九月十九日（卒）高欽德墓誌，稱「渤海人也。曾祖瑗，建安州都督，祖懷，襲爵建安州都督」[413]。建安州為唐滅高句麗以後新設的州，原高句麗境內有建安城，地約在今營口附近。《舊唐書·東夷傳·高麗》：「張亮又與高麗再戰於建安城下，皆破之。」作為高句麗故地的州都督，很可能是和上引墓誌中的人物任職一樣，由高句麗人擔任。《舊唐書·地理志》河北道後載：「安東都護府……新城州都督府……建安州都督府……凡此十四州，並無城池，是高麗降戶散此諸軍鎮，以其酋渠為都督、刺史羈縻之。」又如天寶元年四月二十三日高德墓誌稱：「渤海人也。先世避難遼陽。[414]」似乎也與高句麗有關。限於篇幅，我們不再一一列舉。但是起碼從高震墓誌中我們可以得到一個啟示，就是唐代渤海高姓的墓誌中可能包含了一定的高句麗人墓誌。如果能夠在有充分證據的情況下將它們一一區別出來的話，對於深入了解唐代社會中高句麗人的概況，將是非常有意義的。廣而言之，這種族望上的漢化現象可能不局限於高句麗人，而是普遍存在於唐代定居中原的外來人士中，那麼，深入考察它就具有更大的歷史價值了。

原載《揖芳集》（張政烺先生九十誕辰紀念文集）
中國社會科學出版社2002年版

413　隋唐五代墓誌彙編編輯委員會：《隋唐五代墓誌彙編·洛陽卷》，天津古籍出版社，1991年。
414　隋唐五代墓誌彙編編輯委員會：《隋唐五代墓誌彙編·洛陽卷》，天津古籍出版社，1991年。

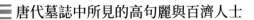

大唐天竺使出銘與古代石刻技藝的交流

　　1990年6月，西藏文管會文物普查隊在西藏吉隆縣阿瓦呫英山嘴的崖壁上，發現了一件十分重要的唐代摩崖石刻 —— 大唐天竺使出銘。它位於西藏境內靠近尼泊爾邊境的地方，是唐代著名的外交探險家 —— 王玄策出訪印度次大陸時途經此地留下的實物見證。該摩崖題記正文寬0.815公尺，殘高0.53公尺，下半部因修建水渠被毀壞，陰文楷書24行，發現者推測原來每行約30至40字，現殘存約222字。這件石刻在《中國文物報》與《考古》1994年第7期上公布出來後，引起了中外學者的廣泛注意。

　　這件題記的發現者霍巍在多篇論文中詳細研究了關於王玄策出使的情況與相關問題，結合考古調查的資料考察了王玄策出使天竺的道路，指出唐代使節出使天竺時是經由吉隆宗喀，然後由中尼邊境拉蘇瓦山口進入今日尼泊爾地區的。他還論證了王玄策所在時小羊同國的具體位置在吉隆與拉薩之間。參照古代文獻中關於王玄策西行的紀錄，可以更確切的了解唐代通向吐蕃、天竺的「唐蕃古道」。這對於認識唐代中原與西藏地區乃至天竺等外國之間的交通以及政治、經濟往來等情況具有重要的意義。

　　這裡，我們並不準備討論這些問題，只是想透過這件摩崖銘刻的形制與文字雕刻，看一下以往很少有資料加以證實的古代石刻技藝的交流情況。

　　由於原本公布資料時的照片印刷得並不太清晰，以前我並沒有過多的注意這件銘刻的形制。今年《考古》雜誌請我幫忙看一下佟柱臣先生就這件摩崖銘刻撰寫的綜合考證文章，有幸見到文章中附帶的一張摩崖銘刻照片，才注意到這件遠在邊鄙的銘刻竟然加工得十分精細，文字雕刻得非常精美，顯然不是一個不諳石雕技藝的普通人所能刻寫的。其實對照中原的各種石刻來看，恐怕就是一個普通的石工也未必能雕出如此高水準的銘

刻。例如北朝末年陝西等地的一些造像碑，字跡低劣，刻工粗糙，筆畫極不整齊，就是當地石工技藝不佳的見證。

後來，我又寫信與霍巍聯絡，承其盛情，贈送給我一張這件銘刻局部的照片，得以仔細研究它的雕刻情況。可以看出，這的確是一件由工藝高超的石工按照中原當時流行的摩崖題記（如石窟造像題記等）格式雕刻的作品。製作時，先在崖面上專門鑿出一塊長方形平面，並細細磨平，刻劃上規矩整齊的方形界格，作為銘刻的底子。這種做法，是南北朝隋唐時期中原碑刻、造像題記、墓誌等石刻製作時的常見格式。而文字的雕刻，也顯示出工匠的純熟技藝，運刀流暢，刀口清晰乾淨，筆畫完美，字體結構端正。簡直可以與當時中原的著名碑刻，如〈伊闕佛龕碑〉、〈皇甫誕碑〉等相媲美。由此可見，這件遠在邊陲的摩崖不會是使團中的使者或隨從人員的初學之作，更不會是當地吐蕃工匠的作品。它只能出自專業石工之手，而這個（或這些）專業石匠，應該是由王玄策使團帶來，隨從出訪天竺的。其用途可能就是專門在沿途重要地點留下大唐使節途經此處的紀錄石刻。根據《法苑珠林》卷29關於王玄策的記載，可知王玄策在第一次出使天竺時，就曾於貞觀十九年正月二十七日至王舍城，遂登耆闍崛山，立碑；同年二月十一日，又立碑於摩訶菩提寺。這些碑石，很可能就是按照中國碑石形狀用中文刻寫的，是中國工匠的作品。

那麼，製作這件摩崖銘刻的工匠是誰呢？鑑於文字史料中關於王玄策的資料不少，我們也許可以推測出他的姓名。

《法苑珠林》卷29引《王玄策行傳》中，提到王玄策出行時有「其匠宋法智等」。這位宋法智是一位造詣很高的藝術工匠。特別善於製作佛教造像。《大慈恩寺三藏法師傳》卷10記載王玄策供奉佛寺，曾「命塑工宋法智於嘉壽殿豎菩提像首」。《歷代名畫記》卷3「敬愛寺」條記載：「佛殿內菩提樹下彌勒菩薩塑像，麟德二年自內出，王玄策取到西域所圖菩薩像為樣。（巧兒張壽、宋朝塑；王玄策指揮，李安貼金。）」這裡說的宋朝，很

可能也是宋法智的誤傳。因為其他文獻中表現出宋法智曾隨王玄策出行，又是為王玄策製作供奉佛寺造像的主要工匠，應該與王玄策關係相當緊密，可能就是附屬於王玄策個人的專用工匠。眾所周知，古代藝術工匠的分工不是很細的，會繪畫的人，有些也同時會雕刻、雕塑。如《歷代名畫記》中記載畫家戴逵「又善鑄佛像及雕刻，曾造無量壽木像，高丈六，並菩薩」。善於塑像的工匠，也可能具有高超的石刻技藝。這樣，隨從王玄策出使天竺，並且在吉隆留下這件珍貴的銘刻作品的工匠，可能就是宋法智其人。此外，洛陽龍門石窟賓陽南洞中保存有唐麟德二年王玄策造彌勒像題記一則，可惜沒有記載造像工匠的姓名。

古代石刻中擁有極其豐富的藝術成果，從南北朝以來，佛教藝術作品在石刻中占有相當大的比例。而製作這些作品的廣大工匠，卻很少能留下他們的名字。曾毅公先生曾作《石刻考工錄》一書，收集古代石刻中見到的石工姓名，但是書中收錄的唐代及唐以前的石工姓名也還是比較少見。即使是像宋法智這樣具有高超技藝的藝術家也只能靠附著在文獻中的一點記載留下零星鴻跡。因此，我們就很少能認識到這些石工、匠人等民間藝術家們在中國古代藝術史上的偉大功績。

實際上，如果我們縱觀中國古代石刻的歷史，會發現古代藝術石刻（如畫像石、石刻線畫、浮雕、圓雕等）的發展道路上，有兩種因素始終在發揮著左右石刻面貌的作用，這兩種因素還在互相影響、交融，從而推動石刻技藝的變化。這就是中國傳統的表現手法與外來的藝術手法。而這兩種手法都是借助石匠的手，透過具體工匠的技藝表現出來的。因此，一代代石刻工匠的技藝傳遞過程應該就是古代石刻藝術的發展變化過程。

如果沒有外來因素的影響，中國古代的雕刻藝術應該是以平面線刻為主要傳統的，漢代畫像石就是明顯的代表。而佛教造像藝術的傳入，為中國石刻藝術帶來了新的內容與表現手法。浮雕與圓雕成為主要的表現形式，特別是佛教藝術石刻中的主要形式。這個變化可以從南北朝時期的藝術石刻中看

得很清楚。那麼，這種變化如果沒有親身接觸過西方與西域雕刻技術的石工參與，僅憑從西方帶進來的一些繪製佛像，恐怕是無法產生的。

所以，我們一直猜測，古代曾經有過一些工匠參與遠征異域的探險與出使活動。他們在與外界的接觸中，學習掌握了西方的雕塑技藝，帶回了西方藝術的模本。佛教造像藝術的宏大規模，就是經由這些人的開創之功逐漸形成的。當然，也可能有一些掌握雕塑繪畫藝術的外國僧人、畫家或工匠來中國傳播佛教藝術和西方的繪畫雕塑技術，以後中國工匠學習並掌握了他們的技藝。如《歷代名畫記》中記載的僧吉底俱、僧迦佛陀、曹仲達、尉遲乙僧等人。而中國工匠外出異域的情況，應該說是不罕見的。從漢代開始，就有班超等人遠征匈奴時留下的記功銘刻，如〈燕然山銘〉等。近年內蒙古報導，在那裡發現了大約是漢武帝時期的摩崖銘刻，可能是記功的刻辭。新疆也保存有漢代的〈劉平國作亭頌〉、〈任尚碑〉、唐代的〈姜行本記功碑〉等銘刻。根據《舊唐書·姜行本傳》的記載，〈姜行本碑〉還是將漢代班超的記功銘刻磨掉後再在上面重新刻字的。但據馬雍先生的實地考察，認為姜行本磨去的並不是班超的題銘，而是俗稱〈沙南侯碑〉的一件東漢永和五年摩崖，在上面刻有銘文。另外還有一件專門製作的碑刻，就是現在保存在新疆博物館的〈姜行本碑〉，它精工磨平，形制與中原唐碑完全一致。這些銘刻，應該說明當時遠征的軍隊或使團中，都帶有善於雕刻的石工，用於製作銘刻，頌功記事。王玄策使團留下的吉隆摩崖銘刻，更是珍貴的證據，它有力的證實了王玄策曾在天竺刻立碑石的文獻記載，是中原石匠遠出異域的確切證明。

可以想見，這些石工在與異域文化接觸的過程中，會學習、吸收與中原文化不同的雕刻技藝和表現手法，從而將西方的文化因素帶回中原，推動了中原佛教等外來文化藝術的普及與提升。宋法智隨王玄策出使天竺，回來後雕塑新樣彌勒菩薩像，就是一個突出例證。

這些石工的旅途足跡，也是中原石刻技藝向四邊傳播的足跡。尤其是

漢族文字雕刻與石刻形制向外傳播的足跡。像蒙古土地上留下來的〈闕特勤碑〉、西藏拉薩樹立的〈唐蕃會盟碑〉等，其形制都是中原特有的標準碑型，顯然是包含有中原石匠的勞力。而新疆吐魯番的古高昌地區，在高昌國時期使用的墓誌都是用墨筆或硃砂書寫，這裡被唐設立為西州後，則出現了石頭刻製的墓誌，其形制、內容格式與中原完全一致。這也不會沒有中原來此石匠的功勞。

而這些石匠帶回中原的西方雕刻技藝，則對改變中原石刻藝術的面貌產生明顯的作用。由於古代石匠大多是世代相傳，傳統技藝會長期延續，不輕易改變。實物中晉代碑刻沿襲漢代風格，隋代造像與北朝造像相差無幾等，就都說明了這一點。但在中原藝術石刻中，卻不乏在一個短時期內出現明顯的藝術風格變化的現象。這些情況，很可能是由於一些學習掌握了新藝術的石匠進入這一地區所造成的。例如北魏的東陽王元榮，由洛陽出任瓜州刺史，就將中原的造像風格帶到了敦煌莫高窟，進而傳至張掖馬蹄寺、酒泉文殊山等石窟中。自然，這是透過他帶去的洛陽工匠展現出來的。再例如近年在山西太原發現的虞弘墓中石刻棺床與陝西西安發現的安迦墓中石榻，雕刻有西方風格的浮雕，表現了粟特等民族的生活場面。究其製作方法，有兩種可能，一種是石匠按照西域畫家提供的模本雕刻，另一種則是源於西方雕刻技藝師承的石匠的作品。而從這些石刻彩繪、貼金的華麗製作方法與多層平行構圖的特點上來看，我們更傾向於認為：這是受到西方雕刻藝術直接影響的石匠的作品。由北朝的墓誌文飾、造像雕刻等藝術石刻可以看出，在北魏神龜年間以後，至永安年間，也有一段雕刻風格與文飾內容明顯改變的階段。有人認為這是南朝文化藝術的影響。那麼就可能有南朝的石刻工匠或南朝的技藝流來北方。而從北魏正光三年馮邕妻元氏墓誌、正光五年元謐墓誌、正光五年元昭墓誌、孝昌二年侯剛墓誌、永安二年爾朱襲墓誌等作品上可以看出來，這一段洛陽地區的石刻文飾中出現了許多新穎的紋樣與精細的刻法，是在此前後都不曾存在的。可

以推測，這時可能有一些外來的畫師、工匠（或是去過異域的工匠）在洛陽等地成為石刻業的主要力量，從而使石刻技藝有所創新。

從王玄策摩崖銘刻上，我們可以感受到古代工匠那不畏艱險，萬里跋涉，將石刻技藝傳播四方的精神。同時也使我們想到，如果深入的收集、排比各地的古代石刻，理清它們的傳播途徑，也就是理清古代石刻工匠的技藝傳承過程，那將是一件非常有意義的工作，它會在古代藝術史與文化交流史上，寫出更加輝煌的新篇章。

原載《中國文物報》2000年11月8日

從唐代墓誌看士族大姓通婚

　　時光荏苒，回想在周紹良先生指導下，開始協助他整理唐代墓誌的時候，至今已經快十四年了。其間承先生耳提面命，多所啟發，受益良多。先生傾心學術、孜孜不倦的精神更是我們治學的榜樣。先生曾一再指點，要我們對唐代墓誌中的史料加以認真利用，並親自就唐誌中的世系、佛教資料等專題做了深入研究。本文也是在先生鼓勵下，於協助先生編集《唐代墓誌彙編》及《唐代墓誌續編》時摭拾的部分資料。謹以此恭賀周紹良先生八十華誕，並衷心的祝先生健康長壽。

　　魏晉南北朝隋唐時期的士族門閥問題，一直是研究中古社會歷史的學者們十分關注的重點。因為這一個階層的動向，密切的與當時的政治相關，往往影響著政權的更迭、國家的安危、經濟的發展、文化的走向⋯⋯有的學者還進一步把這時的士族歸納成不同的政治集團。他們與皇室、軍閥、外來民族等政治集團之間的錯綜關係，構成了豐富多變的中古政治史，其中需要探討的問題很多。我們這裡僅想透過唐代墓誌中反映出來的一些士族大姓相互通婚的史實，透析一點當時士族的狀況。

　　中古時期士族門閥之所以形成，除去政治、經濟、外族入侵的壓力等外部條件外，主要憑藉中華傳統文化和血緣宗法家庭這兩項內因維繫，而尊卑嫡庶分明的宗法等級禮法與門第相當的大族聯姻又是支撐住大族門閥數百年不墜的根本柱石。

　　因此，這一時期的大族特別重視婚姻關係自不待言。《通志・氏族略一》云：「自隋、唐而上⋯⋯家之婚姻，必由於譜系。」唐代墓誌中特別注重記載家族世系和通婚關係，尤其大家望族的誌文，敘述世系不厭其詳。這就為了解這一時期的士族通婚提供了極好的資料。

臺北中央研究院歷史語言研究所毛漢光先生對中世紀的士族婚姻問題做過很好的研究，他的〈中古大族著姓婚姻之研究 —— 北魏高祖至唐中宗神龍年間五姓著房之婚姻關係〉一文中利用墓誌等石刻資料和文獻深入考查了隴西李氏、趙郡李氏、太原王氏、滎陽鄭氏、范陽盧氏、清河崔氏、博陵崔氏五姓七望的相互通婚情況，認為：「隋至唐前期時，五姓七望著房似乎已均衡的相互通婚。」「趙郡李氏、隴西李氏、清河崔氏、博陵崔氏、范陽盧氏、滎陽鄭氏等，每姓望皆與其他異姓望有通婚紀錄，實際上在隋及初唐已形成很完整的婚姻圈，太原王氏則亦屬這個婚姻圈的近圈。」[415]可參考的一些例證如：

❖ 永徽六年十月一日大唐故蘇州司馬輕騎都尉崔（泰）君墓誌銘：「博陵安平人也……夫人隴西李氏。」[416]

❖ 神龍二年正月二十一日大唐故使持節亳州諸軍事亳州刺史李（慈）府君墓誌銘：「趙郡元氏人也……夫人范陽盧氏。」

❖ 景龍元年十二月二十六日唐故許州扶溝縣主簿滎陽鄭道妻李夫人墓誌文：「夫人李氏，趙郡贊皇人也。祖放之……父公淹。」

❖ 開元五年十月二十五日大唐大理卿崔公故夫人滎陽縣君鄭氏墓誌銘：「代為滎陽人焉。長子司農丞璘，次子華州參軍璉。」[417]

❖ 開元十二年二月十三日大唐前徐州錄事參軍太原王（庭玉）故夫人博陵崔氏墓誌銘：「夫人諱金剛，博陵安平人也。曾祖仲方……祖民令……父承福。」

❖ 開元十五年九月三日故朝散大夫行郢州司馬盧（思莊）府君墓誌銘：「范陽人也……夫人博陵崔氏，故房州刺史敬嗣之女也。」[418]

415 （臺）《中央研究院歷史語言研究所集刊》第五十六本第四分第619頁。

416 周紹良主編《唐代墓誌彙編》，上海古籍出版社1992年初版，第220頁。原石藏千唐誌齋，下引墓誌凡未另行註明者均同出此書。

417 《常山貞石志》卷七第28頁。

418 北京圖書館藏拓本。

❖ 開元二十年十一月二十一日大唐故揚州揚子縣令崔（光嗣）府君墓誌銘：「博陵安平人……夫人范陽盧氏，皇朝太子洗馬悅之孫，益州青城尉弘獎之女。」

以上誌文中的家族世系與《新唐書・宰相世系表》等文獻中記載的族望、世系均可互證，說明確實是五姓世家通婚。雖然每姓現僅有數例，但它們反映的情況卻是頗有意義的。

如果將引用唐代墓誌的範圍擴大到唐末，我們就會看到：有唐始終，大族門閥間一直密切通婚，形成一定的婚姻紐帶（婚姻圈）。這一現象在唐代墓誌中表現得十分突出。我們試就《唐代墓誌彙編》中收錄的四千餘件墓誌內，選擇幾個年代階段，將其中記載有婚姻狀況的墓誌做了一個簡單的統計。

第一階段，選取武后晚年聖曆年間（西元698～700年）至中宗景龍年間（西元707～710年）埋設的墓誌。這些墓誌的主人基本上是在唐太宗貞觀末年至高宗年間婚娶的。由於這些墓誌大多在兩京地區出土，墓主大部分為中、高階官員，所以它們主要反映了唐代早期中央所在地社會中上層人士的部分婚姻狀況。

這一段統計墓誌共125件，其中，屬於當時著名大姓十四姓十七家內互相結縭者為26件，約占五分之一[419]。這些相互通婚的大姓人士，基本上都有比較確切的世系，屬於大姓中的主要宗支，也就是《新唐書・宰相世系表》及《元和姓纂》中明確記載的各房。除上引崔泰墓誌、李愻墓誌、鄭道妻李夫人墓誌外，尚可舉出唐景龍三年七月十九日大唐故魏國太夫人河東裴氏墓誌（嫁京兆韋頊），唐聖曆二年十月十六日蕭（思一）錄事公墓誌銘（娶崔氏），唐長安三年十月三日大唐故蒲州猗氏縣令高（隆基）府

419　毛漢光〈中國中古社會史略論稿〉統計，通朝大族十四姓十七家為：京兆韋氏、河南鄭氏、弘農楊氏、博陵崔氏、清河崔氏、趙郡李氏、隴西李氏、太原王氏、琅邪王氏、范陽盧氏、渤海高氏、河東裴氏、彭城劉氏、河東柳氏、京兆杜氏、蘭陵蕭氏、河東薛氏。見《中央研究院歷史語言研究所集刊》第四十七本第三分385頁。

君墓誌銘（娶范陽盧氏，櫟陽主簿大道之女），唐神龍二年十一月二日大唐故朝議郎行益州大都督府士曹參軍事李（延祐）府君墓誌銘（娶清河崔氏，父神基，大理卿）等許多例證[420]。

在這125件誌文中，還記載了屬於上述十四姓的一方與其他姓氏的一方聯姻的現象，這樣的夫妻墓誌有37件。這些與十四姓以外的家族聯姻的人士基本上不屬於大姓中的主要宗支，他（她）們的墓誌中記錄的祖先世系，大多尚無文獻旁證，不見於《新唐書·宰相世系表》等唐代譜牒，顯然是大姓中比較偏遠的旁支、庶支，甚至可能有冒宗和偽造郡望的現象。有些墓誌中記載其先系時，就公開表達了與大姓本支關係疏遠，已改變了其原籍的資訊。如唐長安三年二月二十八日大周延州敦化府兵曹參軍事張（士龍）君墓誌文稱：「蒲州虞鄉縣人，其先出清河郡，漢丞相張良之後也。」「夫人程氏」。唐長安四年二月十七日大周故王（寶）府君墓誌銘稱：「其先太原人，後徙居洛陽，今為洛陽縣人也。」「夫人魏郡胥氏」。都強調了新的籍貫，而把姓望放在次要的地位上。這與大姓名宗人士的墓誌中始終強調自己本來的族姓郡望形成了明顯的對比。由此可見，當時大姓的主要宗支確實是在自己的婚姻圈中相互通婚，極少與外姓聯姻的。

第二階段，選取唐玄宗天寶年間（西元742～756年）埋設的墓誌，這一時期的墓主大多是在武后末年至玄宗開元年間婚娶，正是唐代的極盛時期，而從這一階段的墓誌中可以看到，大姓通婚的勢頭有增無減。

在天寶年間記有婚姻狀況的169件墓誌中，屬於十四大姓內部通婚的達到72件，占總數的七分之三。這些大姓人士中，同樣有許多人的先系能夠從文獻記載中找到確切的證明，如：

天寶二年十月二十日大唐故太子右庶子任城縣開國男劉（升）府君墓誌銘：「彭城人，夫人京兆韋氏。」劉升，兩《唐書》等均作劉昇。

---

420 誌文中所引人物可與文獻互證，限於篇幅，除必須加以解釋者外，均不逐一列舉文獻對證。主要參考文獻有《新唐書·宰相世系表》、《元和姓纂》、兩《唐書》傳記等。如盧大道，即見於《新唐書·宰相世系表》三上盧氏，中華書局1975年第1版，第2885頁。以下同。

天寶四載十月二十五日大唐故泗州刺史琅耶王（同人）妻河東裴郡君夫人墓誌銘：「高祖蘊……曾祖爽……叔父振。」（同人）「大門諱睿，故兵部尚書平章事。」

天寶八載十二月一日唐故李（韜）公崔夫人墓誌：「趙國人也……自廣武廿四代至東光令府君諱仁偉，字仁偉，生益府士曹參軍府君諱延祐。公即士曹府君之仲子也……夫人清河崔氏，御史大夫神慶之孫，光祿卿瑤之第二女也。」

天寶十載十月二十四日唐故朝議郎平原郡長河縣令盧（全貞）府君墓誌銘：「范陽涿人也……高祖北齊黃門侍郎思道，曾祖皇朝太子率更令赤松，祖銀青光祿大夫、尚書左右丞、雍洛州長史承業，父銀青光祿大夫、虢貝絳州刺史、并州大都督府長史玢……夫人趙郡李氏。」

天寶十三載十一月十八日有唐登仕郎行魏郡冠氏縣尉雲騎尉盧（招）公墓誌銘：「涿郡范陽人也……凡今之人以官婚為評者，謂之甲族。公即後魏祕書監陽烏七代孫也。曾祖同吉……大父元亨。」「夫人博陵崔氏……介弟祐甫。」據其弟名可知崔夫人父名沔，祖名韞。又據大曆十三年四月八日有唐太原郡太夫人王氏墓誌可知：王氏為崔沔妻，後魏龍驤將軍慧龍九代孫。其長女嫁芮城尉范陽盧沼，次女嫁冠氏尉范陽盧招，三女嫁臨汝郡司戶參軍事范陽盧眾甫，充分顯示了大族之間的密切婚姻關係。

有很多件墓誌都同樣揭示出幾家大族姓相互聯姻的現象。如天寶十一載閏十一月十一日蜀縣令清河崔府君夫人盧氏墓誌：「婿武陟縣丞隴西李褘。」[421] 為崔、盧，崔、李兩對大族聯姻。又如天寶十載十一月五日崔迴墓誌：「故相韋承慶外甥……前室河東薛氏，河南令纖之女；後室京兆韋氏，殿中監衢之女。」[422] 為崔、薛，崔、韋兩對大姓聯姻，崔與韋又可能是一家兩代聯姻。而夫妻一方為十四大姓的墓誌則有49件，占這一階段

---

421 《隋唐五代墓誌彙編》洛陽卷第十一冊第219頁。天津古籍出版社1991年初版。
422 《隋唐五代墓誌彙編》洛陽卷第十一冊第167頁。天津古籍出版社1991年初版。

總數的七分之二。

第三階段，選取唐憲宗元和年間（西元806～820年）的墓誌。這些墓誌主人的婚娶時間大約在安史之亂平定後的上元至建中年間。雖然經過戰亂的破壞打擊，但士族大姓的社會地位並沒有減弱，勢力依舊，大姓通婚的風氣仍然保持著。在此階段記錄婚姻狀況的115件墓誌中，十四大姓內部聯姻的有45件，仍然超過三分之一，基本接近天寶年間的墓誌統計比例。

試舉數則墓誌例證如下：

元和元年正月二十日崔氏十六女墓誌：「考府君皇江南西道南昌軍副使、試大理評事、諱稅……堂兄群」，「出自太原王氏」。

元和七年八月十六日劍南東川節度推官殿中侍御史內供奉盧公夫人崔氏墓誌銘：「清河貝人氏。曾祖秀……祖著……父襃。夫人盧氏之出也。外祖進賢……歸我仲兄殿中侍御史璠。」

元和九年十一月十七日唐故試祕書省祕書郎兼河中府寶鼎縣令趙郡李（方乂）府君墓誌銘：「黃門生贈散騎常侍諱來王，常侍生倉部郎中諱思諒，郎中生許王府參軍諱敬中，參軍生都水使者諱暕，都水生倉部員外郎諱昂，即公之大父也。」「夫人滎陽鄭氏，御史大夫、東都留守叔則之孫」。

元和十三年四月九日唐故鹽鐵轉運等使河陰留後巡官前徐州蘄縣主簿弘農楊（仲雅）君墓誌銘：「君即皇西臺侍郎、同東西臺三品之玄孫……尚書工部員外郎兼侍御史之元子，出河東裴氏……夫人頓丘李氏……長女適范陽盧寰。」

這一時期，矜重門閥的俗尚可能更為流行。大姓內部通婚持久不衰，甚至將門閥世系公開作為誇耀的資本。元和十二年六月二十四日唐故譙郡永城縣令李（崗）府君墓誌中就宣揚道：「魏氏重山東氏姓，定天下門族，有甲乙之科，不唯地望之美，兼綜人物之盛。泊高齊、周、隋、有唐，益以光大焉。故《氏族志》泊著《姓略》，文憲公及叔父允王、鳳昇，並為四

海盛門。」[423] 這種標榜種姓的風氣是不是與安史之亂後深受胡人之苦的中原漢族產生了排外情緒有關呢？

這一階段中反映大姓與其他姓氏互婚的墓誌有52件，純粹由大姓之外的兩個姓氏結為姻好的墓誌僅有21件。說明當時（主要是兩京地區）十四大姓各支擁有的官員、著名人物及家族勢力是相當可觀的。同時各個姓氏的人士紛紛與大姓攀親，這既是大姓（主要是偏支遠房）與其他姓氏互婚現象增多的原因，也是社會上崇尚門第風氣的必然結果。唐文宗的不平之語：「民間修婚姻，不計官品而尚閥閱，我家二百年天子，顧不如崔盧耶？」[424] 並非泛泛之言，確實是針對當時社會狀況的有的之矢。

第四階段，選取唐懿宗咸通年間（西元860～874年）至僖宗乾符年間（西元874～879年）的墓誌，其墓主嫁娶時間大約在唐穆宗長慶年間至文宗開成年間，已接近唐代末期。這一階段中記錄有婚姻情況的墓誌共138件，夫婦雙方均屬十四大姓的有51件，約占總數的八分之三，而且大多誌文中都將世系詳加敘述，從而與文獻記載互為證明。例如：

咸通三年正月十六日唐范陽盧夫人墓誌銘：「夫人九代祖諱與高祖神堯皇帝同，後魏左僕射，以小字陽烏，今稱閥閱者多以陽烏房為上。曾祖諱光懿……祖諱渚……父匡伯。」「歸今起居郎李璋。璋，趙郡贊皇人，元和中相國、累檢校司空、興元節度、贈太傅諱絳諡貞公之季子。」誌中又稱：「（匡伯）即璋之親舅也。」則李、盧兩家也是世代通婚。

咸通三年正月丁酉唐故懷州錄事參軍清河崔府君後夫人范陽盧氏墓誌銘：「曾祖景明，王屋令；曾妣清河崔氏。祖澤，殿中侍御史、華州判官；祖妣滎陽鄭氏，故刑部侍郎少微之女也。父佚，陝州夏縣尉；妣鄭氏，少微之孫，大理正朝之女。」其子「娶故禮部尚書致仕范陽盧公載之女」。「元女適故集賢校理范陽盧公亮，次女適故大學助教隴西李兗，少女適前雅州

423　開封市博物館藏拓本。
424　《新唐書·杜兼傳》，中華書局1975年第1版，第5204頁。

刺史范陽盧審矩。」揭示了一個由范陽盧氏、清河崔氏、隴西李氏、滎陽鄭氏組成的大姓婚姻圈。

咸通八年二月二日唐故太子司議郎分司東都范陽盧（約）府公夫人清河崔氏祔葬墓誌銘：「夫人清河人也。曾祖著……祖褒……顯考丕……顯妣范陽盧氏。」「外甥太原王凝」，「外甥鄉貢進士李邃」。又列舉了范陽盧氏與清河崔氏、太原王氏、李氏之間的姻族關係。

乾符三年九月十日唐故朝議大夫前鳳翔節度副使檢校尚書兵部郎中兼御史中丞上柱國賜紫金魚袋弘農楊（思立）府君墓誌銘：「曾祖諱燕客……大父諱寧……先考虞卿……君娶京兆韋氏。」又據乾符三年八月十六日唐故范陽盧氏夫人墓誌銘：楊思立長兄楊知退夫人盧氏，范陽人，祖頊，父傳素。類似的資料還有很多。

這138件墓誌中由十四大姓中人與外姓聯姻者仍占近一半的較大比例，達62件。純粹為十四大姓以外的家族相互結姻的僅有24件。

透過以上的分段統計，我們似乎可以得出一個結論：在唐代政治經濟中心兩京地區乃至全國，自始至終，都存在著大姓門閥之間相互通婚的密閉式婚姻圈，而且越到後來越興盛，越是大姓中的名支著房，越重視與門第名望相對的族姓結姻。這種風氣對當時的社會習俗、文化走向乃至政治格局都產生了很大的影響。

唐代社會最看重的兩件事，一曰婚，二曰宦。說明婚姻在唐代人（尤其是士人）眼中並不只是兩性結合、繁衍後代這樣簡單，而是具有禮法、文化、政治關聯等多種意義的大事。《新唐書·柳沖傳》中附有柳芳的〈論氏族文〉，稱：「山東之人質，故尚婚婭，其信可與也。江左之人文，故尚人物，其智可與也。關中之人雄，故尚冠冕，其達可與也。代北之人武，故尚貴戚，其泰可與也。」這一概括雖為簡泛，卻涉及當時的民族與地域差異，實際上隱含了握有政權的一部分家族（民族）與掌握文化傳統的一部分家族（民族）之間的分歧和對峙，同時反映出唐代大姓重視婚姻的外部條件。

陳寅恪先生曾經深入分析了唐代社會存在的民族情況，指出從北朝末期至隋、唐一直掌握政權的關隴集團是一個「源流出於夷狄」的胡漢混雜的政治集團[425]，在文化上遠不及一直保持漢人血統及傳統文化禮儀的山東各大族姓[426]。代北之人多屬胡人後裔，自不待言。江左之人的崇尚人物，與山東之人崇尚婚姻實出一途，只是江左屬於北方征服的地區，其名門大族又源於山東，沒有形成具有地域特點的望姓。因此，柳芳的說法也可以凝縮成提倡冠冕的關隴集團與崇尚婚姻的山東集團之間的矛盾。

　　唐代始終存在的這個矛盾實在耐人尋味。李唐皇族和關隴集團的官僚貴族們，開始公開壓抑山東大姓，如唐太宗令高士廉等人修《氏族志》，親自將名聲顯赫的崔干列到第三等[427]。李義府為子向山東大姓求婚不得，乃奏隴西李氏等七姓不得相互聯姻[428]。然而關隴集團又極力拉攏大姓，進而多次欲與山東大姓聯姻，皇帝屢次下詔從士族中選人才尚公主，像房玄齡、魏徵等名臣也與山東大姓結親。而山東大姓主支卻始終我行我素，不僅堅持內部通婚，而且對皇室的垂青避之唯恐不及。如《舊唐書·于休烈傳》載：「大中朝……會有詔於士族中選人才尚公主，衣冠多避之。」不管怎樣，唐代山東大族獨立存在的局面始終未改變。從上面的統計中已經顯示：唐代大姓聯姻的比例越來越大，影響越來越強。其原因可能要到更深的文化背景中去尋找了。

　　唐代大姓之間的密切通婚，自然不能排除出於政治目的的考慮。士族大姓原在地方上雄鎮一方，在中央政府及各級官府中也占有大量職位，自然在政界具有一定影響，通婚使他們在政界的連結更加緊密，保護自身的能力大大增強。所以，唐代官場中，士族大姓往往占有相當比例。唐代一共369位宰相，而僅崔氏一姓就有23人出任過相位。從現存的大量唐代碑

425　陳寅恪《唐代政治史述論稿》引《朱子語類·歷代類三》，上海古籍出版社1982年新1版，第1頁。
426　同上，參見第11頁、第77頁等處。
427　《舊唐書·高士廉傳》，中華書局1975年第1版，第2441頁。
428　《舊唐書·李義府傳》，中華書局1975年第1版，第2765頁。

誌中可以看出：碑誌中出現的崔、盧、李、王、張、鄭、韋等十四大姓的人物，絕大部分都曾出仕宦途，自內閣宰相、刺史至郎中、主簿中都有他們的身影。這些大姓之間又結成相互交錯的婚姻關係網，也就形成了一個互相攀援的官場關係網，如同《紅樓夢》中的護官符，籠罩了有唐一代的政治界。我們從唐代史籍、詩文等文獻中看到當時同姓之間稱排行數字、異姓攀姻、假冒宗族、妄認親屬等種種社會風氣，大多是出於政治經濟實利的作為。

但是，山東士族並不是依靠政治力量形成的，它應該是文化的產物。陳寅恪《唐代政治史述論稿‧中篇‧政治革命與黨派分野》中指出：「所謂世族者，其初並不專用其先代之高官厚祿為其唯一之表徵，而實以家學及禮法等標異於其他諸姓。」如《魏書‧盧玄傳》：「盧玄……其文武功業殆無足紀，而見重於時，聲高冠帶，蓋德業儒素有過人者。」陳寅恪認為：「凡兩晉南北朝之士族盛門，考其原始，幾無不如是。魏晉之際雖一般社會有鉅族、小族之分，苟小族之男子以才器著聞，得稱為『名士』者，則其人之政治及社會地位即與鉅族之子弟無所區別。小族之女子苟能以禮法特見尊重，則亦可與高門通婚，非若後來士族之婚宦二事專以祖宗官職為唯一之標準也。」

岑仲勉《隋唐史》上冊第六節〈門第之見與郡望〉中也指出：「當日山東門第有如下的特點：(一) 它非如前朝之四世三公，以官宦、名流自豪，宰相鄭覃之孫女，只要嫁給一個姓崔的九品官，故太宗謂其『並無官宦、人物』。(二) 它包括有士、農、工、商各界人物，不定是富戶，不能算作一個特殊階級。(三) 它並不是依附統治者來壓迫人民，故終唐一代，趙郡之李反比隴西之李為可貴，他們總不願與皇室結親，而受到唐朝的干涉。(四) 它是婚姻性的產物，不是政治性的產物。其所以得到一般仰慕，要點在於能保持『禮教』。」

這些精闢的分析，都抓住了唐代士族大姓根本的一點 —— 保持有禮教

與家學，即在家族內一直持有中華民族的傳統道德準則和文化教養，保存著世代儒風。用現代話來說，就是一些具有家學淵源的封建知識分子集團。

這一特徵在唐代墓誌中表現得十分明顯。試舉數例如下：

開元十七年八月二十六日唐故太中大夫使持節泗州諸軍事泗州刺史琅邪王（同人）公墓誌銘：「公……幼不好弄，冠有成德，口誦詩書而無擇言，心規禮樂而無擇行。」

大曆十年十一月十六日唐太原府司錄先府君墓誌銘：「府君盧姓，其先姜氏，范陽人焉……咸以抱德經物，不言而治。示清白而觀國，蘊仁孝以克家，況學富文高，禮崇身儉，穆穆棣棣，夫何言哉。」

大和九年四月十日唐故國子監禮記博士趙（君旨）公墓誌銘：「公孝友純至，耽習儒訓，尤好為禮學。嘗言：『昔我先師教其子鯉，且曰：不學禮，無以立。然則男子生世，莫大於立身，立身之本，莫大於禮。其可以斯須去乎？』遂取禮書陳於前，日夜諷誦不倦。」[429]

開成五年十二月二十四日唐故朝議郎使持節光州諸軍事守光州刺史賜緋魚袋李公墓誌銘：「始生六年，就學師訓……嘗侍於伯兄，旁聞《左》氏，至於廢興理亂褒貶善惡之深旨，發問必對，貫達無遺……其後討覽經籍，九流百家之語，靡不該通，著詩業文，名顯當代。」

即使這些家中的女子，也多自幼受教，不僅具備封建社會中的道德規範，而且有些還富有文采、才識。試看以下數例：

大曆十三年四月八日有唐太原郡太夫人王氏墓誌：「夫人淑姿端雅，厚德寬裕，孝友冥至，恭順夙成，周閑內儀，通識前載……服勤就養，誠孝純深，虔奉諸姑，和敬娣姒，慈撫猶子，禮協宗姻……貨不藏己，貴而能貧，衣無珍華，食必蔬素。」

寶曆二年十一月九日唐河中府猗氏縣主簿盧公故夫人清河崔氏墓誌

---

429 趙姓雖不屬十四大姓之中，然在唐代亦以大姓自許。元和五年八月二十二日唐故深州下博縣尉承務郎試泗州長史高平畢府君夫人天水趙氏墓誌銘中即稱：「按蕭相國議，趙氏可與范陽盧祖、渤海封高、清河崔張、京兆韋杜俱為望族。」

銘：「夫人幼聞詩禮，雅慕恭儉，以柔靜為德，以孝慈為仁。」

咸通十五年二月七日唐故隴西李氏墓誌文：「守禮訓於公宮，習貞儀於閫則。至若奉尊接下，執卑事上，三千之禮不虧，九十之儀無愆。遂使閨門雍穆，親暱協和，內外相稱，他門為鏡。」

貞元十一年二月十一日唐朝散大夫行著作佐郎襲安平縣男□□崔公夫人隴西縣君李氏墓誌銘：「夫人屬為宗婦，能先意承志，敬無違德，祔祠蒸嘗，吉蠲為饎，齋明盛服，奉而薦之。居常則秉禮蹈道，弗自暇逸。故能事伯叔敬，友同等和，撫甥侄慈，接姻戚義，下逮支庶，弗略幼賤，致其忠愛，加之敬慎……夫人常讀《孝經》、《論語》、《女儀》、《女誡》。」

由此我們看到：唐代的名門大姓確實是把禮義道德、文章人品放在首位。他們看重門第，也是看重禮教和家學，看重文化修養，並不是看中對方的財富和官職。唐代墓誌中有很多大姓聯姻時雙方父輩的官職相差懸殊，甚至有一方是未出仕的平民，但是由於門第聲望高，子女才學好就可以結為親姻。

這種對知識和道德的高標準要求，自然會使大姓家族形成居於社會文化高層次的一些血緣集團。他們熟諳經術，以儒禮治家，有較高的文化修養和政治追求。不用說軍人、商賈，就是文化修養較低的家族，恐怕也很難與這些大姓相互溝通、長期共處。這是造成大姓內部通婚的一個原因。

在以父母之命為主的封建婚姻中，父、母雙方的親屬會產生很大的作用。大姓往往世代通婚，舅、姑等親屬參與下的中表婚十分多見，上引誌例中已有不少。這裡再舉乾符五年正月六日亡室姑臧李氏墓誌一例。誌為其夫進士清河崔曄撰，稱：「夫人曾外大父與余為諸老姑，余與夫人先尚書為諸從甥，重以石城之舊，弈世之親……歸於我。」世代通婚，親戚關係的廣泛介入，是大姓內部通婚的又一原因。

此外，還應該提及唐代皇室對山東大姓的限制與壓抑。《貞觀政要》禮樂第二十九載唐初高士廉等人修《氏族志》時，唐太宗公開指責：「今

崔、盧之屬，唯矜遠葉衣冠，寧比當朝之貴？」「燕趙古姓，多失衣冠之緒；齊韓舊族，或乖禮義之風。」先用當代的官宦來壓大姓，而後乾脆把大姓素有文化禮儀的名望也全盤否定。這種壓抑，可能表露了剛奪取政權的李唐關隴集團急於把文化領導權也奪過來的心理。

而後李義府的禁婚措施，也是旨在打擊山東大姓。但是這些做法卻造成了相反的作用。《新唐書・高儉傳》云：「其後天下衰宗落譜昭穆所不齒者，皆稱禁婚家，益自貴。凡男女潛相聘娶，天子不能禁。」又大曆四年唐贈太子少師崔公神道碑云：「神龍中申明舊詔，著之甲令，以五姓婚媾，冠冕天下，物惡大盛，禁相為姻……斯可謂美宗族人物而表冠冕矣……山東士大夫以五姓婚姻為第一。」[430] 這些記載表示了禁婚後大姓內部更加尊崇自己的門第，更加強了內部的婚姻關係，即形成了更相對封閉的大姓集團。這種在外來壓力和干擾下內聚力反而增強，與外部世界格格不入的作風，應該說是與中國傳統文化思想和宗法禮制的影響有很大關係的。

除去皇族的壓制外，陳寅恪還認為唐代後期存在著以經術禮制為本的山東舊族與以進士詞科出身的新興官僚之間的鬥爭。此外，宦官、軍人集團與大姓士族也存在矛盾。尚不可忽視社會經濟發展時對大姓的壓力，工商業發達造成的重利輕義、享樂至上等思潮對秉持禮教、提倡清廉儉樸的舊家大族形成衝擊等因素[431]。然而，這些衝擊和壓力，往往是反過來促使大姓更加閉關自守，更注重儒學和宗法禮制的教育。《舊唐書・盧邁傳》云：「五服之親或不過從弔臨，而邁獨振薄俗，請臨弟喪，士君子是之。」《舊唐書・崔祐甫傳》云：「家以清儉禮法為士流之則……士君子益重祐甫家法，宜其享令名也。」《舊唐書・崔損傳》云：「母野殯，不言展墓，不議遷祔；姊為尼，沒於近寺，終喪不臨，士君子罪之。」這些一再出現的

---

430 《全唐文》卷三一八，中華書局影印嘉慶內府本，1985年第1版，第3229頁。

431 白居易〈琵琶引〉「商人重利輕別離」已直言其旨。見《全唐詩》卷四三五，中華書局1960年4月第1版，第4821頁。而士族重儉樸，例見咸通五年二月十五日亡妻滎陽鄭氏夫人墓誌銘：「家素清儉，不營資產，秩卑俸寡，終窶且貧。」

士君子，正是堅守經術禮法的山東大姓勢力。他們的臧否，形成了一種輿論力量，左右著社會道德，保持住自身族姓的文化傳統。大姓通婚，也是其維護住自己傳統地位的一種方式。

順便指出，大姓士族是封建政權的重要支柱，忠君愛國的儒家思想使他們很難與封建統治者敵對。所以，中晚唐皇族拉攏大姓，默許大姓內部通婚，也是對自己有利的措施，在外有藩鎮、內有宦黨的局面下更是如此。

由此可見，唐代的大姓通婚，是一個具有深刻意義的政治、文化現象。關於它的研究還可以深入到相關的門閥變遷、知識分子價值、大族在唐代政治中的作用、選舉制度等許多專題中，限於篇幅，只好留待其他論述中去探討了。

原載《周紹良先生欣開九秩慶壽文集》，中華書局 1997 年版

中州唐志跋尾六則

中州唐志出土甚豐，史料之博，富甲天下。雖歷代學人多加考證，然未盡之言猶比比皆是，校集之餘，試綴數例，以就正於中州學長。

一、大唐故左驍衛萬歲府折衝都尉上柱國韓（昭）府君墓誌銘跋

咸亨三年十一月十五日韓昭墓誌，是隋朝開國功臣韓擒虎之子墓誌。所載韓氏家世可補正《隋書》韓擒虎傳之記載。

《隋書‧卷五二‧韓擒虎傳》云：「韓擒，字子通……父雄，以武烈知名，仕周，官至大將軍，洛、虞等八州刺史。擒……後以軍功，拜都督、新安太守，稍遷儀同三司，襲爵新義郡公……加上儀同，拜永州刺史……高祖作相，遷和州刺史……開皇初……拜為廬州總管，委以平陳之任……進位上柱國……別封壽光縣公，食邑千戶。以行軍總管屯金城……即拜涼州總管。」《北史》卷六十八本傳所載與之相同。

《隋書》及《北史》本傳又稱：「子世諤……楊玄感之作亂也，引世諤為將，每戰先登，及玄感敗，為吏所拘……世諤因得逃奔山賊，不知所終。」

韓昭墓誌則云：「祖雄，周開府儀同三司左衛大將軍，洛、宜、華、□、陝五州諸軍事，五州刺史，新義郡開國公。父擒虎，本郡太守，金紫光祿大夫，和、永二州諸軍事，二州刺史，盧、區靈、慶、涼四州總管，上柱國，新義郡開國公。」此韓昭誌文可證韓擒虎之後並未湮絕。誌中云：韓昭歷任唐「東宮千牛，上臺千牛左衛翊□府校尉，右勛府校尉，陳王府典軍，東宮率府郎將，左驍衛萬歲府折衝都尉」。藉此誌可補《隋書‧韓擒虎傳》之不足。

二、唐故刑部尚書長孫（祥）府君墓誌及隋通事舍人長孫（仁）府君並夫人陸氏墓誌跋

　　河南新安千唐誌齋收有上元二年二月廿八日長孫府君墓誌一方。誌石上名諱、字漶漫不清。其名為單名，隱約殘存右半邊羊字。據誌文中所載事例，可判斷其為長孫祥墓誌。該墓誌曾收錄入羅振玉《墓誌徵存目錄》卷二第25頁及范騰端《國立北平圖書館藏碑目》第48頁。

長孫祥墓誌

　　誌文云：「曾祖兒，周武衛大將軍。勛、絳、熊三州刺史，平原公。祖熾，隋戶部尚書，饒良靖公。父安世，隋通世舍囚，□縣令。」長孫兒，《周書》，《北史》均有傳。《周書》本傳云：「兒，字若汗……天和初，累遷驃騎大將軍，開府，遷絳州刺史。」《北史》則作「進驃騎大將軍，開府儀同三司，歷熊、絳二州刺史。並有能名，襲爵平原縣公。」長孫熾，《隋書》卷五一有傳。其本傳云：「父兒，周開府儀同三司，熊、絳二州刺史、平原侯……熾，（隋任）……開府儀同三司……河南道二十八州巡省

大使……吏部侍郎……大理卿……西南道大使……戶部尚書……銀青光祿
大夫……攝左侯衛將軍事，諡曰靜。子安世，通世謁者。」長孫祥及其父
長孫安世又見於《舊唐書·卷六十五·長孫無忌傳》。其文云：「無忌從父
兄安世，仕王世充，署為內吏令，東都平，死於獄中。安世子祥，以文德
皇后近屬，累除刑部尚書，坐與無忌通書見殺。」《資治通鑑》卷二百顯慶
四年，「常州刺史長孫祥坐與無忌通書，處絞。」

　　長孫無忌被誅，是唐高宗年間的一大政治冤案：長孫無忌是唐代的開
國功臣，又是扶助高宗即太子位、親受唐太宗託孤重任的近臣。《舊唐書·
長孫無忌傳》記載：唐太宗在世時，曾圖畫長孫無忌等二十四人於凌煙
閣，作〈威風賦〉以賜無忌，並親自對褚遂良說：「無忌盡忠於我，我有天
下，多是此人力。爾輔政後，勿令讒毀之徒損害無忌。若如此者，爾則非
復人臣。」高宗即位後，也對長孫無忌畢恭畢敬。「數進謀議，高宗無不優
納之。」但高宗欲立昭儀武氏（即武則天）為皇后時，「無忌屢言不可」，使
武后「心甚銜之」。顯慶四年，許敬宗向高宗誣陷長孫無忌謀反，「帝竟不
親問無忌謀反所由，唯聽敬宗誣構之說，遂去其官爵，流黔州」。而後，
「敬宗尋與吏部尚書李義府遣大理正袁公瑜就黔州重鞫無忌反狀，公瑜逼
令自縊而死，尋沒其家」。

　　長孫祥墓誌正可為長孫無忌這一冤案增添一佐證，其誌文云：「顯慶
四年，因事卒於雍州界。」又云：「失在一朝，差以千里。」其語意顯然是
在隱曲的說明長孫祥死於非命。據誌文記載長孫祥履歷為：「中書舍人，
又任太子率更令，又轉戶部侍郎，又除吏部侍郎。又除尚書左丞，尋轉御
史大夫，又遷刑部尚書。檢校荊州長史，又除常州刺史。」較《舊唐書》所
載長孫祥身世詳細確切。長孫祥最後任常州刺史，死在雍州。當是被朝廷
捕至雍州（京兆）加以殺害的。

　　唐代劉肅《大唐新語》（卷之十二）記載：「涼州長史趙持滿，與韓瑗、
無忌姻親，許敬宗懼為己患，誣其同反。追至京，拷訊……遂死獄中。屍

於城西，親戚莫敢視。」《通鑑紀事本末》卷三十所載與之近同，又云：「長孫氏、柳氏緣無忌、奭貶降者十三人。」可見當時因長孫無忌案而受牽連者之命運。長孫祥之結果正與此同，故家人在墓誌中仍不敢言其死因。

長孫祥其父安世，當名仁，字安世。唐代墓誌中有貞觀十一年十月二十日長孫仁（暨妻陸氏）墓誌。誌稱：「公諱仁，字安世……祖兒，魏左光祿大夫，周勳、絳、熊三州刺史，平原侯……父熾，隋大理大卿，民部尚書，靖公。」又云：「（長孫仁，隋）授太子舍人……上臺通事舍人……檢校河南郡陝縣令……避難洛州……終於雍州光德里第。」而《隋書·長孫熾傳》則作：「子安世，通世謁者。」《舊唐書·長孫無忌傳》則作：「無忌從父兄安世，仕王世充，署為內史令，東都平，死於獄中。」均與誌文不合。此誌可與《隋書》、《兩唐書》互補。

三、大唐濟度寺故比丘尼法燈法師墓誌銘跋

永隆二年三月廿三日濟度寺故比丘尼法燈法師墓誌銘，乃是唐初著名的佞佛宰相蕭瑀女兒的誌銘。其誌中云：「父瑀，梁新安王。隋金紫光祿大夫行內史侍郎，皇朝中書令尚書左右僕射特進太子太保上柱國宋國公。」

與之同出的還有其長姊比丘尼法樂墓誌銘，形制略同，內容語體亦頗相似。遷窆之日亦為永隆二年三月廿三日，當為同時製作埋入墓地的。法樂墓誌銘云：「年甫三齡，歸誠六度，脫屣高族，落髮祇園。」「以咸亨三年九月十九日遷化於蒲州相好之伽藍，春秋七十有四。」而法燈誌文云：「法師即太保第五女也，年甫二八，修行四諦」，「姊弟四人，同出三界」，「以總章二年十月五日遷□於蒲州相好寺。春秋卅有九。」

《陶齋藏石記》卷十九第9頁，收錄法樂法師墓誌銘並按云：「今見於誌石者有法願墓誌，為瑀第三女，又有惠源神空誌，為瑀之女孫。法樂則又其長女，皆捨身為濟度寺尼者也，瑀為梁武帝玄孫，其家風固有自來矣。」

又《八瓊室金石補正》卷三十九第6頁，收錄法樂墓誌銘，陸增祥按云：「三歲出家，必瑀之命也。瑀之女兄為後而其女於孩提時即令為尼，異哉！」

蕭瑀佞佛，自幼而始，《舊唐書》本傳云：「（瑀）好釋氏，常修梵行，每與沙門難及苦空，必詣微旨。常觀劉孝標辯命論，惡其傷先王之教，迷性命之理，乃作〈非辯命論〉以釋之。」《續高僧傳·卷二十九·慧齡（蕭瑀兄子）傳》記蕭氏奉佛，「家世信奉，偏宏《法華》，同族尊卑，咸所成誦」。唐代帝王，多信佛教。高祖原太子李建成，就曾為唐高祖欲沙汰佛教事上疏聲辯，稱佛教：「周孔儒術，莊老玄風，將欲方茲，迥非倫比；其有世代賢士，今古明君，咸共尊崇。」（見《法琳別傳》上）唐太宗對佛教也十分推崇，「以瑀好佛道，賞賚繡佛像一軀，並繡瑀形狀於佛像側，以為供養之容。又賜王褒所書《大品般若經》一部，並賜袈裟，以充講誦之服焉」（見《舊唐書·蕭瑀傳》）。唐代官僚士子之家以佛經教喻子女者也不為少數，如「牛肅長女……年十三，凡誦佛經二百餘卷」（見《唐人說薈·卷十四·牛應貞傳》）。佞佛之風如此盛熾，蕭瑀長女三歲出家亦不足奇。

蕭瑀子女中竟有四人出家，其長女法樂，三歲出家，度其生年，當為隋開皇十八年受戒。五女法燈，十六歲出家，時值貞觀二十年。又有蕭瑀三女蕭法願墓誌（見《金石萃編》卷五十四，龍朔三年十月十七日大唐濟度寺尼大比丘尼墓誌銘），亦為笄年出家，據其誌云：「乃於濟度伽藍，別營禪次，庭標雁場，遠蔿娥臺，藏寫龍宮，遙嗤魯館。」可知蕭瑀曾於濟度寺內，為其女別建禪房，供其子女出家修行，故而蕭氏數女同至濟度寺出家。其誌云：「龍朔三年八月二十六日捨壽於濟度寺之別院。」當至是時蕭瑀所建禪室尚存。

濟度寺，《陶齋藏石記》按云：「《長安志》載京城朱雀街（按，應作門）西第一街安業坊東南隅有濟度尼寺，注云：『隋太師申國公李穆之別宅。穆妻元氏立為修善僧寺。其濟度尼寺本在崇德坊，永徽中置宮，乃徙於此。』」《唐兩京城坊考》卷四安業坊條下所載與之相同。

蕭瑀佞佛，世代襲傳，至其孫女仍有執意出家者。《金石萃編》卷八十二收有開元二十五年九月二十三日（鐫刻日，葬日為十一月二日）大唐濟度寺故大德比丘尼惠源和上神空誌銘，即為蕭瑀孫女，蕭鈝（《新唐書·宰相世系表一下》作蕭鈝）之女。其年廿二時，「詔度為濟度寺尼」。

然而蕭瑀本人卻寧肯在塵世為官，不願出家為僧。《舊唐書》本傳載：蕭瑀曾在唐太宗面前請求出家。「太宗謂曰：『甚知公素愛桑門，今者不能違意。』瑀旋踵奏曰：『臣頃思量，不能出家。』」引起太宗不滿，手詔令其外遷商州刺史。與其令四女相繼出家相比，正可勾畫出蕭瑀的虛偽面貌。

四、大唐冀州刺史息武（欽載）君墓誌銘跋

垂拱四年十二月十八日武欽載墓誌銘，河南新安千唐誌齋藏石。

誌文首題云：「大唐冀州刺史息武君墓誌銘」誌文云：「武欽載，本姓徐氏⋯⋯曾祖蓋，皇朝封濟陰郡主，後固辭王，授散騎常侍，陵州刺史，上柱國，舒國公⋯⋯祖勣、司空上柱國英國公，贈太尉揚州大都督，諡貞武公⋯⋯父歷任嵐、饒、潤等州刺史，再除太僕少卿，兼知隴西事，又加銀青光祿大夫、上柱國、衛縣開國公，檢校并州大都督府長史，清源道總管，除冀州刺史。」

武欽載墓誌

　　上揭誌文正說明此武欽載即唐開國功臣李勣（徐世勣）之孫。《舊唐書‧李勣傳》云：「李勣……本姓徐氏，名世勣。永徽中以犯太宗諱，單名勣焉……武德二年……詔授黎陽總管，上柱國，萊國公。尋加左武侯大將軍，改封曹國公，賜姓李氏。」

　　這方垂拱四年刊製的墓誌可補正一個兩唐書語焉不詳的問題。

　　據《舊唐書‧則天皇后本紀》：「嗣聖元年九月……故司空李勣孫柳州司馬徐敬業，偽稱揚州司馬，殺長史陳敬之，據揚州起兵……冬十月……丁酉。追削敬業父、祖官爵，復其姓徐氏。」又《李勣傳》附〈徐敬業傳〉：「勣孫敬業……嗣聖元年七月……遂據揚州。鳩聚民眾，以匡復盧陵為辭。」「則天……追削敬業祖、父官爵，剖墳斲棺，復本姓徐氏……勣諸子孫坐敬業誅殺，靡有遺胤，偶脫禍者，皆竄跡胡越。」

　　徐敬業舉兵討武周，是擁護李氏，反對武氏篡權的首次武裝行動，對想登位大寶的武則天打擊很大。因而，武則天對徐敬業一家的誅殺也不在意外。然而舊史書上對武周篡位一舉頗多非議，聲稱武氏將李勣家族誅殺無遺，亦當為聳人聽聞之辭。此誌可證，徐敬業兵事後，李勣子孫仍有子遺。而且武欽載之父武思文竟能歷任顯職。武欽載調露元年八月四日卒於隴西大使之館，後改葬於洛陽縣平陰鄉北邙之原。說明在武周期間武思文仍「兼知隴西事」，後「又加銀青光祿大夫、上柱國、衛縣開國公……」又被賜姓武氏，榮寵不減前朝。

　　尋其原因，則如誌文所云：「洎聖母神皇之臨天下，其父思文，表忠貞之節，又錫同姓聖氏，仍編貫帝鄉。」可見武思文（李思文）與徐敬業走的是兩條不同的政治道路。一個要匡復盧陵王，恢復李氏天下；一個表忠貞之節，堅決擁戴武氏，故而此一支能保全性命，且備受榮寵，賜姓武氏，編入武氏屬籍。

　　《舊唐書‧姚璹傳》記載的姚璹經歷與此頗有相似之處。其傳云：「姚璹……則天臨朝，遷夏宮侍郎。坐從父弟敬節同徐敬業之亂，貶桂州都督

府長史。時則天雅好符瑞，璹至嶺南，訪諸山川草樹，其名號有『武』字者，皆以為上膺國姓，列奏其事。則天大悅，召拜天官侍郎。」武（徐）思文能以徐敬業之叔的身分存活於世，仍居顯貴，其做法當與姚璹相近，且有過之，惜乎誌文不及詳言。

又千唐誌齋收有開元五年二月十三日唐故潞州屯留縣令溫府君夫人李（功德山）夫人墓誌銘，誌云：「祖勣，司空上柱國英國公。」「父思文，戶部尚書上柱國衛國公。」可知其即武思文之女墓誌。此時玄宗移祚，已為李勣及徐敬業平反。

所以其女又改姓李氏。誌中也稱讚其「堂兄太僕卿業……兵起唯揚，志懷匡復」。但也敘述了李功德山對徐敬業起兵「口陳禍福，如指諸掌，為言喪敗，無違晷刻」。表現了武思文及其子女擁護武后，反對叛亂的明顯政治態度，為上文所述做了一個有力的證明。

武思文一支，《新唐書·宰相世系表五下》徐氏條中未載，僅見徐世勣下錄有一子：「震，梓州刺史。」震以下錄三子：「敬業，柳州司馬。」「敬猷，盩厔令。思順，字知通，鴻臚卿。」思順名字中排思字輩，應與武思文同列，為徐世勣（李勣）子，與敬業等同輩恐係誤舛。此處《新唐書·宰相世系表》是否錯誤，尚俟他證。

五、大周故左武威衛大將軍檢校左羽林軍贈左鈐衛大將軍燕國公黑齒（常之）府君墓誌文跋

黑齒常之墓誌，葬於唐聖曆二年二月十七日，為騰衝李根源曲石精廬藏石。

黑齒常之為百濟人，入唐後，歷任軍職，為高宗、武后年間著名將領，多有邊功，垂拱年間，被酷吏周興等人誣為謀反，下獄自殺，旋即平反。據誌文云：「聖曆元年，冤滯斯鑑……制……贈左玉鈐衛大將軍。」又

「贈物一百段，其葬事幔幕手力一事以上官供。仍令京官六品一人檢校，奉遷於邙山南宮道北」。

據新、舊《唐書》黑齒常之傳及其他關於黑齒常之記載處，與墓誌相校，有幾點遺誤，可依誌文正之。

《新唐書·黑齒常之傳》云：「龍朔中，高宗遣使招諭，乃詣劉仁軌降，累遷左領軍員外將軍、洋州刺史。」《舊唐書·黑齒常之傳》與《新唐書》所載略同，唯作「累轉左領軍員外將軍」，無洋州刺史一職。

誌文則云：「唐顯慶中，遣邢國公蘇定方平其國，與其主扶餘隆俱入朝，隸為萬年縣人也。麟德初，以人望授折衝都尉，鎮熊津城。咸亨三年，以功加忠武將軍，行帶方州長史；尋遷使持節沙泮州諸軍事、沙泮州刺史，授上柱國……天子嘉之，轉右領軍將軍兼熊津都督府司馬，加封淳陽郡開國公，食邑二千戶。」

考《舊唐書。地理志二》：山南西道，「洋州下……武德元年，割梁州三縣置洋州……在京師南八百里」。沙泮州則於史籍無載。《新唐書》地理志七下「高麗降戶州十四，府九」條下又云：「初，顯慶五年平百濟，以其地置熊津、馬韓、東明、金連、德安五都督府，並置帶方州。麟德後廢。」上揭黑齒常之墓誌中詳細列舉了黑齒常之入唐後歷任的官職，早期均在原百濟地熊津、帶方一帶薀任。《舊唐書·地理志二》，河北道、安東都護府、新城州都督府等十四州條下：「凡此十四州，並無城池，是高麗降戶散此諸軍鎮。以其酋渠為都督，刺史羈縻之。」說明當時唐平高麗、百濟等國後，利用投降的各族首領為唐地方官員監領當地各族人民。黑齒常之曾為百濟達率。誌文云：「達率之職，猶今兵部尚書，於本國二品官也。」鑑於黑齒常之有很大的號召力，唐政府任命其為「帶方州長史，熊津都督府司馬」鎮守熊津城，是十分自然的。因此，黑齒常之所任的應該是誌中所云之沙泮州刺史，而不是遠在山南的洋州刺史。沙泮州可能是平百濟後所設的羈縻州。高宗年間，在高麗、百濟故地設立的州府即陸續廢

除，沙洋州當亦旋置旋廢，故不存於史籍。《新唐書》中記載的洋州刺史當係舛誤。洋字恐即洋字之訛。

《古今姓氏書辯證·卷四十·入聲二十五德》：「黑齒，出自南詔，群蠻有黑齒、金齒、銀齒三種。」《楚辭·招魂》亦云：「魂兮歸來，南方不可以止些。雕題黑齒，得人肉以祀，以其骨為醢些。」至今海南黎族，仍有染黑牙齒的習俗。可見染黑齒為南方民族的風俗。《梁書·卷五四·東夷傳》云：「倭者，自云太伯之後，俗皆紋身，去帶方萬二千餘里，大抵在會稽之東……其南有侏儒國，人長三四尺。又南黑齒國、裸國，去倭四千餘里，船行可一年至。」

黑齒常之墓誌云：「其先出自扶餘氏，封於黑齒。子孫因以為氏焉。」黑齒所封之黑齒是否為倭國以南之黑齒國，尚不可知。但《梁書·百濟傳》云：「其國近倭，頗有紋身者。」說明百濟風俗受到倭國影響，其間聯絡往來是很密切的。而百濟與黑齒國等地的聯絡，可能也不是十分困難的。

黑齒常之誌中尚記載黑齒常之曾為「燕然道副大總管……神武道經略大使……懷遠軍經略大使」。開元三年十月廿二日唐中大夫安南都護府長史權攝副都護上柱國杜（忠良）府君墓誌銘中又云：「（杜忠良曾）敕授依州司馬，領本州兵馬，與紫蒙軍大總管黑齒常之後軍計會。」《新唐書》本傳亦云：「垂拱中……為燕然道大總管。」據《新唐書·兵志》所載唐初（武德至天寶以前）邊防之制，其平盧道等十道及所屬軍中，並無燕然道、神武道、紫蒙軍等設置。據誌文等可補《新唐書·兵志》之疏漏。

又《舊唐書·五行志》云：「永徽中，黑齒常之戍河源軍。有狼三頭，白晝入軍門，射之斃。常之懼，求代。將軍李謹代常之軍，月餘卒。」

據誌文及本傳，黑齒常之龍朔三年方降唐朝。當不可能在此前十餘年的永徽年間戍河源軍。附誌於此。

六、大唐故定州無極縣丞白（慶先）府君墓誌跋

闕年月白慶先墓誌，乃《新唐書‧宰相世系表五下》白氏，白大威之孫墓誌。據其行輩，當屬白居易伯祖。據《舊唐書》相關記載及其父白羨言墓誌可以確切判斷其立誌年代。

白慶先墓誌中稱：（君為）「秦將武安王起廿七代孫。曾祖君恕，唐任太常少卿，邵陵郡開國公；祖大威，歷滄、綿、梓三州刺史；父羨言，太中大夫、上柱國，歷太子內直郎。」白慶先「初任太廟齋郎，解褐拜通直郎、徐州沛縣尉……秩滿調補定州無極縣丞」。

洛陽出土開元廿三年白羨言及妻賀若氏墓誌云：「……曾祖士遜……先大父君恕，參神堯皇帝霸府倉曹，轉開府大將軍，加太常卿；生皇考大威，持節滄、綿、梓三州刺史。公則梓州府君之第三子也。」「夫人河南賀若氏……龍集戊戌八月十有五日遘疾毓財里，考終厥命……胤子有十，仲日慶先，官至定州無極縣丞……並先夫人而逝。」誌中所載龍集戊戌之歲當係誤字。其誌葬於開元廿三年八月十九日。開元廿三年應為甲戌年，開元紀年中並無戊戌年。據此誌可知白慶先卒於開元廿三年八月十五日之前。

白慶先墓誌中又云：「御史中丞兼幽府長史張守珪知君誠懇，奏充判官……今年二月廿二日使差給熟奚糧，奚叛遇害。」誌中所云今年係指何年，僅憑墓誌本身無法解決。查《舊唐書‧張守珪傳》云：「（守珪開元）二十一年轉幽州長史，兼御史中丞……二十三年春……廷拜守珪為輔國大將軍，右羽林大將軍，兼御史大夫。」又《舊唐書‧玄宗紀》上云：「開元二十二年十二月乙巳，幽州長史張守珪發兵討契丹，斬其王屈烈及其大臣可突干於陣……餘叛奚皆散走山谷。」張守珪開元二十一年任幽州長史，白慶先充判官當在此後。白慶先為「給熟奚糧」而遇害，其事正與《舊唐書‧玄宗紀》所載開元二十二年十二月討契丹事相吻合。故白慶先之卒，當在開元二十三年二月二十二日，正在賀若氏卒日之前。白慶先墓誌中

稱：「君昆季繁眾，皆相次而卒，花零萼悴，君子爾獨存。」而此子遺亦因邊事遇害，對年已七十六歲的賀若氏打擊之重可想而知。這也致使賀若氏於同年八月「考終厥命」。為賀若氏刊石立誌的僅有其寡媳劉氏、李氏，可知其胤息十人確已「相次而卒」。

《新唐書·宰相世系表五下》白氏：「武安君起，賜死杜郵，始皇思其功，封其子仲於太原，故子孫世為太原人。二十三世孫後魏太原太守邕，邕五世孫建。建字彥舉，後周弘農郡守、邵陵縣男。」子「君恕，倉部郎中」。子「大威，梓州刺史」。墓誌所載，可與世系表互為補證。清代沈炳震《唐書宰相世系表訂譌》（見《二十五史補編》第六冊）卷第十二：「白氏，（一世）建字彥舉⋯⋯」條下按云：「《北齊書·白建傳》：『建字彥舉，侍中中書令。』後周無此人，表未詳何據。」白羨言墓誌亦言：「（武安君起）後十五世（按，此似誤字，當作二十五世）生建，仕齊為中書令，贈司空公。」可證《宰相世系表》之誤。

原載《華夏考古》1988年第2期

讀唐代墓誌札記三則

一、鬻志文者相轉抄成風

岑仲勉先生《金石論叢·安師誌與康達誌》一文中比較了唐龍朔三年安師誌（按全稱應作唐故蜀王府隊正安〔師〕君墓誌銘）與總章二年康達誌（按全稱應作唐故上騎都尉康〔達〕君墓誌銘），發現二誌銘文基本相同。岑先生說：「尤怪者……安、康當不同出，何姓源猶復抄襲。今如蜀府改為勛校，執筆之人，似非絕不諳文義者，而字與先系，竟任其完全雷同，是可怪也。」

岑先生所注意到的這種情況，在唐代墓誌中是十分常見的，我們在初唐墓誌中略加檢索，試舉數例如下：

貞觀十二年閏二月廿七日大唐護軍魏王府主簿唐遜故夫人柳（婆歸）氏墓誌銘[432]與貞觀十四年正月十七日故張君夫人秦（詳兒）氏之銘[433]。秦詳兒墓誌為：「夫人諱詳兒，字尼子，懷州妐止人也。始導鴻源，纂西周而遠睿；遂分茂族，振東魯以騰芳……夫人承教義之餘風，稟端莊之美操，三星比曜，四德連華。十五之年，言歸君子；躬儉節用，內位克修；孝敬以聞，言容以度。恰聲奉帚，事姑之禮盡焉；舉案齊眉，為妻之儀（脫二字）。豈謂灰管不留，風霜遂及。生香罕遇，靈草難逢。逝矣浮生，促齡斯在……乃為銘曰：逖矣長瀾，悠哉盛跡。光茲三點，承諸七百。鼎鉉相輝，簪裾赫奕。式備九儀，言從百兩。征路雲飛，巫山珮響。停機奉帚，成規合象。日往月來，煙銷雨滅。未秋蓮碎，方春桂折。式旌華墓，泉門永絕。」以上所引諸句，在柳婆歸墓誌中完全存在，僅將名諱改為婆

432 北京圖書館藏拓本。
433 北京圖書館藏拓本。

歸二字。此外，兩誌不同之處僅在於祖、父之名氏、職官各異，以及柳婆歸墓誌多一些誇飾詞句而已。

又顯慶二年十二月十九日唐故支（懷，字信）君墓誌銘[434]與顯慶四年七月九日大唐故支（懷，字通）君墓誌銘[435]也是基本一致。不同之處僅為顯慶二年支懷誌云：「君諱懷，字信，洛州洛陽人也……祖明，在隋季年，策身州府，征討有勛，授宣惠尉，驅馳鞅掌，無憚劬勞，所在效誠，勤庸著績，又授建節尉。父仁。粵以顯慶二年十一月十八日卒於私第，春秋七十有七。即以其歲次丁巳十二月乙卯朔十九日癸酉葬於洛城之北長崗之隈。」顯慶四年支懷誌則云：「君諱懷，字通。洛州河南人也……祖壽，父賢……粵以顯慶四年六月十四日卒於私第，春秋六（七）十有一，即以其年歲次己未七月丙子朔九日甲申葬於洛城之北長崗之隈。」除此之外的文字完全一致，甚至使用的異體字也基本一致，如戚、崗、斷等。

再如總章二年三月十九日唐故李夫人墓誌銘[436]，總章二年五月十四日唐故趙夫人墓誌銘[437]，及總章三年正月二十一日大唐故王夫人墓誌銘[438]三件墓誌，誌文均十分相似，唯氏望、親屬名字不同而已。

追溯造成這種情況的原因，不難推定，這些雷同的誌文均應出自同一作者之手。此係鬻志文者轉抄前文，粗製濫造而致。

文人受酬金而撰寫碑、誌，這是在東漢時期就已經存在的社會觀象。《後漢書·郭符傳》云：「同志者乃共刻石立碑，蔡邕為其文，既而謂涿郡盧植曰：『吾為碑銘多矣，皆有慚德，唯郭有道無愧色耳。』」《封氏聞見記》卷六云：「近代碑稍眾，有力之家，多輦金帛以祈作者，雖人子罔極之心，順情虛飾，遂成風俗。」《太平廣記》卷二五五王維條云：「唐宰相王璵好與人作碑誌，有送潤毫者，誤扣王維門。」又《唐人說薈》收錄唐代

434　北京圖書館藏拓本。
435　北京圖書館藏拓本。
436　《千唐誌齋藏誌》。
437　北京圖書館藏拓本。
438　《千唐誌齋藏誌》。

李肇《國史補》云：「王仲舒為郎官，與馬逢友善，每責逢曰：『貧不可堪，何不求碑誌相救。』」

由此可見，碑誌文早就成為一種商品，喪家以金購文，文人以文易金。《唐語林》卷一云：「長安中爭為碑誌，若市賈然。大官死，其門如市，至有喧竟構致，不由喪家者。」正逼真的描述了文人爭以碑誌文作為商品進行交易的場景。《容齋隨筆》卷六文字潤筆條中，引用了大量事例來說明唐代作碑誌文受錢之風。其引杜詩〈送斛斯六官詩〉言，「故人南郡去，去索作碑錢；本賣文為活，翻令室倒懸」，更是生動之至。它也反映出當時鬻志文已成為普遍的社會風氣，甚至成為窮苦文人的一種謀生方式了。

誌文已成為商品，購買者必求之光耀溢美，製造者求之於省工得利，沿襲轉抄自然成為最常用的方式。除套用一些習見的諛辭媚語外（例如曾任地方官則必稱「避蝗、飛雉、佩弦、蒲鞭」等：未曾出仕則必稱「性尚沖簡，志好虛玄，遨遊丘園，寄情琴瑟」等），最簡便的方法是轉抄前文，於是，就出現了如此眾多的雷同誌文。須知轉抄舊文，陳陳相因的手法並不僅限於墓誌。上至詔敕文書，下至信牒債券，都習慣於沿襲舊本。如《太平廣記》卷二五九陽滔條云：「唐陽滔為中書舍人，時促命制敕，令史持庫鑰他適，無舊本檢尋，乃斫窗取得之。」又如《吐魯番出土文書》冊一所收哈拉和卓八八號墓出土的北涼承平八年翟紹遠買婢券，義熙五年道人弘度舉錦券，與冊二所收阿斯塔那一五三號墓出土高昌延昌三十六年宋某夏田券等文書的形式，慣用語言也是基本一致的，可見是長期沿用一個範本抄襲使用。至於唐人文章詩詞中雷同近似的例子就更多了，此不贅言。

從以上誌文相同的各組墓誌中，可以看到它們的誌主尚有一些相似之處。安師與康達二人，同為西域胡姓，又同字文則；柳婆歸與秦詳兒二人亦同字尼子；支懷二誌則同名同姓，僅字不同。如非巧合，便是鬻誌者因姓氏、名、字而檢用舊日墓誌文矣。

上文已揭二支懷誌，均言葬於「洛城之北，長崗之隩」。柳婆歸與秦詳

兒誌亦均葬於「千金鄉千金里」。李夫人、趙夫人誌均葬於「清風鄉北邙平原」。據此推測，這些雷同的墓誌似均出於同一處經營喪葬者之手，也就是說，可能是同一個凶肆承辦製作的。唐人筆記、小說中記載，唐代都市各行業中有凶肆，專營喪事。如《唐人說薈》載白行簡《李娃傳》云：「徙之於凶肆之中……初，二肆之備凶器者，互爭勝負……其二肆長相謂曰：『我欲各閱所備之器於天門街，以較優劣……二肆許諾，乃邀立符契，署以保證，然後閱之。士女大和會，聚至數萬……巷無居人。」傳中稱二凶肆為東肆、西肆。據《唐兩京城坊考》卷一：長安外郭城有兩市，曰東市、西市。又「有南北大街曰承天門街」。張穆補注：「東西廣百步，南出皇城之朱雀門。」傳中所稱天門街當即此承天門街，為中分長安外郭城之南北大街，長安郭城在承天門街東西各有一市，各肆均於市中立業。《李娃傳》中二肆於承天門街鬥勝，似為各居一市，各以其市為名。洛陽的情況也當與之近同，《唐兩京城坊考》卷五洛陽長夏門之東第二街：「南市，……其內一百二十行，三千餘肆。」三千餘肆內當亦有凶肆在內。唐代以歸葬洛陽為重，有「葬在北邙」之稱，洛陽市內的凶肆，生意會更興隆，轉抄誌文就更常見。

安師誌云：「終於洛陽之嘉善里第，合葬於北芒之坂。」康達誌云：「終於河南思順里之第，葬於北邙之坂。」據《唐兩京城坊考》卷五：南市以南第一坊即嘉善坊，南市以西即思順坊，此兩坊（里）相鄰近，又均傍南市。上揭二誌當亦為南市同一凶肆所製。

審此類墓誌墓主身分，多為中、下層地主、官吏、市民。秩位較高、家產較大或文名稍重者則無此類現象。這也可以證明它們是出於凶肆的低廉產品。這類墓誌在史料價值上多無可取之處，然而，透過它們卻可以看到唐代社會生活的一個側面。

此外，唐代宮人墓誌中的雷同現象更多見。如麟德二年閏四月、六月、七月三則亡宮九品墓誌，除死者年歲外完全一致。這樣的墓誌則為宮中刻製，格式文辭千篇一律，臨有喪事，即沿用一篇而已。

▎二、高年婦人版授鄉君

《舊唐書·職官志》載:「勛官四品有封,母妻為鄉君。其母邑號,皆加太字。」《通典》職官十六引文相同。《新唐書·百官志一》作:「四品母、妻為郡君,五品母、妻為縣君。勛官四品有封者,母、妻為鄉君。」除因男子任官而封贈其母、其妻官號外,唐代早中期還經常見到出於尊老而版授高年婦人鄉君一事。如《舊唐書·高宗紀下》:「(乾封元年)正月壬申,諸老人百歲已上,版授下州刺史,婦人郡君。九十、八十節級。」在此之前,尚有「顯慶五年,三月丙午……詔并州婦人年八十以上,皆版授郡君。」[439]但此次封贈範圍似僅限於并州。《舊唐書·中宗紀》:「(景龍二年二月)……庚寅大赦,進五品以上母妻封號一等,無妻者授其女,婦人八十以上版授郡、縣、鄉君。」《舊唐書·睿宗紀》:「(先天元年正月)己丑大赦,改元日太極……版授九十以上下州刺史,八十以上上州司馬。」《容齋隨筆》卷九老人推恩條云:「唐世赦宥,推恩於老人絕優。開元二十三年,耕籍田。侍老百歲以上,版授上州刺史;九十以上,中州刺史;八十以上,上州司馬。二十七年,赦。百歲以上,下州刺史,婦人郡君;九十以上,上州司馬,婦人縣君;八十以上,縣令,婦人鄉君。」

開元之後,尚有多次詔令封贈高年婦人,限於篇幅,不一一列舉。

在唐代墓誌中,有大量封贈鄉君、縣君的婦人誌文。在它們中間反映的唐代版授高年婦人狀況,可以為文獻紀錄詳加補證。

由墓誌中所見,唐封贈高年婦人自貞觀年間已始,以永徽年中為盛,顯慶年間便較少見了。例如:

❖ 貞觀十八年八月十九日大唐故姚(暢)君墓誌:「夫人陳氏……貞觀十七年版授河南縣崇業鄉君。」[440]

---

439 《資治通鑑》卷二○○。
440 北京圖書館藏拓本。

❖ 貞觀十九年十二月十二日大唐楊（華）君墓誌銘：「夫人焦氏……耆年八十，版授鄉君。」[441]

❖ 貞觀二十年五月十一日唐故洛州河南縣崇政鄉君齊夫人墓誌銘：「張氏早亡，誓心自守，屬聖朝崇年尚德，板授崇政鄉君。」[442]

❖ 永徽元年七月九日唐故隋酒城府鷹揚曹（諒）君琅耶郡君安氏墓誌：「一醮齊於恭姜，四德諧於孟母。詔授洛濱及伊洛鄉君。」[443]（按：卒年八十六歲）

❖ 永徽三年十二月一日大唐故洛州州都張（欽）君墓誌銘：「夫人成氏，錫鄉君之號。」[444]

❖ 永徽四年二月十四日大唐故劉（普曜）君墓誌銘：「夫人乙安氏……聖上詔授王晏鄉君，特表門閭，用旌其德。」[445]

❖ 永徽四年十一月十二日唐故轂水鄉君張（伯）夫人墓誌銘：「詔授轂水鄉君。」（按：卒年九十。）[446]

❖ 永徽五年九月二十五日唐故楊（貴）君墓誌：「夫人武氏……詔授緱氏鄉君，優秩也。」[447]

❖ 永徽六年二月六日唐故洛陽縣淳俗鄉君效夫人墓誌銘：「詔授洛陽縣淳俗鄉君，優年德也。」[448]（按：卒年九十二。）

❖ 龍朔元年八月二十一日唐故上谷侯夫人義明鄉君譚氏墓誌銘：「詔授鄉君，優年德也。」[449]

❖ 麟德二年十月十八日大唐故魏氏田夫人墓誌銘：「皇思闡頤老之規，

441　北京圖書館藏拓本。
442　北京圖書館藏拓本。
443　北京圖書館藏拓本。
444　北京圖書館藏拓本。
445　北京圖書館藏拓本。
446　《千唐誌齋藏誌》。
447　北京圖書館藏拓本。
448　《千唐誌齋藏誌》。
449　北京圖書館藏拓本。

明詔普乞言之禮。龍朔元年十月一日版授南陽郡君。」[450] （按：卒年八十五。）

將以上所揭誌文的時間與文獻中所載版授鄉君的年代對比一下，即可看出，其中多有不符。如貞觀初至顯慶年中這一期間，據文獻所載未曾明詔版授高年。

上引誌中所授鄉君卻多出自此一期間。由此產生了兩種可能：一種為文獻闕載，另一種則是，唐代授予婦人高年者尊號是一種經常性的尊老制度，而不是必須在國家慶典時頒布的特別恩賞。

由於兩唐書等史籍記載版授高年時，往往與赦令合記，所以人們可能認為它是大赦的必然內容。然而，就《唐大詔令集》中所收錄的赦令統計，大部分赦令中都不明言赦授高年。例如在《唐大詔令集》卷二即位赦中，僅有太宗、順宗即位赦提及版授事。太宗即位，赦云：「百歲以上，各賜米四石，錦帛十段，仍加版授，以旌尚齒。」順宗即位，赦云：「百姓九十以上，版授及賜各有差。」卷三、四、五的改元赦中，有武后及肅宗的四則改元赦提及版授。改元弘道，詔云：「老人年百歲以上者，版授下州刺史，婦人版授郡君。九十以上者，版授上州司馬，婦人版授縣君。八十以上者，版授縣令，並婦人節級，量賜粟帛。」改元光宅，詔云：「諸年八十以上……並依舊例版授。」改元載初赦云：「天下百歲以上老人版授下州刺史，米粟五石，帛十段。九十以上，版授上州司馬，米粟四石，帛七段。八十以上，版授縣令。」去上元年號赦云：「天下侍老，先版授者更改與版授，未版授者與版授。」此外，尚有開元二十七年、天寶七載、天寶十三載冊尊號赦與開元二十六年冊皇太子赦等赦令中提及版授，內容與上引改元弘道詔略同。其餘的大量赦令中均無提及版授高年一事。

既然版授高年不必一定在大赦之年實行，那麼，是否在平常詔令中提及，而史文闕載呢？上引貞觀十九年十二月十二日大唐楊（華）君墓誌銘

450　北京圖書館藏拓本。

中的夫人焦氏「耆年八十，版授鄉君」。誌又云：「今乃八十有三，遂身縈重疾……貞觀十九年十一月……終於敦厚里私第。」據此可推知焦氏授鄉君之年為貞觀十六年，而兩《唐書》、《資治通鑑》所載，在貞觀十六年內沒有任何涉及高年的詔令。

由此看來，唐代的版授應該是一種經常性的制度。對符合條件者隨時上報，朝廷亦隨時予以版命，不一定必須等到大赦令時頒布。大赦時特別提及的版授，只是尊老的一個額外加恩，並且多著重於賜物，如粟帛羊酒之類。

以上諸誌中的鄉君，大多為庶族之妻，僅僅由於年高德劭才被唐王朝封贈。誌文中明確闡明了版授的條件，為年、德兩項，即必須年過八十、嚴守婦德女箴，從一而終者。《新唐書·百官志一》云：「內命婦……凡諸王、公主、外戚之家，卜、祝、占、相不入門。王妃、公主、郡縣主嫠居有子者，不再嫁……」對於皇親國戚之家要求尚如此嚴格，對無秩、低秩庶族地主家的命婦要求自然會更加苛刻。

尊老之俗，在中國歷史上源於久遠，秦漢時期已成定制。武威磨咀子出土王杖十簡中稱：「制詔御史曰：年七十受王杖者，比六百石，入官廷不趨，犯罪，耐以上毋二尺告劾。有敢徵召侵辱者比大逆不道。」又：「老小高年，受王杖，上有鳩，使民望見之，比於節。有敢妄罵詈歐之者，比逆不道。」是指朝廷授予七十以上老人鳩杖，以示尊重。在東漢畫像磚的敬老圖中也能看到手持鳩杖的老人形象[451]。這種鳩杖，實際上已賦予了老人一種類似官吏的特權。到南北朝時期，尊老由授鳩杖逐漸改變為版授官職的形式，隋唐兩代沿襲之。如《魏書·高祖紀》云：「（太和二十年）……國老黃耇，假中散大夫、郡守……各賜鳩杖、衣裳。」是時尚未轉入版授高年，《魏書·肅宗紀》載：「（熙平二年）詔京尹所統，百年以上賜大郡板，九十以上賜小郡板。」則已正式以版授高年。其後《北齊書·孝昭帝紀》：「（皇建元年八月乙酉）詔：『……諸郡國老人各授班職，賜黃帽、鳩

---

451 《考古》1979年第6期〈告貸圖畫像磚質疑〉。

杖。』」《周書·武帝紀》：「（保定三年秋七月）又賜高年版職各有差。」可見在北朝時期版授高年已成為定制，成為「給予『老人』『高年』的一種榮譽」[452]。《容齋隨筆》稱唐代推恩於老人絕優尚不完全，宋代張淏《雲谷雜記》中駁斥《容齋隨筆》，認為「（老人）自隋已有版授太守者」，也不是十分確切的。然而，版授高年女人則是唐代以前不多見的。這一方面，唐代墓誌提供了可靠的實證。

▌三、唐代公館並非私家住宅

「公館」一詞，近人多以稱呼官僚富豪的住宅。然而，其本意為公家（國家，亦即帝家）建造的館舍。館的本意即為國家接待客人的宮室。《說文解字·五下》：「館，客舍也。」《周禮·委人》「凡軍旅之賓館焉」鄭注：「館，舍也。」《左傳·隱公十一年》「館于寪氏」等處注文相同。公館的意思與之相同，如《禮記·雜記上》：「諸侯行而死於館。」疏云：「正義曰：『館，主國所致舍者，按曾子問云疏：公館，與公之所為，曰公館是主國館賓之舍也。」至於漢代，則將官府所建的房屋一併稱為公館。自斯以下，多以公館稱呼國家、官府的房產。

近人誤認為漢代以降即將私人宅第稱公館。現《辭海》修訂本中即引魏元暐墓誌中「薨於長安之公館」一句認為當時已稱官僚、富家住宅為公館。此實為誤解。元暐墓誌中所稱公館，仍是指官方擁有的，供任職官員居住的房舍，不屬私人所有。直至唐代，仍是這種概念。唐代墓誌中有多種例證可以證明之。

龍朔二年六月十四日唐故田（惠）君墓誌銘云：「終於洛□之公館，其日遷靈於立行坊私第。」[453]誌中明確的以私第與公館對應。說明田惠卒於官方住所中，當天即遷靈至己身私有住宅裡。又乾封二年二月十八日大唐

---

452 《考古與文物》1982年第2期〈「版授」和有關出土物〉。
453 《千唐誌齋藏誌》。

故邢州南和縣令趙府君夫人梁氏墓誌銘云：「薨於涇州之公館。」[454]是時其子趙真度任涇州司功參軍，梁氏當隨子在其任所，故卒於官家住室中。由此可見，唐代公館還不是私家住宅的稱呼。唐代墓誌中多稱私第、家第、家所等，才是指個人所有的住宅。

唐代公館又稱公第，如：咸亨四年三月十四日大唐故度支郎中彭君夫人安定鄉君侯氏墓誌銘云：「卒於趙州之公第。」[455]其時侯氏子同壽為趙州司倉參軍，侯氏卒於其子任所。又稱為官第，如：乾封二年閏十二月十一日唐故虢州閿鄉縣丞孫（恭）君墓誌云：「終於閿鄉縣之官第。」[456]這些稱呼，也明確的表示出「公館」在唐代仍然是官方所有的房產，北魏時期自不待言。

原載《文博》1988 年第 3 期

454　北京圖書館藏拓本。
455　北京圖書館藏拓本。
456　《千唐誌齋藏誌》。

房山雲居寺石經唐代題記研究

　　近代以來，中國古代石刻佛經的資料不斷被發現、整理與介紹出來。從北京、河北、陝西、山東直至四川，都有古代刻經的分布，反映出中國古代石刻佛經的盛大規模。而在這眾多發現中，早已經聞名中外的北京房山雲居寺石經仍是中國古代石刻佛經中的頂尖，也是世界上僅有的石刻大乘佛經經典寶庫。其所保存的歷代佛教經典，已被中外學術界視為珍貴的文獻寶庫。迄今為止，在中國古代石刻佛經的發現中，房山雲居寺石經是包含資料內容最多，刻製時間延續最長的一處。而在這些石刻佛經的經版上，還附著有大量歷代刻寫經文時捐助資金的供養人題記。我們由此也可以說房山雲居寺石經是歷代參與人士最多的一處刻經工程。這些題記的可貴之處在於：透過它們可以深入了解當時刻經的捐助組織情況，對當時幽州一帶的社會狀況也有所反映，同時還可以提供一些關於刻經的歷史實況。北京圖書館編輯的《房山石經題記彙編》一書曾將這些題記專門摘錄出來，替研究工作提供了很好的基礎[457]。臺灣學者也編寫了《新編補正房山石經題記彙編》[458]，就上一書進行了補充與訂正，使之更為可靠。現就其中唐代的相關題記（主要是唐代所刻《大般若波羅密多經》中的相關題記）加以分析，並討論一下其中所反映出的幾個相關歷史問題：

▍一、有關唐代刻經供養人的身分狀況

　　除過一些專門的造經發願題記碑之外，一般的造經題記內容都是比較簡單的，大多只書寫供養人的社邑組織名稱、社邑管事人員姓名或供養人

457　北京圖書館：《房山石經題記彙編》，書目文獻出版社，1989年。
458　陳燕珠：《新編補正房山石經題記彙編》，（臺）景苑出版社，1995年。

官職、姓名，以及造經的時間與所捐助的刻經件（題記中稱「條」）數。在這些刻經題記中，我們可以看到，當時到寺中捐贈錢財刻寫佛經，主要透過兩種形式：一是出資數量大的官員與個人，可以獨自捐資，指定刻寫一座（題記中稱作一條）或若干碑石。但更多的是由一批人結成社邑，每人捐資若干，共同刻寫一座或若干座碑石。由此可見，當時刻寫一條碑石的捐款應該是固定的。這個數量可能是寺院中主持刻經的僧人予以確定。所以題記中都不寫具體的錢數。

這種社邑為公眾性的佛教徒組織。有些可能是臨時組成，有些則可能延續存在於較長的時期，負責人相繼傳承。如〈唐雲居寺韓烈等藏經記〉中記載：「□□□□翼歿世而以邑務授予傅長老。至元和初，傅長老嬰疾，謂韓烈□□□□傳，無人□廢。自後韓烈等敬而行之，罔敢胥替，於今五年矣。」[459] 就說明了這種長期存在的社邑組織情況。又例如幽州城內的絹行、彩帛行等社邑，多年供奉刻經，並且社中的負責人（邑主、平正等）為同一人。這可能與行業集中經營、交流較多的情況有關。從題記中現存的唐代造經人姓名與社邑紀錄來看，當時參與佛教活動、捐資造經的主要有以下幾類人物：首先是薊州城市內的各種商業、手工業者，如：小彩行、白米行、絹行、生鐵行、炭行、五熟行、雜行、幞頭行、磨行、新貨行、椒筍行、屠行、油行等等。例如：

《大般若波羅密多經》卷十三條三十四「小彩行」（7·18）、卷二十一條五十六「郡市白米行」（8·182）、卷二十二條五十七「絹行」、卷三十一條八十二「生鐵行」（7·152）、卷三十七條九十八「大彩帛行」（7·24）、卷一百零七條二百八十七「幞頭行」（3·114）、卷一百七十七條四百五十六「雜行」（3·89）、卷一百三十六條三百五十四「屠行」（4·62）、卷二百六十條六百三十七「涿州果子行」、卷二百八十一條六百七十「涿州椒筍行」（1·915）……[460]

459　據溥儒輯《白帶山志》卷六。

460　本文所引題記均出自二書：北京圖書館編輯的《房山石經題記彙編》，書目文獻出版社，1989年；

這些行業名稱，表現出當時薊州城內十分興旺的商業、手工業狀況。在從天寶元年前開始刊刻，持續至唐代末年的《大般若經》上，天寶年間的供養人中近一半是各個行業社邑的成員。例如在天寶三年刻寫的28條石經中，具有明確行業社邑題記的就有11條之多。雖然每個社邑的成員沒有一一列名，但是從幾個記錄有社邑人數的題記中，可以看到早期的社邑一般為一、二十人不等，規模並不很大。如：卷二十條五十二「小彩行社官馮大娘等廿人每年造經二條，天寶二年四月八日上」（8·169），以此力量而能經常性的捐助刻經，應該反映了當時薊州工商的一定經濟實力與佛教在這些人士中的影響力。

值得注意的是，從中唐以下，商業與手工業人士組成社邑造經的數量就明顯減少了。轉而以民間社邑、主要是附近各縣的供養人為主要捐助刻經者。這樣的題記詳細記錄參與捐助的信徒姓名，並且記載供養人所居住的鄉里村莊，在全部題記中占有很大的數量。如：「固安縣政和鄉程村」，「新城縣孝悌鄉李村」，「歸義縣通口鄉盧家莊」等。這些供養人主要應該是散居農村的地主與農民，其中婦女占有相當數量。

那麼，商業與手工業社邑造經的數量明顯減少這一現象，是否反映出當時幽州地區的經濟結構有所變化呢？雖然由於唐代文獻中缺乏這一方面的資料，使我們不好就此做出絕對結論，但是，從唐代前後時期幽州地區不同的政治情況來說，這種可能性也是存在的。在唐代前期，幽州是中原與東北地區各民族的交流中心與商貿中心。《舊唐書·安祿山傳》中記載他「及長，解六蕃語，為互市郎」。《舊唐書·史思明傳》也說：「又解六蕃語，與祿山同為互市郎。」同時反映了當時幽州一帶興盛的互市情況。安史之亂後，幽州地區長期為藩鎮所統治，南面又有魏博鎮等藩鎮割據，與中原、南方的交流明顯減少。商業與手工業所受影響可能是不小的。中唐

陳燕珠：《新編補正房山石經題記彙編》，（臺）景苑出版社，1995年。以下不一一註明。括弧內為出土時編號。

以後，刻經供養人轉為以農村人士為主，應該是這種變化的產物。

　　一些地方官員也是造經的大施主。中晚唐時期，多名軍將加入到供養人中。在晚唐刻經數量減少的情況下，這些官員、將領的捐助占有相當大的比重。甚至有幽州地方軍隊的統帥，如元和年間，節度使劉濟就曾經多次捐助刻經。晚唐的刺史李載寧、史再新、張允伸等人也是主要的捐助人。反映出中晚唐時期幽州軍隊在當時社會中所占有的重要地位。

　　另外一個穩定的造經社邑群，是由附近各地寺院中的僧尼出面組織的，成員則多為僧尼所在地居民。題記中表現出這些社邑都由僧尼擔任主要的負責人，類似題記在現有題記中也占有相當的比例。例如：卷一百七十三條四百四十五「石經邑邑主惠昭、平正大慈、錄事修德……」(3·57) 卷一百三十二條三百四十五「昌平縣石經邑主真空寺上座僧實際……」(4·45) 等。這些僧人組織的社邑在造經人與巡禮人中也占有一定的比例。

　　由此可以看到：房山雲居寺石經的興造，在很大程度上得到了城市工商業者的支持，同時有地方官員的參與與提倡，附近的寺院也積極組織施主組成社邑，形成了一個以幽州城市為中心，以各地寺院為結合點，遍及幽燕地區各縣農村，分布廣泛的網絡結構。這一網絡所及，也就是幽州佛教影響所及之處。

　　附帶提及，有些手工業的興衰情況也可以從這些題記中看出一些端倪。例如在天寶年間的題記中，出現了幞頭行的名稱，表現了這種在唐代興起的頭衣在當時幽州的流行情況，以至於出現了專門加工製作與銷售幞頭的行業。這與現存的這一時期壁畫、陶俑中人物多戴固定成型的幞頭正可以互為證據。

二、造經社邑的分布組織情況

經彙集整理，在唐代《大般若經》等題記中記載的供養人所在地名稱主要有以下一些：

范陽郡：范陽縣、露（即潞）縣、薊縣、昌平縣、固安縣、良鄉縣、永清縣，這些郡縣即幽州城及幽州所轄附近各縣。《舊唐書·地理志二》：「幽州大都督府：……天寶元年，改范陽郡，屬范陽、上谷、媯川、密雲、歸德、漁陽、順義、歸化八郡。乾元元年，復為幽州。舊領縣十：薊、潞、雍奴、漁陽、良鄉、固安、昌平、范陽、順義也……永清……天寶元年改為永清……幽都，管郭下西界，與薊分理。」

歸化縣、順義郡賓義縣：應在幽州城內，屬地在幽州西南。《舊唐書·地理志二》：「順州下：天寶元年，改為順義郡，乾元元年，復為順州……賓義，郡所理，在幽州城內。」《新唐書·地理志三》：「歸順州，歸化郡，本彈汗州。開元二十二年以內屬契丹別帥析紇便部置。開元四年更名。縣一，懷柔……後僑治薊之南回城。」

歸義州（縣）：在今良鄉境內。《舊唐書·地理志二》：「歸義州，總章中置，處海外新羅歸義，在良鄉縣之廣陽城，州所治也。」《讀史方輿紀要》卷十一：直隸良鄉縣「廣陽城，縣東八里，漢縣屬廣陽國。後漢建武初封劉良為侯。邑屬廣陽郡……唐總章中以新羅降戶置歸義州於此，後廢。開元二十年復置。以處降奚。《唐書》：時信安王禕破奚契丹，奚酋李詩降，賜爵歸義王，歸義州都督，徙部落於幽州境內，即此」。

歸德郡、幽都縣：在幽州以北。《新唐書·地理志三》：「幽都……武德元年曰燕州……六年自營州遷於幽州城內……開元二十五年徙治幽州北桃谷山。天寶元年曰歸德郡。」

新城縣：後屬涿州。地在幽州東南。《舊唐書·地理志二》：「涿州：本幽州之范陽縣。大曆四年，幽州節度使朱希彩，奏請於范陽縣置涿州……范陽……新昌……歸義……固安……新城。」

易州（上谷郡）：易縣、遂城縣、淶水縣、容城縣、板城縣，地在幽州以西。《舊唐書‧地理志二》：「易州中：天寶元年，改為上谷郡。乾元元年，復為易州。天寶領縣六：……易……容城……遂城……淶水……滿城……五回……天寶後廢……開元二十三年，分置五回、樓亭、板城三縣。」

瀛州（河間郡）：河間縣、高陽縣：地在幽州以南。《舊唐書‧地理志二》：「瀛州上：……天寶元年，改為河間郡。乾元元年，復為瀛州……天寶領縣六……今領縣五：……河間……高陽……平舒……束城……景城。」

文安郡（莫州）：莫縣、長豐縣、清苑縣、任丘縣，地在幽州以南。《舊唐書‧地理志二》：「莫州上：……天寶元年，改為文安郡。乾元元年，復為莫州。管縣六：莫、任丘、文安、清苑、長豐、唐興。」

清河郡：□清縣（疑為臨清縣）、酈（即歷）亭縣，地在幽州以南。《舊唐書‧地理志二》：「貝州……天寶元年，改為清河郡……臨清……歷亭。」

弓高縣：地在幽州以南。《舊唐書‧地理志二》：「景州……弓高縣……後於縣治置觀州、景州，興替不常。」

名（即洺）州，臨名（即洺）縣：在幽州西南，今邯鄲市東北。《舊唐書‧地理志二》：「洺州望……天寶元年，改為廣平郡……臨洺。」

安平縣：在幽州以南。《舊唐書‧地理志二》：「深州……天寶元年，改深州為饒陽郡……安平。」

平原郡：德州迢（即蓨）縣，地在幽州以南。《舊唐書‧地理志二》：「德州……天寶元年，改為平原郡……蓨縣。」

魏郡：元城縣：地在幽州以南。《舊唐書‧地理志二》：「魏州……天寶元年，改為魏郡……元城。」

此外，還有幾處屬於河東道與河南道的人士，但是所占比例很少。如：屬河東的絳郡、沁州、文水縣、太浴（即谷）縣。《舊唐書‧地理志二》：「北京太原府……天寶元年，改北都為北京，舊領縣十四……太谷……文水。」還有屬河南的陳留郡封丘等。這些人士可能是流寓幽州一

帶，而不是從遠地專門來捐助刻經的。

關於以上供養人居住地域的分布情況，我們從歷史地圖中可以看到，這些供養人主要居住在幽州及其以南的各郡縣中，基本上屬於今日河北省中、南部地區。說明房山雲居寺的石刻佛經工程主要是河北地區民間的地方性佛教功德活動，其影響也僅限於這一地區。同時，從這些供養人社邑一直分布到河北道南部州縣的情況來看，雖然河北地區在中晚唐時被幾個不同的藩鎮，如盧龍、魏博等軍鎮所割據，但是盧龍、魏博與橫海等軍鎮所轄地區民間造經的供養活動尚沒有受到這種割據形式的阻礙。值得注意的是，處於在河北道西部的恆州、定州、趙州、邢州等地區卻沒有供養人造經的活動，特別是與幽州距離不遠的定州、恆州地區，沒有這裡的造經人題記，這可能是受到占據這一帶的成德軍與幽州盧龍軍始終交惡的影響[461]。

三、歷年造經數量的分析

首先我們來看下面的列表。為了統計唐代雲居寺石經大般若經的刻寫情況，我們將歷年刻經題記中具有每年最早一則紀年題記的經石摘錄出來，排列於下。由於題記中不是每一則都附有紀年，只能根據現有的每年最早一則紀年題記來劃定各年刻經的範圍。其中有些紀年存在著交錯的現象，如九百四十二條為「涿州范陽縣□□□官盧希談⋯⋯貞元十五年四月八日上經一條」（卷三百九十八，2·703），而九百四十五條為「瀛莫二州石經邑邑主王羨合邑人等造經一條。貞元十四年臘月八日上」（卷三百九十九，2·694），緊接著九百四十六又為「俄碾莊邑主僧道悟合邑卅四人等造經三條。貞元十五年四月八日上」（卷四百，2·732），類似現象在貞元以後的歷年中多有出現。很可能是反映了刻石與捐資之間的不同運作情況，也可能是有些供養人專門指定要刻寫某些卷、章，而刻經則是按照經

---

461 《新唐書·方鎮表》：「寶應元年，置成德軍節度使，領恆、定、易、趙、深五州，治恆州。」

文順序依次上石的，所以將捐資日期在前（或在後）的供養人題記刻在這些指定的卷、條（一條即一石）上。這種情況，多限於中晚唐時期。我們在計算歷年造經數量時，根據上下條的紀年情況來判定這些時間不同的刻經是否是零星插入的，從而將這些有明確紀年的經石條數歸入所在年分中。

房山雲居寺石經《大般若經》題記中的紀年情況：

刻經題記	經文卷數	刻石條數	編號	備注
天寶元年二月八日范陽縣人李仙藥為亡過父母敬造石經一條合家供養小彩行　天寶元年四月八日上	十三	三十四	8·95	
□采行社官郗文王景齋頭徐崇福王□□□天寶二年四月八日上	十九	四十九	7·18	
天寶三載燕州角社官張子明合村人等每載共造石經一條	三十	八十	8·146	
大彩帛行社官游金應□□綿行□贊絹行吳守信等造經三條　天寶四□□	三十七	九十八	7·24	
天寶四載四月八日樓南長店邑社官王思明等廿一人造經一條	三十九	一百零五	8·104	
河間府河間縣馬崇賓妻張新婦郭孫男哥仁造石經一條　並逆修初七正月廿七日□□	四十八	一百三十一	8·201	
燕州角諸社人等社官張二朗合邑人等造經一條天寶五載四月八日供養	五十二	一百四十二	8·195	

刻經題記	經文卷數	刻石條數	編號	備註
天寶七載二月八日文安郡清苑縣人庭尚惠……	五十九	一百六十四	7・30	
順義郡李大師造經一條天寶六載四月八日建	六十一	一百六十八	7・263	
天寶七年二月八日固安縣杜行恭……	六十五	一百八十	8・208	
□□七載范陽郡邑人平正陽□嶠……	六十五	一百八十一	8・71	
順義郡李大師造經一條天寶六載四月八日建	六十六	一百八十二	7・273	條一百八十三同（7・233）
清苑縣人比丘尼法定……天寶七載二月八日	六十六	一百八十四	8・163	
燕州角邑社官張二朗錄事張庭賓等造經一條天寶六載四月八日上	六十七	一百八十五	7・14	
絹行邑社官游金應合邑人等造經一條　天寶七載四月八日上	六十九	一百九十三	8・54	
天寶七載二月八日露縣陳二娘……	七十一	一百九十八	8・231	
元和二年四月八日上	七十五	二百零七	8・188	
□□郡李□□□載造經□條　天寶七載四月八日	七十六	二百一十	7・44	
天寶八載四月八日□□□劉□□妻張二娘造經一條供養	八十八	二百四十一	8・8	
天寶九載二月八日薊縣石崖村邑主艾二娘等造經一條	九十四	二百五十七	8・134	

刻經題記	經文卷數	刻石條數	編號	備註
天寶九載四月八日范陽郡幞頭行社官趙沖等造經二條	一百零一	二百七十四	8・196	
藏牛村造石經主李抱忠合家上經二條　天寶十載二月八日	一百一十	二百九十六	4・67	
范陽郡大米行社官吳庭芝合邑人等大般若二條天寶十載四月八日上	一百一十六	三百零八	3・103	
天寶十一載二月八日文安郡李楚圭為亡過父母王三娘合家供養	一百二十六	三百三十二	8・36	
宴設樓南長店邑人王思明等共造經一條　天寶十一載四月八日	一百三十三、一百三十四	三百五十九	4・70	
天寶十二載二月八日平錄郭禮馬超合邑人等上經二條	一百四十三	三百七十	4・6	
天寶十三載團柳邑人等造經一條二月八日上	一百五十四、一百五十五	三百九十九	4・9	
清河郡潘子雲妻任六娘天寶十二載四月八日造經一條	一百五十六	四百零一	4・89	
折衝何元延為僕射造經五條　天寶十三載二月八日上。	一百六十三	四百二十	4・93	
順義郡李大師天寶十四載□經五條	一百七十九	四百五十九	3・96	
天寶十四年九月廿九日戴進朝造經一條	一百九十四	四百九十三	1・674	

刻經題記	經文卷數	刻石條數	編號	備註
莫州太守□□□造經□條合家供養〔聖武〕元年二月八日上	一百九十八	五百零三	7‧172	
經主遂城縣邑人平正史道明錄事畢子釗卅二人等同上經三條　聖武二年三月廿七日上	二百零一、二百零二	五百一十二	2‧455	
團柳邑平正劉惠開乾元元年四月八日造經一條	二百零四	五百一十九	2‧449	
經主燕京南都巡遊……趙澧仁……順天二年十月八日	二百一十二、二百一十三	五百三十七	2‧103	
□林郎前行上谷郡板城縣尉王楚圭……顯聖元年七月十五日建。	二百一十四	五百四十	2‧448	
經主歸德郡順天府僧超……造大般若石經二條　應天元年二月八日	二百一十四	五百四十二	1‧648	
正議大夫試恆王府司馬兼幽州范陽縣令賜紫金魚袋上柱國　寶應元聖文武皇帝……	二百一十八、二百一十九	五百五十二	1‧679	以下條五百五十九、五百六十同。
大曆五年二月八日建	二百二十	五百五十七	1‧632	
大曆五年二月八日建	二百二十三	五百六十二	1‧667	
高返溱妻鄧二娘造經二條大曆六年二月八日上	二百二十三	五百六十二	1‧677	
□□□妻承進大曆八年二月八日建	二百二十八	五百七十六	1‧957	
經主賈道林為亡過父母造經一條合家供養大曆九年二月八日上	二百三十、二百三十一	五百八十二	1‧955	

刻經題記	經文卷數	刻石條數	編號	備註
九庭珣啟殿智周合邑人等同建大曆十一年四月八日上	二百三十三	五百八十五	1‧691	
大曆十三年二月八日團柳邑一百五人等	二百四十二	六百零五	1‧681	
團柳邑平正常崇哲……建中元年二月八日上	二百五十	六百一十八	1‧792	
建中二年四月八日團柳邑平正常崇哲錄事張庭招造經一條	二百五十五	六百二十八	1‧584	
藏中村□王和尚淨超……建中三年二月八日上	二百五十九	六百三十五	1‧551	
馬村院邑平正益孝莊錄事邢抱金七十人等建中四年四月廿三日上一條	二百六十三	六百四十二	1‧885	
幽州潞縣石經邑主染懷俊……建中五年二月八日	二百六十四	〔六百四十三〕	1‧662	原石無條數，《房山石經題記彙編》推為六百四十三，下〔內〕卷、條數同此。
潞縣石經邑主染俊等合邑卅九人同造　建中五年四月八日上	二百六十八	六百五十	1‧644	
幽州邑平正盧庭暉錄事閭國合邑五十四人等敬造　建中四年四月八日上	二百七十二	六百五十七	1‧928	
彩帛行邑平正藺□錄事魏光……建中五年四月八日上	二百七十三	六百五十八	1‧907	

刻經題記	經文卷數	刻石條數	編號	備注
□□□□□呂嚴淨為亡過父母敬造……建中二年四月八日上	二百七十三	六百五十九	1・623	
經主孫寶藏……興元二年二月八日上	二百七十五、二百七十六	六百六十三	1・935	
涿州□曾行邑平正藺壁錄事魏庭光卅三人等敬造　建中五年四月八日上	二百七十六	六百六十四	1・523	
經主張季明……興元二年二月八日上	二百七十八、二百七十九	〔六百六十八〕	1・939	
王喦成暉……貞元元年四月八日上	二百八十	六百七十二	1・903	
女弟子韓九娘為國王帝主及亡過父母敬造石經一條　貞元九（＊）年四月八日上	〔二百八十四〕	六百七十八	1・699	
□□□□德滿下廿五人等造經一條貞元七年二月八日上	二百八十五	六百八十	1・854	
□男劉□□……貞元二年二月八日上	二百八十六、二百八十七	六百八十三	1・855	
涿州邑人平正丁景暉……貞元二年四月八日	二百九十、二百九十一	六百八十〔九〕	1・877	
□□□□盧仲祥妻耿男重閏……貞元三年二月八日上	二百九十三	七百零〔三〕	1・908	
□□淨貞元二年四月八日上呂希昊	〔二百九十三、二百九十四〕	〔七百零四〕	1・946	

刻經題記	經文卷數	刻石條數	編號	備注
石經邑官盧庭暉錄事李潤國合邑人等同造貞元三年四月八日上	二百九十四、二百九十五	七百零五	1·852	
幽州貞元四年四月八日石經社官盧暉錄李閏合邑人等	二百九十九、三百	〔七百一十四〕	1·950	
幽州□度□□營田觀察處置押奚契丹經……貞元五年歲在己巳二月八日建	三百	〔七百一十五〕	1·864	
幽州盧龍節度……劉濟貞元五年四月八日建	三百、三百零一	〔七百一十六〕	1·949	
經主永清縣僧惠融……貞元六年四月八日上	三百零九、三百一十	七百三十一	1·618	
固安縣造石經□□合邑卅二人等造經一條　貞元五年四月八日上	〔三百一十〕	〔七百二十三〕	1·948	
經主張李明妻鄭……貞元六年二月八日上	三百一十二	七百三十六	1·810	
□主永清縣劉希岑妻妙莊嚴合家……貞元六年四月八日上使院高品張進德造經一條貞元六年二月八日上	三百一十三	七百三十七	1·626	
邑人孫榮……貞元七年四月八日	三百二十二	七百五十二	1·673	
莫州莫縣開元寺僧恆湛母淨空僧清居造經二條貞元七年二月八日上	三百二十三	七百五十四	2·371	
涿州石經邑雜貨行……貞元八年四月八日上	三百三十四	七百七十四	1·896	

刻經題記	經文卷數	刻石條數	編號	備注
團柳石經邑平正張庭昭……貞元八年二月八日	三百三十五	七百七十六	2‧615	
涿州磨行邑合邑一十七人等同造經一條　貞元九年四月八日上	三百四十四	七百九十三	2‧464	
經主歸義縣白狼寺主道謙……〔貞元□年〕二月八日上	三百四十五	七百九十〔五〕	1‧848	
經主李希倩妻陽男承林……貞元九年四月五上	三百四十八	八百零一	2‧596	
涿州市新貨行石經邑陶光嗣……貞元十年四月八日	三百五十三	八百一十	1‧695	
經主樓村邑主僧廣演……貞元十年二月八日	〔三百五十四〕	〔八百一十二〕	1‧550	
比丘惠覺寶光同邑下貞元石年四月八日上	三百五十四	八百一十三	1‧656	
郭庭珍葉懷仙……貞元十年二月八日建	三百五十七	八百一十七	2‧619	
□□□□四月八日上	三百五十八	八百一十八	8‧177	
□□□邑前令賈政……貞元十一年四月八日上	三百六十四	八百七十一	1‧857	
經主侯大娘……貞元十一年十二月廿五日上			1‧613	原石未刻卷、條數目
歸義縣造經弟子張道悟等……貞元十二年十二月八日上	〔三百六十八〕	八百七十九	1‧889	

刻經題記	經文卷數	刻石條數	編號	備註
散將中武將軍守左金吾衛大將……貞元十三年二月	三百六十九	八百八十一	2‧695	
固安縣石經邑朝散大夫前固安縣令賈正……貞元十二年歲次景子四月八日	〔三百七十二〕	〔八百八十七〕	1‧617	
淶水縣邑人平正……貞元十二年四月八日上	三〔百七十三〕	〔八百九十〕	1‧934	
經主良鄉縣魯張村僧能正……貞元十三年二月八日上	三百七十五	八百九十四	2‧588	
邑主僧寶光下……貞元十三年四月八日上	三百七十八	八百九十九	8‧38	
北陶村石經邑主僧道一合邑一百人等上經一條貞元十四年二月八日上	三百八十六	九百一十四	1‧693	
幽州薊縣招賢鄉西綦村院主尼智滿合村人等造經一條　貞元十四年四月八日上	三百八十六	九百一十五	2‧733	
涿州范陽縣□□□官盧希談……貞元十五年四月八日上經一條	三百九十八	九百四十二	2‧703	
瀛莫二州石經邑邑主王羨合邑人等造經一條貞元十四年臘月八日上	三百九十九	九百四十五	2‧694	
俄碾莊邑主僧道悟合邑廿廿四人等造經三條貞元十五年四月八日上	四百	九百四十六	2‧732	
……宋照林……敬造阿羅婆　貞元十七年四月八日上	四百零九	九百七十	2‧482	

刻經題記	經文卷數	刻石條數	編號	備註
貞元十六年四月八日陶村邑主僧道一合邑人等	四百零九	九百七十二	2‧461	
幽州油行石經社社人李承福……回經藏東郎外蓋屋三間並上經一條貞元十七年四月八日	四百一十一	九百七十六	4‧76	
□□悟……敬造大般若石經一條　貞元十九年四月八日		九百八十五	1‧847	原石卷數空缺
易州淶水縣邑主僧廣演……貞元廿年四月八日建	四百一十九	九百九十五	2‧91	
瀛莫州經主王羨……同造永貞（下殘）	四百二十四	一千零四	2‧705	
莫州張智度……元和元年四月八日	四百二十四	一千零五	2‧475	
□□□石經邑人等……錄事鄭如謙　元和元年十二月八日上	四百二十七	一千零一十三	2‧716	
元和二年四月八日上元昭……	四百三十一	一千零二十五	8‧189	
唐元和四年四月八日，幽州盧龍節度支度營田觀察處置押奚契丹經略盧龍軍等使開府儀同三司檢校司徒兼侍中幽州大都督府長史上柱國彭城郡王劉濟奉願聖壽延長，遵石經故事，敬刻大般若經於石，以今日運上上頂，納於石室。	四百三十七	一千零四十一	8‧121	以下條一千零四十五、零四十六、零四十七、零四十九、零五十一、零五十二、零五十三、零五十四、零五十五，共十石同此題記

刻經題記	經文卷數	刻石條數	編號	備註
瀛莫州造經邑主王發進……元和六年四月八日記	四百四十三	一千零五十七	2‧462	
瀛莫州邑官王友進……元和七年四月八日入藏	四百四十七	一千零六十六	2‧120	
邛生王會新婦……唐元和十年四月八日建	四百四十九	一千零七十一	2‧95	
良鄉縣尚義鄉北樂城村邑人……元和十一年四月八日建	四百五十一	一千零七十八	2‧98	
元和十三年余上十四年經一條　邑人符裕真	四百五十二	一千零七十九	2‧803	
經主節一要籍口承休……大和元年四月八日上	四百五十二	一千零七十九	2‧813	
經主開府儀同三司使持節行涿州刺史……寶曆元年年四月八日建	四百五十	一千零八十七	3‧206	原卷數疑誤
寶曆二年四月八日邑人李進江曹昌日文等五十人同上大般若經一條	四百五十五	一千零八十九	2‧817	
先欠元和十二年經一條去十四年上訖邑見人符豫真、鄭希倩等二人舉上經一條	四百五十六	一千零九十三	1‧758	
涿州范陽縣米行社采張希倩……元和十四年四月五日尚經一條	四百五十七	一千零九十五	3‧203	
元和十四年四月廿日莫州邑人符豫真、鄭希倩等二人舉上經一條	四百五十七	一千零九十六	1‧759	

刻經題記	經文卷數	刻石條數	編號	備注
莫縣碩義鄉八房管弟子劉再榮妻王氏奉為亡過父母上經一條元和十五年四月八日上		一千零九十八	2‧814	原石缺卷數
經主節度要籍段承林妻郭真如藏男元紹　大和元年四月八日上	四百五十九	一千一百零三	2‧382	
弟子龐希朝……長慶元年四月八日敬造經一條送上	四百六十	一千一百零五	2‧115	
莫州文安縣崇賢寺比丘尼淨空、淨花、淨惠等奉為亡過和尚造經一條……寶曆元年四月八日建	四百六十	一千一百零六	3‧212	
惠氳、玄弈……太和二年四月八日同此敬造	〔四百六十二〕	〔一千一百一十一〕	8‧370	
涿州刺史……□載寧奉為司空慶壽日敬造　大和二年六月十一日建	四百六十二	一千一百一十二	3‧208	
涿州刺史……李載寧奉為相公慶壽日敬造大般若經貳條　大和三年六月十一日建	四百六十三	一千一百一十五	3‧207	
涿州刺史……李載寧奉為司空慶壽日敬造　大和二年六月十一日建	四百六十三	一千一百一十六	3‧267	
涿州刺史……李載寧奉為相公慶壽日敬造大般若經貳條　大和三年六月十一日建	四百六十四	一千一百一十九	3‧211	

刻經題記	經文卷數	刻石條數	編號	備注
涿州刺史……李載寧奉為司空慶壽日敬造　大和二年六月十一日建	四百六十四	一千一百二十	3・272	
□□□□淨心造石經一條　大和三年四月八日建	四百六十五	一千一百二十二	3・268	
師叔崇孝寺好善母王氏……唐大和四年四月八日建	四百六十六	一千一百	3・154	原石條數有誤
幽州潞縣經主弟子節度驅使官段瓊林郭氏真如藏……上大般若石經一條，運上山頂，納於石室　大和五年四月八日建	四百六十六	一千一百二十三	2・106	
大和七年四月十八日上經主管希倩……	四百六十六	一千一百二十四	3・205	
范陽縣禮讓鄉邑人成如倫等……大和六年四月八日上	四百六十六	一千一百二十五	3・202	
攝涿州刺史……史再新大和九年四月八日上	四百六十七	一千一百二十七	3・135	
榮士真為亡父敬造大般若經一條……大和八年四月八日	四百六十八	一千一百三十一	2・806	
奉為尚書敬造大般若石一條劉家晟……大和九年四月八日建……社官信五成等施白米伍碩……	四百六十八	一千一百三十二	2・119	

刻經題記	經文卷數	刻石條數	編號	備註
比丘尼〔元〕□□有賢奉為亡過父母及合家平安敬造大般若經一條□□會昌四年甲子歲四月八日建	四百六十八	一千一百三十三	2・109	
莫州諸縣石經邑人等邑主甄再興……開成元年四月八日上	四百六十九	一千一百三十五	2・743	
開成三年四月八日造石經一條易州女弟子……	四百六十九、四百七十	一千一百三十七	2・118	
奉為婆婆僕射造大般若經一條……開成二年四月八日建	四百七十	一千一百三十八	3・169	
造經邑錄李士連等……開成三年四月八日先賢店造石經一條故記	四百七十	一千一百三十九	2・105	
幽州盧龍節度使檢校司空同中書門下平章事張允伸……咸通二年四月八日上	四百七十	一千一百四十五	8・588	
知經略軍使任君裕奉為侍中敬造大般若經，依次第上至第四百七十三卷	四百七十三	一千一百四十七	2・29	
奉為太保敬造大般若經三條……咸通九年四月八日勾當造經沙門士建	四百七十三	一千一百四十八	2・110	
行志、弘志……書經楊元弘咸通十五年四月八日建	四百七十五	〔一千一百五十〕	佚34	

刻經題記	經文卷數	刻石條數	編號	備註
奉為僕射造添大般若經……乾符四年四月八日建造	四百七十七	一千一百五十六	2‧598	
奉為相公及法界有情造添雲居寺大般若經條……乾符六年四月八日	四百七十九	一千一百五十六	2‧599	
中和二年四月八日維那藥仁敬……	四百八十	一千一百六十	2‧857	
奉為王文武采寮……中和三年四月八日	四百八十一	一千一百六十一	2‧467	
中和四年四月八日建施主郭瑠	四百八十二	〔一千一百六十〕	1‧966	
二年九月內	五百零二	一千二百三十五	8‧117	
男采郎女意娘……乾寧元年四……	五百零五	一千二百三十八	2‧690	
□□使宅……開成四年四月八日記……趙洛清大和九年至開成四年送經條山院王全政記	五百三十三	一千三百零七	8‧817	

　　以上這一歸納統計中，可以反映很多唐代刻經的具體情況。從題記與條數、卷數分析，《大般若經》在天寶元年已刻至第九卷，那麼可能是在開元末年開始動工的。就現有題記統計，可得歷年刻經數量如下：

年代	刻經條數	備註	年代	刻經條數	備註
天寶元年	28		天寶二年	31	
天寶三載	18	條98「天寶四」下殘，應為四載首則。	天寶四載	33	條131為「正月廿七日」，應為天寶五載首則。

年代	刻經條數	備注	年代	刻經條數	備注
天寶五載	26	中夾有天寶七載 1 條（8。208。）。不計在內，下同。	天寶六載	22	中夾有天寶七載 3 條
天寶七載	51	中夾有元和年 1 條	天寶八載	16	
天寶九載	39		天寶十載	36	
天寶十一載	38		天寶十二載	49	
天寶十三載	40		天寶十四載	44	
聖武元年	9		聖武二年	7	
乾元元年	18		順天二年	3	
顯聖元年	11	中夾應天元年 1 條	應天元年	1	
寶應元年	9	中夾大曆五年 1 條	大曆五年	1	
大曆六年	14		大曆八年	6	
大曆九至十年	3		大力十一至十二年	20	
大曆十三年	9		建中元年	10	
建中二年	8		建中三年	7	
建中四年	2		建中五年	22	中夾有建中二年、四年、興元二年各 1 條
興元二年	5		貞元元年	10	中夾有貞元七年、九年各 1 條
貞元二年	21		貞元三年	10	
貞元四年	1		貞元五年	20	中夾貞元六年 1 條
貞元六年	17		貞元七年	22	
貞元八年	19		貞元九年	17	
貞元十年	61		貞元十一年	8	
貞元十二年	14	中夾貞元十三年 1 條	貞元十三年	21	
貞元十四年	28	中夾貞元十五年 1 條	貞元十五年	28	中夾有貞元十四年、十七年各 1 條

年代	刻經條數	備註	年代	刻經條數	備註
貞元十六年	4		貞元十七至十八年	10	
貞元十九年	10		貞元二十年	9	
永貞元年	1		元和元年	20	
元和二至三年	17		元和四年	16	
元和六年	9		元和七至九年	5	
元和十年	7		元和十一年	1	
元和十三年	1		元和十四年	8	中夾有大和元年 8 條、保曆年 4 條。
元和十五年	5		寶曆元年	3	
寶曆二年	2		大和元年	10	後夾有長慶元年、寶曆元年各 1 條
大和二年	10	中夾大和三年 3 條	大和三年	4	
大和四年	1	原刻條數有誤	大和五年	1	
大和六年	1		大和七年	2	
大和八年	1		大和九年	5	中夾大和八年 1 條
開成元年	2	前有會昌四年 1 條	開成二年	1	
開成三年	7	中夾開成二年 1 條	開成四年	2	
咸通二年	3		咸通九年	7	
咸通十五年	2		乾符四年	1	
乾符六年	3	原刻條數有誤	中和二年	1	
中和三年	2		中和四年	2	
乾寧元年		以下無紀年,至 1,307 條為開成四年記。			

　　透過以上的數量統計,我們顯然可以發現造經數量變化的一定規律。

　　首先,造經數量的變化與當地的政治、經濟、軍事情況是密切相連的。例

如，天寶年間的刻經數量比較多而且每年造經數量大致相等，比較穩定，說明當時社會上還是相對安定而且經濟比較發達的。安史之亂爆發前的兩年，刻經數量更為增多，可能是民間對於即將爆發的叛亂災難有所預感，大力祈求佛祖保佑的結果。文獻記載，安史之亂前，民間有種種預言、徵兆，如《新唐書・五行志二》載「天寶中……祿山未反時……時幽州又有謠曰：『舊來誇戴竿，今日不堪看，但看五月裡，清水河邊見契丹。』」又《資治通鑑・卷二一七・唐紀三十三》載：「天寶十三載，赦天下……（祿山）除將軍者五百餘人，中郎將者二千餘人。祿山欲反，故先以此收眾心也……由是人皆知其將反，無敢言者……夏四月，安祿山奏擊奚，破之，虜其王李日越。」這裡刻經數量的增多應該出於同樣的形勢背景。

在安史之亂爆發後，造經數量有了明顯的減少，而且在唐肅宗、代宗期間始終沒有恢復，有些年甚至沒有刻經的題記，說明這裡當時的軍鎮內戰對社會造成了極大的破壞。從《新唐書》各篇帝紀中所記載的幽州地區在晚唐時期發生的大事中，可以看出，當時幽州地區軍鎮參與的地區戰爭與軍隊內部的兵變是經常發生的。例如：

《新唐書・代宗紀》：「（大曆三年，六月王寅）幽州兵馬使朱希彩殺其節度使李懷仙，自稱留後。」

《新唐書・代宗紀》：「（大曆七年）是秋，幽州盧龍將李懷瑗殺其節度使朱希彩，經略軍副使朱滔自稱留後。」

《新唐書・德宗紀》：「（建中二年）成德軍節度使李寶臣卒，其子李惟岳自稱留後。幽州盧龍軍節度使朱滔討之。」

這種形勢下，人們無力顧及刻經。直至大曆末年才稍有恢復的跡象。

而在貞元、元和年間刻經數量又有所恢復，應該是劉濟掌管幽州軍政後相對穩定的呈現。貞元十一年刻經的急遽增多，更應該與邊疆軍事有著直接的關聯。《舊唐書・德宗紀》：「貞元十一年……丙寅，幽州劉濟大破奚王啜刺等六萬眾。」《資治通鑑・卷二三五・唐紀五十一》：「貞元十一年

春二月乙巳冊拜嵩鄰為忽汗州都督勃海王。」「丙寅,幽州奏破奚王啜利等六萬餘眾。」這是邊疆戰爭中的一件大事。造經祈福隨之增多,兩者之間關係是很明顯的。

元和四年造經數量的最後一次增多,可能是劉濟準備向朝廷獻誠而大作功德的結果。元和四年的《涿鹿山石經堂記》中記載:「(劉)濟遂以俸錢奉為聖上刊造《大般若經》,以今年四月功就。親自率勵,與道俗齊會於石經峰下⋯⋯或祝茲聖壽,壽願高於崇山;緘彼石經,經願延於沙界。鴻祚景福,與天無垠,聖壽無疆。幕府眾君子同稱讚之。時元和四年四月八日記。」[462] 正是相關證明。但是在此後不久,劉濟被其子毒死。造經事業也隨之明顯衰落下去。

劉濟死後至唐代晚期,河北地區的戰亂仍未見減少。見於文獻記載的有:

《新唐書‧憲宗紀》:「(元和五年)七月乙卯,幽州盧龍軍節度使劉濟卒,其子緫自稱留後。」

《新唐書‧憲宗紀》:「(元和十一年)正月乙亥,幽州盧龍軍節度使劉緫及王承宗戰於武強,敗之。」

《新唐書‧穆宗紀》:「(長慶元年)七月甲辰,幽州盧龍軍都知兵馬使朱克融囚其節度使張弘靖以反。」

《新唐書‧敬宗紀》:「(寶曆二年)五月庚辰,幽州盧龍軍亂,殺其節度使朱克融,其子延嗣自稱節度使。」

《新唐書‧敬宗紀》:「(寶曆二年)九月戊寅,幽州盧龍軍兵馬使李載義殺朱延嗣,自稱留後。」

《新唐書‧文宗紀》:「(大和二年)十月壬午,幽州盧龍軍節度使李載義又敗之(按指李同捷)於長盧。」

462　陳燕珠:《新編補正房山石經題記彙編》引(日)《東方學報》京都第五冊副刊第132頁,(臺)景苑出版社,1995年。

《新唐書·文宗紀》:「(大和五年)正月庚申,幽州盧龍軍亂,逐其節度使李載義,殺莫州刺史張慶初。兵馬使楊志誠自稱留後。」

《新唐書·文宗紀》:「(大和八年)十月辛巳,幽州盧龍軍大將史元忠逐其節度使楊志誠,自稱權句當節度兵馬。」

《新唐書·武宗紀》:「(會昌元年)九月癸巳,幽州盧龍軍將陳行泰殺其節度使史元忠,自稱知留務。」

《新唐書·武宗紀》:「(會昌元年)閏月,幽州盧龍軍將張絳殺行泰,自稱主軍務。」

《新唐書·武宗紀》:「(會昌元年)十月,幽州盧龍軍逐絳。雄武軍使張仲武入於幽州。」

《新唐書·宣宗紀》:「(大中四年)八月,幽州盧龍軍亂,逐其節度使張直方,衙將張允伸自稱留後。」

《新唐書·僖宗紀》:「(乾符二年)六月,幽州將李茂勳逐其節度使張公素,自稱留後。」

《新唐書·僖宗紀》:「(乾符五年)十月,幽州盧龍軍節度使李可舉討李國昌。」

《新唐書·僖宗紀》:「(光啟元年)六月,幽州盧龍軍亂,殺其節度使李可舉,其將李全忠自稱留後。」

《新唐書·昭宗紀》:「(乾寧元年)十二月丙辰,李克用陷幽州。」

在這種紛亂的形勢下,幽州地區造經的活動必然要受到影響。因此我們看到當地刻經的數量也有了明顯的變化。每年的刻經數量一般不超過10條,大部分年度中不超過5條。甚至很多年內只有1、2條,乃至有些年內沒有刻經的記載。刻經數量的減少,應該是晚唐時期政治、經濟形勢逐漸惡化的直接表現。而有些學者提出的《大般若經》主要靠中晚唐時幽州藩鎮刻成的意見[463],在以上刻經數量分析後,也就毋庸置辯了。

---

463 雲音:〈房山石刻大藏經紀略〉,《大藏經研究彙編》(下),(臺灣)大乘文化出版社,1977年。

　　值得注意的是，在雲居寺藏石經中出現了一些晚唐時期單獨刻寫的短篇佛經，每件單獨成一碑石，形制與長方形的《大般若經》石不同，多有碑額，並刻寫大量的供養人姓名。如《金剛般若波羅密經》、《佛說彌勒成佛經》、《佛說父母恩重經》、《佛說鴦掘摩經》等。這樣的單獨刻經雖然在盛唐時期也有存在，但是數量較少，主要的刻經工程集中在《大般若經》上。而在中晚唐時期，這種單獨的短篇刻經卻興盛起來，每年刻造的數量相當於或超過了《大般若經》的刻石。在元和十一年以後，幾乎每年都有多件這種刻經，最多可達7件。（咸通三年，張允伸所刻。另外有元和十一年題記的《般若波羅密多心經贊》，有題名者達十四件之多，但是因為其中多沒有年代記載，不能肯定均為該年所刻。）其中有些是小乘經典與偽經，如《佛說父母恩重經》、《佛說鴦掘摩經》等。但是它們非常切合晚唐時期動亂的社會局面，符合這種形式下人們希望平定凶殺動亂，祈求父母子女平安的心理需求，也是當時社會狀況的間接反映。

　　幽州的地方軍事長官是這種刻經的主要捐助人。所以，其藉經文為自己祈福，尋求平安長壽，消除罪業的目的非常明確，具有強烈的實用性質。從所選擇的經文中就可以表現出來。如：《金光明最勝經》、《金光明經懺悔滅罪傳》、《佛說長壽王經》、《佛說十吉祥經》、《佛說十二佛名除障滅罪經》等。相形之下，意在保存經典、預防佛難的《大般若經》就沒有太多的實用意義，也就不能得到更多的捐助了。

　　這些單篇刻經的碑石與前一時期《大般若經》刻寫的形制不同。《大般若經》是仿照經典書籍的抄寫方式，在長方形的碑石上從左到右豎行刻寫經文。沒有碑額、邊飾。題名也是橫向刻寫在底部的空隙處。而這些單篇的刻經則恢復到一般碑石的標準形制，呈梯形的碑首，有碑額，額題兩側有佛像、菩薩像等紋飾。題名也刻寫在經文旁邊，似乎是結合了造像碑與刻經兩種石刻類型的產物。特別是這些刻經的供養人數量有了極大的增加，一般達百人以上。這樣平均每人的捐資數量可以比較少，在晚唐經濟

衰退的環境中，這樣擴大供養人的組織，可能是對每個供養人來說更經濟的供養祈福形式，得以勉強將刻經祈福的活動持續下去。

　　可能是這種形式的出現，使得《大般若經》的刻造在晚唐時更加艱難。這也可以解釋它在這一時期數量銳減的原因。直至遼代，在官府的重新重視下。才有了比較大量的續刻、補刻經文出現。

2004 年 3 月初稿於北京

2004 年 6 月結稿於牛津

原載《考古學研究》（六），科學出版社 2006 年版

唐代興聖寺主尼法澄塔銘與
至相寺及三階教

　　《金石萃編》卷七十八中收錄有一件唐代興聖寺主尼法澄的塔銘。這是一件嵌在僧尼葬塔上面的墓誌銘記。據王昶原書中記錄的所在地，該塔銘原在西安府咸寧縣城外馬頭空。塔銘亦稱建塔於馬頭空。清代顧祖禹《讀史方輿紀要・卷五十三・陝西二》記載：「長安縣龍首山：府北十里，長六十里。首入渭水，尾達樊川，頭高二十丈，尾漸下高五六丈。土赤不毛。隋以長安城狹小，改作新都於此，亦名龍首原。滻水，《長安志》：『滻渠在長安縣東北五里，自故霸陵城界龍首鄉馬頭控堰。滻水入渠西。』」此龍首鄉馬頭控堰當即法澄塔銘所在地馬頭空，位於今西安市區東北。

　　這件塔銘文字雖然不多，其主人的身分卻頗為重要，特別是塔銘中記載了一些對於唐代佛教歷史研究很有啟發的罕見史實，使之具有寶貴的研究價值。以往金石學者對這件塔銘的著錄頗多，如顧炎武《金石文字記》、李光映《觀妙齋藏金石文考略》、畢沅《關中金石記》、朱楓《雍州金石記》、錢大昕《潛研堂金石文跋尾》、錢泳《梅溪居士縮臨唐碑題跋》、洪頤煊《平津讀碑記》、毛鳳枝《關中金石文字存逸考》等。但是這些題跋考證中基本上沒有涉及法澄經歷中與佛教宗派有關的內容，而佛教史研究者們又往往沒有注意到這件唐代塔銘中的重要資料，甚至專門搜集關於三階教的石刻資料時也沒有涉及此石[464]。有鑑於此，我們特地把這件塔銘的主要內容摘錄如下，並作一些初步的考證與說明。

　　原文摘錄：

---

[464] 樊波：〈西安碑林收集的幾方三階教碑刻〉，《碑林集刊》第8輯，陝西人民美術出版社，2002年。神田喜一郎：〈三階教に關する隋唐の古碑〉，《佛教研究》第3卷第3、4號，1939年；〈三階教に關する隋唐の古碑補遺〉，《佛教研究》第4卷第2號，1940年今均未提及此塔銘。

法師諱法澄，字無所得，俗姓孫氏，樂安人也。吳孫權之後。祖榮，□州刺史。父同，同州馮翊縣令。法師第二女。降精粹之氣，含宏量之誠。大惠宿持，靈心早啟。鑑浮坐不住，知常樂可依；託事蔣王，求為離俗。遂於上元二年出家，威儀戒行，覺觀禪思，跡履真如，空用恆舍，遂持瓶缽一十八事，頭陀山林。有豹隨行，逢神擁護，於至相寺康藏師處聽法。探微洞悟，同彼善才，調伏堅持，寧殊誨意？康藏師每指法師謂師徒曰：「住持佛法者，即此師也。」

如意之歲，□刑肆逞，誣及法師。將扶汝南，謀其義舉，坐入宮掖。故法師於是大開聖教，宣揚正法。歸投者如羽翮趨林藪，若鱗介赴江海。昔菩薩化為女身，於王後宮說法，今古雖殊，利人一也。中宗和帝知名放出，中使供承，朝夕不絕。景龍二年，大德三藏等奏請法師為紹唐寺主，敕依所請。今上在春宮，幸興聖寺，施錢一千貫充修理寺。以法師德望崇高，敕補為興聖寺主。法師修緝畢功，不逾旬月，又於寺內畫花嚴海藏變，造八角浮圖，馬頭空起舍利塔，皆法師指授規模及造，自餘功德不可稱數。融心濟物，遍法界以馳神；廣運冥功，滿虛空而遇化。不能祇理事塗，請解寺主，遂抄《花嚴疏義》三卷，及翻《盂蘭盆經》、《溫室經》等。專精博思，日起異聞，疲厭不生，誦經行道，視同居士。風疾現身，乃臥經二旬，飲食絕口，起謂弟子曰：「我欲捨壽，不知死亦大難，為當因緣未盡。」後月餘，儼然坐繩床，七日不動，唯聞齋時鐘聲即吃水。忽謂弟子曰：「扶我臥，我不能坐死。」臥訖遷神，春秋九十，開元十七年十一月三日也。以其月廿三日安神於龍首山馬頭空塔所……弟子嗣彭王女尼彌多羅等，恐人事隨化，陵谷遷移，紀德鑴功，乃為不朽……宗正卿上柱國嗣彭王志暕撰並書。

法澄去世前曾為興聖寺主。《大唐六典》卷四祠部郎中條下記載：「凡天下寺總五千三百五十八所。每寺上座一人，寺主一人，都維那一人，共綱統眾事。」可見她是地位較高，主持興聖寺內事務的名尼。興聖寺為唐代西京城內的著名寺院，《唐兩京城坊考·卷四·朱雀門西第二街》記載：

「街西從北第一太平坊，南通義坊。西南隅，興聖尼寺。高祖龍潛舊宅，武德元年以為通義宮。貞觀元年立為寺。舊書楊收傳，武德元年五月，備法駕於長安通義里舊廟，奉迎宣簡公、懿王、景皇帝神主升附太廟，寺有高祖寢堂。景雲二年，寢堂前枯柿樹復生，有敕封植焉。」由於是將唐高祖舊宅捐作的寺院，它與唐代皇家的關係應該是非常密切的，甚至有可能就是皇家的私家佛寺。特別是景雲二年寺中一株在天授年間枯死的柿樹重新復生，在當時是驚天動地的大事。它作為李唐王朝復位的象徵，被宣揚為天意所在。《舊唐書·睿宗紀》中記載，為了此事，專門「大赦天下」，「天下大酺三日」。興聖寺地位的重要由此可見。法澄塔銘中紀錄：唐玄宗還是太子時，曾經布施銅錢一千貫作為修理寺院的費用。並且由皇帝下敕旨，任命法澄為興聖寺主，可為證明。陝西省考古研究院於2009年清理西安邊家村一帶的唐代通義坊遺址時，出土有善業泥、線刻花紋石柱等宗教遺物，可能就是興聖寺的遺物[465]。

　　唐朝歷代君主與佛教的關係都非常密切，後宮嬪妃更是大多篤信佛教，宮中設有佛寺。此外，長安城內還有一些尼寺專門供宮人出家修行。太宗去世後，武則天就與太宗嬪妃宮人一同被安排到感業寺中出家修行。鑑於興聖寺的特殊地位，它可能也具有作為收容宮人與皇家子女修行出家場所的作用。為法澄立碑的弟子尼彌多羅就是彭王的女兒，而為法澄書寫塔銘的則是彭王李志暕。《新唐書·宗室世系表》中記載李志暕任左千牛衛將軍，嗣彭王。《舊唐書·高祖二十二子傳》載：「志暕，神龍初封嗣彭王。景龍初，加銀青光祿大夫。開元中，宗正卿同正員，卒。」證明其為唐高祖的直系後代，是地位崇高的皇族。

　　不僅如此，法澄本人與皇家的關係也不同凡響。據塔銘記載，她的祖父孫榮曾任刺史，父親孫同為同州馮翊縣令，是出身於官宦世家的小姐。

465　陝西省考古研究院：〈2009年陝西省考古研究院考古調查發掘新收穫〉，《考古與文物》2010年第2期。

從「託事蔣王，求為離俗，遂於上元二年出家」的記載中，似乎可以推測她與蔣王的關係密切，可能曾為侍奉蔣王的妃子或宮人。而她的出家修行，也是向蔣王請求，得到允許後的舉動。蔣王李惲，為唐太宗之子。兩《唐書》有傳。如《新唐書·李惲傳》中稱：「蔣王惲，始王郯，又徙王蔣。拜安州都督，賜實封千戶。永徽三年，徙梁州……上元中，遷箕州刺史。錄事參軍張君徹誣告惲反。詔使者按驗。惲驚懼自殺。高宗知其枉，斬君徹。惲贈司空、荊州大都督，陪葬昭陵。」可見李惲在貞觀年間就離開長安外出任職，在安州、梁州等地開府封疆。而法澄父親在同州馮翊縣任官，家居京兆。如果法澄不是被蔣王收入後宮，恐怕不會有機會見到蔣王，更不用說請蔣王讓她出家了。而且蔣王在上元年間被誣造反自殺，與法澄出家時間相差不遠。這件事對法澄應該有著一定的影響。接著，塔銘中記載「如意之歲，□刑肆逞，誣及法師」。根據史籍記載，在如意元年，發生過「左臺中丞來俊臣羅告同平章事任知古、狄仁傑、裴行本、司禮卿崔宣禮，前文昌左丞盧獻，御史中丞魏元忠，潞州刺史李嗣真謀反」[466]的大冤案。而後又有「來俊臣求金於左衛大將軍泉獻誠，不得，誣以謀反」，「同平章事李游道、王睿、袁智弘、崔神基、李元素，春官侍郎孔思元，益州長史任令輝皆為王弘義所陷」[467]等重大案件，中樞重臣大多被涉及。司馬光在《資治通鑑》中總結：「太后自垂拱以來，任用酷吏，先誅唐宗室貴戚數百人，次及大臣數百家，其刺史郎將以下不可勝數。」[468]正是這一時期武后為鞏固皇位而大肆鎮壓以示威的寫照。法澄究竟被牽扯到哪一起案件尚不得知，但肯定屬於這些鎮壓李唐勢力的政治冤案中。

所以，才會造成法澄在如意年間參與反對武則天的活動，「將扶汝

466　見宋司馬光：《資治通鑑·卷二百五·唐紀二十一·長壽元年下》，該年原為天授三年，四月改元如意，九月改元長壽。

467　見宋司馬光：《資治通鑑·卷二百五·唐紀二十一·長壽元年下》，該年原為天授三年，四月改元如意，九月改元長壽。

468　見宋司馬光：《資治通鑑·卷二百五·唐紀二十一·長壽元年下》，該年原為天授三年，四月改元如意，九月改元長壽。

南，謀其義舉」。並因此獲罪，被沒入宮中。將僧人沒入宮中的情況，史籍中還很罕見。可能也是被安置在宮中佛寺內充役。因為她在宮中仍然能宣揚佛教正法，令眾多信徒皈依。至於獲罪不死，仍能入宮的原因，可能與名僧康法藏有關，詳見下文。

法澄專修的佛教經典應該是在高宗武后時期流行開的《華嚴經》。塔銘記載，她任興聖寺主後，曾在寺內畫花（華）嚴海藏變，並親手抄《花（華）嚴疏義》三卷。而且她曾經去聆聽康藏法師說法。康藏法師就是在宣揚華嚴經義，推動華嚴思想普及上做出極大貢獻的華嚴宗實際創始人法藏。法澄的佛教思想明顯受到了法藏法師的極大影響。而法藏也十分看重法澄，認為「住持佛法者，即此師也」。說明法澄的佛學造詣與修道精神深得華嚴精髓，受到佛教界的一致推崇。

《宋高僧傳·卷五·義解篇第二之二·周洛京佛授記寺法藏傳》記載：「釋法藏字賢首，姓康，康居人也……薄遊長安，彌露鋒穎，尋應名僧義學之選。屬裝師譯經，始預其間，後因筆受、證義、潤文，見識不同而出譯場。至天后朝，傳譯首登其數。實叉難陀賷華嚴梵夾至，同義淨、復禮譯出心經。又於義淨譯場，與勝莊、大儀證儀……藏為則天講新《華嚴經》，知天地網義十重玄門……帝於此茫然未決。藏乃指鎮殿金師子為喻，因撰義門，徑捷易解，號金師子章，列十門總別之相，帝遂開悟其旨……帝於聖曆二年己亥十月八日，詔藏於佛授記寺講大經……所以華嚴一宗付授澄觀，推藏為第三祖也。」法藏是深受武則天賞識的高僧，多次入宮為武則天講經，並深深介入皇宮內的政治活動。鑑於他與法澄以往的師生關係，以及他對法澄佛性的賞識，法澄獲罪後，法藏很可能在武則天面前為之說情緩頰，才有了法澄沒有被殺而沒入宮中的特殊遭遇。

值得注意的是，在法澄塔銘中提到了唐代關中地區的一座重要佛教寺院 —— 至相寺。

至相寺位於唐代長安城以南的終南山梗梓谷中，建於隋代，並且是

唐代初期極為重要的一座與三階教有關的佛寺。但是在晚唐以後則寂無音響,可能已經荒廢。在宋代程大昌的《雍錄》、宋敏求的《長安志》等地理著作中都沒有提到這座寺院。僅可以從《長安志·卷十二·長安縣》中關於水道的記載中找到梗梓谷的大致方位。「梗梓谷水出南山,北流合成國渠。又西北豹林谷水入焉。又西北流至縣東南三十里入交水。」又稱:「興教院在縣南六十里梗梓谷口,本百塔,信行禪師塔院。大曆六年建。」在元代李好問編的《城南名勝古蹟圖》中,可以看到描繪長安縣地形的圖示。梗梓谷在終南山脈北麓,谷口向北。西鄰豹林谷、子午谷,東鄰竹谷、礵谷等,均為南北向的平行山谷。各谷中均有溪水流出,匯入豐水。到了清代畢沅的《關中勝蹟圖志》中,就只能看到涉及梗梓谷中百塔寺紀錄的一點痕跡了,而且這點痕跡還存在著錯誤。《關中勝蹟圖志》卷二:「太一山,在西安府城西南八十里。《咸寧縣志》:『一名南五臺,延袤十里許,道由石壁谷。(謹案,壁一作鱉。何景明雍大記云:谷口有白圓石,其巨如屋,形類鱉⋯⋯其西有白塔。)』」這裡說的白塔,可能就是在梗梓谷口的百塔寺。而在現有歷史地理文獻中對至相寺所在卻一直沒有記載。顯然在唐代以後就沒有至相寺的存在了。

陝西省文物工作者在實地調查中得出比較詳實的至相寺所在地情況。1979年3月,在陝西省長安縣南部的終南山北麓天子峪出土了唐代貞觀十三年刻立的智該法師碑。秦珠在〈長安發現唐智該法師碑〉一文中介紹:「唐代便子峪有兩座著名寺院,即峪內西坡的至相寺與峪口的百塔寺。碑出土於百塔寺遺址旁。」[469] 這一介紹與《續高僧傳·卷十一·義解七·隋終南山至相道場釋靜淵傳》中記載的至相寺選址在梗梓谷內西南坡阜的情況正相符合。據陳直〈陝西長安出土的隋唐泥佛像通考〉與朱捷元、秦波〈陝西長安和耀縣發現的波斯薩珊朝銀幣〉的介紹,1920年左右,梗梓谷西坡出

469　秦珠:〈長安發現唐智該法師碑〉,《考古與文物》1985年第4期。

土過一批唐代的泥佛像，上面刻銘為至相寺比丘法津在永徽元年所造[470]，也可以確定這一地點就是唐代的至相寺所在。歲月變遷，梗梓谷的地名訛變為便子峪，此後又被改稱天子峪。在至相寺的舊址上，清代曾經建立國清禪寺。朱捷元、秦波〈陝西長安和耀縣發現的波斯薩珊朝銀幣〉一文介紹，1965年12月，在天子峪國清禪寺附近的一座殘舍利塔中發現過一個白瓷缽，裡面裝有僧人骨灰與兩個銀盒、一個金盒，大銀盒中還裝有七枚波斯薩珊銀幣。並且認為：「此塔應是天寶以前至相寺僧人的舍利塔。」[471]

從大量關於至相寺的文獻記載中可以看出，至相寺與隋末唐初的三階教應該有著極其密切的關係。根據海內外三階教研究者的研究成果，三階教應該創立於北朝末年的北齊相州地區。日本學者常盤大定曾提出河南安陽的寶山寺是「三階教的發源地」。創始人為信行禪師。隋代開皇九年，信行被召入長安，在重臣高熲的扶助下居住在真寂寺，而後建立五所寺院，宣揚三階教法，「自爾餘寺贊承其度焉」[472]。隋唐時期，長安地區成為三階教的重要活動地區。

信行受業於北齊鄴都僧人、地論大師道憑。道憑的直系弟子還有靈裕。日本研究三階教的專家西本照真在《三階教的研究》一書中引用常盤大定認為靈裕與信行在思想上有所交流的觀點，指出靈裕比信行年長22歲，同為道憑弟子，可能存在著靈裕向信行傳法的情況，如普佛思想就來自靈裕。西本照真還把至相寺早期的幾代主要僧人靜淵、法琳、智儼都歸入與三階教有關係的人物中[473]。相州名僧靈裕，曾作《華嚴經疏》及《旨歸》合九卷，在隋代名聲顯赫。其弟子靜淵在隋代來到關中，在終南山修行建寺。

關於至相寺建寺的原委，《續高僧傳‧卷十一‧義解七‧隋終南山至相道場釋靜淵傳》中有詳細的介紹。靜淵為隋代重要僧人河南安陽寶山寺

470　陳直：〈陝西長安出土的隋唐泥佛像通考〉，《現代佛學》1963年第3期。朱捷元、秦波：〈陝西長安和耀縣發現的波斯薩珊朝銀幣〉，《考古》1974年第2期。

471　朱捷元、秦波：〈陝西長安和耀縣發現的波斯薩珊朝銀幣〉，《考古》1974年第2期。

472　（唐）道宣：《續高僧傳‧卷十六‧隋京師真寂寺釋信行傳》。

473　（日）西本照真：《三階教研究》，春秋社，第45頁、第108頁。

靈裕的弟子，對佛學研究頗廣，「自華嚴、地持、涅槃、十地，皆一聞無墜」。後來靜淵「承靈裕法師……裕乃大嗟賞，以為吾之徒也」。「後整操關壞，屏跡終南，置寺結徒，分時程業，三輔令達，歸者充焉。今之至相寺是也。裕後敕召入朝，才有間隙，徑投淵寺，欣暢意得，傾陰屢改。又以帝之信施為移山路。本居窄隘，兼近川谷，將延法眾，未日經遠。裕卜西南坡阜，是稱福地，非唯山眾相續，亦使供擬無虧。淵即從焉。今之寺墟是也。」從這些記載中可以看出，靜淵在隋代入關後，選擇終南山作為建寺基址，最早的居址臨近川谷，地方狹窄，不利於大量僧徒聚集。靜淵的老師靈裕被隋帝召入長安後，經常來靜淵的至相寺，並替他選擇了西南方山坡上的新址建設寺院，就是隋唐時期的至相寺所在地，也就是現存遺跡與文獻記載所確證的位於梗梓谷（今天子峪）內西坡上的至相寺遺址。而靜淵最早建寺的地點，應該是位於今至相寺遺址東北的梗梓谷（今天子峪）谷口，可能就是所謂百塔寺（即信行禪師塔院）的所在。據《續高僧傳·卷九·隋相州演空寺釋靈裕傳》記載，靈裕是在開皇十一年因隋文帝下詔邀請「乃步入長安，不乘官乘，時年七十有四。敕遣勞侍，令住興善」。不久後，由於眾多高僧推薦他擔任國家的僧統，他不願意做，上表告辭隋文帝，回到相州。所以，他到至相寺去為靜淵選擇新寺址應該就是開皇十一年這個時候。靈裕還把皇帝的施捨銀錢用於至相寺的修路等，說明至相寺的建設與寺院土地獲得等方面可能受到了皇家的直接支持。

上文已述，日本學者已經提出靈裕的佛學思想與信行有共通之處，可見雖然靈裕不一定屬於信行的三階教團，但是與信行的關係不同一般，對於信行的思想與普佛行動是支持的。而其弟子靜淵，與三階教的關係則可能更為接近。

首先，信行死後，弟子們選擇至相寺所在的梗梓谷鳴埵屍陀林為其實施林葬，而後收骨起塔於此。其所在地，上文已述，當即靜淵最初建立的至相寺原址。按照一般寺院的情況，這些原址的土地應該仍屬於本寺，或者建

立下院，或者作為僧人墓地等。而後，這裡也的確被稱為信行禪師塔院，其所屬似仍歸於至相寺，如武周萬歲通天二年〈大周故珍州榮德縣丞梁君（師亮）墓誌銘〉中稱，「歸葬終南山至相寺梗梓谷信行禪師塔院之東」[474]，正可以作為確證。靜淵將自己寺院的土地提供給三階教主建築墓塔，造成而後眾多三階教僧俗弟子聚集到這裡實施林葬與建塔，使梗梓谷鴟鳴埠成為專門供三階教徒林葬的屍陀林與教團集體墓地，等於是將至相寺的下院變成了三階教的專用聖地。這種關係，恐怕僅僅用「密切」兩字來限定都是不夠的。

其次，按照一般判定三階教徒的標準，靜淵的行為在某種程度上也有與三階教徒相似之處。例如他死後也是採取林葬。西本照真歸納過三階教徒的五項判別標準：（一）拜信行為師。（二）學習三階教法。（三）奉行常不輕菩薩的實踐活動，如禮拜民眾、頭陀乞食等苦行，堅持六時禮拜等。（四）屬於化度寺三階院等三階教寺院的僧人。（五）死後在終南山鴟鳴埠屍陀林捨身供養，而後埋葬在信行禪師塔旁[475]。大谷勝真曾根據《續高僧傳》中記載靜淵「身著粗素，奉持瓦缽」等記載推測他是三階教徒[476]。此看法雖然尚無更多證據佐證，但亦可備一說。

就現有文獻資料，靜淵是在建寺以後一直住在至相寺，隋大業七年四月八日「卒於至相之本房」。死後，弟子法琳在「散骸之地為建佛舍利塔一座，用津靈德，立銘表志云」。說明靜淵應該是在至相寺附近的山林中實施了林葬。弟子法琳收集骨骸建塔的地點，應該也在至相寺附近，可能就在信行禪師塔附近。這顯示了三階教信徒們奉行教義的一大特點 —— 施行林葬（露屍葬）。三階教徒的這種做法，始於三階教的創始人信行禪師。〈故大信行禪師銘塔碑〉記載：「於是法師淨名、禪師僧邕、徒眾等三百餘人，夙以禪師為善知識。三業追逐二十餘年，俱懷出世之基，共結菩提之友，恆欲碎骨次香城之下，投身於雪嶺之間。生死莫由，死將為禮，遂依林葬之

---

474 周紹良主編：《唐代墓誌彙編》第900頁，上海古籍出版社，1992年。
475 （日）西本照真：《三階教研究》，春秋社，第78頁。
476 （日）大谷勝真：〈三階某禪師行狀始末に就いて〉，《史論》第7輯，1938年。

法，敬收舍利，起塔於屍陀林下。」[477]隋開皇九年，信行禪師奉召入長安，居真寂寺，並發展出三階教的五所著名寺院：真寂、光明、慈門、慧日與弘善，收取弟子極多。以後三階教的僧徒逐漸繁衍到長安地區的其他寺院中。關於三階教在長安地區的寺院塔窟分布情況，張總有〈三階教寺塔窟溯源——以隋唐長安為中心〉一文介紹頗詳[478]，可以參考，此處不再贅述。信行去世，並在梗梓谷的屍陀林施行露屍葬，最後埋葬在鴟鳴堆。這一系列活動，符合信行自己早就立下的「誓願頓捨生命財」[479]的盟誓，也符合三階教奉行的《佛說要行捨身經》與《屍陀林經》的經義。信行是在這裡最早收骨建塔的高僧，也使此地成為三階教徒以及奉行林葬的佛教信徒埋骨建塔之所。「從三階教發展的初期，其僧人和信徒就有組成一個教團的趨勢；其後僧俗信徒在死後陪葬信行塔側，也蔚為風氣。」[480]終南山梗梓谷信行禪師塔院，後來成為三階教僧俗信徒墓塔集中的場所。《續高僧傳》及出土銘刻資料中的記載頗夥。西本照真曾根據《續高僧傳》等文獻與石刻資料歸納出埋葬在信行塔附近的三階教僧俗信徒共24人，其中信行的直系弟子5名，即善智、本濟、僧邕、裴玄正、慧了；其他僧人8名，即德美、僧海、道安、思言、法藏、堅行、湛、總靜；以及俗家信徒11人[481]。

同時，至相寺附近也是當時著名僧人的埋骨之處，而且這些僧人基本上都採取了林葬起塔的形式，說明林葬在當時是一部分僧人推崇的喪葬方式。對這方面的研究可參見臺灣學者劉淑芬的著作：《林葬——中古佛教露屍葬研究之一》。現將相關文獻記載羅列於下：

《續高僧傳·卷九·習禪三·慧藏傳》：「開皇七年文帝承敬德音，遠

---

477 （日）神田喜一郎：〈三階教に關する隋唐の古碑〉。《佛教研究》第三卷第三號 1922 年。

478 張總：〈三階教寺塔窟溯源——以隋唐長安為中心〉，《宗風》己丑，春之卷。宗教文化出版社，2009 年。

479 信行《傳道書簡》斷簡第七斷片，轉引自（日）矢吹慶輝《三階教之研究》，東京，岩波書店，1927 年一刷，1973 年二刷。

480 劉淑芬：〈林葬——中古佛教露屍葬研究之一〉，《大陸雜誌》第九十六卷第三、四、五期（1998年）。又見《中古的佛教與社會》，上海古籍出版社，2008 年。

481 （日）西本照真：《三階教研究》，春秋社，第 126 頁。

遣徵請……即六大德之一也。時有沙門智穩、僧朗、法彥等，並京室德望……乃請開講《金剛波若論》。」「以大業元年十一月二十九日遘疾卒於空觀寺，春秋八十四。臨終誠心曠濟，累囑露骸。弟子奉謹遺訣，陳屍林麓，掩骼修塔，樹於終南山至相寺之前峰焉。」

《續高僧傳·卷十一·義解七·唐京師勝光寺釋道宗傳》：「少從青州道藏寺道奘法師……受業智論十地地持成實毘曇……上清東夏，又欽德素，召入西京，住勝光寺，復延入弘義宮。通宵法集，群後百辟，咸從伏聽……以武德六年卒於所住。春秋六十一。秦府下教，贈物二百段，收葬於終南山至相寺之南岩。」

《續高僧傳·卷十一·義解七·唐京師延興寺釋吉藏傳》：「俗姓安，本安息人也……年至七歲，投朗出家。（上文言聽興皇寺道明法師講，疑或為明之誤）……隋定百越，遂東遊秦……隋開皇末歲，煬帝晉藩，置四道場，國司供給……以藏名解著功，召入慧日……王又於京師置慧日寺別教，延藏往彼居之……時有曇獻禪師……豪族貴遊，皆傾其金貝，清信道侶，俱慕其芳風。藏法化不窮，財施填積，隨散建諸福田，用既有餘，乃充十無盡藏。委付曇獻。」「以大業初歲寫二千部法華。隋歷告終。造二十五尊像，舍房安置。」「武皇親召釋宗，謁於虔化門。」「齊王元吉又揖風猷，親承師範。又屈住延興，異供交獻。」「（卒年）春秋七十五，即武德六年五月也。」「有敕慰贈，令於南山覓石龕安置。東宮以下諸王公等並致書慰問並贈錢帛。今上初為秦王，偏所崇禮。乃通慰曰：諸行無常。藏法師道濟三乘……彌用淒傷。乃送於南山至相寺……弟子慧遠，樹續風聲，收其餘骨，鑿石瘞於北岩，就而碑德。」

《續高僧傳·卷十二·慧海傳》：「張氏，河東虞鄉人……年至十四遂落髮染衣，為沙門大昭玄統曇延法師弟子也……十八便講涅槃，至於五行十德二淨三點……大隋御宇，方踐京邑。帝姊城安長公主……為立伽藍，遂受以居之。今之靜法寺是也。」「大業二年五月二十七日卒於本寺。春秋

五十有七。初，病極命諸徒曰……宜宗林葬，用嗣先塵。」「弟子欽崇德範，收骨而建塔於終南之峰，即至相之前嶺也。刻石立銘，樹於塔所。」

《續高僧傳·卷十三·唐靜藏傳》：「以武德九年十二月因事入京遇染時患，恨終京室，春秋五十有六。弟子道刪，祖習風範，地持一部，敷化在心。今住終南至相，有名於世。」

《續高僧傳·卷十四·義解十·唐終南山至相寺釋智正傳》：貞觀十三年二月二十八日，至相寺僧人智正去世，「鳩拾餘身，於寺之西北鑿岩龕之」。他曾經追隨至相寺淵法師，住寺中二十八年。

《續高僧傳·卷二十四·護法下·釋弘智傳》：永徽六年五月九日，至相寺僧人弘智去世，「露骸林下，攸骨分散，遵余令也」。在至相寺山門外為他立碑，高二丈四尺。

〈智該禪師碑〉：「又於京師諸寺講涅槃、維摩、般若等經，攝大乘、中百、唯識等論。」「貞觀十三年六月八日圓寂於長安靈化寺……奉旨送往終南山，闍維於梗梓谷。弟子智文……共收灰燼，標塔表靈。」[482]

當然，不能根據林葬這一點就將這些僧人都確定為三階教徒，但是至少在唐代，林葬是三階教徒的主要特徵之一，埋葬在至相寺附近的僧人中有些也表現出與三階教的密切關係。如上文中所引的「延興寺釋吉藏」既曾經入住三階教寺院慧日寺，又曾經大力支持無盡藏。

另外還有大量俗人墓誌證明，信奉三階教的教徒以及採用林葬的教徒在信行禪師塔附近建塔埋葬。段志凌收集過關於百塔寺的二十四塊碑石，與西本照真的歸納相近，可以參考[483]。宋張禮《遊城南記》記述原信行禪師塔院一帶「小塔累累相比」正是真實的寫照。

由於至相寺與三階教之間存在著這樣特殊的關係，我們在看到〈法澄塔銘〉中記述她「於至相寺康藏師處聽法。探微洞悟，同彼善才，調伏堅

482　秦珠：〈長安發現唐智該法師碑〉，《考古與文物》1985年第4期。

483　段志凌：〈長安百塔寺歷史沿革及相關碑石輯釋〉，《碑林集刊》十輯，陝西人民美術出版社，2004年。

持，寧殊誨意？康藏師每指法師謂師徒曰：住持佛法者，即此師也」的記載時，不能不考慮到這裡涉及的一個重要問題，即至相寺應該是哪一個宗派的寺院，以及華嚴宗與三階教之間是否存在著一定的關係。

上文已述，康藏法師，應該就是唐代著名高僧、被華嚴宗尊為三祖的康法藏。其宗派傳襲可參見清代續法撰《法界宗五祖略記》[484]。但是康法藏曾在至相寺說法的情況，僅見於此。據新羅崔致遠撰《唐大薦福寺故寺主翻經大德法藏和尚傳》，以及唐代閻朝隱〈大唐大薦福寺故大德康藏法師之碑〉[485]，康法藏落髮道場在太原寺，先天元年卒於西京大薦福寺。碑文題名中稱「康藏法師」，與〈法澄塔銘〉中稱「康藏師」正相符合。〈法澄塔銘〉中稱：法澄「遂於上元二年出家，威儀戒行，覺觀禪思，跡履真如，空用恆舍，遂持瓶缽一十八事，頭陀山林。有豹隨行，逢神擁護。於至相寺康藏師處聽法」。後來，法澄在如意年間因與汝南王謀反有關被「沒入宮掖」。那麼到至相寺聽康藏師說法的事情就發生在上元二年後到如意元年之前這十幾年內（西元675～691年）。如果結合《唐大薦福寺故寺主翻經大德法藏和尚傳》中記載的康法藏事跡，法藏的活動在咸亨元年受戒後至垂拱年間這一段是空缺，可以更具體的推測出康法藏在至相寺活動的時間可能就在上元至弘道年間（西元674～683年）。

在佛教史的研究中，普遍認為康法藏是華嚴宗的實際創始人。「當法藏之時，華嚴極盛。一有法藏之大弘此教；二有《華嚴》之傳譯；三有武則天之提倡。」[486]湯用彤《隋唐佛教史稿》第四章中，綜合《續高僧傳》等相關歷史文獻的記載，整理過華嚴宗興起的歷史，指出：「然在此後（北魏熙平元年〔西元516年〕，《華嚴傳》載沙門靈辯頂戴華嚴經入五臺山）南北之華嚴研究大盛，迨及唐初，遂有本宗之確立。此之故，北方不能不歸功於地論學家……地論者，謂世親之《十地經論》。《十地經論》者，蓋

484　見《續藏經》第134冊。
485　均見《大正藏》第五十卷。
486　湯用彤：《隋唐佛教史稿》第四章，中華書局，1982年。

《華嚴經》第六會中《十地品》之釋論也。北魏永平年間，菩提流支與勒那摩提及佛陀扇多譯《十地論》。三人之中尤以勒那摩提與《華嚴經》最有關係。蓋魏宣武帝曾敕其講《華嚴經》，披釋開悟，精義每發。（《續僧傳》卷一及《內典錄》卷四）而其門下慧光為律學大師，地論元匠，亦為華嚴研究最有關係之人也……慧光弟子之知與華嚴相關者表列於下：僧範、慧順、道憑、曇衍、法上、曇遵、道雲、安廩……由此時後，北方研究華嚴者極盛。相州靈裕，名僧也，曾作疏及《旨歸》合九卷，係道憑弟子……隋時北方宿老首推慧遠，從光師十大弟子（法上、慧順等）受戒，後為僧眾泰斗（晚住長安），曾作《華嚴疏》七卷。至隋末，南方嘉祥大師入關，平生亦曾講《華嚴》數十遍，撰《華嚴經遊意》一卷。而長安南終南山至相寺有善華嚴者數人，由此發源而有華嚴宗焉。」

湯用彤特別指出了至相寺與華嚴宗的關係：「華嚴宗固與五臺山有關，然其初起在關中之終南山。溯自周武滅法時，長安僧人多避難山中。智詵在蜀遊學，會周陵法，因事入關，遂隱終南。普濟自佛法淪廢，便投太白諸山。有靜藹者於法難將臨，攜門人四十餘人入終南山，東西造二十七寺。又有普安法師姓郭氏，京兆涇陽人，少依普圓禪師，晚投藹禪師，通明三藏，常業《華嚴》，讀誦禪思，依之標擬。周氏滅法，棲隱於終南山梗梓谷西坡。於時京邑名僧三十餘人，避地終南，安均安置密處。自出乞食，不避嚴誅……又引靜淵同止山野。靜淵者姓趙氏，武功人。常問學於靈裕，即慧光之再傳也。曾講《華嚴》、《地持》、《涅槃》、《十地》，《華嚴傳》列其名於「講解」中。屏跡終南，置寺結徒，是日至相寺。普安常結華嚴社，甚著神異，而靜淵當以義學著。普安卒於大業五年，年八十，起塔至相寺之側。靜淵於大業七年在至相寺逝世。而前此有沙門慧藏，為隋朝六大德之一，徵入長安，住空觀寺。平生習《十地》、《涅槃》等，然獨重《華嚴》。於大業元年卒，葬於至相寺之前。至若法順、智正、智儼，華嚴宗之祖師，亦均在終南。至唐初有弘智者於大業初住至相寺，卒於永徽六年，

亦講《華嚴》、《攝論》等。《華嚴傳》謂永淳二年至相寺沙門通賢（亦作道賢）、居士玄爽、房玄德等（原作寺，誤），並業此經。至五臺禮文殊，在并州童子寺得靈辯《華嚴論》本，持至京師，遂繕寫流通焉。可見自周末至唐初，終南山為僧人聚居之所，而華嚴學者亦多，且似以至相寺為中心。」

在湯先生的以上總結中，我們注意到在至相寺建寺的初期，與至相寺有關的僧人中就存在著兩種宗派的傾向。靜淵與三階教信行之間有一定的淵源關係，上文已述。而同時在「梗梓谷西坡深林，自庇廓居」，隱居修行的普安，以《華嚴經》為業，常結華嚴社，「又引靜淵法師同止林野」，與靜淵之間關係密切。普安在隋開皇八年入京為皇儲門師之前一直居住在梗梓谷內，大業五年去世後「遺骸於終南起塔，在至相之側矣」。說明普安與至相寺之間也有一定的關係。以後至相寺沙門通賢（亦作道賢）並業《華嚴經》。被尊為華嚴宗第二祖的僧人智儼也曾經居住在至相寺，再其後又有康法藏等一系列華嚴高僧在至相寺活動。正如湯用彤先生所總結，華嚴學者以至相寺為中心。而至相寺早期的幾代主要僧人靜淵、法琳、智儼卻都是與三階教有關係的人物。西本照真認為：在智儼撰寫的《華嚴經五十要問答》中，把三階教文獻《對根起行法》中普敬、認惡的觀點完全引用，說明他受到三階教思想的影響，與三階教的思想具有共同的地方[487]。可見至相寺在隋代至唐代初期曾是華嚴宗僧人與三階教僧人同時活動的場所。僧傳顯示，在這種同生共處中曾產生了思想的交流。因此，華嚴教派與三階教派之間是否曾存在一定關聯的問題可以透過對至相寺的深入研究加以辨析。興聖寺主尼法澄塔銘的實物記載就是探討這一問題時頗為可貴的一件資料。

在此還要指出，至相寺的宗派歸屬是一個非常複雜的問題，恐怕一時還不好下一個絕對的結論。僅現有資料中所見，與至相寺有關的僧人除三階教派、華嚴教派外，還有力行《法華經》義的僧人，如上文提及的造作善業泥的至相寺僧法津。法津所造善業泥銘中記載：「大唐國至相寺法

---

487 （日）西本照真：《三階教研究》，春秋社，第110頁。

津，自永徽元年起造多寶塔八萬四千座……」正面造像正為一座高聳的多寶塔。眾所周知，出現寶塔瑞象奉佛的做法應是源自《法華經》。鳩摩羅什譯《妙法蓮華經·卷四·見寶塔品》云：「爾時佛告大樂說菩薩，此寶塔中有如來全身，乃往過去東方無量千萬億阿僧祇世界，國名寶淨。彼中有佛，號曰多寶。其佛行菩薩道時，作大誓願：若我成佛，滅度之後，於十方國土有說《法華經》處。我之塔廟，為聽是經故，湧現其前，為作證明。贊言善哉。彼佛成道已，臨滅度時，於天人大眾中告諸比丘：我滅度後，欲供養我全身者，應起一大塔。其佛以神通願力，十方世界在在處處，若有說《法華經》者，彼之寶塔皆湧出其前，全身在於塔中。」

製作寶塔一類的佛跡應該是宣傳奉行《法華經》的僧人舉動。如《佛祖統記卷》十四，法師齊玉「謂首座修慧日：『吾床前多寶塔現。』慧日：『和尚流通法華之瑞證也』」。又《佛祖統記卷》二十二記載，唐楚金法師發願修塔，建成後「乃於春秋二時，集七七僧行法華三昧……血書《法華菩薩戒經》，……寫法華千部，金字三十六部，以鎮寶塔」。正說明建造寶塔供奉的思想是奉行《法華經》僧人的一大特徵。而華嚴派僧人研習奉行的經典以《華嚴經》、《涅槃經》為主，很少見到華嚴派名僧宣揚《法華經》思想的。法津能夠在至相寺裡大規模造善業泥宣揚法華思想，可見至少在高宗時期，研習《法華經》的僧人在至相寺裡也是占有一定地位的。那麼法華派與三階教之間是否也有互動也是可以進一步探索的問題。

既然三階教的思想基礎應追溯到《華嚴經》，三階、華嚴、法華等宗派的僧人又同在一寺院中相處。對唐代曾幾次將三階教斥之為邪教並加以禁止這一現象，恐怕就不能簡單的僅從教派上的不同或教義思想上的分歧去解釋了。結合武后在查禁三階教時首先針對的是其寺院中的「無盡藏」。我們懷疑，正是這個擁有大量資產的「無盡藏」引起了統治者的注意，從而導致對三階教的查禁之舉。

原載《宗風》辛卯·春之卷

常萬義先生所藏墓誌綜考

　　常萬義先生收藏的中國古代石刻珍品將在香港城市大學中國文化科目中心展出。就我所知，這可能是首次在這裡展出個人收藏的古代石刻文物。由此，香港學界與市民得以欣賞到一批優美的佛教造像、墓誌等藝術精品，文博考古學者有機會領略新的文物資料，確實是一件有益於文化發展的盛舉。承蒙常先生與香港城市大學中國文化科目中心來函力邀我為這批展品中的墓誌資料撰文介紹，並惠賜相關資料照片。故不揣愚陋，將常先生所藏七件唐代墓誌與二件明代墓誌予以釋讀，並就其中所反映的一些問題略述於下，以俟知者正焉。

　　中國古代文化中，作為儒家文化一個重要組成部分的金石收藏之學，曾經在保存傳統文化、文物，促進歷史考古研究等方面發揮過十分重要的作用。眾所周知，宋代是金石學興起，並盛行一時的歷史時期，以後，在清代，金石學達到了它發展的高峰。相關的研究考釋著作與收藏目錄數以百計。而在金石收藏中，石刻資料的收藏又占有主要地位。石刻中的碑、墓誌、造像、經幢等，都曾經是歷代著名收藏家主要的收藏對象。當然，限於財力與居住條件，大型的碑刻一般不易為私人收藏。早期的收藏者大多是收藏這些石刻的拓片，最多者可擁有上萬件。於是，我們就可以看到歐陽修、趙明誠、梁九思、孫星衍、繆荃孫等收藏家的豐富收藏目錄。這些著錄至今仍具有較高的學術價值。

　　近代以來，石刻造像以其精美的雕刻藝術與明顯的歷史特徵成為收藏界的熱門焦點，而古代墓誌也隨著二十世紀初的大量出土而被許多著名收藏家大量珍藏。很多出土珍品都是由於收藏家的保護才得以流傳下來的。常先生的石刻收藏與展出，正是延續著中國收藏家的這一優秀傳統。

就墓誌而言，它雖然在南北朝時期已正式定型，但成為文人學者收藏與研究的對象，應該是在宋代金石學興起以後才有的事。而且從宋代到明代期間的金石著錄中，收入的墓誌也只占很少的一部分，說明那時人們還不大重視出土墓誌。例如宋代趙明誠的《金石錄》一書，被看作是宋代金石學的代表作，收錄相當豐富，但只收入了107件歷代墓誌。元代陶宗儀的《古刻叢抄》以收錄墓誌為主，也僅收錄了37件歷代墓誌。而明代都元敬的《金薤琳琅》20卷中僅收錄了隋大業七年（西元614年）十月姚恭公墓誌等3件墓誌。就現有古代金石著錄情況所見，自清代初期起，人們才開始注意到古代墓誌的史料價值與文物價值。例如乾隆年間鄭傑所著的《唐陳觀察墓誌考》、梁玉繩所著的《誌銘廣例》，嘉慶年間李富孫所著的《漢魏六朝誌墓金石例》、洪頤煊所著《平津館讀碑記》，道光年間畢沅著《關中金石記》等著作，便反映了這時收藏與研究墓誌的情況。

從清代末年到1930年代，墓誌，尤其是北朝、隋唐墓誌的出土達到了一個高潮。這些石刻由於具有豐富的歷史資料，馬上受到了中國學者與文人收藏家的重視。中國的著名收藏家如羅振玉、繆荃孫、關葆益、董康、李盛鐸、于右任、徐森玉、張鈁、李根源等人，均從事收集墓誌或其拓片的活動，他們所收集的墓誌大都是這時出土的。其中，隋唐墓誌是中國古代石刻資料中保存數量比較大的一個部分，除未發表者外，現在可以收集到拓片的資料達5,000件以上。清末學者葉昌熾在他的著名著作《語石》中提到：「有唐一代墓誌，余先後收得三百餘通，其所不知及知而未能得者，尚不知凡幾也。」可見當時隋唐墓誌已經大量出土流散。這時，著名學者羅振玉為隋唐墓誌的收集整理做過大量工作，他四處訪求，並曾親自到河南一帶訪拓。而後將自己收藏的拓片一一加以錄文，陸續編輯成書，刊刻出版。相關著錄有：《芒洛塚墓遺文》、《襄陽塚墓遺文》、《山左塚墓遺文》、《鄴下塚墓遺文》、《廣陵塚墓遺文》、《吳中塚墓遺文》、《高昌磚錄》等墓誌錄文集。這些著錄中收集了洛陽、襄陽、陝西、鄴城、揚州

等地的出土墓誌。此外，他還編集了《蒿里遺文目錄》、《蒿里遺文目錄續補》、《墓誌徵存目錄》等，於墓誌收集整理建功最著。根據他未完成、後由其子羅福頤整理成書的《墓誌徵存目錄》一書中的記錄，共收入隋代墓誌目錄202件，唐代墓誌目錄3,083件。

在這種形勢下，近代出現了一批大量保存古代墓誌的著名收藏家，他們的豐富收藏，如于右任的《鴛鴦七誌齋藏石》、張鈁的《千唐誌齋藏石》、李根源的《曲石精舍藏石》等都是聞名遐邇，成為中國古代文明的寶藏。這些私家收藏，在1949年以後已經成為各地博物館的重要藏品。它們與後來陸續被各地文博單位收藏的歷代墓誌資料一起成為中國古代文物寶庫的寶貴組成部分。據大致的統計，現在已經發表過的古代墓誌資料有近10,000件之多。

如此大量的墓誌資料，在中國古代文明的研究中具有什麼樣的價值與意義呢？首先，它提供的文字資料極大的有助於古代歷史文化的研究。彙集考釋古代的銘文資料，是具有悠久歷史傳統的中國儒家學術之一大特點。儒家「尚古」，自其創始人孔子開始，就一直把上古的賢君作為政治與道德上效法的榜樣。追溯這種秉持祖宗章法的思想根源，大概是來自商周時期定型的血緣宗法制度乃至更早的史前社會中的祖先崇拜。這樣，在幾千年的古代社會中，古人的言談著作常常成為後人的行為規範。而彙集古代的銘刻資料來證史誨人，也成為文人學術活動中一個重要的面向。早在南朝，便有過梁元帝編集的《碑英》一百二十卷。宋代金石學興起，收藏各種類型的古代銘刻，加以編集、考釋、題跋……就成為金石學研究的主要內容，從而產生了大量的金石著錄。甚至在歷代修纂地方志時，也大多要把金石志作為一個重要的組成部分。近代以來，又陸續編纂了多種出土墓誌的專集。如《漢魏南北朝墓誌集釋》、《漢魏南北朝墓誌彙編》、《唐代墓誌彙編》、《隋唐五代墓誌彙編》等等。這些墓誌中的豐富史料，可以補充歷史文獻中闕遺的資料，核實與證明古代的地理名稱、官職、行政區劃、人物世系乃至禮儀制度、風俗習慣等

等，在近代的歷史研究中發揮過重要的作用。

　　與擁有豐富史料的中國古代歷史研究相比，西方學者在研究古代史時可以使用的傳世文獻比較少，因此，他們就更看重古代的銘刻資料，如埃及的古代石刻、兩河流域的泥版銘文等，並且從對這些銘刻的研究中改變了對歷史的認識，改進了學術研究的方法與目的。這些新的研究方法與研究方式，在二十世紀初，開始影響中國學術界，古代銘刻資料的重要性隨之增加。王國維提出著名的「二重證據法」就代表了這種新的認識。

　　其次，很多墓誌附有精美的雕刻紋飾，而且不同歷史時期的墓誌在其形制、花紋裝飾等方面都有所不同，可以透過它了解古代藝術的發展變化過程，也可以將上面的花紋與其他同時期的藝術品，如造像、壁畫、金銀器、陶瓷、建築等加以對比，互相印證，幫助我們增進對古代藝術的認識。在考古學研究上，這些紋飾可以幫助確定各種器物的時代，進行分期，是歷史時期考古的重要資料。

　　墓誌中的書法往往也是人們留意的一個方面。書法藝術是中國文化中獨具特色的一枝奇葩。墓誌中的書法，大多端正可觀，而且具有真、草、隸、篆多種書體。其中不乏歷代著名書法家的作品，也有很多是當時著名書體的極好模仿品，既可以作為學習書法的範本，又可以作為書法史的寶貴研究資料。

　　常萬義先生收藏的這些墓誌，就同時具有史料、書法與藝術鑑賞等方面的價值，頗可珍視。以下從相關的幾個方面做一些具體探討，為了更清楚的了解這些墓誌的內容，我們將它們逐篇逐字釋為標準文字，並對其中難以理解的詞語加以考釋說明，以供參考。

　　綜觀這七件唐代墓誌，我們發現，它們都應該是出土於唐代潞州（州城即今日山西省長治市）境內。這從各件墓誌上關於葬地的記載中可以看得很清楚。例如：唐垂拱三年（西元687年）四月三日崔會墓誌記載：「合葬於屯留縣東南廿里之原。」唐代屯留縣治，即今屯留縣內，在長治以西，屬長治

市所轄。唐開元廿七年（西元739年）二月十日董牛墓誌記載：「葬於潞府城南廿里南董村西北壹里之原。」潞府當指唐潞州大都督府，其治所在今長治市。由此說明董牛墓誌出土於今長治城以南。唐寶曆元年（西元825年）二月廿二日李堅墓誌記載：「安厝於古屯留城敦煌公之東崗二里。」古屯留城，當指唐代以前的屯留縣城，又名純留城。《讀史方輿紀要》卷四十二：「屯留縣……純留城，在縣東南十里……漢置縣於此。晉亦曰屯留縣……唐武德五年，自霍壁移今治，或以為故城……或曰，古純留城在今縣西十里之平村。」[488]也是在今屯留境內。它們都明確的記載了葬地所在。

其他幾件沒有明言葬地的墓誌，也可以從其中對墓地周圍地形的描述確定它的所在。唐永徽六年（西元655年）十月廿五日賈德墓誌記載：「合葬城南廿里。其所東挾神嶺，西望長達，南眺羊頭，北臨狐邑。」根據《漢書·王莽傳》和《讀史方輿紀要》卷四十二等文獻的記載，在今山西壺關以西，長子縣內有羊頭山。狐邑可能是指屯留縣。據《元和郡縣志》卷十五、《讀史方輿紀要》卷四十二等記載，屯留為古晉國餘吾邑，餘吾城在縣西北十八里。而狐又為晉國大姓，世代為卿大夫（以上考證詳見所附該墓誌銘文考釋）。由此可見，賈德墓誌應該是埋葬在今屯留縣南。

唐儀鳳四年（西元679年）二月九日耿卿墓誌記載：「合葬於州城西北廿九里之平廛。左瞻王屋，相秦趙之爭雄；西望濫川，丹朱之封域。前臨漳水，淼淼長流；卻倚積石，嵯峨始皇編橋之基。」「左瞻」即向東望。古代以南向為正面，左手則在東。一般所稱的王屋山，是在今山西南部的王屋山，與這裡所云「左瞻」方向不符。可見這裡說的王屋，應該是在潞州壺關縣內的大王山。「丹朱之封域」即長子縣內的長子城，又名丹朱城。「積石」為屯留縣東北的積石谷。「編橋」可能是「偏橋」的字訛。林縣隆慮山中有偏橋（以上考證詳見所附該墓誌銘文考釋）。這些地名證明所謂「州城」即潞州州治，它們的方位正在該墓誌所說「州城西北廿九里」一地的

---

488 （清）顧祖禹：《讀史方輿紀要》，上海書店出版社影印本，1998年。

東西南北四方。由此可以明確的判斷出唐代潞州城的位置。

　　唐上元二年（西元761年）二月廿二日栗德墓誌記載其葬地四周的地形是：「東看王屋，西望刀黃，南睹羊頭，北眺三隴。」「刀黃」，應該是在潞州長子縣內的刁黃嶺。「羊頭」見上述羊頭山。「三隴」則可能是屯留縣境內的三山（以上考證詳見所附該墓誌銘文考釋）。這樣，根據這些地名的方位來推算，栗德墓葬應該位於今山西長子縣城以東至長治市西南一帶的平原上。

　　這些可貴的地名記述，可以幫助我們了解當時存在的地名情況，並且可以透過它們解決當時的地形、城市位置等問題，有益於歷史地理的研究。

　　釋讀這幾件唐代墓誌的內容，我們可以看到，除李堅墓誌以外，這些墓主的身分，大多為無品秩的士族人士，但是他們的祖先父輩則多為北朝至初唐的中下階地方官吏。由此可以了解在北朝至隋唐之間的多次政權變更中，中下階官員階層所處的社會地位與其升降沉浮的情況。

　　在古代封建社會中，官僚階層與平民之間存在著十分明顯的階級區別。官員不但可以免除課役，而且可以享有種種法律上的特權，如在犯罪時用官職抵罪，得以減、贖。其親屬也可以隨之享受庇蔭。如《唐律疏議》卷二云：「諸七品以上之官及官爵得請之祖父母、父母、兄弟、姊妹、妻、子孫，犯流罪以下，各從減一等之例。」「諸應議、請、減及九品以上之品，若官品得減之祖父母、父母、妻、子孫，犯流罪以下，聽贖。」[489]就明顯的說明了官僚階層的特權。

　　從墓誌中可以看到，在北朝曾為官的世家人物，於政權變更後，基本上仍保持了官僚階層的地位，但是其官品一般有所減低。我曾經彙集一些唐代墓誌的資料，指出唐代對降官一般給予低階的散秩官品，如登仕郎、陪戎副尉等，以保留他們的官僚身分[490]。這也可能是北周與隋曾經應用的

489　（唐）長孫無忌撰，劉俊文注《唐律疏議》，中華書局，1983年。
490　趙超：〈蓋蕃一家墓誌綜考〉，《文史》第二十九輯，中華書局，1988年。

安撫方式。到了唐代統一後，更有不少的舊官吏後代不再能出仕，降為平民。如這裡收集的唐儀鳳四年（西元679年）二月九日耿卿墓誌記載：其高祖在北齊任并州刺史，屬四品；其曾祖在隋代為代州雁門府折衝，祖父則僅為忻州秀容縣主簿。因品級過低，大約入唐後就不再擁有官品了。唐咸亨元年（西元670年）十二月十日王策墓誌中記載：其曾祖為北齊長廣王記室參軍，長廣王即北齊武成帝高湛。其祖父在北周任并州東閣祭酒，地位明顯降低。其父與王策在唐代均為平民。

又如唐垂拱三年（西元687年）四月三日崔會墓誌記載：其十六代祖為魏并州刺史，曾祖在北齊為橫野將軍，祖父在隋代為宣惠尉。唐開元二十七年（西元739年）二月十日董牛墓誌中記載：其高祖為晉州刺史，當為北齊官員。曾祖任銀州司戶，推算其時代應在北周時期。其祖父在隋代則降至懷州河內縣主簿。

由於這種衰落的趨勢，到了唐代，這些墓誌的主人已多為平民。但是我們看到他們的墓誌仍然製作得相當規矩整齊，刻畫精美。文字典雅，書體可觀，顯示出他們仍具有較高的社會地位，應該仍然是當地有所影響的望族大姓。我曾經將唐代的墓誌形制與禮制等級做過排比，看到當時使用大型石質墓誌的基本上是官員與世家大族人士[491]。這些墓誌同樣顯示了這一點，從而可以向我們揭示出唐代早期在潞州（今山西長治市）定居的一些大家族的情況。

值得注意的是，在這幾件墓誌中，竟有三位墓主的祖先曾任并州刺史，一位墓主的祖先任晉州刺史。根據《魏書·地形志上》的記載，北朝時并州管理有太原郡、上黨郡、武鄉郡、樂平郡、襄垣郡等地區，正是今山西中部與東南部，包括長治在內。而晉州管理有今山西西南部等地區。這些刺史的後代密集的定居在屯留一帶，是屬於巧合，還是出自當時官方安置或移民遷徙等政治原因，頗可玩味。

491　趙超：《古代墓誌通論》，紫禁城出版社，2003年。

　　另一件唐寶曆元年（西元825年）二月廿二日李堅墓誌中記錄的關於中唐藩鎮的情況，具有一定的歷史價值。李堅從軍後，便在中唐著名將領李抱玉、李抱真麾下服役，跟隨他們出征邊鎮，後歸入當時較大的一路藩鎮軍隊——澤潞昭義軍。李抱真死後，其子欲自行接替軍權。朝廷命王虔休接管昭義軍。李堅這時站在王虔休一方，固守臨洺，抵禦叛軍，從而被王虔休委以心腹。這些均不見於文獻記載，在一定程度上可以補充相關歷史。從墓誌的敘述中可見，李堅的諸子也都是藩鎮的軍將，表現了藩鎮軍中父子相繼、世代相承的風習。

　　最後談一下這些墓誌書寫的情況。

　　我們看到的這些墓誌，大多原本書寫得端莊秀美，兼以保存較好，具有一定的書法藝術欣賞價值。

　　唐代是中國書法史上的極盛時期。經過漢代至隋代之間書體的演變發展，楷書已經完全定型，形成了一定的書寫法度與風格。唐代文人在此基礎上予以充分發揮，產生了不同的流派。自唐代初年起，就湧現出一批又一批著名的書法大家，其影響至今不衰。如初唐的褚遂良、虞世南、歐陽詢、歐陽通，盛唐的李邕、蘇靈芝、張旭、懷素、顏真卿，中唐的柳公權、李陽冰、徐浩等等。特別是這些書法大師的書體風格在當時具有相當大的影響。很多當時的文人學習他們的書體風格，使得不同時期的石刻書法明顯的追隨不同時期的書法大師作品，顯示出一定的時代特點。我們從不同時期的唐代墓誌中，可以清楚的看到這一特點。

　　在初唐時期的墓誌中，我們所見最多的，是模仿褚遂良、虞世南與歐陽詢等人的書體。如在這裡的唐儀鳳四年（西元679年）二月九日耿卿墓誌中，可以見到仿效歐陽詢書法的沉穩嚴謹、瘦削緊湊。而唐咸亨元年（西元670年）十二月十日王策墓誌、唐垂拱三年（西元687年）四月三日崔會墓誌等，文字結構勻稱，疏密得當，筆畫整齊，行筆有度，字體飄逸秀麗，似乎有著褚遂良〈同州三藏聖教序〉等書法名作的深刻影響。由此

可見當時文化的昌盛情景。潞州雖然與當時的政治、文化中心長安、洛陽有相當距離，但與在那裡出土的大量初唐墓誌相比，這些墓誌上的書法水準與書體風格卻毫不遜色。

在隋代墓誌中，曾經流行一種書寫習慣，即以正楷書體為主，中間不規律的夾雜一些用隸書、篆書，甚至是草書來書寫的文字，以調節全篇的氣韻，打破整齊劃一的通篇楷書布局，使得整篇書法活潑多變，增強了其藝術欣賞魅力。這種寫法在唐代其他地區的墓誌中已經不多見。但是在這裡的唐永徽六年（西元655年）十月廿五日賈德墓誌、唐垂拱三年（西元687年）四月三日崔會墓誌、唐開元二十七年（西元739年）二月十日董牛墓誌等資料中，我們又見到了夾雜著篆書、草書寫法的現象，尤以崔會墓誌為最，其中的草書筆法流暢，線條圓潤，顯示出唐代草書純熟的書寫技巧。這種獨特的現象，同時也使我們感到，在唐代早期，潞州等河東地區還保存了相當多的北齊、隋代的文化因素或傳統習慣，表現出與長安、洛陽不盡同步的地方文化特點。這是文化史上一個有意義的現象，值得進一步的研究與探討。

原載《寶相莊嚴》文物出版社2004年版

常萬義先生所藏墓誌續考

前面的〈常萬義先生所藏墓誌綜考〉一文，是應香港城市大學之邀，為常先生藏品展出所做的考證。2003年4月，在前面的九件墓誌考釋基本完成後，常萬義先生又寄來了他收藏的十三份墓誌資料，囑為考釋。將這批墓誌作了釋文並仔細閱讀後，發現這十三份唐代墓誌同樣是出自今山西長治地區（唐代潞州）。

它們的時間跨度比較大，自初唐高宗時期直至中唐德宗時期，其間約120年。可貴的是絕大部分墓誌均附有墓誌蓋，從中可以明顯的看到一些形制與內容上的變化，有些還具有明顯的地方特徵。因此，雖然這些墓誌的主人大多是平民，墓誌等級並不很高，內容所能反映的史料也有限，但我們從這些墓誌形制和內容上的一些突出特點以及這些形制的變化中，仍可以了解到一些很有價值的問題。與前一批資料一樣，墓誌銘文已另作釋讀。這裡先將這些墓誌紋飾雕刻中所反映的解除厭勝思想與相關家族問題略加探討。

這批墓誌的紋飾中最引人注目、也最特殊的一點，就是在墓誌蓋的中央浮雕出一個虎頭（有些是採用線刻虎頭圖案）。這種裝飾是在其他地方出土的唐代墓誌中從未見過的。從拓片上看，浮雕的虎頭與漢代以來的獸面鋪首造型十分相似，但虎的特徵比較明顯，正面向，雙目圓睜，兩耳豎起，口中啣環。線刻虎頭則更抽象一些，突出強調了圓目與張開的大口、利齒，並且繪出鬃毛，在傳統的老虎形象基礎上有所變化，更接近南北朝、隋唐壁畫中的神獸形象。與以後的狴犴造型相近同。類似造型尚可見於唐代洛陽、長安等地建築遺址中出土的大型獸面方磚。

從這批資料整體所反映的形制變化來看，在屬於初唐、盛唐時期潞州地區的墓誌蓋上，都採用了中央刻繪虎頭的裝飾手法。其中長壽元年（西

元692年）正月六日董洪墓誌、長安二年（西元702年）十二月廿九日董郭墓誌、天寶五載（西元746年）正月三十日靳福貞墓誌、天寶六載（西元747年）十月十九日崔謀墓誌、天寶十載（西元751年）二月廿八董爽謀墓誌的墓誌蓋上均是線刻。而永昌元年（西元689年）四月十五日董感墓誌、證聖元年（西元695年）閏二月十八日楊洪墓誌、開元十九年（西元731年）十一月十六日浩泰墓誌、天寶六載（西元747年）二月十四日崔節墓誌的墓誌蓋上則為高浮雕。這說明浮雕與線刻二種裝飾手法曾在唐代潞州地區同時存在，並沒有時間上的先後區別。但是在開元十五年（西元727年）十月十七日董審墓誌蓋上，已經不採用這種虎頭裝飾，而是使用了與兩京等地區流行裝飾相同的十二生肖紋飾，表現了潞州以外傳來的影響。至安史之亂以後的中唐時期，這種虎頭裝飾就完全不存在了。如大曆六年（西元771年）十月十五日侯武興墓誌、貞元六年（西元790年）二月廿三日郭寰墓誌都是如此。這就替我們劃分出了虎頭形紋飾流行的時代界限。當然，這一分期情況只是根據這一批墓誌所做出的大致推論，還需要有更多、更廣泛的在長治地區出土的墓誌資料來予以確證。

那麼，這種具有明顯時代界限與地區特點的裝飾手法所要表現的是什麼意義呢？我們認為，在墓誌蓋上雕刻虎頭的思想應該是出於在古代十分流行的數術解除概念，虎頭具有在墓葬中闢邪驅鬼的目的。

漢代的《風俗通義》卷八「桃梗、葦茭、畫虎」一節中記載：「謹按《黃帝書》：『上古之時，有荼與鬱壘昆弟二人，性能執鬼。度朔山上立桃樹下，簡閱百鬼，無道理，妄為人禍害，荼與鬱壘縛以葦索，執以食虎。』於是縣官常以臘除夕飾桃人，垂葦茭，畫虎於門，皆追效於前事，冀以衛凶也。」又云：「虎者，陽物，百獸之長也。能執搏挫銳，噬食鬼魅。今人卒得惡悟，燒虎皮飲之，擊其爪，亦能辟惡。此其驗也。」[492] 這些記載，已經把虎在古代人心目中的驅鬼闢邪作用及用虎來驅鬼闢邪的實際做法介紹得很清楚了。

492　應劭撰、王利器校釋：《風俗通義校注》，中華書局，1981年。

這一現象，在漢代的畫像石、青銅器、壁畫等藝術品中有大量具體表現。特別常見的就是這種採用正面向的獸面鋪首，它在漢代的墓門、墓中畫像石、壁畫等處多有出現[493]。1972年，在鎮江市郊出土的南朝虎面怪首畫像磚，也是類似的造型[494]。說明這種雕刻裝飾形象一直傳承下來，並且大量使用於墓葬之中。

解除，在出土的漢代鎮墓鉛券中又寫作解適，如：「謹以鉛人金玉，為死者解適，生人除罪過。」[495] 吳榮曾先生認為：解適，即解謫。《漢書‧陳勝傳》「適戍之眾」顏注：「適讀為謫，謂罪罰而行也。」這就是為死者解除觸犯地界的罪過[496]。漢代學者王充在《論衡‧解除篇》中談到了當時流行的解除習俗：「世信祭祀，謂祭祀必有福。又然解除，謂解除必去凶。解除初禮，先設祭祀……已，驅以刃杖。」「解除之法，緣古逐疫之禮也。昔顓頊氏有子三人，生而皆亡，一居江水為虐鬼，一居若水為魍魎，一居歐隅之間主疫病人。故歲終事畢，驅逐疫鬼，因以送陳、迎新、內吉也。世相仿效，故有解除。」以上記載，解釋了漢代解除習俗的由來。秦漢時期，篤信鬼神的觀念在民間普遍存在，人們認為世間一切災禍病患都是由於鬼怪作祟。這在近年來於湖北、甘肅等地出土的秦簡《日書》中反映得十分清楚，如睡虎地秦簡《日書》甲種中有「詰咎，鬼害民罔行，為民不羊（祥）」的說法，並記錄了刺鬼、丘鬼等71種鬼怪妖祥，還詳細記述驅逐鬼怪、解除災禍的方術[497]。這種方術在漢代以後的歷代習俗中都有所存在。可以說，解除厭勝的數術思想貫穿於整個古代中國社會之中。

《禮記‧祭法》云：「大凡生於天地之間者皆曰命，其萬物死者皆曰折，人死曰鬼，此五代之所不變也。」《禮記‧祭義》云：「眾生必死，死必歸

493　可參見以下圖書：南陽漢代畫像石編輯委員會編：《南陽漢代畫像石》，文物出版社，1985年；陝西省博物館：《陝北東漢畫像石》，陝西人民美術出版社，1985年。

494　中國美術全集編委會：《中國美術全集‧魏晉南北朝雕塑卷》，人民美術出版社，1988年。

495　羅振玉：《貞松堂集古遺文》卷十五。

496　吳榮曾：〈鎮墓文中所見到的東漢道巫關係〉，《文物》1981年第3期。

497　《睡虎地秦墓竹簡》，文物出版社，1988年。

土，此之謂鬼。」這些記載顯示在古代人的思想中，堅定不移的認為人死後會歸於地下的世界，由地下的鬼神統治。因此，為了死者安寧，在建墓時往往要進行解除活動，驅逐惡鬼，消災解難。透過考古發現，研究者們普遍認為：漢代以來用鎮墓鉛券、鎮墓陶瓶置於墓中，借助上面的文字、道符與鉛、白石等人們認為有驅鬼法力的物質來達到解除目的，是一種常見的方法。在古代墓葬中繪製各種能闢邪的神怪形象也是一種方法。另外，隨葬品裡有相當大一部分是具有驅邪避禍、除鬼厭勝意義的，甚至我們在以前從沒有注意到有些器物具有用作解除的意義。例如隨葬的書籍。上面提到的秦代墓葬中隨葬《日書》就可能已經具有這方面的含義。降至唐代，還有唐垂拱元年（西元685年）四月二十二日薛褒墓誌記載：「以高宗敕書一軸、忠臣孝子傳兩卷、周易一部、明鏡一匣送終焉。」[498]這裡明鏡明顯是用於驅鬼的，上有漢代溫明的例證，下有唐代傳奇小說中關於明鏡避鬼的傳說，此不贅述。《周易》可以與式和八卦圖像等同。至於《孝子傳》，孫機先生曾指出古人認為它也有驅邪的功能[499]。

在墓葬中隨葬的象徵天地神祇的「式」作為方術的重要工具，也應該在墓葬中具有解除的神力。後來墓誌的外形就模仿了「式」。這一點在隋唐時期的墓誌中還有一個有力的證明。如出土於洛陽的隋開皇二十年（西元600年）十一月十日馬稚及妻墓誌[500]，在它的誌蓋刻名四周刻了八卦符號，四殺上依次刻寫了天干地支的名稱。誌側刻寫了「天帝告塚中王氣五方諸神趙子都等馬老生善人」等字樣。誌蓋上八卦的刻法是在四角各刻一個卦象，正對著墓誌四殺形成的四條稜線。墓誌四邊的中央各刻一個卦象。其位置正形成表示古代宇宙觀念的四維八方。卦象順序從墓誌右下角的位置開始，為乾卦，接下來順時針順序依次為：坎、艮、震、巽、離、坤、兌。這正是後天八卦的卦圖。這種圖像與「式」的圖像完全一致。說

---

498 《隋唐五代墓誌彙編》陝西卷第一冊，天津古籍出版社，1991年。

499 孫機：〈固原北魏漆棺研究〉，《文物》1988年第3期。

500 趙力光：《鴛鴦七誌齋藏石》，三秦出版社，1995年。

明墓誌本身形制也具有解除的意義。有學者還研究了唐代墓葬中發現的刻有道教咒文的石刻，認為這些刻石作為厭勝使用，「是道教堪輿家使用的魔法工具，有鎮壓邪惡的作用」，「在唐代，石葬幾乎是最為流行的，各種類型的鎮墓獸雕像也繼續發揮了保護和鞏固墳墓的作用」[501]。

以上種種，反映出古代墓葬中的解除方術情況。與上述這些用於解除的器物、符號、紋飾一樣，墓誌蓋上虎的形象也應該在墓中有著解除作用。上文已述，虎具有如此強大的驅鬼威力，用它來在墓葬中產生解除作用是非常自然的。有趣的是，這種做法只是在潞州存在。它是否反映了這裡獨特的民間風俗？這一問題值得我們繼續深入探尋。

鬼神迷信思想的源頭 —— 原始多神宗教可以上溯到秦代乃至遙遠的遠古時期。現在，有大量資料，如《史記‧封禪書》等文獻記載與近代出土的秦漢簡牘《日書》等資料，都在清楚的反映著這一社會面貌。作為這種宗教形態中一個重要組成部分的解除，是當時人們日常生活至喪葬禮儀中常用的方術，在後來的道教法術中也占有重要地位。例如北周時的佛教徒釋道安在攻擊道士時，就指責他們沿襲東漢張魯等人的方術，列出「三張鬼法」十一事。其一就是「左道餘氣，墓門解除」[502]。由此可見解除方術在道教中一直被使用著。馬稚墓誌蓋上的銘文與圖像表現的便是其方術孑遺，從而說明古人在墓誌上附入了墓中解除的實用意義，這種意義在其他墓誌上可能透過其形制與紋飾來表現。這些新見到的唐代潞州流行的虎頭墓誌裝飾就為我們又提供了一種可貴的證據，它是古代思想史的珍貴實物資料，值得我們重視。

整理這批墓誌，可以找到兩組數量較多的大姓人士。一是崔氏，包括上元二年（西元675年）二月廿二日崔浚墓誌、天寶六載（西元747年）二月十四日崔節墓誌、天寶六載（西元747年）十月十九日崔謀墓誌。根

501　（法）茅甘：〈論唐宋的墓葬刻石〉，《法國漢學》第五輯，中華書局，2000年。
502　《廣弘明集》卷八。

據銘文記載，崔節與崔謀的十三代祖同為「暉，晉用為上黨太守，封屯留侯」。值得注意的是崔浚墓誌記載：「八代祖渾，封於屯留。」崔謀墓誌又稱：「曾祖浚。」雖然這兩件墓誌中還有一些記載不盡相符，如世代數目有出入，崔謀墓誌稱其曾祖浚被版授宣德縣令而崔浚墓誌中對此沒有記載等，但是我們還傾向於認為崔浚墓誌就是崔謀曾祖的墓誌，「暉」可能是「渾」的誤字。這種後人寫錯名字的情況在唐代墓誌中是有不少例證的。這樣，這三件崔氏墓誌的墓主應為同一家族的人士。崔謀為崔浚之曾孫。崔節為崔浚的旁支曾孫輩。他們應該都埋葬在崔氏的祖塋中。這個地點崔浚墓誌稱「村東南一百步」。崔謀墓誌稱：「先人之舊塋。」崔節墓誌則明確說明為：「屯留縣東北廿五里平原。」說明這裡是當地崔姓大族的一個聚居地。另外，在前一篇文章中考釋的垂拱三年（西元687年）四月三日崔會墓誌記載「合葬於屯留縣東南廿里之原」與上述各崔氏墓誌所在地一南一北，當是屯留境內的另一個崔氏家族所在。

另一組為董氏，包括永昌元年（西元689年）四月十五日董感墓誌、長壽元年（西元692年）正月六日董洪墓誌、長安二年（西元702年）十二月廿九日董郭墓誌、開元十五年（西元727年）十月十七日董仁墓誌、開元十五年（西元727年）十月十七日董審墓誌、天寶十載（西元751年）二月廿八董爽墓誌。這批墓誌又可以根據其葬地分為三小組，葬於「州城南廿里」的董郭、葬於「州城南廿五里」的董洪、葬於「董村東南二里」的董仁與葬於「南董村北一里」的董爽為一小組。屬於這一小組的還應該有在前一篇文章中考釋的開元二十七年（西元739年）二月十日董牛墓誌，稱其「葬於潞府城南廿里南董村西北一里之原」。葬於「洪洞縣南平原」的董審單獨為一小組，不屬於今長治境內。永昌元年（西元689年）四月十五日董感墓誌記載「合葬於州城東三里」，則是另外一小組，遠離南董村，是否由於其原居住在州城（即今長治市）內，尚無法確定。

清光緒十八年（西元1892年）《山西通志》卷二四潞安府長治縣條下：「鄉鎮：（城）南五龍鄉北董集十里，南董集十五里。」說明直到清末，當地仍保留有董姓命名的集鎮。這裡的南董集與唐代墓誌中記錄的南董村方向相符，僅里程稍有出入，可能就是同一個地方。上面所引的董氏墓誌，各人的祖先姓名均不相同，說明這裡聚居的應該是一個歷史悠久、人數眾多、分支龐大的董姓氏族。

　　這些情形，對於了解唐代世家大姓聚居的狀況應該是有一定參考作用的。

　　常萬義先生收藏的這些墓誌資料保存基本完好，雕飾精美，內容豐富，一定還有不少可供深入研究的問題，限於本人學力與時間，匆匆拾掇成文，謬誤脫漏之處在所難免，敬請海內同好多加指正。

原載《寶相莊嚴》文物出版社2004年版

談濬縣的幾件唐宋石刻

　　濬縣地居中原要津，現存的古代石刻種類眾多，內容十分豐富，其中不乏可供文物工作者研究並有益於學術者。現就其中的幾件唐、宋石刻資料略做探索，以求正於濬縣文物工作者與文博考古界諸同仁。

　　唐隴西尹公浮圖，是濬縣現存唐代文物中的一件精品。早在清代嘉慶六年（西元 1801 年）編寫的《濬縣志》金石志中就已記錄了它的銘文。可見在那時它還完好的保存在地面上，並且得到了人們的重視。原石塔樹立在濬縣大賚店大八角村[503]，現存浮丘山碧霞宮。塔上造像面容均已殘泐，並有部分殘缺。由於考察時間倉促，未能具體測量，只能根據所見將其形制大致敘述如下：

　　該塔為石質四面密檐式寶塔，刊立於唐代天寶十四年（西元 755 年）八月二十七日。根據銘文所稱，原應為九級，現有塔身六層，但看不到有殘缺層級的跡象，可能原本的結構就是如此，那麼應該將下面的三層基座也計算在內。塔頂為圓形摩尼珠寶剎，基座為須彌座，平面四方形。塔身底層兩面開龕。正面龕內為一佛二弟子二菩薩像，佛為結跏趺坐。龕楣寬厚，上刻有釋迦像，兩旁為騎青獅的文殊與乘白象的普賢，外側有天龍盤旋。龕外兩側有戎裝天王陪侍。背面龕內有門，無造像，似象徵舍利函。龕楣中央刻一神獸面，上面有在蓮花座上的舍利寶塔。兩側有天龍纏繞，飛天翱翔。天龍下面有鳥身形象，翅下垂，頭部已殘缺，可能是迦陵頻迦的形象。塔身下為三層須彌座。上層四面束腰部的中央各雕一獸首，面容已漫漶，似為獅首；四角均有雕飾，已殘泐。下面疊澀為覆蓮瓣紋。中層束腰部四面各有二壺門，內有一圓雕坐姿天人，面部、手部等處均已殘瀝，

503　據濬縣文物旅遊局編印：《大伾山名勝區石刻選》，中州古籍出版社，2000 年。

懷疑是奏樂的天人形象。最下層須彌座上四角各刻一力士立像。上面的六層塔身，在每層的四面中央各雕有一尊坐佛。整座塔造型勻稱優美，雕刻精細美觀，反映出盛唐時期的文化昌盛景象，具有很高的藝術價值。

唐代石浮圖

這件石塔塔身底層的右側刻寫有浮圖銘文，歷經滄桑，現在已有部分殘缺，存留的文字中也有不少已漫漶不清。造成歷代紀錄中互有舛誤，以往的釋讀、斷句中都存在有一些問題，影響到對這件塔銘的理解。現在就濬縣文物旅遊局惠贈拓片細加辨識，並與歷代紀錄核對，重新釋寫銘文如下。為了便於核對，謹將銘文按照原刻分行書寫，並加標點。已殘漶不清，無法釋讀的字用□表示。對於已殘缺漫漶的部分於﹝﹞中加以註明。對原文中的別字或假借字，在後面的（）中附注本字。對不能完全確定的字後面用（？）提示。

隴西尹公浮圖銘銘文：

第一行：隴西尹公浮圖銘汲郡進士辛敖文

第二行：惟夫智度至廣，聖跡[504]彌深，實想（相）現而功德是萌，無為開而□槃[505]乃作。故真常□寂而寂用無方，般若智[506]冥而冥□

第三行：群像。所以道從果起，法逐緣生，童□發聚沙之因[507]，長老布黃金之跡者也。粵[508]有清信士隴西尹公，字守珪，海量[509]

第四行：弘達，博涉道門，玄妙無方，何所不應。□□父（？）思禮，

---

504 此字嘉慶六年熊象階修《濬縣志·金石錄·卷上》（以下簡稱為嘉慶六年《濬縣志》）作「迄」。

505 此字嘉慶六年《濬縣志》作「娑」。前一字已漶，應是「涅槃」二字。

506 「智」字嘉慶六年《濬縣志》空缺未識。

507 「之因」二字，嘉慶六年《濬縣志》空缺未識。

508 「粵」，嘉慶六年《濬縣志》誤作「魯」。「粵」為發語詞。

509 「量」，嘉慶六年《濬縣志》誤作「童」。

瞻[510]跡塵俗，丘園養真，味清白以逍遙[511]，觀泡[512]幻而自適。

第五行：夫人范氏[513]，四德咸備，溫貞自恭。獻龍女之珠，行超十地；慈韋□之念，道心三乘。子元祚，□□標舉，時□[514]

第六行：其心。比無尤（？）[515]兮，少有善譽。不幸短壽，春秋廿有九。以□□十三載[516] ［以下現已殘瀝］

第七行：殲[517]我良人。哀百身之不留，痛二親之若割[518]。嚴父哭喪明之淚，恩[519] ［以下現已缺失］

第八行：□[520]習內則，貞順自聞，事舅姑無毫髮之愆[521]，敬僧[522]佛有非常之[523] ［以下現已缺失］

第九行：□[524]以般若水洗，清淨[525]心知。是病是身，[526]□無生無滅，故□□ ［以下殘缺］

第十行：男元祚[527]敬造石浮圖一所，上干霄漢，旁映丹霞，光掩璧臺，勢□雲□。金[528] ［以下現已殘瀝］

---

510 此字嘉慶六年《潞縣志》未識。
511 「逍遙」二字，嘉慶六年《潞縣志》作「道□」。
512 「泡」，嘉慶六年《潞縣志》作「袍」，細審應從水旁，「泡幻」為佛家常用語，指虛幻的影像。
513 「夫人」前，嘉慶六年《潞縣志》尚認為有一殘瀝字。
514 自「慈」字以下，嘉慶六年《潞縣志》作「□實□□□三乘□□□□□□舉□」。
515 「尤」，嘉慶六年《潞縣志》作「亢」。據殘字形懷疑應是「尤」字。
516 「廿有九」以下，嘉慶六年《潞縣志》作：「□□□三載已月六日遇疾（缺）」。
517 「殲」，嘉慶六年《潞縣志》作「儀」。
518 「割」，嘉慶六年《潞縣志》作「剖」，誤。
519 「淚」字嘉慶六年《潞縣志》未識，以下《潞縣志》錄作：「□慈□泣血之聲。□仍（缺）」。
520 此字嘉慶六年《潞縣志》作「少」，現已不存。
521 「愆」，原作「愆」，為唐代習見俗體。嘉慶六年《潞縣志》誤作「憾」。
522 「僧佛」嘉慶六年《潞縣志》作「□僧」。
523 以下據《潞縣志》為：「節公自喪此男，腸斷疾（缺）」。
524 此字嘉慶六年《潞縣志》作「賊」。
525 「水洗」，嘉慶六年《潞縣志》作「冰洗」。「淨」字，嘉慶六年《潞縣志》未識。
526 嘉慶六年《潞縣志》作：「是病是見□□生若滅□舍之財以天寶十四載四月（缺）」，現已不可見。
527 「祚」字，嘉慶六年《潞縣志》未識。
528 「璧臺」以下，嘉慶六年《潞縣志》作：「□□□□金繩□道（缺）」。

第十一行：窗疑翻花而下德，切（？）輝（？）⁵²⁹磨琢。藝游⁵³⁰丹青，妙□⁵³¹如在，結心是托。[下瀝] 為劫□□⁵³²

第十二行：仙。一願⁵³³非一世之心，九層希九族之福。今合門志請，□思覺（？）佑⁵³⁴，[以下現已殘瀝]

第十三行：□土，魄事彌陀，父母之懷，至誠所至，敖遂聞風隨募（？）[以下現已殘瀝]

第十四行：釋迦作教，其法惟雄；有為成像，無體⁵³⁵不空。既穆（？）[以下現已殘瀝]

第十五行：煩惱，破暗如燈，偃邪猶草。□□□□賦象至廣⁵³⁶，□□文章（？），載雕載□，乃貞乃堅。九層遄□□□□。

第十六行：翻縈寶剎⁵³⁷，爐繞香煙。道資⁵³⁸三界，善積千年。錫彼亡者⁵³⁹，永茲福田。天寶十四載八月廿七日書記。

將上面的釋文貫通下來，我們就可以比較清楚的理解銘文中所敘述的內容。這件浮圖銘是唐代浮圖銘中文字比較長，文體有所變化的一件例證。其中記錄了尹守珪因為兒子尹元祚早喪，悲痛不已，特發願建塔，為家族與亡子祈福的原委，文辭典雅，並且將尹守珪與夫人、兒子，甚至可能有兒媳等人的道德品行都做了讚頌，與一般常見的浮圖銘文體不盡相同，可以作為一種特例予以注意。

清代學者葉昌熾在他的名作《語石》中指出：「然石刻中自有石浮圖一

529　嘉慶六年《濬縣志》作「□彈」。
530　「游」，嘉慶六年《濬縣志》作「極」。
531　此字嘉慶六年《濬縣志》亦未識，當為「容」。
532　以下嘉慶六年《濬縣志》有「□日□□□真（缺）」數字。
533　「願」，嘉慶六年《濬縣志》誤作「顛」。
534　嘉慶六年《濬縣志》缺「佑」及以下字。
535　「體」，嘉慶六年《濬縣志》誤作「髓」。
536　「廣」字以下，嘉慶六年《濬縣志》作「耳□又玄載雕載□必貞□堅飛層遄□□□□」。
537　「寶剎」二字，嘉慶六年《濬縣志》未識。
538　「資」字，嘉慶六年《濬縣志》未識。
539　「亡」字，嘉慶六年《濬縣志》未識。

種……濫觴於魏，孳乳於隋，至唐開元、天寶間而極盛，然自此戛然竟止。乾元後，遂無著錄。竊嘗論之，蓋與經幢遞為盛衰，遞為終始。經幢萌芽於唐初，開元之際，益加崇飾，觚稜鬱起，雕造精嚴。經言：塵沾影落，一切業障悉皆消滅。此佞佛之士，所以趨之若鶩。」[540]

　　這一見解，科學的根據現存實物推斷出石浮圖與石經幢兩者之間的遞變關係與各自流行的時代，頗有說服力。浮圖，又寫作浮屠，是梵文「塔」的一種音譯。塔在天竺原是作為佛祖的墳墓建築，以覆缽形為主。傳入中國後，逐步改變成具有中國建築特徵的樓閣式塔，層數也不斷增多。在塔身上刻寫銘文記事，也是具有中國特色的做法。由於中國古代的塔基本上有四種不同的用途，所以刻在塔身上的石刻銘文雖然都叫「浮圖銘」（或浮圖記、石浮圖），但是其文體、內容還是應分為四種不同的形式。塔的四種用途分別是：（一）埋藏舍利。這種塔是高大宏偉的建築，塔下有地宮埋藏舍利。塔身上或嵌有石板刻寫塔銘。後來也有單獨另立一塊碑石刻寫塔銘的情況。這塊碑上仍自稱為「浮圖銘」。但它與塔已經不是同一體了。（二）造作功德。這種塔形制比較小，一般製作成石質實心的小型建築，各面雕刻精美的佛像與脅侍、力士、獅子等圖案，有些是製作成多層構件後拼合而成。浮圖銘往往刻在塔身上，占有一面或多面。這裡的隴西尹公浮圖就是如此。傳世品有唐開元十八年（西元730年）孫客奴石浮圖記、唐天寶十一載（西元752年）李普浮圖[541]等。（三）供僧人禪定時面對，藉以參禪悟道。這大多是小型的石塔，上面刻有佛像、經文等。在甘肅等地發現的北涼石塔就屬於這一類塔[542]。但是它出現比較早，而且在中原不多見。宿白先生曾歸納了在新疆和甘肅西部發現的10件石塔，認為它們與新疆若羌等地的木塔形制相近[543]。這些石塔的上面主要刻寫《增

540　葉昌熾：《語石》，柯昌泗：《語石異同評》，中華書局1994年。
541　見北京圖書館編：《北京圖書館藏歷代石刻拓本彙編》，中州古籍出版社，1990年。
542　見王毅：〈北涼石塔〉，《文物資料叢刊》第一期，文物出版社。
543　宿白：〈涼州石窟遺跡和涼州模式〉，《考古學報》1986年第4期。

一阿含經》與《佛說十二因緣經》等佛經。沒有專門的「浮圖銘」。(四) 作為高僧的墳塔建築。這些建築比較小，多用磚製作，有樓閣式、覆缽式等多種，並且常在大型廟宇的附近形成塔林，如著名的登封少林寺塔林。在僧塔的上面嵌有石板墓誌，上面也自稱為塔銘或浮圖銘。

為了區分以上幾種不同的銘刻，前人就把功德塔及其銘刻稱作石浮圖。在南北朝晚期與隋唐時期，這種石浮圖是各地佛教徒興建的主要功德之一。它與石窟造像、造像碑一樣，都是具有高度藝術價值的中國佛教藝術品。開元天寶期間，可以說是唐代社會發展的巔峰時期，經濟繁榮，文化昌明，社會安定，所以我們看到的這一時期的藝術品，從壁畫、雕刻到金銀器、陶俑，無不美輪美奐，或工藝精湛，細巧繁華，或氣勢宏大，優美壯觀，顯示出當時社會的富庶與工藝技術的發達。這件隴西尹公浮圖也是一個很好的實證。

而在安史之亂後，唐朝經濟受到嚴重的破壞，與外界的交流也明顯減少。石刻的技藝表現出極大的衰退。由於經濟限制，像開元、天寶年間那樣製作精美的功德塔恐怕是一般人難以做到的了，信徒們只能退而改建形制較小，費用較少的經幢。而且經幢刻寫《佛頂尊勝陀羅尼經》，可以產生免除一切罪業的作用，也受到艱難時世中平民的歡迎。《佛頂尊勝陀羅尼經》在唐代早期 (高宗永淳元年、西元 682 年後) 才傳入中國，有了漢文譯本。在神龍年間 (西元 705 ～ 706 年) 的修行寺尼真空造浮圖銘背面，已經刻寫了《陀羅尼經咒》[544]，以後開始出現專門的經幢。至唐代中期，經幢有了充分發展的條件，迅速興起，從而替代了石浮圖。這就像石浮圖可能促進了在南北朝時期盛行的造像碑的消失一樣，由於社會經濟的變化而使這幾種不同形制的佛教石刻遞相興衰。從造作年代可以得知，隴西尹公浮圖是石浮圖臨近消失時的作品，可以以之作為一個典型的時代標準。

以上所說的唐代佛教石刻，顯示出當時佛教流布，深入人心的程度，

544　參見葉昌熾：《語石》，柯昌泗：《語石異同評》，中華書局 1994 年。

對於了解唐代佛教狀況有所幫助。而在濬縣大伾山山崖上刊刻的幾件唐代摩崖題記，則是當時官員對平息李希烈叛亂的歌頌之詞，有助於史徵。

根據文獻記載與濬縣旅遊文物局的實地調查，在濬縣大伾山太平興國寺朝陽洞北崖壁上刻有：唐建中元年（西元780年）四月二十六日洪經綸題記、唐貞元二年（西元786年）大伾山銘和闕年月唐魏博將校勒功銘。其中前一件字跡尚完好，後兩件已經漫漶不清。但是在《金石萃編》卷一百三中收錄了大伾山銘銘文，並加以考證。嘉慶六年《濬縣志》等收錄了大伾山銘和唐魏博將校勒功銘等銘文。《中州金石記》中記錄了洪經綸題記，並稱之為大伾山銘[545]。所以，至今還有把這二者混稱作大伾山銘，或以洪經綸題記為大伾山銘的現象。

根據記載，這些摩崖的銘文內容大致完整，可以通讀。前一件作者洪經綸，見於《舊唐書·洪經綸傳》，曾誤罷田悅兵，招致後來兵變，從而被免職。在朱泚叛亂時，他又被偽授太常少卿，平叛後被殺。《資治通鑑·卷二三一·唐紀四十七》：興元元年「李晟斬文武官受朱泚寵任者崔宣、洪經綸等十餘人」。可以為證。

後兩件摩崖涉及中唐時期十分重要的一次平叛戰事——平定李希烈反叛的戰爭。李希烈在兩《唐書》中均有傳記。他是行伍出身，在中唐時的重要藩鎮軍隊——平盧軍中頗有影響，後被唐德宗拜為節度使，又因討梁崇義之功，封為南平郡王、漢南北招討處置使、諸軍都統、檢校尚書右僕射、同中書門下平章事等，占據淮西。以後他公然反叛，自稱建興王，天下都元帥。唐政府為了平息李希烈，花費了多年經營，重兵圍攻，並拉攏動員藩鎮軍隊助戰。其原因已有學者指出，唐代後期，中央財政主要依仗江南漕運。而李希烈把持亳州，威脅漕運，使得唐政府不得不全力消滅之。

對這件摩崖歌頌的對象，前人或誤認為是劉洽。實際上該銘應為歌頌符璘而作。銘文中有「委銀青光祿大夫、試殿中監兼御史中丞符公總

---

545 畢沅：《中州金石記·卷三·大伾山銘》。《經訓堂叢書》本。

之」，即說明這一點。但王昶在《金石萃編》跋語裡認為大伾山銘中歌頌的對象宋亳節度使劉洽無大功可言。他說：「破希烈功，李晟為最著。劉洽率兵盤桓日久，僅止拒守。扶溝間有俘獲，大都曲環之績為多。至希烈之誅，假手牙將陳仙奇，並非兵力所致，則洽亦無大功可錄，宜乎史不為立傳。而李沛乃勒功大伾，比於銅柱、燕然。幕官喜諛若此，可嘆也。」這些看法似可商榷。據《舊唐書·劉玄佐傳》記載，劉玄佐（即劉洽）率其部與李希烈直接對峙，多有戰勝。如「希烈圍寧陵，洽大將劉昌堅守不下。希烈攻陳州，洽遣劉昌與諸軍救之，大敗賊黨，獲其將翟崇輝。希烈棄汴州，洽率軍收汴」。可見劉洽所部在平息李希烈的戰爭中還是發揮了很大作用的。雖然直接交戰獲勝者均為劉洽部下大將，但是將其戰功歸於一軍統帥，是千古慣習。當時地方官員的做法自不例外。王昶所言過苛，且誤稱兩《唐書》無劉洽傳，需要予以更正。銘刻中還有一些記載與正史不盡相同，如劉洽在興元元年（西元784年）十一月破李希烈，符璘為田悅所派出，以及貞元二年（西元786年）下詔會大梁賞師等事件於史無證。王昶跋語中已作對比，可為參考。

　　根據兩《唐書》中的相關記載，符璘在貞元年間已經脫離魏博軍田悅控制而歸附馬燧的中央軍隊。《新唐書·符令奇傳》載：「田悅拒命，馬燧敗之洹水。令奇密語璘曰：『……汝能委質朝廷，為唐忠臣，吾亦名揚後世矣。』……初，悅與李納會濮陽，因乞師，納分麾下隨之。至是，納兵歸齊，使璘以三百騎護送。璘與父齧臂別，乃以眾降燧。」又：「李懷光反，詔燧討之。璘介五千兵先濟河，與西師合。從燧入朝，為輔國大將軍。賜靖恭里第一區，藍田田四十頃。」「璘居環衛十三年。」可見他後來一直是中央軍隊的將領。關於相關事件發生的時間，《新唐書·李納傳》載：「正己死，祕喪不發，以兵會田悅於濮陽。馬燧方擊悅，納使大將衛俊救之，為燧所破略盡，收洹水。」《新唐書·德宗紀》載：「建中二年八月……辛卯，平盧軍節度使李正己卒。」又《新唐書·德宗紀》載：「興元

元年二月甲子，李懷光為太尉，懷光反。」可見符璘歸馬燧是在建中二年（西元781年）後，興元元年（西元784年）前的事。但大伾山銘中仍稱：「在我魏博節度使、工部尚書、御史大夫、駙馬都尉田公（按即田緒）選百金之士，馬步五千，悉甲而遣。委銀青光祿大夫、試殿中監兼御史中丞符公總之。洎貞元元年春一月，畢會於大梁。」則貞元元年（西元785年）時符璘仍在魏博軍中。與史載出入頗大。如碑銘可信，則兩《唐書》中關於符璘歸附的時間及相關事件均須改正。這就向這些正史記載提出了一個需要進一步證實的問題。

　　這裡還想探討一個相關問題。大伾山銘中記載：「五月有詔，會大梁。洪班爵賞，勞以還師。肴酒淮海，金帛山丘。既醉而凱歌者，動以萬計。享畢，改乘轅北之。信宿而濟洪河，屯大伾。洗兵刷馬，示以無事。」說明符璘的軍隊在戰後從大梁（唐汴州）北返，渡河屯駐大伾山。那麼，為什麼要在大伾山附近屯兵休整並就此刻銘？

　　我們推測，主要的原因可能是為了就近黎陽倉，得到糧食的保證。《濬縣志·卷十·水利》記載：「《通鑑綱目》質實，黎陽倉在大名府濬縣東二里大伾山北麓，乃隋文帝所置。隋亂，李密襲倉以賑兵民。唐宋皆復其制，漕河北糧儲以餉京師。自政和後河易故道，始廢。」黎陽倉在當時的漕糧轉運中，曾一直具有重要的地位。這裡儲存的大量糧食，曾經是李密起義並占據中原稱王的重要基礎之一[546]。《括地志》記載：「黎陽城西南有故倉城，相傳袁紹聚粟之所，亦即隋開皇中置倉處也。」至五代時這裡仍為重倉所在。《資治通鑑·卷二八四·後晉紀五》記載：開運二年春正月「張從恩等議曰：『以相州糧少，不若引軍就黎陽倉。南倚大河以拒之，可以萬全』」。正說明了這一點。

　　唐代的官方糧倉，在二十世紀裡已有過科學的考古發掘。如在洛陽發

---

546 《舊唐書·李密傳》載李密移書曰：「然興洛、虎牢，國家儲積，我已先據，為日久矣。既得回洛，又取黎陽，天下之倉，盡非隋有。」

掘的含嘉倉城。其中發現數以百計的倉窖，並且有大量記載倉儲情況的銘文磚出土[547]。從這些記載中可以看出，含嘉倉所存糧食多由江淮等地區運來。這正說明了漕運的重要性，同時也顯示了黎陽倉等各地轉運倉儲應該具有相對應的較大規模。古代作戰，往往糧草是獲勝的根本。黎陽（即今濬縣）當時的重要軍事地位與倉儲，決定了它是軍隊的必爭之地。戰後駐軍於此，則是十分自然的事了。

由此想到，如果條件具備的話，對於大伾山附近的隋唐五代黎陽倉遺址進行調查勘探，並予以發掘，可能會對歷代官倉的研究發揮寶貴的作用。並且也能幫助我們更好的認識黎陽（即今濬縣）在歷史上的重要地位，對相關文物古蹟做出更合理的解釋。這也是大伾山唐代題記為我們帶來的一個啟示吧。

最後談一下一件出土經幢的時代問題。在濬縣大伾山的大佛附近，近來出土了一些歷代的經幢，雕刻均十分精美。其中有一段殘經幢，為八面稜柱形，僅存幢身。上面僅刻音譯的佛頂尊勝陀羅尼經與大量造幢信士姓名，缺乏紀年。現根據它銘文中所見的一些典型的異體字和人名、職名，推測它是宋代初期的器物。略加說明如下。

我們在這件經幢中，可以看到以下文字異體，如：薩寫作「薩」，隸寫作「隸」，那寫作「郍」，劉寫作「劉」，蘇寫作「蘇」，賓寫作「賓」，氏寫作「氏」，霸寫作「霸」，晁寫作「晁」等，根據現有的歷代文字實物資料，這些文字異體寫法主要流行在南北朝至隋、唐時期，宋代初期還有使用，以後就逐漸消失了。我們試列舉一些旁證。

「薩」寫作「薩」，見唐貞觀二十三年（西元649年）十一月八日崔貴平造像。

「隸」寫作「隸」，見北魏延昌二年（西元513年）王普賢墓誌。

「那」寫作「郍」，見北魏建義元年（西元522年）王僧男墓誌。

547　河南省博物館：〈洛陽隋唐含嘉倉的發掘〉，《文物》1972年第3期。

「劉」寫作「㓝」，見北魏景明元年（西元500年）五月二十七日孫秋生造像，

「蘇」寫作「蒢」，見北魏建義元年（西元528年）七月二十七日王誦墓誌。

「賓」寫作「賓」，見東魏天平二年（西元535年）十一月七日司馬升墓誌

「氏」寫作「氏」，見唐開元六年（西元718年）二月十四日崔節墓誌。

「霸」寫作「覇」，見北魏普泰元年（西元531年）七月十四日赫連悅墓誌。

「兆」寫作「𪢲」，見唐總章二年（西元669年）八月二十六日楊行禕墓誌。[548]

這些異體字的使用有一定的時段性，可以作為協助判斷器物製作時間的證據。上文已述，石經幢是在唐代永淳元年（西元682年）以後才產生的，所以它不會早到北朝時期。那麼，它是唐代的器物還是宋代的產物呢？我們找到一件宋代初期有代表性的經幢資料以資對比。

這件經幢是原在河北元氏的宋建隆四年（西元963年）四月八日元氏邑眾尊勝幢贊，具有長篇銘文[549]。從它的銘文中，我們可以找到全部以上所引的異體寫法。說明這些異體字至宋初仍在流行。元氏距濬縣不遠。流行風習應大致相同。

特別要注意的是在濬縣出土的這件經幢中，出現了「經頭」這樣的社邑職務名稱。對比之下，這應該是在宋代產生的叫法。在唐代佛教造像與經幢等功德石刻上，相關名稱常用「某主」來表示，如「像主」、「功德主」等。而在上述元氏邑眾尊勝幢贊中，則有「地頭」、「牌頭」、「保頭」一類的稱呼出現。宋開寶三年（西元970年）王延福等重修尊勝幢記中有「都維

548　以上所引石刻拓本請參見：《北京圖書館藏歷代石刻拓本彙編》，中州古籍出版社，1991年；《隋唐五代墓誌彙編》，天津古籍出版社，1992年。

549　見陸增祥：《八瓊室金石補正·卷八十二》，希古樓本。

那頭」的稱呼[550]。而當時軍中也有「軍頭」這樣的名稱。可見稱「某頭」應該是宋代的特徵。在濬縣出土的這件經幢中有「杜美」、「劉唐」、「武贇」、「單暉」等人名，而在元氏邑眾尊勝幢贊中同樣可以找出多個以「美」、「唐」、「贇」、「暉」等為名的人物。古代人的一些名字本身具有比較明確的時代特徵，可以作為斷代的旁證。這裡又是一個實際的例子。

原載《大任文化》（一），文物出版社2004年

550　見陸增祥：《八瓊室金石補正‧卷八十二》，希古樓本。

略論濬縣大伾山、浮丘山古代石刻

　　河南省濬縣縣城中的大伾山、浮丘山兩座歷史名山，坐落於廣袤平坦的中原大地之上，登高遠望，四野一覽無遺，氣象萬千。根據中國最為古老的歷史典籍——《尚書‧禹貢》中的記載，古代大禹治水，將黃河引向東方，「東過洛汭，至於大伾」。在歷代學者的注釋中，大多認定現在濬縣的大伾山就是《尚書‧禹貢》中所記載的「大伾」。金代河水改道前，這裡正是黃河由東向轉而北向的一個標記點。雖然現在由於黃河改道，已經無法看到山下滔滔流水的景象，但是登臨山巔，仍然可以想見當時憑山臨水的壯觀。在大伾山東側依山刊立的巨大坐佛，更為這裡增添了無窮的古代宗教文化魅力。

　　正是由於這樣悠久的歷史文化背景，這樣雄偉的自然景色，大伾山、浮丘山一帶成了歷代文人墨客流連忘返的勝地，從而保留下來大量的歷代石刻文物。根據濬縣文化旅遊局全面調查後的統計結果，大伾山上現存摩崖碑刻460餘處（塊）[551]，還有近來出土的歷代經幢與從衛賢鎮遷來的明代精美石雕「恩榮坊」等石刻；在浮丘山上也保留有唐代的千佛寺石窟，存浮雕造像996尊以及唐永隆元年（西元680年）、永隆二年等造像題記。此外，在浮丘山碧霞宮中還收藏有在濬縣境內出土的漢代畫像石、北齊造像碑、唐代浮圖銘、宋代經幢與明代石虎、石羊、石武士等神道石雕。這些石刻大多保存完好，均具有極高的藝術價值與文物價值。在一個地方集中數量如此之多、種類如此之豐富、雕造如此之精美的古代石刻，兼以山林之勝，形成文化、歷史與風景的完美和諧統一，確實是不多見的。

551　見大伾山志編纂委員會：《大伾山志》，中州古籍出版社，1995年。以下所引用該地區石刻資料均參考該書，不一一註明。

眾所周知，中國古代石刻是中華古代燦爛文化的一個重要載體。大致從漢代以來，石刻被廣泛的運用在紀念性建築上，並大量用於實用目的，如歌功頌德、記事、刻書、表達宗教信仰等。現在，我們根據存留下來的石刻使用情況、石刻的形制、雕刻方法與內容等基本因素，可以將中國古代的石刻總括為兩大類，即藝術石雕與文字石刻。而文字石刻則可以劃分為大約十種主要的類型。即：刻石（包括碣、摩崖）、碑、墓誌、畫像石題記、塔、造像題記、經幢、石經、地券、建築附屬的雜刻等。它們各自具有獨特的形制與不同的形成過程，各自表現出一定的文化歷史內容。由於各種石刻所適用的場合不同，所以，除了後人加以收集匯聚而形成的石刻博物館外，原本在同一地點存在有眾多種類石刻的情況不是太多見。濬縣大伾山、浮丘山地區自古遺留下來的石刻種類已經十分豐富，近年來在保護、維修這一名勝古蹟時又出土了大量經幢、神道石雕等石刻，更加充實了這一地區的文物遺存。現根據濬縣文物旅遊局同仁們提供的資料及個人所見，對大伾山、浮丘山現存的石刻文物作一簡略的分類。

如果我們把石雕藝術品也包括在內，大伾山、浮丘山的石刻資料應該劃分為九大類：屬於藝術石雕的有畫像石、佛教造像、建築雕刻、神道石雕，屬於文字石刻的有摩崖題記、造像題記、碑、石塔（浮圖）銘、經幢等。

畫像石是在濬縣境內的漢代畫像石墓中出土的，就現存浮丘山碧霞宮中的幾件畫像石資料所見，多為墓中的橫梁、立柱等建築構件，上面雕有精美的畫像，由其在墓中的位置決定了它上面所刻繪的大多是天堂與仙界中的神怪形象。除具有河南地區特徵的典型減地淺浮雕刻繪手法外，還發現有平面線刻的圖案，表現出流行在江蘇北部與安徽一帶的畫像石技法。對於研究這一帶當時文化、經濟的交流現象是很有價值的資料。

佛教造像中首推在大伾山東麓倚山刊造的巨大坐佛以及附近山崖上的摩崖造像，其次有浮丘山千佛洞石窟造像，以及在碧霞宮中收藏的北朝造像碑等精美石刻，顯示出北朝至唐代這裡存在著十分興盛的佛教崇拜。現

藏河南博物院的大型北朝石獅，原在濬縣，呂品先生推測它們也許是大佛前面的雕刻，屬於這組佛教造像的一部分。

建築雕刻如從衛賢鎮遷來的明代精美石雕「恩榮坊」，上面雕刻的「竹林七賢」是比較罕見的具有悠久歷史的傳統題材。還有遍布山上的其他石坊、石柱礎、石欄杆等。浮丘山碧霞宮中收藏的唐代浮圖也顯示了石塔建築的雄姿。

神道石雕則包括在附近出土與搜集的明代石虎、石羊、石武士等。這裡雕刻石獸可能具有長期的傳統，明嘉靖八年《濬縣志》卷二引《重修黎公祠堂記》云：「正德甲戌冬，太守馬君敬臣屬縣令胡惟良恢修之。……又建神道、石門。」清嘉慶六年《濬縣志》卷六建置記載：黎公墓祠：「正統時知縣龍霖於黎公墓前構祠五楹，石人石獸，列置兩旁。」這裡現在可見到的明代神道石雕造型精確逼真，刻畫細膩生動。與同時期很多地方呆板、程式化的作品比較起來，濬縣的石雕具有更高的藝術價值。

摩崖題記在這裡的石刻中占有主要地位。這裡有長篇的紀功銘文，也有簡短的遊客題記，還有讚頌風景的詩詞文賦等。它們隨山崖之勢刊刻，大多對崖面進行平整後刻銘，書體多樣。這些摩崖題記不但數量多，而且延續年代較長。特別是其中保存有較多的元代題記，除了漢文題記外，還有回紇式蒙古文、梵文、八思巴文、西夏文等多種少數民族文字的題記。這在中國是不多見的。最早的唐代題記就有3處，其中〈大伾山銘〉等具有一定的史料價值。元代的題記內容雖然比較簡單，但是記載了一些著名的人物，如許有王等。多種少數民族文字的題記在研究相關民族文字方面是不可多得的資料。縱觀這些摩崖題記的分布情況，大致可見，早期的題記刻寫在大佛的附近，而後隨著時代演進而逐漸向山崖的東北方延伸，清代與民國時期的題記則多在山崖北面。由於宋代以後興起的道教寺觀與神仙崇拜的靈跡也分布在山崖的北部。這可能反映出這裡的宗教崇拜由早期的佛教為主逐漸轉為以道教為主，並且與宋代以後三教合一的趨向同步，

對於了解唐代以來民間宗教信仰的演變應該具有一定的意義。

唐代石窟造像題記，主要集中在浮丘山的千佛寺石窟中。多為武周時期的雕刻，雖然文辭簡單，與同時期其他地區（如龍門、鞏縣等石窟）造像題記的內容相同，但也可以證明該處石窟的建造年代。

碑是大伾山、浮丘山石刻中的主體，《大伾山志》中稱：「現存史料價值較高的碑刻、墓誌銘（不含詩賦碑刻）共126通。」上面記錄了大量歷代的文史資料。其中樹立在大伾山天寧寺中的後周顯德六年（西元959年）〈准敕不停廢記碑〉，樹立在大伾山豐澤廟中的宋宣和元年（西元1119年）〈封豐澤廟康顯侯敕並記碑〉等都是納入中國國家重點文物保護單位的珍貴文物。前一碑對判斷濬縣大佛的建造年代有重要的參考價值，而後一碑上面連當時敕書上鈐印的大量戶部官印都原樣刻出，使我們看到了一件完整的宋代敕書樣式。此外的大量碑石，主要是關於這裡廟宇、道觀與亭臺等建築的歷代修建紀錄。為我們保留了一批明清時期當地民間社邑與風習的具體資料。

石塔（浮圖）銘，則以浮丘山碧霞宮中收藏的唐隴西尹公浮圖為代表，它是濬縣現存唐代文物中的一件精品。該塔為石質四面密檐式寶塔，刊立於唐代天寶十四年（西元755年）八月二十七日。造像面容均已殘溓，並有部分殘缺。整座塔造型勻稱優美，雕刻精細美觀，反映出盛唐時期的文化昌盛景象，具有很高的藝術價值。這件石塔塔身底層的右側刻寫有浮圖銘文，記錄了尹公因為愛子尹元祚早夭而發願造塔，為亡子與家人祈求福佑的造塔經過。在南北朝晚期與隋唐時期，這種石浮圖是各地佛教徒興建的主要功德之一。它與石窟造像、造像碑一樣，都是具有高度藝術價值的中國佛教藝術品。開元天寶期間是唐代社會發展的巔峰時期，現在我們看到的這一時期藝術品，都是精美絕倫，氣勢宏大，顯示出當時社會的富庶與石刻技藝的高超水準。隴西尹公浮圖作為石浮圖臨近消失時的作品，又恰逢此盛世，正可以作為一個典型的時代標準，從而具有相當高的學術研究價值與文物藝術價值。

經幢是在石塔（浮圖）銘以後興起的一種佛教石刻。佛頂尊勝陀羅尼經在唐代早期（高宗永淳元年、西元682年後）才傳入中國，有了漢文譯本。經幢刻寫佛頂尊勝陀羅尼經，可以產生免除一切罪業的作用，從而受到艱難時世中平民的歡迎。至唐代中期，經幢有了充分發展的條件，迅速興起，從而替代了石浮圖。大伾山、浮丘山保存的歷代經幢數量可觀，並且有一些是在大佛的附近地下發掘出土的，可能就是安放在原來的位置上。對於了解大佛所在的天寧寺建築情況與周圍的佛幢排列情況有所參考。這些經幢大多是宋代以下的製品。文字刻寫精美，形制高大。將其復原，可以清楚的了解各時期經幢的形制特徵，並且透過上面刻寫的造幢人姓名等資料，可以去探討當時的居民情況與社會組織等相關問題。上面刻寫的經文也是佛教研究中可貴的對比資料。

以上將大伾山、浮丘山地區的古代石刻寶藏簡單的做了一下分類歸納。可以看到，在這裡面蘊涵的豐富歷史文化資料值得各方面的研究者去深入開掘。就現在所見，無論是宋代以來的金石學者，還是近代以來的考古文物工作者，對於濬縣大伾山、浮丘山地區古代石刻所做的考察研究都是很不夠的。濬縣文物工作者們多年來不辭勞苦，保護與收集了如此豐富的古代石刻資料，建造起石刻文物與名勝風光結合一體的著名景觀，為全面深入的研究這些資料提供了良好的基礎。將相關研究更廣泛的發展起來，推動對濬縣文物的宣傳與保護，使之成為弘揚中華文明的重要組成部分，正是擺在我們面前的光榮任務。

古代碑刻目錄的編集
—— 從《三晉石刻總目・運城地區卷》談起

　　眾所周知，中國古代遺留下來的文字石刻資料（習慣通稱為碑刻）是一個數量龐大、內容豐富而且分布非常廣泛的文化寶藏。早在漢代，學者們就開始了對秦代及秦以前碑刻的記錄與研究。宋代金石學興起以後，歷代存留下來的碑刻更成為學術界十分重視的歷史資料與文化收藏品。隨之興起的碑拓技術，又形成了獨具中國文化特色的一種珍貴文化載體 —— 碑拓。它既能基本完整的反映古代碑刻的內容，又具有本身特有的藝術韻味，不但擴展了碑刻內容的傳播途徑，自身還成為一種寶貴的文物。因此，現在對碑刻的研究，實際上是包括了對原碑石與碑拓兩方面的研究。而由於見到原石比較困難，碑拓往往成為主要的研究對象。清代金石學大行，碑帖之盛，空前一時。餘風沿至1930年代。至今在各大圖書館以及私家手中保存的大量碑帖拓本收藏，基本上還是這一時期的產品。至於宋拓本、明拓本，現在大多已是鳳毛麟角，具有極高的文物價值了。對於那些損壞嚴重、漫漶難識的碑刻來說，早期拓本更接近原貌，其價值更在現存碑石以上。而已經亡逸無存的碑刻，其內容得以靠拓本留傳下來，拓本的功績實不可沒。

　　因此，中外眾多的圖書館、博物館中都保存有大量中國古代碑拓。比較著名的如北京圖書館、北京大學圖書館、中國科學院圖書館、上海圖書館以及中原各省圖書館、故宮博物院、臺灣中央研究院、大英博物館、美國芝加哥菲爾德自然史博物館（Field Museum of Natural History）、加州大學柏克萊分校圖書館、法國遠東學院等，這些碑拓主要是購自坊間的宋代至民國初年間製作的拓本，習慣稱之傳世品。這些傳世品的特點是：以比

較常見的著名碑刻為主，大多具有較高的書法藝術價值，然而重出的現象也比較明顯，而且由於古董商的作偽牟利，有部分拓本存在著以贗品充真品、將晚期拓本修補後冒充早期拓本以及偽刻等問題。這就對館藏品以及市場上的傳世品帶來一個鑑定真偽的重要問題。因此，研究者不僅需要了解種種拓本的時代特徵，了解各珍貴拓本的館藏情況，更需要了解原碑刻的具體情況，如外形尺寸、所在地、保存情況等等。由於碑刻原石散居各地，對於研究者與書法家們來說，能夠逐一目睹原碑，掌握它的當前狀況一般是比較困難的。同時，由於碑刻的數量龐大，具體查尋中存在很多困難，現在對碑刻資料的利用還很不夠。面對當前技術發展，檢索方式與科學研究方法更新的形式，如何更好的利用碑刻資料，將電腦技術等新方式引進碑拓收藏與研究，已經是不可避免的課題。

另一方面，由於前人的收集範圍還有很大局限，所以，雖然現在館藏傳世品的數量已經非常可觀，總數可達數萬件。但是也還不能涵蓋全部現存的中國古代碑刻，館藏碑拓的範圍還是有限的。近五十年來，隨著中國考古文物事業的發展，又有大量前所未聞的古代石刻資料被發掘出來。這裡既包含有考古發掘中從地下出土的墓誌、畫像石、碑刻、題記等，也包括在文物調查中新發現的摩崖、碑碣、刻經、題記等。其所在地域之廣闊、數量之多、史料、文物價值之高，都是令人驚嘆的。一般圖書館、博物館中尚不能收藏到它們的拓片。因此，我們還必須注意到現存石刻的情況。

就筆者多年來在各地調查了解的情況看，現存石刻中，部分被各級博物館及文物部門收藏，比較好的是保存在一些專業的石刻博物館中，如陝西碑林博物館這樣的著名博物館，其藏品收藏環境較好，一些著名石刻有玻璃罩保護。收藏在考古文物部門的出土石刻，相對環境較差，大多露天堆放或在一般的倉庫中存放。也有一部分石刻由於體積大或無法移動，仍然留存在田野之中，顯然保護條件並不太好。必須看到，由於種種自然與人為的原因，石刻文物所受到的破壞也日益嚴重，大量碑刻面臨著風化、

文字漫漶、紋飾模糊乃至斷裂粉碎的厄運。尤其是近年大氣汙染日益嚴重，酸雨及酸性氣體對石刻的腐蝕越來越明顯。這使得搶救石刻文物已經成為中國文物事業中一個極為緊迫的課題，為此就首先需要切實了解各種碑刻的具體情況，掌握它們的數量與所在地等。為保護工作與學術研究奠定基礎，也好為我們搶救下更多的歷史資料。

此外，偽造古代石刻的現象近來屢有發生。以往石刻作偽，有仿刻著名碑石、將晚期碑石改刻年月冒充早期碑石、捏造偽刻等手法。近來則大多採取利用傳世品的拓片上石，然後在上面改動一些關鍵字的做法。北京東方收藏家協會某君曾從市場上購到一盒東魏墓誌，請筆者鑑定，實際上它是完全仿刻天平四年張玉憐墓誌的贋品，只是將姓名加以改動而已。類似偽刻在洛陽等地時有出現。要識破它們，除專業經驗外，自然需要了解現存古代石刻的確實情況。對於鑑別這些偽刻的拓片來說，更需要相關石刻情況的知識。

以上這些情況都向我們顯示出深入了解中國古代石刻全貌的必要。而要了解中國古代石刻的全貌，光憑館藏品或者光靠現存石刻都是不夠的。但是，如果想把這二者結合起來，得到一種能基本反映中國古代石刻情況的工具，就必須完成一個迫切需要進行的重要課題，這就是編集一種完善而詳細的中國古代石刻總目。

編集古代石刻目錄，可以說是隨著金石學的產生就開始了的一種重要學術研究。被看作是金石學開山之作的宋代《集古錄》、《金石錄》等著作，在某種程度上說，就是一種金石目錄。當時的重要金石目錄還有《輿地碑記目》、《京兆尹金石目》、《成都府古石刻總目》等。以後元、明時期也有一些金石目錄出現，如《金陵古金石考目》、《錄竹堂碑目》等。至於清代，金石學趨於鼎盛，石刻目錄也源源不斷，除去各地方志金石志中記載的名目以外，還有《潛研堂金石文字目錄》、《筠清館金石文字目》、《金石匯目分編》、《捃古錄》、《藝風堂金石文字目》等重要石刻目錄，尤其值

得注意的是《寰宇訪碑錄》一書，它建立了比較完善的石刻編目體例，是後代石刻編目中經常借鑑的樣板。這裡有一省、一府、一縣甚至一地的石刻目錄，也有個人收藏的目錄，有詳有略，從各個方面反映著中國古代石刻這一文化寶藏的面貌。

但是，隨著社會發展與學術研究的深入，以往的各種石刻目錄都越來越明顯的表現出它們的不足。對於研究古代碑刻的人們來說，一種完整可靠的石刻目錄是首先需要的重要工具。而以往的各種石刻目錄，大多存在著多方面的缺陷。首先就是不夠全面，現存收錄量最多的石刻目錄也不過收入一萬餘種石刻，這與歷史上著錄過的以及現存的石刻總數相差甚遠。其次，就是資料陳舊，誤差較大。即以清嘉慶年間編著的《寰宇訪碑錄》一書來說，至今已有200餘年。其間原石的遷移、損壞、亡逸情況多有發生，而且當時也存在著者缺乏實地考察而出現的錯誤，所以，要了解當今的石刻情況已經不能依靠這些以往的目錄了。第三，以往的各種目錄體例不一，記載的相關資訊不全面，甚至互有出入，不利於對石刻的綜合利用、保護、收藏與研究，也不能滿足例如圖書館、博物館、文物收藏、學術研究等不同方面的不同需求。這些情況，造成在目前關於碑刻與碑拓的工作中，人們往往感到茫然，面對著浩如煙海的古代石刻及相關情況，有無處查詢的困惑。種種現實，都在告訴我們，編集一部中國古代石刻（包括碑拓）的總目錄，該是多麼迫切需要的大型學術工作。特別是鑑於當前古代石刻日漸損壞、風化的嚴重形勢，編輯全國性的石刻目錄更是勢在必行，它對於石刻的保護與研究具有無法替代的重要價值。

不能說近五十年來沒有做這方面的工作。收集著錄古代碑刻的工作始終在認真進行，從以往重點的石刻所在地區到以往很少有石刻介紹的偏遠民族地區，都有大量文物工作者在踏踏實實的進行石刻的調查與收集工作，出版了大量古代碑刻的圖錄與錄文彙編，為相關研究提供了比較全面的資料。這裡有按地區收集的彙編，也有按時代編輯的著錄，有收錄上萬

件石刻的相當豐富的大型圖錄，也有僅收集一個博物館幾十件藏品的小型著錄。如：1950年代以來出版的《漢魏南北朝墓誌集釋》、《江蘇省明清碑刻資料選》、《廣西少數民族地區石刻碑文集》、《北京圖書館藏中國歷代石刻拓片彙編》、《房山石經題記彙編》、《道教金石略》、《隋唐五代墓誌彙編》、《山東秦漢碑刻》、《泉州伊斯蘭教石刻》、《雲南古代石刻叢考》、《青海金石錄》、《吐蕃金石錄》、《西夏陵墓出土殘碑粹編》、《漢碑集釋》、《四川歷代碑刻》、《巴蜀道教碑文集成》、《半山石志》、《高陵碑石》、《遼代石刻文編》、《山西碑碣》、《咸陽碑石》、《安康碑石》、《昭陵碑石》、《漢中碑石》、《樓觀臺道教碑石》、《安康碑版鉤沉》、《華山碑石》、《重陽宮道教碑石》、《大理古碑存文錄》、《黃河金石錄》、《宜州碑刻集》、《潮汕金石文徵》等。連少數民族文字的碑刻也有專門的調查收集，如貴州畢節地區編集的《彝文金石圖錄》，就收錄了明清時期用彝文刻寫的石碑60餘件。但是這些著錄大多不是目錄性質的著作，所收錄就有所局限，不能全面反映一個地區石刻的全貌。

由此，我們就特別要提及山西省運城地區編輯的《三晉石刻總目·運城地區卷》。這是近年中國第一部一個地區現存石刻的全面目錄。它詳細記錄了運城地區現存石刻的名目、製作時代與所在地，共2,100餘件。還附有該地區在以前金石書中有所記載而現在已經亡佚了的石刻名目，二者共達4,266條。使人們可以極其清楚的了解運城地區的石刻情況。

筆者曾應邀請在2000年夏季赴運城出席運城地區石刻研究會成立10週年學術討論會，並且參觀了當地的主要石刻藏品。所聞所見，獲益良多。運城地區石刻研究會是在當地政府大力支持下，由文化文物官員、教師、退休人士與社會上的碑刻愛好者組織起來的。他們不但積極保護與研究碑刻，獲得了大量研究成果，而且對全地區的石刻進行了調查、登記與摹拓，多所發現。由原河東博物館館長吳鈞先生完成的《三晉石刻總目·運城地區卷》就是這些工作中的一項主要成果。由於地方上財力、圖書資料均十分有限，可以想見，他們是在多麼艱苦簡陋的條件下，付出了多麼

龐大的努力，才獲得了如此重要的成績。

　　受到運城地區編寫碑石目錄成績的啟發，我們想結合《三晉石刻總目・運城地區卷》一書的編輯體例，就如何編輯一部全國性的石刻總目錄談幾點想法。

　　首先，編輯石刻總目錄應該有一個基礎，即像《三晉石刻總目・運城地區卷》這樣，編纂出各地區、市的石刻目錄，以及各省、自治區的石刻目錄。確切掌握各種石刻原石的原所在地（出土地）、現所在地與保存情況。這就需要各地文物工作者與圖書館、博物館等收藏單位全力配合，結合文物普查、地方志和地方石刻目錄的編寫工作進行，才能保證原始資料的科學可靠，因此這也是一件難度非常大的工作。但是，它是當前編輯石刻目錄時必不可少的一部分。以往一些金石學者在編寫金石著作時，也儘量進行實地考察，目驗原石，雖然限於條件，往往不能逐一做到，造成不少遺憾，但這也顯示前人已經注意到僅靠搜集金石著錄等文獻記載來摘集資料的做法是不全面的。葉昌熾在《語石》卷二中早已明言：「而碑之宜因地而求，比書尤切……若碑則原石祇此一刻，祇在一地，不到廬山，何從見其真面？此地之宜知一也……若碑則高或尋丈，重亦千鈞。非如大槩之舟可負而趨。此地之宜知二也……若古碑，則往往出於窮鄉僻壤，梵剎幽宮。甚至高岸深谷，屐齒不到。非有土人導引，莫施氈蠟。此地之宜知三也。古人著錄，郡邑之外，每多略而不詳……余所見唯林侗《昭陵石跡考》，詳著第幾列，第幾區，村落方向。碑估李雲從，每拓一碑，必於紙背書在某村、某寺或某塚，距某縣城若干里，可謂有心人也已。若依此著錄，後人按籍而稽，何至迷其處所。」[552] 今天，我們進行碑刻目錄編集的條件可以說比清人要優越不知多少倍，而且已經有了大量各地文物工作者辛勤工作的成果可供使用。例如現在正在進行的《中國文物地圖集》編輯工作中，就收錄了一批碑刻的所在地。當然，限於內容，它不能把所有的

552　葉昌熾撰，柯昌泗評：《語石語石異同評》，中華書局，1994年，第64～65頁。

石刻全部收入，而只能標注一些著名的碑刻、摩崖、題記等。因此也就遠遠不能代替石刻目錄的作用。但是，它與近來大量已出版的地方、單位石刻著錄一同為編輯全國性的石刻總目錄的工作提供了相當重要的基礎資料。而且隨著人們對石刻資料日益重視，這種工作還在不斷的進行。

《三晉石刻總目·運城地區卷》就是吳鈞先生等人親自奔走調查，到處訪求所得的資料累積，對於每件石刻的由來、遷徙情況以及現存情況都有明確記載，例如：《三晉石刻總目·運城地區卷》「芮城永樂宮」一節中，「老子祠造像碑」一條下記載：「舊在縣城西南15公里之鄭村，1959年隨永樂宮搬遷移此……碑石完整，字俱鑿損，形體尚可辨識。[553]」這就具有第一手資料的可靠性，讓使用者可以放心引用。目前限於條件，仍必須由比較具備條件進行這種工作的當地文物工作者親身完成，這樣的目錄才具有真實價值。否則仍沿襲舊的金石著錄，就會產生舛誤。例如著名的唐代多寶塔感應碑，原在唐長安城安定坊（今西安西關），宋代移至碑林，而《石墨鐫華》卻稱：「碑舊在興平千福寺。」[554]《中國大百科全書·文物卷》編寫〈多寶塔感應碑〉冊（宋拓本）一條時，就沿用了《石墨鐫華》中錯誤的記載，稱多寶塔碑：「天寶十一年（西元752年）立於興平千福寺。」實際上，興平並沒有千福寺，這一點，王昶在《金石萃編》的按語中已經指出了。《唐兩京城坊考》中根據《歷代名畫記》等唐代文獻記載，也已經明確標示出了千福寺以及多寶塔碑位於長安城中安定坊內。為建造多寶塔的楚金禪師所刻的碑文同樣可以證明這一點。類似這樣的誤解在以往的金石著錄中還有不少，柯昌泗在《語石異同評》中就曾列舉大量例證，說明對碑刻的搜集整理必須「審沿革」，「審遷徙」，「審訛誤」[555]。如果至今還不能有經實地驗證的可靠紀錄來糾正以往的訛誤和不足，只會對相關研究帶來新的混亂。同樣，館藏品也是由具體保管的人員來登記編纂，才最具實證。我

553　吳鈞：《三晉石刻總目·運城地區卷》，山西古籍出版社，1998年，第24頁。

554　趙涵：《石墨鐫華》，《知不足齋叢書》本。

555　葉昌熾撰，柯昌泗評：《語石語石異同評》，中華書局，1994年，第66～67頁。

們現在需要的，就是這樣保證資料詳實可靠的地方目錄。為此，需要各地以及海內外相關研究者與文物工作者的共同合作。

第二點，編寫全國性的石刻總目錄必須先確定一個完善的、兼顧各方面的目錄體例，力求全面反映石刻的所有文化資訊，並且利於檢索與核對。就這一點來說，《三晉石刻總目‧運城地區卷》尚有不足，值得我們在今後的編寫中予以注意，補充更多的資訊。據《三晉石刻總目‧運城地區卷》凡例中所云：「每一條目內容包括：1.石刻名稱。2.刊立時間（包括葬日、卒日、重刊翻刻）。3.撰文（包括題跋、謹識、校閱）。4.書丹（包括填諱）。5.篆額（包括篆蓋）。6.立石（包括首事、督工、住持）。7.刻石（包括施石、理石）。8.存放地點（包括原存、遷移和現存）。9.附錄（包括石刻的流傳及保護現狀、前人跋語、評價、考證等）。」[556] 而其中明顯缺乏對於石刻外形的描述，例如以往金石著錄也大多記載的原石尺寸以及外形形狀、相關紋飾、所屬石刻類型、陰、側、共存的題名、題記等。從圖書館、博物館的角度看，它又缺少對歷代拓本，特別是善本拓的記述，缺乏對拓本的現存形式的說明，如拓本系卷、軸、托裱本、剪裝本等。當然，要完成這一點，尤其是要能夠反映全中國各大圖書館、博物館的藏品情況，就不是一個地方單位力量所能做到的了。它需要全國各地的協同努力。

關於石刻目錄的體例，有很多問題還需要各界認同，也就是需要科學化、規範化。鑑於目前石刻目錄中存在很多由於習慣形成的不夠科學的做法，這一問題就尤為重要。例如對石刻的定名問題，就存在著很多種做法，有簡稱、全稱、俗稱等等。對於一些著名碑刻，大家都很熟悉，使用俗稱的情況也就更多。如東漢建寧四年西狹頌又叫李翕碑、惠安西表摩崖等。對於不熟悉這些俗稱的人來說，可能就無法從使用其他俗稱的目錄、著錄中找到自己所需要的資料。而對於不大為人們熟知的絕大部分石刻來說，如果使用的名稱不同，查找相關記載與目錄著錄更是很困難的。《三

556　吳鈞：《三晉石刻總目‧運城地區卷》，山西古籍出版社，1998年，凡例。

晉石刻總目・運城地區卷》一書中，在石刻定名上也存在著這樣的問題，不夠統一。雖然《凡例》中說明「石刻名稱以石刻首行標題或額題為名，無標題又無額題或標題、額題剝泐不清的，依據刻文內容擬定。」但有些石刻還是依從了習慣的叫法，如一些《佚碑存目》部分中收錄的碑名。就該目錄來說，限於收錄數量有限，這個問題可能顯得不那麼嚴重，而如果數量至數萬件以上，這種因名稱不同而出現重出、查找不便等問題的可能性就很大了。因此，我曾經提出，石刻目錄中著錄的石刻名稱，應該使讀者既容易根據目錄查到石刻，也易於將自己手中的石刻（拓本）與目錄中的記載相核對。這除了在目錄中採取便利查尋的檢索體系以外，還必須將日常使用的石刻名稱逐步統一，即在對石刻的定名上採取一些統一的標準。從目前來講，為了照顧以往的既成事實，只好將目錄做得儘量詳盡完備，如名稱一類中要包括簡稱、全稱（如首題、額題）、俗稱、別名等。對於簡稱如何確定，也要考慮統一的做法。關於目錄體例中應該注意的這些問題，我曾經在《中國古代石刻概論》一書中談過。這裡就不多重複了。

第三，應該在石刻目錄中附錄盡可能詳細的歷代金石著作著錄情況。歷代金石著錄對於研究者了解古代石刻的沿革以及研究考證情況是重要的資料來源。將它們附錄在石刻目錄中，可以極大的增加目錄的學術價值，使相關資料取長補短、互相對照，從而完整的揭示出相關石刻的全貌，深入了解它的文化內涵。這一方面，已故的碑刻專家孫貫文先生編輯的《北京大學圖書館藏金石拓片草目》可以說是具有開創之功的範例。該草目近年來陸續在《考古學集刊》上發表，它除具有一般金石目錄的各項條目以外，還將相關的金石著錄出處一一列舉出來。對於一些比較著名、流傳廣泛的碑刻來說，特別利於研究者查閱與對照。

近代以來的碑刻著錄，由於側重於實地徵存，重出的情況比較少一些。但是對於圖書館與博物館來說，重出情況就相當普遍。《全國古籍善

本總目》的編輯中就注意到了這個問題，對於各主要圖書館收藏的善本一一註明。這種做法無疑也應該被石刻總目錄所採取。特別是在有多處收藏的碑刻拓本中，有此必要附注金石著錄的記載與各地方目錄中記載的收藏情況。例如，近年來中國對於出土墓誌資料的收集與出版做了大量工作。以唐代墓誌為例，就有《唐代墓誌彙編》、《千唐誌齋藏誌》、《唐代墓誌銘彙編附考》、《隋唐五代墓誌彙編》、《洛陽出土歷代墓誌輯繩》、《洛陽新出土墓誌》等多種著錄，其中重出問題很引人注目。中外研究者在歡迎這些著錄問世，為學術界提供便利的同時，對重出現象也立即有所反映。日本學者氣賀澤保規便編輯了《唐代墓誌所在總合目錄》，將各著錄中的收錄情況逐一加以核對。所以，附錄這些著錄（目錄）的情況也應該是以後編集石刻目錄中必須考慮到的一個組成部分。

我們曾經多次呼籲，鑑於當前古代石刻日漸損壞、風化的嚴重形勢，鑑於新的石刻資料不斷出土發現、缺乏介紹的狀況，鑑於學術研究的迫切需求，編輯全國性的石刻總目錄是一項極為重要又十分緊迫的任務，它對於石刻的保護與研究具有無法替代的重要價值。雖然各地都或多或少的彙集了一些石刻目錄，但是像《三晉石刻總目·運城地區卷》這樣全面詳細的地區性目錄還是很少見的。它應該是各地文物研究工作仿效的榜樣。如果這樣的工作能夠在全中國推展起來，形成體系，我們就可以了解到各地區現存古代石刻的確實情況。如果能在此基礎上最終形成一部中國石刻總目，那麼必將對中國古代碑刻的保護與研究產生重大的影響，造福於學術界，使中國古代碑刻真正成為世界文化遺產寶庫中的燦爛明珠。我們應該有信心編集出這樣一部上可告慰祖先，下可傳之子孫的完整的全國石刻目錄來。這是學術界、文物界與書法界同仁理當肩負的歷史重任。

香港中文大學中國古代碑拓學術研究會論文

《洛陽新出土墓誌釋錄》錄文補正與
唐代墓誌銘的釋讀

　　北京圖書館出版社新出版的《洛陽新出土墓誌釋錄》一書是一部十分珍貴的石刻資料彙集。它公布了四十八方2000年以來在洛陽地區新徵集的重要墓誌資料，其中不乏唐代正史、文獻中記載過的知名人物，並且包含了重要的歷史資料。對於古代石刻研究與唐史研究者來說，都是值得珍視的。

　　根據該書作者的介紹，這些墓誌都是在2000年至2004年間在洛陽地區徵集的。書中所介紹的出土情況非常簡單，只有一個泛泛的出土地。顯然它們是民間盜掘出來後流入市場的。所幸洛陽師範學院圖書館有志收藏，大力徵集，短短幾年中，已經收集了170餘件歷代墓誌，保護了一批重要的資料，其中唐代墓誌占大部分，使之成為中國唐代墓誌的又一個重要收藏點。

　　近年來，地下文物的盜掘與流散情況已經非常嚴重，成為中國文物保護事業中一個非常嚴峻的問題。這些文物的面世，實際上就意味著古代墓葬、遺址等重要考古遺跡的徹底破壞，已經對考古文物研究造成了無法彌補的損失。雖然不乏有志於搶救文物的人士予以收集、保存，但是相關的考古資訊已經無法避免的喪失殆盡。所以，我們看到這種出土墓誌的彙集時，心情是極其複雜的。一方面，為這些珍貴資料的發現與得到保護而慶幸；另一方面，又為這些文物被盜掘而憤怒，為考古研究資料的損失而遺憾。我們真心的希望能夠儘量制止盜掘文物的不法之風，使今後看到的出土墓誌等文物資料能夠是經過科學發掘的收穫。

　　洛陽師範學院的研究者們不僅大力收藏與保護了這批古代文物瑰寶，而且認真的做了釋文與研究，獲得了豐富的成果。《洛陽新出土墓誌釋

錄》一書就是這些成果的反映。雖然由於篇幅所限，只公布了48件墓誌銘文，但是它們對於唐代歷史研究的價值卻是無法估量的。可以想見，其餘的藏品中也會擁有豐富的歷史資料。因此，我們也期待著其他墓誌資料的早日發表。

筆者認真拜讀了《洛陽新出土墓誌釋錄》一書，覺得在近年來出版的石刻彙錄中，這是一部在編寫、印刷等方面都做得比較好的著作。體例清楚，考證詳盡，印刷精美。但同時也看到在銘文的釋讀與標點中還有一些不盡妥當之處。近年來，唐代墓誌還在陸續出土並不斷被介紹出來，這些墓誌資料的釋讀是相關研究工作中重要的基礎組成部分。而就筆者所見，在近年來各考古文物期刊與報告中發表的唐代墓誌銘釋文往往存在著釋讀中的錯誤，有些相類似的問題曾重複出現。因此，在這裡對《洛陽新出土墓誌釋錄》一書〈新出土部分墓誌敘錄〉內發表的釋文提出一些不同的意見，以期有助於唐代墓誌銘的正確釋讀，並就教於《洛陽新出土墓誌釋錄》一書諸作者。

現在按照原書順序把所見問題列舉於下。

咸亨五年四月十一日〈唐故鄧君（師）並夫人陳氏墓誌銘並序〉

釋文作：「振芬芳於夏史，騰綿書摽功錄於太常，顯積銘於鐘鼎。」審拓片，「夏」字上部從刀，應該是「夐」字的簡省，即「瓊」字。

以下「騰綿書摽功錄於太常」一句無法通讀，根據上下文連讀的文意，可以肯定原石刻寫時有文字脫落，似乎原文應該是四個排比的駢句，即「振芬芳於瓊史，騰綿書（於□□）。摽功錄於太常，顯積銘於鐘鼎。」「積」，疑為「績」之假借字。在唐代墓誌的刻寫中經常會出現脫落文字或衍文的現象。這時需要根據文體與上下文內容適當予以斷句。

釋文作：「祖昂」，誤，當為「祖昂」。字下部從「卯」甚明。

長安二年五月十八日
〈大周豫州敬參軍故夫人封氏（延）墓誌銘並序〉

釋文作：「厥後，孫可稱蕃衍。」根據文體，這裡也應該是四字一句，當斷句在「孫」之後，讀作：「厥後晜孫，可稱蕃衍。」意思是後人一直延續到五代子孫以下。晜與「昆」同，《爾雅‧釋親》：「玄孫之子為來孫，來孫之子為晜孫。」斷句問題，是釋讀銘文與正確理解銘文的關鍵。墓誌的研究者應該予以充分的注意。這裡斷句還不至於影響文意，而以下的多處斷句錯誤就存在著文句不通並影響到文意的問題了。這也是在現在發表的墓誌釋文中經常出現的問題。

長安三年十二月廿六日
〈唐故廣州都督淮陰縣開國公李公鄧夫人龐氏墓誌銘並序〉

釋文作：「公之綏懷夷夏，肅穆康沂，惠化豈獨古人。」亦應斷作：「公之綏懷，夷夏肅穆，康沂惠化，豈獨古人。」

釋文「諭以斷機成之筮仕確。尋舉孝廉……然確至孝純，深極甘旨以養，」此處「確」應該是龐夫人之子的名字。所以應斷作：「諭以斷機，成之筮仕。確尋舉孝廉……然確至孝純深，極甘旨以養。」

釋文：「□幻夢之非，真曉色空之無，我乃勤求妙覺，修習勝因，」其中涉及佛教的一些常用詞語，這在佛教盛行的唐代是很容易出現在文章中的，需要予以注意。當斷作「□幻夢之非真，曉色空之無我。乃勤求妙覺，修習勝因，」

釋文：「孝青烏兮歲未良；式姿厝兮此幽宅，□他展兮當復陽。」各句中均有認錯的字，應該是：「考青烏兮歲未良；式安厝兮此幽宅，□他辰兮當復陽。」青烏，為古代葬書名。《舊唐書‧經籍志下》丙部子錄五行類中收有「《青烏子》三卷」，與《葬經》、《葬書地脈經》等關於埋葬方術的書籍並列。這幾句的意思是在埋葬時占卜，查考葬書，當年時日不好，

所以只是臨時安葬在這裡，等另外合適的時候還要重建陵墓。這與上文中「權窆於河陽縣西大塋之北，後當改卜」的說法是一致的。□中的殘缺字可能是「俟」字。由此可見，在墓誌釋讀中，認識文字與理解文意是相輔相成的。最後的「陽」字左旁有所漫漶，釋作「陽」於文意也不盡貼切，可能是指再次遷葬時要重見天日。或懷疑是「傷」字。改葬時自應引起家屬傷心。由於僅見拓片，不知確否，提出來待考。

景雲元年十月一（朔）日
〈大唐故朝散郎行揚州江都縣尉李君妻河東衛夫人墓誌銘並序〉

釋文作：「公營是學」。「營」字誤，該字上有漫漶之處，被誤認作筆畫。實際就是「宮」字。

景雲二年八月廿四日
〈唐故簡州司馬蘭陵蕭君（守規）墓誌銘並序〉

釋文作：「蘭有秀兮，蕙有芳德，不朽兮聲彌揚。」應該斷句為：「蘭有秀兮蕙有芳，德不朽兮聲彌揚。」唐代墓誌的銘中除常見的四字韻文外，還有時使用古代楚辭體的句式，加入感嘆語助詞「兮」。這時候往往是六字、七字或更多字的長句，不要再按四字一句斷句。這是唐代墓誌釋文中常出現的錯誤，值得注意。

開元二年九月廿四日
〈大唐故朝議郎潤州司功隴西李公（魏相）墓誌銘並序〉

釋文作：「詎煩三從之勞」。「從」字當釋「徙」。當時「從」字寫法右旁上或簡省成二點，「徙」字寫法右上或近似三點，容易混淆。但是，這裡用的是孟母三遷的典故，且右上為三點甚明，所以應該是「徙」。

釋文作：「聲哀四鳥群散，五龍終辭。共載之遊遽斷，陟崗之望藐焉。

稚子呱然痛泣……允光義切，孔懷情殷，致美暫雪，無從之涕。以書送往之文，太業之行可稱，伯悲之詞無愧。」文義不通。應斷作：「聲哀四鳥，群散五龍。終辭共載之遊，遽斷陟崗之望。藐焉稚子，呱然痛泣……允光義切孔懷，情殷致美。暫雪無從之涕，以書送往之文。太丘之行可稱，伯喈之詞無愧。」「業」為「丘」在當時的異體寫法。「伯喈」即蔡邕，《後漢書‧蔡邕列傳》：「蔡邕字伯喈。」又《後漢書‧郭太列傳》：「明年春，卒於家，時年四十二。四方之士千餘人，皆來會葬。同志者乃共刻石立碑，蔡邕為其文，既而謂涿郡盧植曰：『吾為碑銘多矣，皆有慚德，唯郭有道無愧色耳。』」原石「喈」字已殘，但仍可以看出右上邊的「比」形。

開元十年十一月十七日〈唐故朝議郎上柱國行瓜州都督府兵曹參軍衛府君（璟）墓誌銘並序〉

釋文作：「戈甲實繁，而君典之出納，惟允秩滿。」應該斷作：「戈甲實繁，而君典之，出納惟允。秩滿。」

開元十五年十一月十一日〈唐故程君（歸）墓誌之銘並序〉

由於為行書書寫，釋字錯誤較多，如釋文作「調弭撫偌」，應該是「調弦撫俗」。「隙晷西藏」應該是「隙晷西藏」。「嘆水沉於清渚。」「水」應該是「永」。下面「青軒之水」的「水」同樣應該是「永」。另外，「開元十四年」，多釋一「年」字，原石僅作「開元十四」。「合葬於潞州城南廿里地也。」「地」應該是「禮」字。「痛玄悵之長詞。」「悵」應該是「帳」字。

斷句上錯誤的地方有：「祖懷志，忻□父不樂代榮。」應作：「祖懷志忻□，父不樂代榮。」「嗟長，碎於丹溪。」應作：「嗟長碎於丹溪。」「並垓蘭結，慘風樹傷；悲悼青車并之水，闃痛玄悵之長詞。」應作：「並垓蘭結慘，風樹傷悲；悼青軒之永闃，痛玄帳之長詞。」

開元廿五年二月十六日
〈唐故舒州懷寧縣丞陳府君（令同）墓誌並序〉

釋文作：「傾秩滿還京」，「傾」應該是「須」。「瘞金軀於玄夜。」「瘞」當為「瘞」。又：「在生涯兮。詎量既積善兮，無驗豈享祿兮。能長觀昔時之盛事，傷今也□云亡。」應作：「在生涯兮詎量，既積善兮無驗，豈享祿兮能長。觀昔時之盛事，傷今世兮云亡。」

開元廿四年十一月十五日
〈大唐故潞州屯留縣令李府君墓誌銘並序〉

釋文作：「夫人清河崔至行，堅貞操履。溫淑奉上，竭謙恭之禮，居家流孝友之聲。」應作：「夫人清河崔，至行堅貞，操履溫淑。奉上竭謙恭之禮，居家流孝友之聲。」唐代墓誌中一般不會將夫人的姓與名字連在一起敘述。下面的句式也是兩個對仗的駢句。原書中的斷句與原文的文體不相符。唐代墓誌中的文體多以勻稱、整齊的對仗句型為主，所以，斷句時，可以透過這一特點來找到合適的句讀。上面的幾個例子都是這樣的問題。

又釋文中：「美軒暉工」，「軒」字誤，當為「榦」字，即「幹」。

開元廿六年十月廿日
〈唐故朝散大夫婺州長史柱國崔公（和）墓誌銘並序〉

釋文作：「唐左衛翊衡玄憲之子」。「衡」原石字體中央近似「車」字，則為「衝」，實際應該是「衛」，係刻工刻寫中缺劃造成。左衛翊衛當指左衛翊府，為唐代禁軍名。《舊唐書・職官志三》：「左右衛……凡親勛翊五中郎將府及折衝府所隸，皆總制之……親府、勛一府、勛二府、翊一府、翊二府等五府，每府中郎一人……」

釋文作：「貞履史夫。」「史夫」於意無解，當係誤釋。細審應作「夬夬」。《周易正義》卷二：「履……九五，夬履貞厲。象曰：夬履貞厲，位

正當也。」墓誌文作「貞履夬夬，如石之介。」意思是說崔和任縣尉，執掌權力正當，決斷正確，像岩石一樣剛直。

釋文作：「下車乃浚畎，澮芃稌稌，羣人利之，使勤之，以課最。遷魏州魏令。」其中原石無「羣」字，應斷作：「下車乃浚畎澮，芃稌稌，人利之，使勤之。以課最遷魏州魏令。」「浚畎澮」意為疏濬田間溝渠，「芃稌稌」是使莊稼生長茂盛。「以課最」是指由於官吏考課為優等，應下讀，與「遷魏州魏令」連讀。

釋文作：「公遺訓儉薄，則那塗芻為谷。」是對「則那」一詞詞義不明造成下讀。應作：「公遺訓：儉薄則那，塗芻為谷。」「則那」一詞見《左傳·宣公二年》：「使其驂乘謂之曰：『牛則有皮，犀兕尚多，棄甲則那？』」杜預注云：「那，猶何也。」

開元廿七年二月十日
〈唐故中大夫使持節都督兗州諸軍事守兗州刺史上柱國王府君（英）墓誌銘並序〉

釋文中：「倬彼惟孝。」「倬」字誤，當為「悼」。

天寶七載七月廿九日
〈唐故朝請大夫上柱國南賓郡太守隴西李公（雲卿）墓誌銘並序〉

釋文作：「侍御史何千里持斧霽威，公方見許。故左相李適之，搴帷覯止，特達相知，城彼朔方。信安王委版築之役，諭於西蜀，章仇使舉，沂康之功。」這裡還是沒有注意到原文的對仗句式。應斷作：「侍御史何千里持斧霽威，公方見許；故左相李適之搴帷覯止，特達相知。城彼朔方，信安王委版築之役；諭於西蜀，章仇使舉沂康之功。」何千里，見於《唐御史臺精舍題名考》。李適之，兩《唐書》有傳。信安王，即李禕，《舊唐書·李恪傳》稱：「吳王恪，太宗第三子也。有子四人，仁、瑋、琨、

璟……琨子禕。」《舊唐書・玄宗紀》:「開元十二年夏四月……癸卯,嗣江王禕降為信安郡王。」「十七年……禮部尚書、信安王禕帥眾攻拔吐蕃石堡城。」「二十年春正月乙卯,禮部尚書、信安王禕率兵討契丹。」章仇使,即「章仇兼瓊」。《舊唐書・玄宗紀》:開元二十七年十二月,「以益州司馬章仇兼瓊權劍南節度等使」。

又釋文中「世濟不泯」,「泯」當是「泯」字,唐代「民」字避諱缺筆,易誤作「氏」。「弈葉誕秀」,「誔」當是「誕」字。

天寶七載七月廿三日〈唐故三品曾孫韋公(彬)墓誌銘〉

釋文「縱衛玠楊薦」。「薦」誤,當為「馬」,原石在「馬」上加一撇,為「馬」異體。楊馬指揚雄與司馬相如,唐代文章中常見。

天寶八載十月九日〈唐故河南府河陽縣丞陳府君(希望)墓誌銘並序〉

釋文作:「壯其吠,率乃履。一登科,四從土。在其邑,邑致理。聽□訟,訟乃正。」其中多有釋錯。應作:「壯其猷,率乃履。一登科,四從仕。在其邑,邑致理。聽厥訟,訟乃止。」「猷」左旁雖有漫漶,但仍能看出從「酋」,「猷」意為謀劃、計劃,釋作「吠」則於意不通。「仕」字左半殘缺,僅餘右半「士」字,但從上下文意可知應為「從仕」。「厥」字寫作「厾」,為同一字。「止」雖為行書,但上面無橫,不當釋為「正」。唐乾封二年十月二十二日故蒲津關令雲騎尉張(仁)君墓誌云:「地華緝贊,無訟於箭馳。」(見《唐代墓誌彙編》)文意與此近同。

大曆三年八月一日〈大唐故吏部常選淳于府君(子珣)墓誌〉

釋文作:「不安授協」。「協」原石作「從」,當即「從」字。又「嗣子業,損□不自死成屍,立天壞感孟堅自敘之傳,見靈運述德之詩,」其中「成」

字誤，當為「滅」字。讀作：「嗣子業損，□不自死滅，屍立天壤。感孟堅自敘之傳，見靈運述德之詩。」□中字已不清，疑為「痛」字。

大曆六年五月十一日〈唐故監察御史李府君（挺）墓誌銘並序〉

釋文作：「接士友，無偷薄之行；與瀚撫塵相得，義甚斷金。曾十年同遊，無信宿□，別行一事，必相規誨。製一文遞與切磋。」□中字當為「暫」字。這一段話應該斷作：「接士友無偷薄之行。與瀚撫塵相得，義甚斷金。曾十年同遊，無信宿暫別。行一事必相規誨，製一文遞與切磋。」

興元元年九月十一日〈□□□□□□縣尉狄府君（林）墓誌銘並序〉

釋文作：「秩滿安貞處順，性無機不苟，達闐茂歲。」應作：「秩滿。安貞處順，性無機，不苟達。闐茂歲。」釋文作：「於財廉與用信。」應作：「於財廉，與用信。」釋文作：「何蘊青雲資而歿，黃綬位官，屈其量志，違其跡。」應作：「何蘊青雲資而歿黃綬位。官屈其量，志違其跡。」釋文作：「公又余之維私姻，不失親情，早相得況，感姊少生幼，室如懸磬。」應作：「公又余之維私。姻不失親，情早相得。況感姊少生幼，室如懸磬。」又「次鬋髮為□」，□中字當為「鬐」。

貞元十三年十一月九日〈大唐故撫州刺史兼使御史太原王君（沼）墓誌〉

釋文作：「亦既辭滿繼之。蟊賊蕩折為寇，殆無貌都。」其中「貌」字應釋作「完」。讀作：「亦既辭滿，繼之蟊賊，蕩折為寇，殆無完都。」釋文：「式歌且泣日惴惴遺黎，幸其生矣。」當斷作：「式歌且泣，日：『惴惴遺黎，幸其生矣。』」釋文：「彼蒼者，天胡斯不淑。」應作「彼蒼者天，胡斯不淑。」又說明中稱：「《新唐書‧表》卷十二中宰相世系二中載：『沼，

禮部郎中』。其父『晃，溫州刺史』。其弟：『潔，國子司業；涯，字廣津，相憲宗、文宗。』」《新唐書·宰相世系表二中》所載有二王沼，一為王綝之曾孫，王晞之孫，王俌之子。另一人見上文。其曾祖為王實，祖父為王祚。這二人的祖先名字、官職均與墓誌記載不合，墓主王沼的曾祖為仁嗣，夔、果二州刺史；祖父為元祐，延安郡太守；父親為仙鶴，涪、萬州刺史，而且自稱為滎陽管城人，與著名大姓王氏常用的籍貫琅邪、太原不同，不會見於《宰相世系表》，當為另一人。

貞元十八年十二月十九日
〈唐故朝議郎河中府臨晉縣令李公（懷）墓誌銘並序〉

　　釋文作：「奉諸衿般革」，「般革」原為一字，即「鞶」，釋文誤作兩字。「貽女試於後昆」，「試」當為「誡」。唐開元二十年五月二十日故李府君皇甫夫人合葬墓誌銘云：「夫人早遵女誡，久訓母儀。」（見《隋唐五代墓誌彙編》河南卷第一冊）可為互證。「足以享□登遐齡，佐王國光維城，」「登」前脫一「祿」字。當讀作：「足以享□祿，登遐齡，佐王國，光維城。」釋文作：「並先公頃背。」「頃」字應是「傾」。「國□□與家喪賢。」「與」字應是「兮」。

元和二年八月十七日〈唐故汴宋觀察支使朝請郎殿中侍御史內供奉賜緋魚袋崔府君（俌）墓銘並序〉

　　釋文作：「內墜家聲。」「內」應是「罔」字，下面「內知政昔子，」的「內」也應該是「罔」字。「政」、「子」二字漫漶不清，待考。「梁之師李萬榮薨」，「師」當是「帥」字。「掌軍日」，「日」當為「田」字。「沉機若神」，「沉」應是「汎」字。又釋文作：「一言感動萬人，涕水夷乃迎董公。」應作：「一言感動，萬人涕洟。乃迎董公。」

元和六年八月廿八日
〈唐故揚州大都督府士曹參軍張府君（林）合祔墓誌銘並序〉

釋文作：「歷為嬀、沁二州刺史」，衍一「為」字。又釋文作：「主簿孝友聞達，不日安為寡昧。嘗以兄之子妻之故，得備詳府君之行業。」應讀作：「主簿孝友，聞達不日。安為寡昧，嘗以兄之子妻之故，得備詳府君之行業。」「安」即撰文人敬安。

元和十三年十月廿三日〈唐故博陵崔夫人墓誌銘並序〉

釋文作：「宦隨嶺表有時，其引痛罔及哀。」應讀作：「宦隨嶺表，有時其引，痛罔及哀。」又釋文作：「造玄跡兮由難猗。嗟真君兮默契其間，旋解劍兮以示遐年。芳音此謝兮月落西山，有愛女兮維孝，令億祀亡休兮可傳。」一段中「解劍」二字顛倒，「亡」當是「云」，讀作：「造玄跡兮由難。猗嗟真君兮默契其間，旋劍解兮以示遐年。芳音此謝兮月落西山。有愛女兮維孝，令億祀云休兮可傳。」

元和十五年十月廿七日〈唐故崔處士（弘載）墓誌銘並序〉

釋文作：「先以文進者謂，科第俯拾而取。」「謂」字後不應斷開，當連讀。下文「唯佩服仁義，可為天爵」，同樣應連讀。

大和八年十一月十四日
〈唐故宣義郎守右領軍衛錄事參軍蔡府君（啟迪）墓誌銘並序〉

文字多有漫漶，經審讀，可以補充的文字有：釋文「晉有司徒□，□□令範，隆於八荒，」□中字為「謹，儻茲」。「德□殿□士諱慈，」後一□中為「學」字。「弦□且都，」□中為「歌」字。「府君已氣直□正，」□中為「挹」字。「一□付之。」□中是「以」字。又「間賢任止，」「止」應是「世」字。「奔征稀歸，」「稀」應是「秭」字。「范滋紅玫，」「玫」應是「政」字。

大中九年五月廿六日
〈唐故陝州大都督府右司馬李公（範）墓誌銘並序〉

釋文作：「以明誠奉友，以才術濟官，業以急難，及人倫處身，以清廉立節，尚峻苦以斯眾美，而不享眉壽至大官。」「友」字前脫一「朋」字，致使句讀完全錯誤。應讀作：「以明誠奉朋友，以才術濟官業，以急難及人倫。處身以清廉，立節尚峻苦。以斯眾美，而不享眉壽至大官。」又「遇魏師非才」，「師」應是「帥」字，當時別體「帥」字右上多一橫畫。以下多處「帥」字均被誤作「師」。

乾符六年八月廿七日
〈唐故范陽盧君亡妻隴西李氏合袝墓誌銘並序〉

釋文作：「而言笑不改」，原石為「而笑言不改」。「復不得徙」，「徙」字當為「從」。

以上就《洛陽新出土墓誌釋錄》一書中的部分釋文提出了一些補正意見。縱觀該書的釋文，對於文字的釋讀還是相當準確的，一些唐代的異體字也能正確釋讀。而在其他刊物、報告中的釋文中，文字釋讀上往往存在著更多的問題，需要引起更多的注意。限於本文內容，就不在此一一列舉了。這裡反映出的釋讀問題，更多的是出現在斷句與理解原文語義上，可能反映出當前學界在古代文獻知識上的一些不足之處。這也是相關研究者，特別是文物考古工作者們應該加以彌補的。所以不避繁瑣，在此提出來向學界同仁請正。

原載《碑林集刊》第 11 輯

對「新見唐常昌墓誌考」的一點意見

　　頃獲碑林博物館寄來新出《碑林集刊》第十六輯。其中介紹了幾件碑林博物館新收集的墓誌。近年來，除去各地文博考古單位科學發掘出來的墓誌資料外，坊間還流散著相當數量的歷代墓誌資料，大多來歷不明，很多文博單位與學校已經開始收購保存。但是這些墓誌並不是有明確紀錄的科學發掘成果，而是來自私人盜賣，其具體出處與真偽都需要加以認真的考察與鑑定。由於目前收藏界風氣不正，文物作假現象越來越嚴重，兼以新科技手法的引入使得偽造文物更加便捷逼真，墓誌等石刻資料的作假情況已經十分普遍，造假的水準也越來越高。有鑑於此，如果沒有確切可靠的證據，對於這些來源不明的墓誌最好還是先不要輕易肯定，先置之存疑待考更好一點。《碑林集刊》第十六輯中「新見唐常昌墓誌考」一文介紹的這件常昌墓誌，就有一些疑點值得思考。

　　據該墓誌銘文所記，它葬於調露元年十一月七日，當屬初唐政局穩定以後，政治禮制文化風俗均已步入正軌之時。初唐時期文化昌明，教育興盛，儒家思想教育相當普及。因此，當時的墓誌文體內容也顯得比較規範而有文采。特別是流行的駢體誌文中，大量用典，對仗整齊。從唐代流行的《初學記》、《略出贏金》、《藝文類聚》、《六帖》等各種大小類書中可以看到，文中用典均有來源根據，符合歷史文獻的記載。這樣一來，我們看到這件銘文所言常昌為弘農人，在追述其祖先世系時，稱：「昔祚融黃德，伯夷掌三禮之宗；運啟青光，太公疏四履之域。」又在最後的頌銘中再次重申：「炎衡履運，姜水疏瀾。虞載司禮，周圖效官。」不由得就為我們造成了一個疑問，這樣的墓誌銘文所描述的墓主人應該姓常嗎？

　　「新見唐常昌墓誌考」一文作者已經引用了《新唐書·宰相世系表》關

於常姓世系淵源的記載：「常氏出自姬姓，衛康叔支孫食采常邑，因以為氏。」《元和姓纂》與《通志・氏族略》也同採此說。可見在唐代通行的對常氏族系來源的說法應該是「出自姬姓」。我們知道，唐代人非常講究氏族譜系，對於其姓氏的由來都形成了明確的固定說法。因此，常氏淵出姬姓，從現有資料來看，可以說是確鑿無疑的。

現有的一些唐代常氏人物墓誌中的銘文記載也可以作為佐證。例如：《唐代墓誌彙編》收錄萬歲通天二年八月二十七日大周故常（德）府君誌銘，述及祖先起源時說：「虢邑勝壤，闢晉野而開基。」虢、晉都是西周王室分封的諸侯，同屬姬姓。顯慶五年七月唐故常（玉）夫人墓誌銘稱：「爰自周土，聿來豫地。」也是採用其族源出自西周姬姓的說法。《唐代墓誌彙編續集》收錄咸通六年十月十二日大唐河內故常（克謀）府君墓誌銘，稱：「后稷之苗，文武之裔。」更是直接說明常姓為后稷與周文王、周武王之後，確係姬姓所出。

但是，據常昌墓誌的銘文所言，常姓則成了姜姓之後。「昔祚融黃德，伯夷掌三禮之宗；運啟青光，太公疏四履之域」一句中，伯夷指傳說中的帝堯時期太岳之官，《史記・五帝本紀》：「帝曰咨伯。」《古今姓氏書辯證》卷六上平聲十七真申部：「伯夷為堯太岳之官。」太公指周文王的大臣姜尚，佐周滅商，被封於齊國，均為姜姓祖先。「炎衡履運，姜水疏瀾。虞載司禮，周圖效官」幾句頌詞，也是在隱喻的讚頌伯夷與姜尚等人物。「炎衡」與「姜水」則是在說姜姓的由來。《古今姓氏書辯證》卷十三下平聲十陽姜姓：「姜，出自炎帝，生於姜水，因以為姓。裔孫佐禹治水，為堯四嶽之官，以其主山嶽之祭尊之，謂之太嶽。命為侯伯。復賜祖姓，以紹炎帝之後。」則已經把其來源說得十分清楚。可見墓誌中出現的這些詞語所要說明的正是姜姓氏族。姬姓與姜姓是古代歷史悠久的兩個大姓，在周代世代通婚，族系明顯不同，不可能混為一說。唐代文人不應該犯這樣的錯誤。那麼我們得出的結果只能是：這件墓誌原本不是寫給常姓人士

的。也就是說，很可能是借用其他姓氏的墓誌內容新造的偽志，為此而改換墓主姓名。這是近代墓誌造假的常見作法。

此外，墓誌銘文中的一些詞語也讓人感到不盡可信。例如墓誌記載：祖毅，周任八柱國大將軍。父，隋左十六驃騎大將軍。常昌曾任隋文皇帝挽郎，易州易縣令。其夫人之父劉順任隋并州刺史，營州都督。

而參照文獻記載比對，這些官名都是存在錯誤的。《隋書·地理志中》載「太原郡，後齊并州，置省，立別宮。後周置并州六府，後置總管，廢六府。開皇二年置河北道行臺，九年改為總管府。大業初府廢……上谷郡，開皇元年置易州。易，開皇初置黎郡。尋廢。十六年置縣。大業初置上谷郡……遼西郡，舊置營州，開皇初置總管府，大業初府廢。」

《舊唐書·地理志二》也記載：「北京太原府，隋為太原郡。武德元年，改為并州總管……七年，改為大都督府……易州中，隋上谷郡。武德四年，討平竇建德，改為易州……營州上都督府，隋柳城郡。武德元年，改為營州總管府……七年，改為都督府，管營、遼二州。」

隋唐之間地理區劃名稱有過多次變動，這些變化正可以幫助我們對考古文物資料予以斷代和區別真偽。《舊唐書·地理志二》記載：「及隋氏平陳，寰區一統，大業三年，改州為郡……（唐）高祖受命之初，改郡為州，太守並稱刺史。其緣邊鎮守及襟帶之地，置總管府，以統軍戎。至武德七年，改總管府為都督府。」

由此可見，稱劉順為隋并州刺史，營州都督的說法與歷史事實不符。隋代只可能有并州總管或者太原郡太守，以及營州總管。同樣，稱墓主為易州易縣令也存在著類似的問題。據誌文記載墓主卒於貞觀十八年（西元644年），卒年六十五歲。則其出生於北周大象二年（西元580年）。以此推算，他曾任易州易縣令的時間應該是在隋代大業年間。而這時易州應該稱作上谷郡了。

以上問題，除非把它解釋成唐代人用唐代的職官去記錄相當的隋代官

職。否則就可能是後人的杜撰了。

八柱國大將軍一說，更其可疑。關於北周官制中的柱國大將軍，《隋書·百官志下》記載：「高祖又採後周之制，置上柱國，柱國，上大將軍，大將軍，上開府儀同三司……總十一等，以酬勤勞。」是說隋代仍採用北周的十一等勳級。那麼這十一等級就是北周晚期實行的官階名稱。而柱國大將軍的稱呼則早於這一體系。據《周書·盧辯傳》記載：「辯所述六官，太祖以魏恭帝三年始命行之……柱國大將軍，大將軍，右正九命。」可見柱國大將軍是在西魏就正式確定的最高一級官位（後來才有上柱國大將軍之說）。就《周書》中所見，北周曾經被授予柱國大將軍的並不只八人，也沒有八柱國大將軍一職。「八柱國」一說，見於《周書·侯莫陳崇傳》。為詳細對照，具引相關記載如下：「初，魏孝莊帝以爾朱榮有翊戴之功，拜榮柱國大將軍，位在丞相上。榮敗後，此官遂廢。大統三年，魏文帝復以太祖建中興之業，始命為之。其後功參佐命，望實俱重者，亦居此職。自大統十六年以前，任者凡有八人。太祖位總百揆，督中外軍。魏廣陵王欣，元氏懿戚，從容禁闥而已。此外六人，各督二大將軍，分掌禁旅，當爪牙禦侮之寄。當時榮盛，莫與為比。故今之稱門閥者，咸推八柱國家云……此後功臣，位至柱國及大將軍者眾矣，咸是散秩，無所統御。」

由此可見，所謂八柱國，只是對西魏大統十六年前掌管中樞軍事的八位權臣的統稱。北周時期根本不會有八柱國大將軍這樣的官職存在。上引文獻中還詳細列舉了當時的八柱國及十二大將軍姓名官職。自然，其中找不到這位常毅的存在。同樣，據《隋書·百官志》記載，驃騎將軍是隋代官制中居於正四品的軍將實職，煬帝時改為鷹揚郎將，正五品，也不會有左十六驃騎大將軍這樣的官職存在。這樣一件姓氏出處、官職名稱都存在著明顯常識性錯誤的墓誌，實在是值得懷疑，如果細細考究，在文辭中還可能找到值得懷疑，存在拼湊痕跡的地方。

附帶提及，對於墓誌銘文的釋讀還需要加以注意。讀碑確實難，但是只要認真，還是能儘量避免錯誤的。現在各種文博刊物上發表的古代銘刻錄文往往存在誤讀，有時會影響到對墓誌本身的判斷與對內容的正確解讀。這裡僅就《碑林集刊》上發表的〈常昌墓誌〉釋文中的幾點錯誤摘記於下。

　　〈常昌墓誌〉釋文：「泛娥妖娥之淨彩」，前一娥字為衍字。

　　「挺粹蔫花」，「蔫」當為「䔄」，兩字義不同。蔫，《說文解字·艸部》云：「薪也。」「䔄」《廣韻》宵部云：「草也。」又與「瑤」通。見《文選·卷十六·江淹·別賦》李善注。此即「瑤」通假字。

　　「豈其善積無徵」，「其」當為「期」。

　　「弦欽」後脫「章命」二字。

　　又「字富利」，「富」字疑為「當」，因照片不清，存疑請正。

原載《碑林集刊》第7輯。

對「新見唐常昌墓誌考」的一點意見

論漢唐間的異體字及《干祿字書》

　　中國文字以形體為主，聲音和意義均附麗於形體之中。清代康熙戊戌項絪《隸辨》序中說：「夫欲讀書必先識字，欲識字必先察形。」乾隆辛亥段玉裁《廣雅疏證》序云：「學者之考字，因形以得其音，因音以得其義。」王引之《經義述聞》卷三二形訛條云：「經典之字，往往形近而訛。尋文究理，皆各有其本字。不通篆隸之體，不可得而更正也。」這正可說明文字形體的重要性。已故唐蘭先生《中國文字學》前論中指出：「我們可以知道文字學本來就是字形學，不應該包括訓詁和聲韻。」更是明確的闡明了文字形體在文字學中的地位。

　　文字學研究既然以形體為主，就必不可免的要涉及歷代出現的大量異體字。異體字在四千多年的漢字發展史中始終存在。它伴隨著時代的變遷，文字的演化而不斷產生、變化、消亡，從而具有強烈的時代性。這一點，對於判斷考古資料的時代來說，是很有價值的，它可以提供重要的斷代根據，但是，對於古文獻和古代銘刻資料的釋讀、研究，則造成了極大的困難。因此，駕馭異體字，利用它去校訂古籍、探討漢字演化規律，分析漢字的結構理論……就是一項十分重要的工作了。

　　漢唐之間，是中國封建社會的一個重要發展階段。在這八百餘年的漫長歷史階段中，產生了繁多的異體字，表現在豐富的形式多樣的考古資料和文獻中。對這些資料進行搜集、整理、研究和運用，必然會極大的有益於考古學、文字學、古文獻校勘學等方面的研究工作。但是，近代來這方面的工作進展不大。唐代至元代之間曾經興起一時的正字著作大多已經亡佚。近代又僅僅有邢澍《金石文字辨異》、趙之謙《六朝別字記》、羅振玉《碑別字》等寥寥幾種著作。相關的研究更為少見。這一切，顯示對漢唐

之間異體字的研究遠遠落後於大批出土文獻文字資料排闥而來的現狀。因此，謹以幾點關於漢唐間異體字的粗淺之見，作為引玉之磚，希望有更多的人來做這方面的探討。

▌一、對漢唐間異體字的幾點看法

根據文獻記載，早在漢代就已經開始整理、校正異體字。秦和西漢的字書，如李斯《倉頡篇》、胡毋敬《博學篇》、趙高《爰歷篇》、司馬相如《凡將篇》、史游《急就篇》、李長《元尚篇》、揚雄《訓纂篇》等等，既是識字的課本，又是刊正字體的字書。《漢書·藝文志》稱：「漢興，閭里書師合蒼頡、爰歷、博學三篇……並為蒼頡篇……（急就、元尚諸篇）皆蒼頡中正字也。」又記載有《別字十三篇》。所謂正字即對別字而言。可見當時存在著大量異體字。漢宣帝時，曾經召齊人來校正《蒼頡篇》的俗讀。漢元帝時，徵爰禮等百餘人在未央殿講說文字。《漢書·藝文志》又稱：「吏民上書，字或不正，輒舉劾。」這些措施無疑是為了糾正當時盛行的異體字而採取的。由此可見當時異體字數量及影響之大。

直至東漢末年，文字異體沿用不衰的狀況仍未改變。《說文解字》卷十五上云：「而世人……詭更正文，鄉壁虛造不可知之書，變亂常行以耀於世。」但是在《說文解字》書中仍然收錄了不少俗字和或體。漢靈帝熹平年間，刻寫石經立於太學門外，可以說是刊正異體字的一次空前盛舉。但在今天所見到的漢石經殘文中，仍然存在著相當數量的異體字。僅《漢石經集存》一書中收集的殘石上就有一百九十餘種與今本不同的文字。其中如求寫作救（《尚書·盤庚》「□救舊」，206號石），刺寫作剌（《毛詩·魏風·葛屨》「是以為刺」，37號石），戀寫作孿（《儀禮·既夕禮》「孿木鑣馬不齊毛」，398號石）等等，都是當時通行的異體。這些異體字大多產自民間，便於書寫，所以在一定時期內具有廣泛的影響，即使正經正史也

不能避免。漢石經和《說文解字》就是極好的證據。

　　魏晉之降，更是文字形體變化萬端的時代。在政治統一的漢朝仍無法阻止其流傳的異體字，到了朝代屢迭、國家南北分裂的時期，有了更利於發展的條件，便層出不窮的創造出來。《顏氏家訓·書證篇》云：「晉宋以來，多能書者，故其時俗，遞相染尚。所有部帙，楷正可觀。不無俗字，非為大損。至梁天監之間，斯風大變。大同之末，訛替滋生。蕭子雲改易字體，邵陵王頗行偽字……朝野翕然，以為楷式……北朝喪亂之餘，書跡鄙陋，加以專輒造字，猥拙甚於江南。」清代顧炎武《金石文字記·卷二·孝文皇帝吊殷比干墓文》云：「今觀此碑，則知別體之興，自是當時風氣。」「蓋文字之不同而人心之好異，莫甚於魏、齊、周、隋之世。」鄭業斆《獨笑齋金石文考·一集四卷·書石鼓文後》云：「（魏）始光二年，初造新字千餘，頒下遠近，永為楷式。今雖所頒之字不可得見。而《魏書·江式傳》延昌三年表曰：『皇魏承百王之季，世易風移，文字改變，篆形錯謬，隸體失真。俗學鄙習，復加虛巧。乃曰追來為歸，巧言為辯。小兒為㲉，神蟲為蠹，如斯甚眾。」以上文獻記載和考證，對南北朝時期文字形體多變的狀況做了明確的描述。當時的正字書也很多。《隋書·經籍志》載小學類一百八十部、四百四十七卷。其中除部分音韻書外，大多是文字形義方面的著錄，可惜已有一百三十五種亡佚不存。清代馬國翰《玉函山房輯佚書》，黃奭《黃氏逸書考》，任大椿《小學鉤沈》等叢書中搜集了一些漢唐間字書的逸文。如：服虔《通俗文》，魏張揖《埤蒼》，晉葛洪《字苑》，北魏楊承慶《字統》，梁阮孝緒《文字集略》以及《說郛》（宛委山堂本）卷八十五收輯的隋顏愍楚《俗書證誤》等。從這些殘存部分來看，它們都收有大量異體字，發揮著校正字體的作用。

　　南北朝時期字體混亂的狀況持續下去，必然影響到文化發展。對社會政治、經濟亦多所不利。因而，在隋統一中國之後，就開始重新「同文字」。初唐時期，政治局面統一、安定，經濟、文化都迅速發展，達到空

前繁榮的程度。在這種形勢下，必然會對文字異體繁多的狀況加以糾正。唐蘭先生稱之為，「一種整齊劃一的運動，這是字樣之學」（見《中國文字學》前論）。於是，出現了顏師古的《顏氏字樣》、《匡謬正俗》，杜延業的《群書新定字樣》，顏元孫的《干祿字書》，唐玄宗的《開元文字音義》，以及張參的《五經文字》、唐玄度的《九經字樣》等。其主要目的就是糾正通用的異體字，使文字規範劃一。因此，唐代以降異體字逐漸減少，但並沒有能夠完全消除異體字。唐宋時期寫本、碑刻、版本中仍然使用異體字。五代郭忠恕的《佩觿》，遼代僧行均的《龍龕手鑑》仍然以糾正異體字為主，都可以證實這一點。

以上概述可以從考古資料中得到充分的印證。

漢唐之間的考古文字資料數量極其龐大，內容也十分繁雜。歷代遺留下來的漢唐間石刻已近萬件，文書、寫本、璽印、陶文等等皆數以千計。1945年以來，漢唐之間重大的考古發現其比如櫛，其中文字資料亦不在少數。僅《考古》、《文物》、《考古學報》三雜誌上發表的漢唐間墓誌就有87件，地券、衣物券等18件，璽印近千方（截止至1981年底）。東漢鮮于璜碑、張景造土牛碑，幽州書佐秦君石闕、鮮卑石室北魏太武帝祭文、渤海貞惠公主墓碑等更是重要的銘刻資料。簡牘、帛書、寫本方面的收穫也極為豐富。如：馬王堆西漢帛書，銀雀山西漢竹簡，居延、武威漢簡，新疆吐魯番文書寫本，大通上孫家寨漢簡，定縣漢簡等，幾不勝數。

在這些文字資料中，異體字件件均有，觸目皆是。我們曾經將已發表的馬王堆帛書、銀雀山漢簡、武威漢簡等資料中的異體字加以摘錄彙集。初步統計，僅《馬王堆帛書·老子》及古佚書甲乙本中出現的異體字即達700種之多。又如東漢建和二年司隸校尉楊孟文石門頌[557]，全文586字中，有132個異體字。北魏正光四年元引墓誌[558]，全文僅218字，卻有異

---

557 《隸釋》卷四第3頁。
558 《漢魏南北朝墓誌集釋》，三冊第38頁。

體字40個。這足以反映出漢唐之間廣泛使用異體字的狀況。

我們試將漢唐之間各種文字資料中的異體字加以歸納排比，便可以看到，雖然各個朝代，甚至各個地區都有其特殊的異體寫法，但大部分通用的異體字卻源於東漢，進而可以從西漢早期隸書中尋其端倪。例如：蔥、聰等從恩聲之字，在西漢早期隸書中恩又寫作 🐾 形。如《馬王堆帛書·老子》乙本123行下段「萬（言）有 🐾 （蔥、借為總）」。東漢隸書中也有此種寫法。如光和四年無極山碑：「楸林苾（蔥）青」[559]。由此增筆作愆，改從公聲。如中平三年張遷表頌中聰字即作聰[560]。漢魏以降例證則有：晉太康十一年徐夫人管洛碑「䏊朗內識」[561]，六朝寫本《詩經·小雅·采芑》「有（鎗）（瑲）苾珩」，隋大業十一年元智妻姬氏墓誌「夫人幼挺聰慧」[562]，唐上元二年李鳳妃劉氏墓誌「傳䏊之美」[563] 等。

數量如此繁多，歷史如此悠久的異體字是怎樣產生的呢？根據考古資料中的大量異體字資料，我們可以將漢唐之間異體字的成因歸納為兩大類。

（一）由於書體變化而造成

漢唐之間，是中國文字書體劇烈變化的時期，小篆變為隸書，隸書變為分書，分書變為楷書，每一次變化都會造成一批新的異體字。例如：徒字，隸書中寫作 **徒**，見於東漢中元二年何君閣道碑[564]，永興二年孔廟置守廟百石孔龢碑[565] 等，致使後代楷書中亦沿襲了這類異體。如東魏興和二年閭伯升暨妻元仲英墓誌[566]，唐寫本《易經》[567] 等。又例如：微字，異體

---

559 《隸釋》卷三第18頁。
560 《金石萃編》卷十八第16頁。
561 《漢魏南北朝墓誌集釋》，三冊第3頁。
562 《漢魏南北朝墓誌集釋》，三冊第33頁。
563 富平縣文化館等，〈唐李鳳墓發掘簡報〉，《考古》1977年第5期。
564 《隸釋》卷四第1頁。
565 《隸釋》卷一第14頁。
566 《漢魏南北朝墓誌集釋》，六冊第390頁。
567 《鳴沙石室古籍叢殘》。

作徵，這種異體則源於漢代隸書，《銀雀山漢墓竹簡·孫子兵法》109簡：「微與……」微字作徵。武威漢簡《儀禮·特牲》「用枯若薇」，薇字省寫作徵。東漢漢安二年北海相景君碑「微弱蒙恩」[568]與延熹八年老子銘「譏時微喻」[569]等亦作徵。北魏銘刻中已寫作徵，當為徵的變體。如正光四年元引墓誌[570]、孝昌三年肅宗昭儀胡明相墓誌[571]等。唐代楷書中則大量沿用了這種異體，如上元二年阿史那忠墓誌銘「怨湘水之徵瀾」[572]，景雲二年獨孤仁政碑「紫徵膺爪牙之重」[573]，唐寫本《老子道經》「希之旨」[574]，《大莊嚴論三論》十卷同帙十一卷音義「徵笑」[575]等。再例如介字的異體尒，是由於草書造成的異體字，見於東漢建寧二年侯成碑[576]，晉太康十年太公呂望表[577]，北魏孝昌二年于景墓誌[578]等。唐代書寫中亦常採用這種異體，如貞元十六年李良墓誌[579]，唐寫本《禮記·檀弓下》「陽門之尒夫」[580]等。類似這樣的異體字，都是由於不同的書體變化所造成，經過楷定遺存下來，成為後世習用的異體。

（二）由於書寫中的字形變化而造成

由於書寫習慣和書寫中的具體情況（如求快速、圖省力等等）而造成了種種字形上的細微變化，從而產生了多種多樣的異體，這是漢字異體產生的一個重要原因。其中包括：

568 《隸釋》卷六第9頁。
569 《隸釋》卷三第1頁。
570 《漢魏南北朝墓誌集釋》，三冊第38頁。
571 《漢魏南北朝墓誌集釋》，三冊第26頁。
572 陝西省文物管理委員會等：〈唐阿史那忠墓發掘簡報〉，《考古》1977年第2期。
573 《金石萃編》卷六九第14頁。
574 《敦煌祕籍留真新編》下。
575 《敦煌雜錄》。
576 《隸釋》卷八第6頁。
577 《金石萃編》卷二十五第7頁。
578 《漢魏南北朝墓誌集釋》，四冊第153頁。
579 俞偉超：〈西安白鹿原墓葬發掘報告〉，《考古學報》1956年第3期。
580 《鳴沙石室古籍叢殘》。

1 增減筆畫

例如私，異體作厶。這種寫法產生在南北朝以降，見於北魏熙平元年內司吳光墓誌[581]，唐麟德二年劉寶墓誌[582]，唐寫本《毛詩·衛風·碩人》、《文選·西京賦》[583]等。又如旨，異體作盲。首見於西漢時期，如居延漢簡甲編1311簡「詣官」，武威漢簡《儀禮·特牲》17簡「告詣」，以及流沙墜簡《屯戍叢殘·簿書類》12簡「問盲」等。此外，魏黃初元年大饗碑[584]，北魏正光二年劉華仁墓誌[585]，唐元和七年楊氏墓誌[586]以及大量唐寫本中均採用這種寫法。

2 增減偏旁

例如泥，異體作埿，見於東漢熹平六年費鳳碑陰「埿而不緇」[587]，北魏正光五年元平墓誌「衛王埿之孫」[588]，唐寫本道書殘卷「可知埿丸之所從也」[589]等等。又如舞，異體作儛，見於東漢延熹三年孫叔敖碑陰「倡優鼓儛」[590]，光和二年樊毅修華岳碑「鳥獸率儛」[591]，北魏熙平二年元新成妃李氏墓誌「悲風儛雪」[592]，隋大業十三年宮人唐氏墓誌[593]、唐寫本《老子化胡經》[594]等也習用儛字。再如薦，異體作廌，見於北魏無年月元彧墓

---

581 《漢魏南北朝墓誌集釋》，三冊第16頁。
582 中國科學院考古研究所：《西安郊區隋唐墓》，科學出版社，1966年。
583 並見於《鳴沙石室古籍叢殘》。
584 《隸釋》卷十九第1頁。
585 《漢魏南北朝墓誌集釋》，三冊第16頁。
586 中國科學院考古研究所：《西安郊區隋唐墓》，科學出版社，1966年。
587 《隸釋》卷九第20頁。
588 《漢魏南北朝墓誌集釋》，三冊第31頁。
589 《吉石盦叢書》。
590 《隸釋》卷三第4頁。
591 《隸釋》卷二第7頁。
592 《漢魏南北朝墓誌集釋》，三冊第62頁。
593 《漢魏南北朝墓誌集釋》，六冊第376頁。
594 《鳴沙石室古佚書續編》。

誌「日麕雙鯉」[595]，北齊天保六年李清造報德像碑「傳蘭麕菊之財」[596]，唐寫本《春秋左傳》僖公五年「明德以麕馨香」[597]等。

3 變換形符聲符

例如驅，異體作䮃。見於北魏建義元年元信墓誌「勒馬風䮃」[598]，六朝寫本《詩經·衛風·碩人》「載馳載䮃」，唐寫本《文選·西京賦》「為王前䮃」，唐寫本《玉臺新詠》石崇〈王明君辭〉「前䮃已枕旌」[599]，唐上元二年阿史那忠墓誌「元戎長䮃」[600]等。《韻會舉要》注云：「《曲禮》不嫌諱名，謂宇與禹，丘與區，禹宇二字其音不別。丘之與區今讀則異，然尋古語，其聲亦同。」又如今日通行的猿字，實際上是一種異體，它和另一種異體猨都是蝯的別字。《說文解字·十三上·蟲部》：「蝯，善援禺屬，從蟲爰聲。」徐鉉注：「今俗別作猨，非是。」《玉篇·卷二十五·蟲部》：「蝯，蝯猴，或作猨。」蝯變換形旁作猨，又進一步變換聲旁作猿。例見北魏普泰元年元天穆墓誌「白猨不得隱其層林」[601]，唐寫本《類書》客遊部「猨叫三聲淚沾裳」等。

4 改換偏旁位置

先秦古文字中，偏旁往往無確定的位置，亦左亦右，或上或下，但都是同一個字。漢字進化到隸書階段以後，每個字的各個偏旁部分的位置基本上固定下來了。然而，漢唐之間仍然有些字的偏旁位置或有移換，從而造成了各種異體。例如蘇，異體作蘓。見於兩漢印章「蘓步勝」[602]，「蘓

---

595 《漢魏南北朝墓誌集釋》，三冊第59頁。
596 《八瓊室金石補正》卷二十第8頁。
597 《鳴沙石室古籍叢殘》。
598 《漢魏南北朝墓誌集釋》，三冊第36頁。
599 以上三例均見《鳴沙石室古籍叢殘》。
600 陝西省文物管理委員會等：〈唐阿史那忠墓發掘簡報〉，《考古》1977年第2期。
601 《漢魏南北朝墓誌集釋》，三冊第30頁。
602 《十鐘山房印舉》。

湯私印」[603]；東漢碑刻光和元年徐氏紀產碑「民詠來蕪」[604]；北魏磚銘「太
和廿三年六月二日畢小妻蕪貫閨銘」[605]；北齊天統二年高肱墓誌「采蕪在
物」[606]；高昌國延昌廿二年「蕪玄勝妻賈氏墓表」[607]；以及日本傳本唐抄
《新修本草》草木部上品卷十二「蕪合」[608]；唐寫本《禮記·曲禮》「蕪惢
生」[609]，《仁王般若實相記》卷末題名「安蕪藉記」[610]等。

又例如：裔，異體作襄，見於東漢建寧元年張壽碑[611]，光和元年太尉
陳球碑[612]等漢碑，北魏正始四年奚智墓誌[613]，熙平元年元廣墓誌[614]，隋大
業八年宮人蕭氏墓誌[615]等南北朝隋代墓誌。

5 變形聲為會意

許慎《說文解字》中列舉的會意字，均以圖形文字的形體結合來表示
字義，如許慎所舉「武」、「信」之屬，又如「降」、「鄉」等字。但是，在漢
唐之間乃至後世，又有一種新造的會意字，即用隸定的漢字去組成新的會
意字，這種字往往是在原形聲字的基礎上加以改變的。例如窺，異體作窺
，將聲符「規」改成了表意的「視」字。見於北魏普泰元年穆紹墓誌[616]，隋
開皇六年龍藏寺碑[617]，唐寫本《三藏法師表啟》[618]等。此外，窺的另外一

---

603 《鶴廬集印》。
604 《隸釋》卷十五第10頁。
605 《廣倉磚錄》卷二。
606 《漢魏南北朝墓誌集釋》，四冊第201頁。
607 黃文弼：《高昌磚集》。
608 《纂喜廬叢書》。
609 《唐鈔本》，日本大阪美術館編集。
610 《禹域出土墨寶書法源流考》。
611 《隸釋》卷七第18頁。
612 《隸釋》卷十第1頁。
613 《漢魏南北朝墓誌集釋》，四冊第124頁。
614 《隸釋》三冊第44頁。
615 《隸釋》六冊第366頁。
616 《隸釋》四冊第177頁。
617 《金石萃編》卷三八第6頁。
618 《吉石盦叢書》。

種異體闚，則完全新造了一個從門從視的會意字。例見：北魏太和十八年孝文帝弔比干文[619]，神龜三年穆亮妻尉太妃墓誌[620]，以及唐寫本《論語·子張》[621]等。

6 假借

假借字在漢代運用得非常廣泛。在現在可見的漢代簡牘帛書中，有大量的異體字，其中最大的部分是假借字。例如《馬王堆漢墓帛書·老子》「乃分禍福之鄉」，「鄉」是「向」的假借字。同書《春秋事語》「齊桓公與蔡夫人乘周」，「周」是「舟」的假借字。《銀雀山漢墓竹簡·孫子兵法》「當其同周而濟也」，「舟」亦借作「周」。降至唐代，這種假借字尚有孑遺。如唐貞觀十三年段元哲墓誌「軍中指撝」[622]，「撝」乃「麾」之假借。《說文解字·十二上·手部》：「撝，裂也。從手為聲。一曰手指也。」《玉篇·卷十四·麻部》：「麾，指麾。」《周禮·春官·巾車》：「建大麾以田。」注云：「大麾，其色黑，夏后氏所建，以四時田獵者也。」《經典釋文·毛詩音義》中《陳風·宛丘》：「指麾，字又作撝。」可知本字當作麾，撝為假借字。

7 簡化

例如萬，異體作万。此異體可上溯到戰國時期，漢代已為常見。如漢印「張千万」[623]，漢金文「千万鑊」[624]等。漢以後更是普遍使用，如吳甘露二年胡公輔壙磚「壽万年」[625]，姚秦寫本《大雲無想經》「一可以万」[626]，

---

619 《金石萃編》卷二七第2頁。

620 《漢魏南北朝墓誌集釋》，四冊第121頁。

621 《纂喜廬叢書》。

622 中國科學院考古研究所：《西安郊區隋唐墓》，科學出版社，1966年。

623 湖南省博物館等：〈湖南益陽戰國兩漢墓〉，《考古學報》1981年第4期。

624 《秦漢金文錄》卷四第15頁。

625 《千甓亭磚錄》卷二第19頁。

626 《鳴沙石室古佚書續編》。

北齊宣政元年時珍墓誌「才逾万頃」[627]，唐寫本《易經釋文》「袁万反」[628]，唐武德八年李鳳冊書刻石「食邑一万戶」[629]等。

　　以上僅列舉了一些比較常見的單純變化，而在漢唐間異體字中還有一些由於多種原因綜合作用形成的字，例如牽，異體作挈。《說文解字・二上・牛部》：「牽，從牛，玄象引牛之縻也。」先秦古文字中多從此形。而東漢光和六年唐扶頌「捸挈君車」[630]中已改換形符，從手會意。而後又添加筆畫，玄將變成去，把象徵繩索的形符變成了去字。北魏延昌年間〈溫泉頌〉[631]，隋大業六年賈珉墓誌[632]，唐垂拱二年王徵君臨終口授銘[633]等均作挈。唐寫本《冥報記》下卷中又省作挈[634]。此外，魏甘露元年寫本《譬喻經》[635]中把牽寫成挈，介與東漢與北魏兩種寫法之間，唐貞觀二十三年關英墓誌[636]中仍保存了這種寫法。這種經過長期傳習，由於多種原因造成的異體字，往往與本字面貌迥異，不了解其變化過程的話，是十分難以釋讀的，如：裒（裔，見貞觀元年關道愛墓誌），俢（修，見貞觀九年長孫家慶墓誌），孤（號，見顯慶四年張安都墓誌）[637]等等。

　　綜合以上分析，我們看到：在漢唐之間，產生並通用著大量的異體字。它們有著長期沿用的系統，有著一定的變化規律。值得注意的是：我們初步總結出的這些異體字的成因，與先秦古文字研究中總結的古文字異體成因大多相同，顯示了它們之間密切的內在關聯，也顯示了在漢唐之間這個漢字成長定型的時期裡，仍然保存著早期漢字的深刻影響。結合戰國文字與西

627　《漢魏南北朝墓誌集釋》，四冊第228頁。
628　《鳴沙石室古籍叢殘》。
629　富平縣文化館等，〈唐李鳳墓發掘簡報〉，《考古》1977年第5期。
630　《隸釋》卷五第7頁。
631　《金石萃編》卷二八第5頁。
632　《漢魏南北朝墓誌集釋》，五冊第293頁。
633　《金石萃編》卷六十第16頁。
634　《唐鈔本》。
635　《禹域出土墨寶書法源流考》。
636　《芒洛塚墓遺文》三編第20頁。
637　以上引唐志均據《千唐誌齋藏誌》及北京圖書館藏拓本。

漢早期文字之間明顯存在的承繼關係，我們可以較清楚的看到商周 —— 戰國 —— 秦漢 —— 南北朝 —— 隋唐之間文字世代沿襲、逐漸演變的過程。在政治分裂的南北朝時期，與戰國時期一樣，文字形體異化得最嚴重，而在政治統一的唐代，文字形體也逐漸趨向統一。宋以後，異體字的問題則顯得越來越不重要，這是因為絕大多數常用字已經規範、標準化。雖然並沒有完全消滅異體字，但是，至少可以說異體字紛出迭至的時代已經過去了。

▌二、研究異體字的重要工具書 ——《干祿字書》

上文已經談到，唐代出現了一種統一字形的運動 ——「字樣之學」。它是對漢唐間異體字變化多樣的一個總結。因此，要了解漢唐間異體字的情況，不能不了解一下「字樣之學」的內容。而「字樣之學」的一個典型代表，就是至今仍具重要價值的唐代文字學著作 ——《干祿字書》。

《干祿字書》為初唐顏元孫所撰集，它承繼了顏師古校正經籍時集錄異體字而成的《顏氏字樣》一書，並在《顏氏字樣》的基礎上加以歸納排列，制定了俗、通、正字的體例，使得它成為標準性較強的正字書，為當時士子學人所重，亦為後世學者所資，盛傳於世，在辨正字體上發揮了很大作用。清代著名學者段玉裁、王念孫、王引之、孫詒讓等人都曾在校釋古籍中引用過《干祿字書》[638]。羅振玉曾讚揚它說：「《干祿字書》則有純無駮，其足以是正古籍之處極多……隋唐古籍一字千金，其此書之謂矣。」[639]在古代文字資料不斷被發現的今天，這部著作仍有重要的參考價值。尤其是由於顏真卿曾為之書碑，其拓本歷代流傳，使《干祿字書》成為保存得較完好的唐代字書。而同時代的其他字書，則大多亡佚不存。這更增加了《干祿字書》的重要和珍貴。

---

638 參見《詩經小學》卷三「鳳凰于飛」按，《讀書雜誌》淮南內篇十二「東開鴻蒙之光」注，《墨子閒詁》卷十經說上「戶樞免瑟」注等。

639 見《面城精舍雜文》甲十三頁〈干祿字書箋證序〉。

　　據《干祿字書》碑原序云，是碑為大曆九年顏真卿任湖州刺史時書寫刊立。歐陽修《集古錄》卷七云：「公筆法為世楷模，而字畫辨正訛謬，尤為學者所資。故當時盛傳於世，所以模多爾。」因此，原碑損壞很快，「至開成中遽已訛缺」[640]。開成四年，湖州刺史楊漢公據原拓重新摹刻。宋代王象之《輿地碑記目》卷一云：「安吉州碑記：《干祿字書》碑二，一在墨妙亭，一在魯公祠。」王昶《金石萃編》卷九云：「（該二碑）謂原碑及漢公本也。元談鑰《吳興志》稱《干祿字書》今在墨妙亭者，其時原碑已亡，僅據漢公摹本而言也。」可見顏真卿書寫的真跡刻石至元代已經毀壞無存了。

　　歐陽修《集古錄》中收集了《干祿字書》的兩件集拓本及一件原拓真跡。並稱：「刻石殘缺處多。」「今世人所傳乃漢公模本，而大曆真本以不完遂不復傳。」正說明在宋代，原《干祿字書》刻石已經殘缺過甚，並不受世人重視。它在元代亡佚是可信的。同時，這種原刻不受人重視的情況，也說明了當時人們仍然著重於《干祿字書》的實用性，它的正字作用一直在受到重視。

　　楊漢公的模刻本傳至後代，被稱為湖本（湖州本）。此一模刻至清代亦已亡佚。同治十一年《湖州府志·卷五三·金石部》：「干祿字書，石佚。」光緒十六年《吳興金石志》卷三亦云：「干祿字書碑，石佚。」

　　宋代紹興十二年，成都府尹宇文時中在潼川府重刻《干祿字書》。據吳省欽《白華前稿》跋云：「干祿碑見《潼川州志》，謂公自書在州學。唯歐陽公以謂干祿書真本開成中石已訛缺，世所傳者乃楊漢公摹本，潼安得有此？亟訪之尊經閣下，碑石厚尺餘，穴兩旁如貫繂之制。其正面則表裡刻之。碑下斷一尺餘，宋人跋已不完，跋首言：『干祿碑在湖州刺史宅東廳，蜀士大夫所見唯版刻，鮮得其真，府尹龍閣宇文公比刺湖州，得公所書（下缺）。』」光緒二十三年新修《潼川府志·卷九·金石略》云：「《干祿字書》在文廟尊經閣下，唐顏元孫撰、顏真卿書。」可見潼川模刻的《干祿

---

640 《集古錄》卷七。

字書》殘石至清末仍然存在。《八瓊室金石補正》與《四庫全書總目提要》採用的都是這個石刻拓本，後代稱之為蜀本，或潼川本。但《四庫全書總目提要》中認為：「開成四年楊漢公復摹刻於蜀中」，將蜀本誤以為楊漢公所刻，是錯誤的。

據《邵亭知見傳本書目》及《四庫全書總目提要》，《干祿字書》最早的木刻本為宋寶祐五年衡陽陳蘭孫刊本[641]。今陳蘭孫原刻本不可得見，僅見後知不足齋所收翻刻本。又有明嘉禾周履靖校正本，夷門廣牘影印元明善本叢書中收有此本。此外尚有墨妙本，青照堂叢書本，同文考證本，古經解匯函本，說郛本，格致叢書本等。羅振玉亦有《干祿字書箋證》一卷[642]。由於翻刻中的訛誤，各種版本有些出入與相舛之處。據北京大學圖書館所藏《干祿字書》明拓本，原石已有損缺，泐數十字，故諸版本之正誤，亦無法遽定。然而依據湖州刻石的陳蘭孫本（後知不足齋本）與依據蜀刻石的《八瓊室金石補正》本基本上相同，可能是最接近原石的刻本。

《干祿字書》收有802個字，共848種異體。當然，這並不能包括漢魏南北朝隋唐之間的全部異體字。但是從相關的古代文字資料（如秦漢簡牘帛書，秦漢以降碑刻、墓誌，造像、印章、金文、陶文等銘刻資料，以及南北朝隋唐寫本卷子等等）中可以看到，《干祿字書》所收錄的異體字在各種異體中是最常見、使用最多的，可以說是異體字的主要類型。

顏元孫《干祿字書》原序中稱該書所收字體「具言俗、通、正三體，偏旁同者，不復廣出，字有相亂，因而附焉。所謂俗者，例皆淺近，唯籍帳、文案、券契、藥方，非涉雅言，用亦無爽，儻能改革，善不可加。所謂通者，相承久遠，可以施表奏、啟牋、尺牘、判狀，固免詆訶。所謂正者，並有憑據，可以施著述、文章、對策、碑碣，將為允當。」將其編書的目的與分類方法做了說明。我們在這裡對《干祿字書》的體例再做幾點補充。

---

641 《四庫全書總目提要》：「宋寶祐丁巳衡陽陳蘭孫始以湖本鋟木。」
642 見《貞松老人遺稿》甲。

《干祿字書》的體例，大致可分為以下幾類：

1. 列舉三種字體，註明上俗、中通、下正，如：「尣，兊，兌」。

2. 列舉三種字體，註明上中俗（通）下正，如：「聡、聰、聰」。或上俗（通）中下正如：「坐、坐、𡉈」等。

3. 列舉二種字體，註明上俗（通）下正，如：「講，講」。

4. 列舉二種字體，註明並正。如：「躬、（躳）」。

5. 字形相近，意義相異而容易混淆的，加注文字意義以資區別。如：「鍾，鐘，上酒器，下鐘磬。」

6. 形近易混用的字，除註明意義外，附加注聲音。如：「彤，肜，上赤色，徒冬反；下祭名，音融。」

7. 除通用俗體之外，尚註明其他別體或古代異體。如：「卞，弁。上人姓，下皮弁，古並作弁。」

8. 對一些別字加以附注校正。如：「蠟，臘，或從葛，非也。」對別體臘加以校正。又如：「否，否，可否及否泰字同，今俗並作否，非也。」

《干祿字書》採用的這些體例，簡明扼要，便於對照，是一種較好的方法，後世字書亦有學習應用這種體例的，如《佩觿》、《大藏音》等。

但在《干祿字書》中，也存在著一些問題，如它的正字大體上皆依據《說文解字》，而個別字例則與《說文解字》不同。「兇，凶，上通下正，亦懼也。」《說文解字·七上·凶部》云：「凶，惡也。兇，擾恐也。」《干祿字書》以懼為凶字本義，則與《說文解字》相舛。也有一些字的解釋與《玉篇》等字書不同。如「穠，襛，襛華字，上通下正。」《玉篇·卷一·示部》云：「襛，厚祭也。」《集韻·平聲·一東》：「穠，華多貌。」則應以穠為穠華正字，從字形上看也是這樣。《干祿字書》有誤。

尤其需要提出的是，《干祿字書》的範圍尚嫌狹小。從出土文字資料中可以看出，即使到了唐代，異體字的數量還是很大的，同一個字的異體也

有很多種，最多的可達三、四十種異體，如《碑別字》收錄的華字異體。相比之下，《干祿字書》的作用就顯得很有限。因此，仿照《干祿字書》的體例，大量收集、整理出土文字資料中的異體字，編纂成切實可用的異體字書，就是一項十分有意義的工作了。

1985 年 11 月

原載《出土文獻研究續集》，文物出版社 1989 年版

古代石刻資料中的古文字釋讀與出土古文獻整理

　　近代以來，中國古代文獻資料的出土發現層出不窮，從而獲得了前人無法想像的豐富學術資料。這些新資料使我們對於古代社會與古代文獻的認識不斷深化，激起了整理與研究出土古代文獻的新高潮。

　　由於新資料眾多，形成了新的學科分支。現在人們不大提起中國古代的傳統學術 —— 金石學了。但是從學科研究的範疇與學科歷史上來講，今天我們所能看到與研究的各種古代文字資料，不論舊的傳世品與新的出土發現，都是宋代以來興起的中國傳統學術 —— 金石學的研究對象。當代學術界多將相關研究稱為古代銘刻研究。清代末年以來，隨著出土資料的日益增多，這一研究範疇飛速擴大，涉及課題越來越多，其中包含了甲骨文、金文、古代璽印、陶文、磚瓦文字、石刻、簡牘帛書、寫本卷子等眾多類型的古代文字資料。這裡面的很多門類，如甲骨文、金文、石刻、簡牘帛書、寫本卷子等都是近代學術研究中的重點對象，並且各自逐漸形成了獨立的學科體系。在對這些古代文字資料的深入研究中，中國古文字學與古代文獻學的理論水準、研究程度也隨之得以提高。這是二十世紀中國學研究的一大重要收穫，也是世界漢學界高度重視的學術領域。

　　由此就要對出土文獻的定義作一界定。有些研究者可能只把出土的古代經典書籍作為研究的對象，只把它們看作是出土文獻，而實際上我們應該把眼界放得更寬闊一些。舉凡在考古發掘中出土的古代文字資料，包括傳世的實物資料，都應該歸入出土文獻的範疇之中。就我們現在所見，出土文字資料中包含了幾乎全部古代人使用的文體內容，如：書籍、詔敕、律令、簿籍、契約、書信、名刺、日記、地圖、證件、符篆、遣冊等等。如果作一大

的劃分，則可以具體分作古代典籍與古代實用文書兩大類別。古代典籍應包括古人閱讀學習的歷代文獻著作，如經史著作、字書、醫書、方技書、地理著作及地圖等，而其他在當時日常生活中實際應用的文字資料則全部歸入出土文書的類別。綜觀相關研究情況，對於出土古代典籍的研究熱情要高於對出土文書資料的研究，從而使大量有價值的資料未得到深入的研究與重視，也沒有充分發揮它們之間的互證作用，這是很可惜的。

上面已經談到金石學的研究範圍中所包含的豐富類型，其中就現有資料的數量、文字量與所保存的內容豐富程度來看，簡牘帛書、石刻與卷子寫本應該是位居前列的。雖然它們各自包含的內容時代有所不同，但是它們都是用漢字手寫而成，從而可以反映出古代文字的具體演變情況與其內在規律。對於文字學的研究具有極高的價值。同時就古文獻的整理來說，首要問題也是正確釋讀文字。如清人項絪所言：「夫欲讀書必先識字，欲識字必先察形。」[643]辨識文字形體，釋讀文字是一切古籍整理的根本。前人有言「明人好刻古書而古書亡」，主要是因為亂改文字的結果。對出土文獻而言，釋讀文字上存在的問題更為繁多。

出土文獻資料中，有相當大的一部分資料是用先秦古文字書寫的。由於古文字與今天的漢字之間在形體上的極大差別，加上古代使用的一些文字由於時代的變遷而被廢棄，成為「死文字」，還有古代語音與今日語音具有一定差異，古代大量使用假借字，寫錯別字與文字形體不固定等等原因，使釋讀古文字成為一門艱深的專門學科 —— 古文字學。它也是中國傳統學術中重要的一個基礎學科。

在上一百年裡，從世紀初就開始了對甲骨文、新發現的青銅器銘文、出土簡牘帛書與石刻資料等重要古文字資料的研究，隨著新資料的不斷問世，現在古文字的釋讀方法更加科學化與多樣化。古文字的理論體系日益完善，以往難以釋讀的古文字被大量認識出來。特別是在以往比較難於確

643　清·項絪：《隸辨》，康熙五十七年玉淵堂刊本。

釋的戰國文字上，獲得了大量突破性的釋讀成果。這一切，都是與簡牘帛書資料的大量出土分不開的。特別是近年來簡帛資料的大量出土，提供了許多前所未見的無比珍貴的古代文字形體資料，從而解開了許多難題，為古文字的釋讀與研究提供了重要的基礎。

但是，在沉浸於某一類銘刻資料之中時，我們不能忽視各類出土銘刻資料之間的關聯與互證作用。在屬於同一時期的各類銘刻中，使用的是基本相同的文字形體，而這些資料正可以互為補充，如戰國時期的銅器銘文、盟書、石刻、璽印、貨幣文字與簡牘等，都在釋讀戰國文字中發揮著不可或缺的作用。運用大量不同銘刻資料上的古文字資料來綜合考證一些未得確解的古文字，一直是古文字學者們經常使用的基本考釋方法。而從縱的脈絡來看，中國文字在幾千年來始終傳流有緒，大多數文字都可以追本溯源。從現在使用的楷書文字可以上溯至篆書、古文，從而認識甲骨文、金文這樣的上古文字。這正是中國文字幾千年來連綿不絕、生生不息的根源。這樣，我們既可以從早期文字中的形體變化來考證後代有過的一些別體寫法，又可以用後代保留的一些文字資料或遺存的古代寫法來推證早期的未識文字。石刻中遺留的一些古文字資料就發揮著這樣的作用。例如在戰國簡牘資料並不很多的時候，魏三體石經這樣的石刻古文字就是考證戰國文字時重要的參考資料。

從現在可以掌握的考古資料來看，中國古文字在商周時期已經具有了比較成熟的完整體系。延續使用與發展了近兩千年後，經過秦代統一文字的重大變更，中國文字進化到隸書階段，從而在實用中完全脫離了古文字時代。由於在出土的西漢帛書、簡牘上，還可以見到帶有濃厚篆意的書體，現代有學者提出可以將古文字學研究的範圍擴展到西漢初期[644]。實際上，在西漢以後，社會上還曾經長期存在著使用古文字的傳統，出土文獻中有著不少實例。

644　李學勤：《簡帛佚籍與學術史》，時報出版公司，1994年。

中國古代開始在石材或石器上刻寫文字圖像的年代應該是相當早的，除去岩畫以外，現在已知的最早石刻要數河南安陽殷墟遺址侯家莊1003號墓中發現的殘石簋。在它的耳部上面刻寫有「辛丑小臣系入禽俎在專以（簋）」的銘文，這些文字的書體、結構與當時的甲骨文完全一致。但是很遺憾，在商代至戰國時期的一千多年中，用古文字刻寫的石刻資料十分罕見。現在能夠確認的原刻不過以下幾種，即：河北平山三汲鎮出土的「中山王守丘刻石」、陝西鳳翔秦公大墓出土的刻文石磬、傳世秦石鼓文、秦詛楚文、秦刻石等[645]。這可能與石刻在先秦時期還沒有被普遍採用有關。我們現在能從出土及傳世實例中看到，中國古代，開始大量使用石刻以及出現固定形制的石刻的時間可能是在西漢中期。

在石刻於漢代興起以後，雖然當時古文字已經退出了普遍使用的日常領域，但使用古文字刻寫的石刻資料卻大量出現。這些古文字，實際上是漢代以來的文人仿照先秦書體書寫的篆文、戰國古文等。它們在文字學與古文獻學上仍具有重要的意義。一是可以由它們上溯小篆、古文，乃至甲骨文、金文的歷代文字形體演變過程。二是保存了一些在其他資料中未曾得見的古文字形體。三是透過它們了解漢代以降古文字學的傳襲與演變，分析歷代學人對古文字形體的改動與修飾，從而掌握不同時代的古文字資料的釋讀特點。它是使中國古文字學傳習至今，始終未曾斷絕的一個十分重要的環節。

中國文字是幾千年來一脈相承的文字系統，雖然先秦古文字體系在由篆變隸的重大變更中逐漸退出了使用範疇，有很多不再使用的古文字形體變成了死文字。但是，隸書仍是在先秦古文字基礎上發展而來的，其構字原則與音韻系統沒有根本性的變化，加上中國古代文化中具有尊經重史的

---

645 一些在歷代金石著錄中被認為是先秦石刻的所謂古文字史料，如被看作是周穆王時期的河北贊皇壇山刻石、春秋吳季子殘碑、比干墓字等，根據近代的審視考證，大多屬於秦漢時期的作品，甚至有可能是更晚時期的偽刻。而被附會為商代石刻的紅崖刻石、錦山摩崖等則根本無法確定其內容與時代。

悠久傳統，重視古代典籍，例如在漢代還有專門學派研究古文書寫的經書，這就使得先秦古文字的書寫方法、釋讀原則與相關的文字理論知識一直延續下來，並且逐漸形成了系統化、理論化的中國文字學，東漢學者許慎撰寫的《說文解字》就是重要的代表作。

根據《說文解字》卷十五上記載，西漢初年，出仕為吏的人，需要考試「諷籀書九千字」，還要考試「秦書八體」，即「大篆、小篆、刻符、蟲書、摹印、署書、殳書、隸書」，這實際上就是掌握各種古文字形體的寫法。以後，「及亡新居攝，使大司空甄豐等校文書之部，自以為應制作，頗改定古文。時有六書：一曰古文，孔子壁中書也。二曰奇字，即古文而異者也。三曰篆書，即小篆，秦始皇使下杜人程邈所作也。四曰佐書，即秦隸書。五曰繆篆，所以摹印也。六曰鳥蟲書，所以書幡信也。壁中書者，魯恭王壞孔子宅而得《禮記》、《尚書》、《春秋》、《論語》、《孝經》。又北平侯張蒼獻《春秋左氏傳》。郡國亦往往於山川得鼎彝。其銘即前代之古文。」可見在西漢末年，流傳下來的古文字資料仍然存在，文人仍必須掌握釋讀、書寫籀書、戰國古文、小篆等古文字形體的技能。這時的文字，還在很大程度上保存了先秦與秦代的結構與書體。這些特點在當時的石刻中有明顯的反映。

當時的書體中，有工整的標準小篆，例如東漢袁安碑；也有加以改造的，介於篆隸之間的篆書，例如東漢祀三公山碑、開母廟石闕等。有些隸書碑刻的文字筆畫中仍帶有大量來自篆書的修飾寫法，例如東漢夏承碑等。

漢代以來，關於古文字的知識仍然有所傳習。《隋書·經籍志》一記載：當時存有名目的字書內，包括：《篆書千字文》一卷；《古今字詁》二卷，張揖撰；《古今字苑》十卷，曹侯彥撰，亡。《古文官書》一卷，郭顯卿撰。《六文書》一卷。《四體書勢》一卷，晉長水校尉衛恆撰。《古今八體六文書法》一卷。《古今篆隸雜字體》一卷，蕭子政撰。《古今文等書》一卷。《篆隸雜體書》二卷。遺憾的是這些書現在基本上都已亡佚。當然，由於古代

人所稱的「古今字」概念比較廣泛，與今人的定義不同，所以《古今字詁》等字書還不能確定為記錄古文字形體的字書，而其他的書則可以從名稱上看出是收錄篆文、古文字體的。根據文獻記載，衛恆的《四體書勢》在書法史上影響比較大。同時，《隋書·經籍志》還記載有《秦皇東巡會稽刻石文》一卷，《三字石經尚書》九卷，《三字石經春秋》三卷等石刻拓本資料，為古文字的學習提供了實物範本。

上述的古文字書，在唐代依然有所傳留，如《舊唐書·經籍志》、《新唐書·藝文志》等書目中仍記載有上述字書中的大部分，此外，還有《飛龍書》、《篆草勢》合三卷，崔瑗撰，《五十二體書》一卷，蕭子雲撰，《古來篆隸詁訓目錄》一卷等。在張懷瓘的《六體論》、《古文大篆書祖》，唐玄度的《十體書》等著作中，我們可以看到唐代文人對古文字的認識。

因此，在唐代也出現了一些擅長篆書的書法名家，他們的作品，在石刻中得以保留下來。如早唐時期的陳惟玉，傳說山西絳州的著名碑刻〈碧落碑〉就是出自他的手筆。還有書寫〈美原神泉詩序〉的尹元凱，書寫〈軒轅鑄鼎原銘〉的袁滋，書寫〈元刺史摩崖〉的瞿令問等人。而最負盛名的是李陽冰。他的書體以小篆結體為基礎，時有變化。有人認為他任意改動字形，對古文字的傳承多有妨害。但從現傳世的《縉雲縣城隍廟記》、《李氏三墳記》、《遷先塋記》、《庾公德政碑》等來看，他使用的古文字形體大多還是有所根據的。

除去完全用篆書、古文書寫的碑刻外，唐代的碑額與墓誌蓋基本上都用篆書書寫，也為我們留下了大量的篆書形體資料。

以下就以唐代石刻中的幾個例子來探討一下在石刻古文字釋讀中見到的一些規律與它們對釋讀簡牘文字、整理出土文獻工作的啟發。

〈碧落碑〉應該是古文字學者熟悉的資料。它坐落在山西新絳縣，是罕見的全部用古文書寫的唐代碑刻。在戰國文字資料比較少的時候，學術界曾經發現它與魏三體石經的淵源，並進一步將它與《說文解字》所引古

文相連起來，用以解決戰國文字釋讀中的問題。由此表現出這些古文字資料之間的一脈相承的密切關係，並且提醒我們注意到戰國古文在漢代以下的傳習情況。請看幾個〈碧落碑〉中的古文字例[646]。

「哀子」，子寫作「❈」。這種寫法在商代甲骨文中就已經出現過。如《殷契粹編》所收1472號骨上有「⊙」，即「子」[647]。西周青銅器召伯簋上刻作「⊛」。是小兒正面的象形[648]。《說文解字・一四下・子部》：「子……⊛，籀文子，囟有髮，臂脛在几上也。」說明在漢代的籀書中已經添加了「几」形。而這裡又在此基礎上把小兒囟門的毛髮改成了「ⵌ ⵌ」。

「永言報德」，「報」寫作「⊛」，陳煒湛〈碧落碑中之古文考〉一文中認為：「疑碑文此形實乃『遑』之輾轉寫訛。唐人誤以為報字耳。」[649]「復」在古文字中的寫法的確與之相近。如戰國中山王壺銘文中「復」字寫作「⊛」[650]。《侯馬盟書》中寫作「⊛」[651]等。這種誤寫可能在唐宋時期已經形成習慣。《古文四聲韻・卷四・號部》「報」字條下就收有「⊛」、「⊛」等多種由此變化而來的別體。

「敬立大道天尊及侍真像」一句中，「及」寫作「⊛」。析其原因，《說文解字・三下・又部》：「及……⊛亦古文及。」這裡顯然是在「⊛」的基礎上進一步訛變。然而「及」何以寫作「⊛」卻沒有旁證。懷疑是漢代或者先秦人士借「逮」為「及」，義近通假。如秦〈石鼓文・霝雨〉一石上就將「逮」字寫作「⊛」。字形與「⊛」很相近[652]。

「玄之又玄」，寫作「⊛ⵌⵎ⊛」。《說文解字・四下・玄部》：「玄，⊛……⊛，古文。」這兩種寫法都是將先秦古文字加飾筆美化的結果。「玄」

646　碧落碑銘文據北京圖書館藏拓本，又見《汗簡・古文四聲韻》所附拓本，中華書局，1983年。
647　郭沫若：《殷契粹編》，科學出版社，1965年。
648　羅振玉：《三代吉金文存》卷九，中華書局影印本，1983年。
649　見《考古學研究》（五），北京大學出版社。
650　河北省文物管理處：〈河北平山縣戰國時期中山國墓葬發掘簡報〉，《文物》1979年第1期。
651　山西省文物工作委員會：《侯馬盟書》，文物出版社，1976年。
652　郭沫若：《石鼓文研究》，人民出版社，1955年。

原寫作「![字]」[653]，〈碧落碑〉中的寫法則進一步美化，甚至將前一形體改從心形，展現了後人對「玄」這一精神概念的字義有了更深入的認識。

「導飛廉」，「廉」寫作「![字]」。此寫法還沒有在先秦古文字實物中發現過。但是《古文四聲韻》卷二所收「廉」字形體中有與此相近的寫法，可能都是來自漢唐之間傳抄的古文書籍。如「![字]」，見《義雲章》；「![字]」，見《陰符經》。又同卷「兼」字條下有「![字]，古《老子》。」這些變異可能是將「籃」字的古文「![字]」假借作「廉」後再有所省形。《說文解字·五上·竹部》：「籃……，古文籃如此。」

「動容資於典禮」，「容」寫作「![字]」，顯然是一個後人新添加了意旁「頁」所造成的異體，同時又把「容」做了減省。類似新添加意符的例子又如「而土木非可久之致」一句中的「久」字，字形作「![字]」，也在左邊添加了「長」，以表示長久之意。這種寫法又容易被誤認為從「彡」，而形成新的異體，例如《古文四聲韻》卷三中收錄有：「久，![字]，古《老子》。」

「事高嬪則」，「高」寫作「![字]」，「![字]」應該是「郭」的本字，象形。這裡誤以為「高」，可能是當時的人沒有了解該篆文的原意而誤用。

「昊天不惠」，「惠」寫作「![字]」，則是將原來的古文字形體多次簡化後造成的異體。《說文解字·四下·叀部》：「惠，![字]……古文惠從卉。」《說文解字》所引古文形體見於甲骨文，如《殷墟書契後編》下七·七有「![字]」[654]，又見於金文，如陝西出土西周何尊中作「![字]」[655]。古文字中更為多見的寫法是「![字]」，如《殷契粹編》79號、《三代吉金文存》卷四所收西安周克鼎等。惠又從心作「![字]」，見陝西出土西周衛盉等青銅器銘文[656]。而後不斷簡化字形，如《古文四聲韻》卷四收「惠」字形體有「![字]」。此碑更進一步

653　羅振玉：《三代吉金文存》卷一二，臽壺。
654　羅振玉：《殷墟書契後編》，影印本，1916年。
655　唐蘭：〈何尊銘文解釋〉，《文物》1976年第1期。
656　陝西省考古研究所、陝西省文物管理委員會、陝西省博物館：《陝西省出土商周青銅器》（一），文物出版社，1979年。

將「心」簡化成「忄」。

「自期顛隕」，「顛」寫作「⿰亻真」。此寫法還沒有在先秦古文字實物中發現過，可能是漢代以來新造的異體字。「⿰亻真」字可見於《集韻》等後起字書。類似的新造字中有多種是由真得聲，然後附加意義相關的形旁，形成新的異體。例如《古文四聲韻》卷二「顛」字條下收入的「⿰糹真⿰足真」等。「⿰」為《說文解字‧八上‧匕部》「真」字的古文寫法。

「慈勉備隆」，「慈」寫作「⿱孖心」，是很有意思的寫法。該字形可能是《汗簡》中之二心部收錄的「⿱孖心」這一寫法的再次訛變。具體分析，它應該是從「孖」從「心」，屬於後造的形聲字。這一寫法可以上溯到戰國時期，如《古陶文彙編》中所收錄的齊國陶文就有「⿱孖」（慈）字的寫法[657]。

「庶幾」，「幾」寫作「⿳」，在「幾」旁添加了音符「豈」。「幾」、「豈」二字音通互用，這在戰國文字中已經有所例證。《上海博物館藏戰國楚帛書》（二）所收《民之父母》第一簡：「愷悌君子」，「愷」字即寫作「幾」[658]。又《馬王堆漢墓帛書》所收《縱橫家書》中「豈」字亦寫作「幾」[659]。這裡用「幾」和「豈」共同組成「幾」字，正反映了戰國時期這兩種形體互為通假的遺風。

「棲真碧落」，「落」寫作「⿰糹各」，左旁變異明顯。循其脈絡，應由通假的「絡」字變化而來。《古文四聲韻》卷五，「落」字條下有「⿰糹各，古老子」。可以看出是從系旁的繁化形體，從各得聲。它的左旁在轉寫中再度訛變，就形成了碑文中的異體。

由於歷代文人仍掌握了一定的古文字知識，在篆書、隸書通行以後，就出現了一種將篆書的形體隸定後書寫出來的字體。有時，文人還把它與楷書、行書等書體混合在一起使用，形成了一種特殊的藝術風格。這種做法在北齊墓誌中已見端倪。以後的歷代石刻與書法中一直有所運用。透過這些文字，我們也能了解到一些古文字的異體寫法。

657　高明：《古陶文彙編》，中華書局，1990年。

658　上海博物館：《上海博物館藏戰國楚帛書》（二），上海古籍出版社，2002年。

659　馬王堆漢墓帛書整理小組：《馬王堆漢墓帛書》（三），文物出版社，1983年。

現由私人收藏的唐開元二十七年二月十日董牛墓誌，是當時一位普通士人的墓誌[660]。根據墓誌銘文記載，可以推定它原本埋葬在唐代潞州（即今山西省長治市）府城南廿里。墓誌銘中有一些將古文隸定後形成隸古定字體的寫法。例如：「隴西」寫作「隑凨」。隴所從龍，寫作「竜」。見於《古文四聲韻》卷一載「龍，竜……並《汗簡》」。但是在今日所見的《汗簡》中沒有這些形體。可能現傳本已不完全。金文中龍字或寫作「𤫊」[661]。「𤫊」形當即金文寫法之衍訛，「竜」為該字的隸古定寫法，這便是由於書體變形所造成的異體。同樣，「凨」應該是《說文解字》中小篆「𩙿」字的隸古定變形。小篆寫法又源於金文「𩙿」[662]。

又如「人」寫作「𡰥」。應該是在古文字「仁」的形體上變化而來。《說文解字‧八上‧人部》：「仁……𡰥古文人或從尸。」《侯馬盟書》中借「仁」為「人」，寫作「𡰥」[663]。河北平山出土的中山王鼎銘文上更進一步寫作「𡰥」[664]，與這裡的隸定就很接近了。

再如「春秋」寫作「烌」，也具有古文字的特徵。「春」古文字中或作「旾」，從屯從日。如甲骨文「𣝣」[665]，戰國文字長沙子彈庫帛書「𣄴」[666]等。這裡是由「屯」訛變成「虫」。而在戰國文字「秋」的寫法中多將「禾」寫在右邊。如《信陽楚簡》中「秋」字作「𤏺」[667]，長沙子彈庫帛書中寫作「𤎕」，魏三體石經《春秋》莊公三十一年，「秋」字寫作「𤎕」[668]，即此處形體所由來。

透過以上一些實例，已經可以看出，古代的書寫者在使用古文字時，

660　趙超：〈常萬義先生所藏墓誌匯考〉，《寶相莊嚴》，文物出版社，2003 年。

661　羅振玉：《三代吉金文存》卷十一，龍母尊。

662　羅振玉：《三代吉金文存》卷十八，國差繪。

663　山西省文物工作委員會：《侯馬盟書》，文物出版社，1976 年。

664　河北省文物管理處：〈河北平山縣戰國時期中山國墓葬發掘簡報〉，《文物》1979 年第 1 期。

665　姬佛佗：〈戩壽堂所藏殷虛文字〉二二‧二，《藝術叢編》第三集石印本，1917 年。

666　李零：《長沙子彈庫戰國楚帛書研究》，中華書局，1985 年。

667　中國社會科學院考古研究所：《信陽楚墓》，文物出版社，1986 年。

668　孫海波：《魏三字石經集錄》。

大量出現異體文字。其原因主要是以下幾種：由於形體相近而誤用別字，由於聲音相近同而假借別字，由於書寫錯誤而造成錯別字，由於簡省筆畫或部首而造成新字，由於增繁筆畫或部首而造成新字，出於一己的認知而新造會意字、形聲字，替原字增添新的聲符或意符，由於理解錯誤而誤用其他字形，由於多次轉抄而造成的形體多重訛變等，它們對於我們釋讀古文字的工作頗具啟發。

這些情況，同樣出現在先秦古文字中。先輩古文字學者已經多次歸納過這些規律。如楊樹達先生《積微居金文說·新識字之由來》中指出的「義近形旁任作，音近聲旁任作，古文形繁，古文形簡，古文象形會意字加聲旁，古文位置與篆書不同，二字形近混用」等[669]。裘錫圭先生在《文字學概要》一書中也分析了相關問題[670]。由此可見，透過這些規律去分析考證簡帛文字和其他先秦古文字資料，也是完全可行的。

這裡就要涉及「正字」的概念。李零先生最近提出：「今天的古文字釋文，括在括號裡的字，其實只是我們從漢代（特別是東漢）接受的閱讀習慣，只是我們用這一習慣理解的古今字對讀，而並不是說當時的人是把我們認為的正字當正字，書寫時反而換用或錯寫為其他字形。」[671]我們上面所說的異體與正字的區別，實際上也是用後代定本的文獻與字書的標準去套用。確實，所謂「正字」也只是社會約定俗成的結果。由於漢唐以來不斷進行的經典校注與「正字」活動，古代使用的文字也越來越規範化，便逐漸形成了「正字」與「俗書」、「別字」等文字學的概念。如初唐時期，就出現過大量校正字體的字書，像陸德明的《經典釋文》、顏師古的《顏氏字樣》、《匡謬正俗》、顏元孫的《干祿字書》等。唐蘭先生曾經稱之為「一種整齊劃一的運動」[672]。

669　楊樹達：《積微居金文說》，科學出版社，1959年。
670　裘錫圭：《文字學概要》，商務印書館，1988年。
671　李零：〈簡帛古書的整理與研究〉，《中國典籍與文化》2003年第4期。
672　唐蘭：《中國文字學》，上海古籍出版社，1979年新版。

　　而在先秦時期，經典書籍多為各家學派口傳筆錄，歧義多出，似無後代認知上的「正本」、「正字」等概念的存在。現在所見的出土文獻中各種古代抄本，也是當時抄寫者個人書寫習慣與所受口頭傳授的紀錄。這樣，出土文獻中存在著大量異體文字就是很自然的事了。我們在釋讀出土文獻及整理古籍時，如果一味以後出的校注本為「正本」，就會對出土文獻中的語句與文字產生一些誤解，或者始終不得確解。但是在掌握了古人書寫時產生異體的一般規律後，針對出土文獻中的具體資料去分析字形變異的原因，從而去解讀文字，了解語義，可能會更接近於古人記錄時的本來面目。整理出土文獻的過程是一個相當複雜的研究過程，其中對出土文獻本身的詞語、文例、格式等方面的比較互證尤為重要。對傳世文獻中有相應內容的出土文獻資料而言，這方面的作用可以發揮得更充分，同時也可以比照出傳世文獻中存在的一些問題。就古代石刻來看，它的內容比其他出土文獻更豐富，保留的文例更多，在古文獻整理工作中的參考作用也更大，值得我們予以更多的關注。

2003 年 12 月初稿

2004 年 9 月修訂於北京

臺灣大學東亞文明研究中心 2004 年學術討論會論文

《中國古代磚刻銘文集》序

　　北京大學圖書館胡海帆、湯燕諸，在長期整理館藏拓片的基礎上，廣徵博收，彙集古代磚刻，將全中國各地歷來流傳的相關拓本與近五十年中出土的磚刻匯於一處，加以考釋、說明、編排成《中國古代磚刻銘文集》一書。洋洋大觀，出版在即，造福學林，貽惠千秋，誠華夏古代文明遺物之又一檢閱，盛世文化建設之又一功業。磚刻文字，寂寞千載，今日竟得以躋身於藝術堂奧，致力於研究道途，實令人感慨萬分，不勝歡欣之至。

　　我在十餘年前曾與海帆一起整理過北大館藏拓片，對海帆工作的認真、執著深有感受。他們的成果來自多年拓片整理編目工作的辛勞，具有相當的學術水準。今日海帆命我作序，自感學力不逮，數辭不獲，勉力為之，庶幾無見笑於大方之家。

　　彙集考釋古代的銘文資料，是具有悠久歷史傳統的中國儒家學術一大特點。儒家「尚古」，自其創始人孔子開始，就一直把上古的賢君作為政治與道德上效法的榜樣。追溯這種秉持祖宗章法的思想根源，大概是來自商周時期定型的血緣宗法制度乃至更早的史前社會中的祖先崇拜。這樣，在幾千年的古代社會中，古人的言談著作常常成為後人的行為規範。而彙集古代的銘刻材資料來證史誨人，也成為文人學術活動中一個重要的面向。就現有資料，漢代司馬遷在《史記》一書中已開其端。南朝有過梁元帝編集的《碑英》一百二十卷。宋代金石學興起，收藏各種類型的古代銘刻，加以編集、考釋、題跋……就成為金石學研究的主要內容。相關的各種著錄數以百計，但是可能由於擁有豐富的傳世文獻，學術界在相當長的時間內對古代銘刻資料重視不足，當然，這也與舊學術受封建統治思想的束縛，強調「證經補史」的習慣有關。

　　與擁有豐富史料的中國古代歷史研究相比，西方學者在研究古代史時可以使用的傳世文獻比較少，因此，他們就更看重古代的銘刻資料，如埃及的古代石刻、兩河流域的泥版銘文等，並且從對這些銘刻的研究中改變了對歷史的認識，改進了學術研究的方法與目的。這些新的研究方法與研究方式，在二十世紀初，開始影響中國學術界，古代銘刻資料的重要性隨之增加。王國維提出著名的「二重證據法」就代表了這種新的認識。

　　最早的金石學研究，以青銅器銘文與石刻為主，磚刻是不登大雅之堂的。清代以來，特別是進入二十世紀後，由於出土的古代銘刻資料日益增多，學術研究方法與研究目的明顯改變，古代銘刻的收錄與研究範圍也急遽擴大。甲骨文、簡牘帛書、璽印、錢幣、瓦當、磚瓦文字等都陸續成為專門的收錄與研究對象。有些門類的銘刻研究甚至發展成為重要的專門學科，如甲骨學、簡牘學、石刻學等。所以，在二十世紀中，延續上千年的古代銘刻資料彙編形式有了一個重要的變化。以往將各種不同門類的銘刻資料統稱為金石資料，共同彙編成書的做法逐漸消失了，代之而起的是各個門類獨自成編的專項著錄。1980年代以來，這樣的專項著錄已經發展到極致，在學術界的長期努力下，出版了《甲骨文合集》、《金文集成》、《古璽彙編》、《北京圖書館藏歷代石刻拓本彙編》、《隋唐五代墓誌彙編》等大型圖錄與一系列出土簡牘專集。這些成果，將現存的古代銘刻中各主要門類的資料盡可能的搜集與發表出來，為學術界提供了十分全面的原始資料，已經成為相關學科研究的基礎。

　　歷數近年問世的這些大型著錄，可以看到：在古代銘刻的各門類中，甲骨文、金文以及璽印、陶文、瓦當等有了基本完備的彙集著錄。簡牘除一系列專門的出土資料專集外，還有了《中國簡牘集成》這樣的彙集。石刻雖然還沒有一種完備的綜合圖錄，但是其主要的內容大多也在各種不同的彙編中得到反映。只有磚刻這一門類長期以來沒有一個比較完備的彙編，令人感到美中不足。《中國古代磚刻銘文彙編》的問世，填補了這一

空白，為中國古代銘刻資料的研究提供了更全面的條件。

　　有關磚銘的收錄與研究，主要是在清代乾嘉考據學派產生以後才開始形成的。現在所能見到的金石著錄中，比較早的有清代嚴福基的《嚴氏古磚存》（道光二十一年原拓本）、吳廷康的《慕陶軒古磚圖錄》（咸豐元年刻本）、丁晏的《淮安府城南宋古磚記》（咸豐七年刻本）、陳璜的《百甓齋古磚錄》、陸心源的《千甓亭古磚圖釋》與《千甓亭磚錄》、《千甓亭磚錄續錄》、呂佺孫的《百磚考》、吳隱的《遯庵古磚存》、馮登府的《浙江磚錄》、宋經畬的《磚文考略》、孫貽讓的《溫州古甓記》、吳大澂的《愙齋磚瓦錄》等。收錄範圍比較廣泛的則要數端方的《匋齋藏磚記》與高鴻裁的《上匋室磚瓦文捃》。限於當時的印刷條件，這些著錄，大多只是集取銘刻的釋文，有些附上原磚瓦的拓本，有些透過刻版傳印原磚的圖案、文字等，但是由於翻刻而來，有所失真。因此，這些著錄發表的資料品質並不很高。特別是這些著錄多是個人的收藏，內容有限，而且受舊金石學的影響，往往只注重於記載銘文內容，對資料的原始出土地點、相關出土情況等重要的研究資料都很少涉及，從而降低了這些古代銘刻資料的使用價值。

　　以上金石著作中，有一部分主要收集了江南一帶從東漢末年到南朝期間流行的模製墓磚。如《千甓亭古磚圖釋》、《千甓亭磚錄》、《千甓亭磚錄續錄》、《遯庵古磚存》、《浙江磚錄》、《溫州古甓記》等。這些在燒製以前用模具壓製成花紋的磚，主要是用於建築當時流行於江南至蜀中一帶的磚室墓。銘文與花紋壓製在磚的側面，銘文內容主要是程式化的吉祥語與紀年等文字。這種習俗大概源於東漢流行的壁畫墓、畫像石墓與畫像磚墓，並成為當時南方墓葬的明顯特徵。這些著錄反映了這一風貌，頗具參考價值，但是收錄範圍過窄，雷同者多見，是其局限之處。

　　而《匋齋藏磚記》與《上匋室磚瓦文捃》等書，收錄的範圍擴大，如磚刻的墓誌、鎮墓文、題記、陶文、瓦當文字等都有所採錄。但是收錄比較龐雜，釋文有誤，使用時仍有些不便。

　　二十世紀初葉，隨著古代文物收藏的一度升溫，又有幾種印刷精美、圖文並茂的磚瓦銘文著錄問世。像鄒安的《廣倉磚錄》、王樹枬的《漢魏六朝磚文》、王振鐸的《漢代壙磚集錄》、羅振玉的《恆農專錄》、《楚州城專錄》、《專誌徵存》等，尤其是出現了結合科學考古調查發掘的出土磚銘彙集，如黃文弼的《高昌磚集》。這些收錄範圍廣泛的著錄，使用當時先進的石印、影印技術，將磚刻的原貌完整的反映出來，從而使磚瓦銘刻開始列為古代銘刻中獨立的一個門類。這時著錄的收錄範圍也有廣、狹兩種，狹義者如《恆農專錄》、《楚州城專錄》、《專誌徵存》、《高昌磚集》等，收錄一時一地的資料，廣義者如《廣倉磚錄》、《漢魏六朝磚文》等，從吉語磚、墓磚到畫像磚等均有所收錄。

　　值得注意的是，隨著出土資料日益增多，磚刻銘文開始成為獨立的一個門類。以往學術界對於磚刻、瓦文、陶器銘文等往往沒有明確的劃分，有時把它們統稱為陶文，有時又有磚、瓦當等單獨的名稱。所以有些名為陶文彙編的著錄中連磚、瓦文字也一併收入。如《秦代陶文》一書中就收入了陶俑身上的刻文、磚文、瓦文、陶器文字等多種類型的銘刻。現在看來，有必要根據其材料形制進一步具體劃分為磚銘、瓦銘、瓦當銘、陶器銘文等類別。統稱為陶文，顯然已經不符合當前資料眾多的狀況。就是在同一類型中，例如磚文，也是由於模印與刻畫的不同用途，而在內容、書體等方面有著明顯的區別。所以，《中國古代刻銘磚文》一書中明確提出了刻銘磚文與模印磚的區別，並且以收錄刻寫的磚銘為限，是將關於磚銘的研究與分類進一步深化的呈現。

　　1950 年代以來，在考古發掘中陸續出土了不少歷代的磚刻銘文資料，有些還是很重要的學術研究資料，引起過相關面向的專題研討，例如在河南偃師出土的漢刑徒磚、安徽亳縣出土的曹操宗族墓磚、陝西岐山等地出土的宋代漏澤園磚銘等，但是，相應的彙集整理卻遲遲未見。近年來見到有一些關於磚文的著作，如《中國磚銘》、《中國磚銘文字徵》、《中國磚瓦

陶文大字典》等，但是它們的主要目的是為書法愛好者服務，主要是提供具體的字形，體例不夠完備。《中國古代刻銘磚文》一書正彌補了這一空白，可以說是對現有古代磚刻資料的一個總結。

磚作為一種大量使用的建築材料，很早就已經產生，但是，在它上面出現文字，主要還是秦漢以來的現象。究其來源，應該是出自當時「物勒工名」的生產管理制度。這在戰國時期的陶器銘文中可以見其端倪。陶文有模印與刻畫兩種，主要的內容是年代、工匠姓名、地名、器物名稱等。例如傳世齊國銘文「王孫陳稜立事歲左里敀亳區（見《新編全本季木藏陶》0003）」，秦陶文「咸陽亭久（見《關中秦漢陶錄》卷一）」等。早期的磚銘內容與此相似，多為模印的官司名、地名等，如秦始皇陵1號兵馬俑坑出土的模印磚銘「都倉」。漢代以來，利用磚材加以刻劃、形成磚銘的現象逐漸增多。根據其文字內容，大致可以分為以下幾種：

一、利用建築用磚或特別製作的磚作為材地，刻寫銘文，表達一定的實用內容，如漢代的刑徒磚銘，自漢代興起後長期流行的買地券、鎮墓券，漢代的墓磚題記，南北朝以來廣泛使用的磚墓誌等。

二、表示工匠製作生產時的相關紀錄文字，如數量、日期、工匠姓名、有司名稱、地名等。有些要在建築時按照一定順序砌置的磚材上還刻寫有編號、位置、次序等字樣。

三、工匠在製作磚坯時隨意刻劃的文字。它們當中大多是沒有任何實際意義的隨筆。像安徽亳縣曹操宗族墓出土的很多件磚刻就是如此。

有學者曾經指出：磚瓦文字與甲骨文、青銅器銘文以及大部分石刻銘文不同。那些材料主要是官僚貴族使用的，文辭典雅、書體華麗，反映著古代社會上層的文化生活。而磚瓦材料簡陋易得，廣泛使用在社會下層中。透過它們反映的多是古代社會中人數最多的下層平民、奴隸的生活面貌。因此，雖然它們的內容簡單，但仍然有一些其他銘刻不能取代的研究價值。如透過它可以具體反映古代的生產狀況與階級形態，使用時期悠

久,可以綜觀一種習俗的演變過程,以及擁有豐富多彩的書體等等。在對古代社會的研究日益深入腠理的今天,我們開始重視任何可以反映古代社會具體側面的資料。如此豐富的磚刻銘文資料中,還有很多值得研究的問題有待於我們的探索。

磚刻銘文值得重視的另一個方面,應該是它的書法藝術價值。中國古代的書法藝術,是古人留給我們的一份寶貴遺產,獨步於世界文化之林。日常多見的古人書法佳作,主要是歷代名人的書帖與碑刻拓本,表達了文人雅士的文化修養。而磚刻的銘文作者,多為下層平民與工匠,書體或樸拙無華,或自由奔放。從書法欣賞的角度來看,另有一番情致。由於磚刻延續的時間長達數千年,其中使用的字體也多種多樣,自小篆、隸書至楷書、行草,充分反映了書體的變遷歷史。它在中國書法史研究上的重要作用自不待言。

最後必須提及,該書的體例嚴謹,將原磚資料的出處、尺寸、出土地點、時代等一一附及。釋文清晰,編排有序,並且附有索引,便於查找。這是當代資料彙集中為學者重視的基本要求,也是值得其他類似編纂中效法的。

當前全球化、現代化的進程,已經造成大量各民族傳統文化的消亡。搶救人類物質與非物質文化遺產的呼聲正響徹全球。整理彙集古代的各種銘刻資料,傳諸後世,也是保存中華傳統文化遺產,將之發揚光大的一件必不可少的工作。這些基礎資料的價值,會隨著時間的逝去而越來越重要。這是一些追風趨時、浮華空洞的論著所無法相比的。

2002 年 12 月 30 日

原載《中國古代磚刻銘文集》,文物出版社 2008 年

從《北朝佛教石刻拓片百品》
看當代金石著錄的編寫

　　今年四月，宿白先生把我找去，專門送給我一本臺灣中央研究院歷史語言研究所新出版的《北朝佛教石刻拓片百品》，並且讓我就這本書寫一個書評，著重介紹一下這本書的編寫體例。他認為大陸的類似石刻著錄在編寫體例上不夠統一完善，這本書可能對我們的編寫工作有借鑑作用。現在就按照宿先生的意願，把《北朝佛教石刻拓片百品》的基本情況介紹一下，並就當前紛紛出版的各種金石著錄談一點看法。

　　《北朝佛教石刻拓片百品》一書是臺灣中央研究院歷史語言研究所研究員顏娟英女士主持編寫的，所使用的基本資料為臺灣中央研究院歷史語言研究所傅斯年圖書館收藏的早期拓本。宿白先生告訴我說，傅斯年圖書館中收藏的大部分拓片是傅斯年先生於1940年代後期在北京收購的，其主要來源是金石學者柯昌泗的藏品，因此，這些拓片的真實性與精美程度都是可以肯定的。

　　傅斯年圖書館所藏的中國古代石刻拓片數量龐大，據近年來歷史語言研究所的學者們整理統計，僅北朝的紀年拓片就有697種，1,585件，無紀年拓片有1,141種，1,548件。顏娟英研究員從中挑選內容最為豐富，保存最為完整的100種涉及佛教內容的石刻拓片，編成此書。所收錄的石刻類型包括寺廟碑刻、僧人墓誌、浮圖銘、造像碑銘、石柱銘以及大量的造像題記。其中包括眾多著名的、頗具影響的重要北朝石刻，如〈宕昌公暉福寺碑〉、〈姚伯多等造像記〉、〈元景造石窟記〉、〈南石窟寺碑〉、〈孫遼浮圖銘〉、〈中岳嵩陽寺碑〉、〈敬使君碑〉、〈劉碑造像記〉、〈標異鄉義慈惠石柱頌〉、〈唐邕刻經記〉、〈臨淮王像碑〉、〈雷明香造像記〉等等。這些石刻資

料早在清代的各種金石著錄中就已經不斷的被記錄和考釋，例如〈中岳嵩陽寺碑〉就曾見於《金石萃編》、《八瓊室金石補正》、《金石存》、《中州金石記》、《中州金石考》、《登封金石錄》等多種著作。這些石刻的內容也曾經多次被歷代學者考證、研究、引用，在關於北朝歷史研究、特別是佛教史的研究中發揮過重要的作用。那麼，為什麼還要編輯這樣一本《北朝佛教石刻拓片百品》，它有什麼與前人著錄不同的地方呢？

顏娟英研究員在該書的〈代序〉中曾經記述了對臺灣中央研究院歷史語言研究所傅斯年圖書館收藏拓本的整理過程：「1995年本所成立專題研究室，其中文物圖像研究室相繼由蒲慕州、邢義田先生擔任召集人，整理傅圖搜藏拓片成為研究室計畫的一部分工作。1997年佛教拓片研讀小組始成立……專題研究室並非正式編制，而是邀請所內外的研究同好放下手邊繁忙的工作，志願性的抽空參加整理與研讀。兩週一次的會讀之前，首先由研究助理參考前述已整理的歷代著錄檔案，辨識拓片，逐字記錄，並輸入電腦，再由筆者校讀原件與釋文後，提供會讀成員共同校讀、修正。」「工作進行三年後，小組決定先行出版《中央研究院歷史語言研究所藏北魏紀年佛教石刻拓片目錄》，共收254種，725件拓片，作為階段性的成績……在2001年北魏目錄初稿送交審查後，立即著手集結北朝釋文成書之工作，回頭集結北朝的重要代表作，並且重新共同再三校讀釋文。其間，不斷的發現許多遺漏與待補正之處，件數與品目幾經更正，至2003年初本書的初稿才確定下來。」

由此可見，這部書中凝結了眾多臺灣著名學者共同的心血，如邢義田、劉淑芬、陳弱水、李玉珉、柯嘉豪、賴鵬舉、周伯勘、李宗焜等，都是在歷史考古學界頗有影響的專家。這就在很大程度上保證了石刻銘文釋讀的正確可靠。作為以彙集石刻文字資料為主的一部著錄，釋文的正確度意味著它的學術水準與使用價值。石刻銘文的抄錄與釋讀，可能不太為人們所重視，實際上卻是一項具有很大難度與嚴格學術要求的工作。面對一

件風蝕剝瀝，別字充斥的古代石刻，要將它正確無誤的釋讀出來，沒有相當的學術造詣是無法完成的。陳垣先生說過：「讀碑難，校碑更難。」尤其是異體字大量湧現的北朝石刻，為釋讀帶來的困難是未曾經歷此項工作的人難以想像的。《北朝佛教石刻拓片百品》一書在釋讀上下了很大工夫，提供了基本正確的新釋文，其可靠度超越以前各種金石著錄所作的釋文。這是它值得重視的第一點。

此外，該書在釋文的印刷排版上採取了新穎的做法。它將釋文按照原拓片的行款格式排印，題記部分標示行列之數字以便對照，並標注句點以利閱讀。這一做法在早期的金石著作中曾有所使用，但是限於碑刻的形制過大或行列不規則，大多金石著作都不再使用這種做法，而是順序連排，只用分行號將各行文字斷開。現代的金石著錄與圖冊也都是採取連排的做法。從便於讀者閱讀與使用石刻資料的角度出發，個人愚見，類似《北朝佛教石刻拓片百品》這樣的做法是值得提倡的。

利用石刻資料的學者往往會用原拓本來核對釋文，在做這種核對時，採用原拓本格式的釋文就可以很方便的找到拓本上原文的位置，同時可以反映出原始拓本上的殘缺漫瀝之處。相比之下，順序連排不加區分的釋文就為讀者核對增加了困難。這一點，在使用《北朝佛教石刻拓片百品》一書時就可以充分體會到。當然，這種排印方式為印刷出版增加了困難和成本，特別是一些形制龐大，文字繁多的石刻，採用這種方式更受限制。所以，這種做法目前恐怕只能提倡而無法統一實行。

對於異體字（別字）的處理，《北朝佛教石刻拓片百品》採取單獨設立別字表的做法加以說明，同時在釋文中用星號加以標示。這種做法也是可以參考和仿效的。以往的金石著錄釋文，或者將異體字按照原樣摹刻出來，或者將異體字統一改為標準字體而不加以註明。摹刻的文字形體往往會與原石刻銘文中的字形有所差別，同時讀者如果不了解異體字，還得想辦法查找原字。而統一改正異體字，又會忽略了文字異體的存在，喪失了文字

形體學研究的資料價值。綜合起來看，該書的做法要更具備優越性。只是異體字仍採用電腦拼湊造字而不是摹寫影印，看起來與原字形不盡相似。

注重以往金石著錄的收錄情況與研究成果，也是該書的一個特點。每件拓片目錄下，都列舉了相關的歷代金石著錄簡稱與卷數、頁數，可以方便的互相查對，有利於研究工作，也擴大了相關資料的資訊範疇。由於歷代著錄中對同一件石刻往往出現不同的名稱，為便於對照，該書專門製作了〈歷代著錄題名對照表〉，附於書後，這是編者細心得體之處。反映出編者充分為讀者設想的苦心與對金石研究的深入體會。列別字表和彙集歷代相關金石著錄資料的做法早在1930年代日本學者水野清一、長廣敏雄編寫《龍門石窟的研究》一書時就有所採用，但是中國類似做法至今仍很少見，這是值得我們注意的。

此外，該書的著錄體例相當完善。所有拓片按照年代順序排列。每件拓片的文字說明都包括有：序號、年代、品名、本所收藏號、高和廣（外形尺寸）、原石出土地、原石收藏地、收藏印章、題簽錄文、鑑藏跋文、著錄簡稱以及造像內容等。基本上包括了以往金石著錄中的說明內容並有所補充，如收藏印章、題簽錄文等就是以往金石著錄中不大多見的。所收錄的拓本大多為早期拓本，原石保存較好，所以字體較清晰，可以確釋的文字也更多。

以上種種，均是《北朝佛教石刻拓片百品》一書的可資借鑑之處。當然，美玉亦有微瑕，如該書未能更具體的反映原石的形制狀況，類似造像組合、紋飾、陰、側、趺座等情況多未涉及，除少數石刻外，大多沒有原石的全貌與細部照片。這可能是條件所限，不能苛求。但在中國大陸編輯類似石刻著錄時，則應該留意收集這部分內容，以增加著錄的科學性與資料性。另外，釋文中還有一些未盡如意之處，如〈姚伯多等造像記〉中「災周自亡」應釋為「災害自亡」，「面滲靈仙」應釋為「圖藻靈仙」等。自然，這也在促使學術界更深入的去研討這些北朝石刻資料，使之釋文日趨

完善，發揮出更多的作用來。

由此我們順便談到中國大陸的金石著錄編寫情況與中國金石學的傳承。

中國金石學是傳統國學的一個重要組成部分，它是與古代的經學、史學、文學……甚至與佛學道教等古代宗教史學密切相連的一個實證學科。金石學的興起，曾經推動了在中國學術史上頗為重要的清代乾嘉考據學派的發展，也曾經成為中國近代考古學的先聲。就現在可見的歷代金石著錄來看，清代的金石學已經發展到極盛。相關的金石著作發展為包括金石目錄、圖錄、文例、題跋考釋、金石資料彙編、地方金石志等多種門類的龐大專科文獻集成，在中國古代史料寶庫中占有相當大的比例。但是在現在的所謂國學熱中，卻很少有人提到金石學，似乎忽視了金石學這一學科在國學研究中的重大歷史作用，這是十分令人費解的。

奠定金石學基礎的是為數眾多的金石學著作。編寫金石學著錄一直在金石學研究中和國學研究中占有重要的地位。從現存最早的宋代金石學著作到清末民初金石著錄大量問世之間的一千多年間，在眾多金石學者不斷編寫金石文獻的實踐中，金石著錄的編寫體例已經有了比較統一的標準。自然，這個標準也是從宋代的金石著作開始逐漸補充完善的。

西方近代考古學與博物館事業發展的起點，主要來源於文藝復興時期以來歐洲思想界對古代歷史原貌的探討和對自然萬物的研求。與此不同，中國古代的金石學在思想本源上來自儒家傳統的師古、好古之風，在實際形成中源於士大夫階層私人的古物收藏風習。因此在其學科架構與研究範圍、學科目的與具體學術運作中都存在著一定的局限與不足。限於當時的技術條件與收藏情況，除青銅器、玉器、磚瓦、璽印、貨幣等小型器物外，碑誌石刻等大型器物大多只能收藏手工製作的拓片。因此，現在看到的最早的金石著作 —— 宋代金石學著作基本上都是個人收藏的藏品目錄、題跋等。由於個人收藏的側重點不同，研究目的不同，這些著作往往

以介紹個人所有及所見的藏品為主，也就造成各種金石著錄的體例因人而異，不盡一致。

　　明代的金石學並不太興盛，值得注意的是出現了一類金石例著作，這是與當時文人科舉考試和文學寫作的實際需求相關的。清代則是金石學迅速發展的時期，特別是在古代石刻方面，大量的石刻資料被發現與彙集著錄，出現了多種收錄豐富的大型金石著錄，如《金石萃編》一類的重要文獻。更有大量地方志中的專項金石志，對於各地的古代金石資料做了比較詳盡的記載。這種狀況與清代社會的政治形態、學術走向以及官僚集團的學術背景等有著密切的關係。特別是一些在儒學上頗有成就，篤愛金石學的高階官員，如阮元、畢沅、端方等等，不僅自己大力收藏，而且透過自己的權力進行一些官方性質的金石調查彙集工作，從而使金石收藏與研究著錄蔚然成風。隨著具體的實地考察工作出現，著錄中也開始留意記錄石刻實物的外部形態尺寸、所在地點、時代、碑首、碑額、撰者、書者、書體、字徑、鐫刻者等等相關資訊，使之所反映的古代文化資訊越來越充實。民國時期，金石著作主要有地方志中的金石志和各種專項圖錄彙編等。這時，延續上千年的古代銘刻資料彙編形式有了一個重要的變化。以往將各種不同門類的銘刻資料統稱為金石資料，共同彙編成書的做法逐漸消失了，代之而起的是各個門類獨自成編的專項著錄。隨著現代考古學與照相印刷新技術的傳入，在編集和研究方法上均有所改進的新銘刻資料彙編大量出現，極大的促進了新研究思想的發展。例如《殷墟書契菁華》、《兩周金文辭大系》、《漢石經集存》、《流沙墜簡》等在中國學術上發揮過重大作用的專著，都是金石學發展到新歷史階段的應運之作。

　　二十世紀初以來，中國的考古事業有了重大的進展，其中出土文獻資料的大量發現應該是當代學術中最為重要的收穫。隨之而興起的收集整理出土文獻的工作也獲得了豐碩的成果，從甲骨金文、簡牘帛書到石刻、卷子寫本，從先秦到宋元，諸多的出土文獻都得到了比較好的整理、釋讀、

錄文與刊布。

近年來，隨著相關社會科學研究的發展，對於古代銘刻資料的整理與彙集成為中國學術界普遍關注的一項重要工作。考古文物界與歷史研究、地方志研究等領域的學者從多方面收集整理各地現存的各個歷史時期的石刻資料，經多年努力，陸續出版了大量關於石刻資料的著錄與圖像彙集，使大批以往未被公布或未曾系統編集的石刻資料得到了廣泛的使用。這是前所未有的盛況，使研究者們得以比較便利的使用各種石刻資料。就本人所見，現在出版的各種石刻資料彙編主要包括以下幾大類：（一）大型的石刻銘文彙編與拓片圖錄，其中重要者如《北京圖書館藏中國歷代石刻拓本彙編》，《漢碑全集》，《西安碑林全集》，《漢魏南北朝墓誌彙編》，《隋唐五代墓誌彙編》（圖冊），《唐代墓誌彙編》和《唐代墓誌彙編續集》，《新中國出土墓誌》（僅有河北、河南、陝西、重慶、北京等部分），《遼代石刻文編》，《龍門石窟碑刻題記彙錄》，《房山石經題記》，《房山石經》等。這些大型彙編中有些以拓片圖像為主，有些以錄文為主，但都從不同角度揭示了大量的原始資料，收集相當完全，是使用石刻資料的重要依據。（二）地方性的石刻彙集：如陝西省社會科學院古籍整理所系列編集的《咸陽碑石》、《安康碑石》、《漢中碑石》、《樓觀臺道教碑石》、《安康碑版鉤沉》、《華山碑石》、《高陵碑石》、《重陽宮道教碑石》等，以及各地出版的《洛陽新獲墓誌》，《洛陽出土歷代墓誌輯繩》，《泉州石刻彙編》、《西夏陵墓出土殘碑粹編》、《黑龍江碑刻考錄》、《青海金石錄》、《大理叢書 —— 金石篇》、《黑龍江流域岩畫碑刻研究》、《楚雄歷代碑刻》、《河北柏鄉金石錄》、《嘉興歷代碑刻集》、《遼南碑刻》、《宜良碑刻》、《南靖石刻集》、《泰山石刻》等等。這些著作多由當地的文博工作者、地方志學者參與編寫，收集當地石刻資料相當完備，對於了解該地區石刻面貌有所幫助。在這些著作中也收集了一些上述大型資料書中未曾收入的石刻，可以與其互補。（三）石刻資料的目錄性著作：如《1949 —— 1989四十年出土墓誌目錄》、《北京圖

書館藏北京石刻拓片目錄》、《三晉石刻總目（運城地區卷）》、《西安碑林博物館藏碑刻總目提要》等。（四）一些專題的石刻資料選輯。如：《北朝佛道造像碑精選》、《山東北朝摩崖刻經全集》、《晉祠華嚴石經石刻選》、《長江三峽工程水庫水文題刻文物圖集》、《漢任城王墓刻石精選》、《雲南林業文化碑刻》、《古涿州佛教刻石》、《滄州出土墓誌》、《綏德漢代畫像石》、《陝北漢代畫像石》、《微山漢畫像石選集》等。另外還有一些少數民族文字石刻資料的彙集與研究著作，例如：《彝文金石圖錄》、《古代西藏碑文研究》、《古突厥碑銘研究》等。

在這近百種著錄中收集了十分豐富的石刻資料，其時代上至秦漢，下到明清時期，收集的石刻種類主要包括碑、墓誌、造像題記、題名、石經等。其中相當一部分屬於近五十年間新出土、新發現的石刻，包含了眾多重要的歷史文化資料，為社會科學各領域的研究提供了多面向的新研究課題，具有重要的資料價值。

但是由於編集工作者出自多方，這些集錄的編寫體例並不統一，記錄的內容側重點有所不同，尤其是對形制、出土情況等資訊記錄得不夠完善，有些圖版不夠清晰，釋文中存在問題也是相當普遍的現象。

以往的各種目錄體例不一，記載的石刻相關資訊並不全面，甚至互有出入，不利於對石刻的綜合利用、保護、收藏與研究，也不能滿足例如圖書館、博物館、文物收藏、學術研究等不同面向的不同需求。現在新編寫的各種金石著錄，大多仍然沿襲清代和民國時期金石著錄的編寫體例，所以傳統金石著錄體例中的不足之處往往未曾得到更正和補充。當前考古學研究的不斷深入，對獲取古代遺存的資訊提出了更高的要求，更加注重文物資訊的完整性。石刻研究也應該從以往只重視文字內容發展為注重石刻的文字、形制、紋飾、所在地與文物環境、相關的出土器物組合等多方面的資訊。因此，在編寫體例中也應該增加與完善表現這些資訊的條目。

在當前各地不斷編寫新的金石資料彙編時，對於金石著作的編寫體例特別需要予以統一，使之充分反映出相關文化資訊，並便於檢索使用。最好能形成一個全中國考古文博工作者共同承認，一致遵守的標準體例，同時引入一些新的編寫方式，將這一重要的學術基礎工作做好。上面所介紹的《北朝佛教石刻拓片百品》一書中在編寫體例與編寫方式上的一些做法，就值得我們在統一金石著錄的編寫體例時予以參考。

原載《中國文物報》2009 年 11 月 13 日

《漢魏六朝碑刻異體字研究》序

　　研究人類史的學者曾經把整個人類發展的歷史比喻成一本厚厚的書，而進入文明時代後的歷史，也就是近幾千年內的歷史，卻只占有這本書最後的薄薄幾頁。但是，就在這幾頁歷史中，人類的生產生活與思想方式產生了翻天覆地的重大變化。這要歸功於什麼呢？文字。

　　文字是人類進入文明的重要象徵，也是人類一切科學認知與思想意識傳承及發展的根源。設想一下，如果沒有文字的發明與應用，就沒有今天的科學技術、社會生產規模、政治法律文化與現代生活方式，人類可能還過著茹毛飲血的原始生活。文字對於人類發展的重要性自不待言。

　　世界上有過眾多偉大的古代文明，產生過多種影響深遠，形體各異的古文字系統。但是它們大多沒有延續使用下來，甚至有些變為死文字，成為歷史之謎。中國文字則是世界上諸多古代文字中唯一延續使用至今的偉大文明成果。它維繫並造就了輝煌壯麗的五千年中華文明。僅從這一點來看，我們就應該珍惜我們的文字，保護我們語言文字的純潔性，並充分發揮中國文字特有的豐富歷史內涵，以利於振興祖國，弘揚中華優秀文化的偉大事業。我想，中國語言文字學研究事業的重要性或許就在於此。

　　透過世界各地考古資料的展示，我們看到，人類歷史上創造的各種文字，基本上都經歷了由圖畫象形文字發展到拼音符號文字的過程。但中國文字則與它們不同，其幾千年來的發展走的是另一條道路，沒有向拼音符號文字的方向發展，而是保存了象形文字的基本面貌。歐洲語音學者，如施勒格爾等人曾經把世界上的各種語言做了形態分類，將漢語定為孤立語系，與屬於屈折語系的印歐語有根本的區別。從語音學的角度來看，這種漢語形態上的孤立語系特性可能影響了漢字形體的發展方向。但漢語形態

上的這種特點，卻使得漢字具備著世界上最為繁多的文字形體，同時也就形成了獨特的漢字字形學研究。追溯起來，起碼在漢代就有了專門的文字學科 —— 小學。說明這一具有中國特色的學術研究源遠流長，是人類知識寶庫中一個值得珍視的組成部分。

以往學界對於中國文字形體學的研究主要集中在先秦古文字方面，並由此逐步形成了獨立的中國古文字學。而對漢代以下的歷代文字形體變化情況注意得較少，相關研究也長期沒有形成理論系統。這是與中國文字學的歷史及其研究內容極不相稱的。在秦統一文字，改行隸書以後，中國文字並不是就一步到位，永不變化了，而是出現了由古隸變為漢隸、草隸，出現草書、行書，而後又定型在楷書形體等多次重大的形體變化。有學者曾把漢字形體的幾次重大變化分別稱為「篆化，隸化，楷化」。而後兩次大變均發生在漢魏六朝時期。接觸到古代文字資料的人們都會看到，漢代至隋唐時期人們使用的文字中存在著大量與後代寫法用法不同的文字形體，前人曾稱之為「通俗字」，「古今字」，「別字」「訛字」等等，現在則多統稱為「異體字」。實際上，這些字並不能簡單的用今人的眼光一律視之為錯別字。很多今人認為的異體字在當時曾經是普遍流行的通用寫法。甚至教育程度很高的文人也要遷就使用。顏之推就曾自述：「若文章著述，猶擇微相影響者行之。官曹文書，世間尺牘，幸不違俗也。」這些現象應該是文字學研究的重點，因為它涉及中國文字的造字理論，書寫習慣，文字演變規律乃至文化思想背景等廣泛而重要的課題。特別要注意到，在文字形成的過程中，「約定俗成」這一社會法則的重要作用。

如果把文字演變的歷史與古代政治史相連起來，會發現一個很有意思的現象。文字異體紛出的時代往往是社會動亂、大一統國家分裂甚至南北對峙的時代。而在古代中國形成統一政權以後，就會展開文字的統一與校正工作。異體字也會隨之急遽減少。例如北朝末期的學者就已經注意到漢魏南北朝時期文字形體混亂，變化多端的情況。大家都很熟悉的顏之

推《顏氏家訓‧雜藝篇》中曾指出「至梁天監之間，斯風未變，大同之末，訛替滋生。……北朝喪亂之餘，書跡鄙陋，加以專輒造字，猥拙甚於江南。」鑑於這種風氣的負面影響，隋唐時期，官方學者持續進行了確定標準字體以消除異體字寫法的官方行動。出現了顏師古《字樣》、顏元孫《干祿字書》、杜延業《群書新定字樣》、唐玄宗《開元文字音義》、張參《五經文字》、唐玄度《九經字樣》等影響重大的正字書，形成了被現代學者稱之為「字樣之學」的文字學派，基本奠定了中國文字正字體系的基礎，並持續至今。由此我們想到，文字形體的變化與政治變遷具有緊密的關聯，並且在維繫統一的漢文化上發揮著關鍵性的作用。這樣看來，這些重大的文字形體變革在中國文明史上所具有的重大意義，是怎樣稱譽也不為過的。在今天的文字學研究中，對於秦漢以來的文字，正應該給予充分的重視。如毛遠明先生書中所言：「只有今、古文字的研究同步發展，各時代文字面貌、特徵的全面清理，才可能真正建立起完整的漢語文字學體系。」

黃德寬、陳秉新二先生在《漢語文字學史》一書中提出過：「俗字研究是一個有待進一步開拓的研究領域，須加強各歷史階段、各文書俗字整理研究。在界定、範圍、類型研究等方面還可進一步完善。」有鑑於此，近年來，漢語言文字學界眾多研究者把視線轉移到秦漢以下的文字形體研究上，並且陸續有重要的研究成果問世。除在多種關於漢字學的論著中涉及這一課題外，還有一些專門的研究著作，如陸明君先生的《漢魏南北朝碑別字研究》、郭瑞先生的《魏晉南北朝石刻文字》等，都對這一時期的石刻文字形體進行了廣泛的搜集、比較與分析，並嘗試歸納出一定的變化規律，從文字學理論上去加以說明。現在呈現給學界的毛遠明先生大作《漢魏六朝碑刻異體字研究》則是在這一領域內最新的研究成果。

與其他同一範疇的研究成果相比，《漢魏六朝碑刻異體字研究》一書最為突出的特點，就是在異體字研究的理論架構上有了重要的突破。五年前，黃德寬、陳秉新二先生曾感慨：關於俗字的研究「還未能從文字學理

論和漢字發展史的角度展開」。這一遺憾，可以由《漢魏六朝碑刻異體字研究》的問世得以彌補了。

　　首先，該書在一系列的文字學基本概念上做了深入的分析與明確界定。如對異體字的定義與其內涵的闡述就頗具新意。毛遠明先生將異體字定義為「同一文字系統中形體不同而所記錄的詞音義完全相同的一組字。」並且指出應該根據研究的需求對異體字做不同的類分，便於顯示異體字的類型、特徵及其內部規律。從這一基本思路出發，毛遠明先生在大量搜集漢魏南北朝時期碑刻資料與建立漢魏六朝碑刻資料庫，編寫《漢魏六朝碑刻異體字字典》的基礎上，對漢魏六朝碑刻異體字進行了全面的描寫、分析、歸納，展示出碑刻異體字的基本面貌、主要類型與基本特徵。從而結合漢魏六朝時期異體字的產生與演變過程，深入分析異體字的成因、造字理念與內部規律。

　　將漢字形體劃分成各種構件，探討原始形體的構成原則，分析文字形體發展演變的內在規律，這種研究方法被當代學者稱作文字構形學。它主張用科學的文字符號觀來認識與分析文字，透過嚴格細膩的文字形體比較來考釋文字，揭示文字演變中的趨勢與規律。這種研究正越來越緊密的與現代科技方法（如電腦技術、數理分析等）相結合，是近年來文字學研究的新發展方向。毛遠明先生在本書中充分運用了這些新的研究方法，挑選了碑刻異體字中的十六種典型構件進行具體研究，在此基礎上相當全面的研究了碑刻文字的構件與構件變異情況，討論了這些情況對異體字本身的深刻影響。

　　由於毛遠明先生在搜集整理漢魏六朝碑刻異體字方面做過長期深入的工作，建立了漢魏六朝碑刻資料庫，編寫了《漢魏六朝碑刻異體字字典》，並將相關成果納入本書的研究中，這本書所擁有的豐富原始資料價值是極可珍視的，其在校讀古代石刻資料方面的成就也令人矚目，有益於

學林。眾所周知，中國古代的石刻資料是一個數量龐大、無比珍貴的古代文字寶庫。僅現在可知的漢魏六朝時期石刻就有近2,000件，銘文字數可達上百萬字，其中的異體字形體數以萬計，有時一個字的異體可達數十種。這種整理工作的艱鉅性可想而知。然而，正如馬克思所說：「在科學上沒有平坦的大道可走，只有那在崎嶇小路上不畏攀登的人，有希望達到光輝的頂點。」毛遠明先生在漢魏六朝碑刻異體字研究上的努力耕耘，已經收穫了豐碩的成果。它對中國文字學研究的重要價值會隨著相關研究的日益深入越來越清晰的彰顯出來。

古聖人云：「必也正名乎。」對於文字形體學中的基本概念與名稱界定，現在語言學界存在著多種不同的認知，很多理論名詞的定義尚未形成統一的看法。這就在很大程度上影響了研究的深入與理論架構的完善。毛遠明先生在這方面做了大量工作，就一系列基本名稱概念提出了自己的意見，從而建構起自己的理論研究體系，為異體字的理論研究開創了新路。當然，由於研究視角與認知上的不同，對於這些概念的定義可能有不同意見。這是可以在學術討論中切磋思索，逐步走向共識的。

我是做考古工作的，對於文字學研究只是略知皮毛。由於接觸古代石刻較多，承毛遠明先生不棄，命我作序，頗為惶恐。只好將自己讀後的幾點感想寫下。管中窺豹，所失難免。不當之處，尚祈遠明先生及讀者諸君指正。

2011 年 3 月 25 日

原載《漢魏六朝碑刻異體字研究》，中華書局 2013 年版

略談近年來日本學者
關於中國古代石刻的研究情況
——以《唐代墓誌所在總合目錄》為例

　　中國古代石刻作為中國傳統文化史料的重要組成部分，歷來受到海內外研究中國的各方學者的重視。日本由於有著自秦漢時期就與中國大陸進行文化交流的悠久歷史，長期接受漢文化影響，其學術界中在很多面向沿襲了漢學研究的傳統，對於中國古代的文化典籍與文物資料具有濃厚的研究興趣。例如儒學思想、歷史研究、書法藝術、漢傳佛教乃至社會習俗等眾多方面的研究中，都離不開對中國傳統典籍與文物的研究。中國古代石刻由於其資料方面的重要價值，例如保存文獻典籍與歷史資料上的價值、藝術書法價值、宗教史料價值等等，一直是日本學術界研究的重要對象。

　　早在清代末期，日本就有過收集北朝石刻拓本作為書法鑑賞資料的風氣，由於康有為等著名學者提倡在書法中學習北碑，即學習北朝墓誌與造像題記中的書法，引起中國國內對北朝墓誌的強烈興趣，這一風氣很快就影響到與中國有著密切文化關聯的東瀛四島。清代末年出使日本的楊守敬等人就曾記載了日本上層當時爭先收藏北朝石刻拓本的盛況。楊守敬曾利用自己帶去的北朝石刻拓片換取日本民間收藏的古代早期寫本書籍。他又編有收錄中國古代主要石刻拓本的圖錄《寰宇貞石圖》，在日本具有一定影響。以後在日本又有過收集佛教造像、出土墓誌以及石刻早期拓本的熱潮。例如著名的先秦石刻石鼓文的宋代拓本安國本等就被日商三井購去。郭沫若在1930年代對石鼓文進行的研究就依靠著從日本看到的上述拓本照片，在1950年代再版的《石鼓文研究》一書中，郭沫若補記道：據說三井收藏的石鼓文安國本已經毀於二戰中的盟軍轟炸。而我們以後得知，它

並沒有被毀，還保存在日本的博物館中，該拓本以其保存了現在所能見到的〈石鼓文〉最早原貌而成為現代研究石鼓文最權威的資料。

由於日本比中國更早學習到了西方的考古學方法，兼有漢學流傳的學術底蘊，日本學者很早就開始到中國來進行考古學調查。其重點多放在對古代建築、石窟寺以及古代陵墓的考察中。這些活動中，都要涉及古代石刻資料。例如在遼寧地區對遼代帝陵的調查，搜集到一批遼代墓誌，見於田村實造，小林行雄編寫的考古報告《慶陵》。1920、1930 年代裡，日本學者還對大同雲岡、洛陽龍門等重要石窟進行了調查勘測和拓本收集等考古研究工作，其研究成果頗具影響，如水野清一等所著《龍門石窟研究》等曾是相關研究的重要基礎資料。在一些重點文物單位的調查發掘報告中，也涉及相關的重要石刻，如村田治郎，藤枝晃編寫的《居庸關》。

1945 年後，由於外交上的隔絕，日本學術界對中國的石刻資料較難接觸，只能透過公開發表的考古文物刊物去了解一些相關發現，因此，相關的研究也相對較少。而從 1980 年代以來，中國國門打開，中外學者的交流往來日益增多。日本學者可以到中國各地參觀古代遺址和博物館，得以接觸到大量新的考古發現資料。同時中國國內的學術界也有條件整理出版了大量歷代石刻資料，尤其是近幾十年內新發現的資料，如新出土的大量歷代墓誌、造像和碑刻題記等。透過日本學者在這二十多年間發表的成果來看，這些重要的資料公布後，極大的促進了日本學者的相關研究。很多學者把對中國石刻的專項研究作為課題，從而獲得日本文部省、學術振興會等機構的學術研究基金補助，顯示出對中國古代石刻研究的重視。日本學者按照自己的學術傳統，還形成了一些鬆散的學術團體，在大學中組織關於石刻研究和釋讀的研修班等，推動對中國古代石刻的研究。在自己的學術研究中涉及中國古代石刻研究的學者數量在日益增多。他們透過對中國古代石刻的研究在相關的東洋史學、漢語言文字學、宗教學研究、佛教藝術考古、書法研究等諸多方面進行深入研究與資料編纂整理等工作，獲得大量成果。例如曾布川

寬、石松日柰子、松原三郎等人對佛教造像與石窟的專項研究，獲得中國學術界的充分肯定。代表作如：石松日柰子《北朝佛教造像史的研究》。又如氣賀澤保規及他的眾多弟子進行的唐代墓誌與佛教刻經等中國石刻研究，下文中還要具體介紹。此外，很多針對石刻中歷史資料的專項研究也獲得了不少成績，如仁井田升對北京工商會館碑刻予以搜集，彙錄北京的50多座工商會館、公所中保存的碑文匾額，並加以注釋。代表作見東京大學東洋文化研究所附屬東洋學文獻刊行委員會刊行的《仁井田升博士輯北京工商ギルド資料集》。森田憲司對北京地區元代石刻的研究，代表作為《北京地區における元朝石刻の現況と文獻》。又如水谷悌二郎、武田幸男等對好大王碑的研究，高橋繼男對中國石刻相關研究成果與資料的目錄彙編與研究等，都是具有相當水準的。這時在日本還出版了一些大型的中國古代石刻圖錄和資料集，如永田英正編的《漢代石刻集成》收入176種漢代的石刻資料。以及金石拓本研究會編的《漢碑集成》，貴田晃與山口謠司編的《大秦景教流行中國碑翻譯資料》，奈良縣立橿原考古學研究所編的《南朝石刻》等。

　　如果歸納一下日本學者對中國古代石刻的研究範圍，可以看到，他們的研究在很大程度上還是集中在日本學者傳統學術研究中一貫重視的若干課題上。像龍門、雲岡等重點石窟的研究，涉及佛教歷史與其他宗教研究的石刻資料，與書法藝術研究有關的著名石刻等。從20世紀初就有一批水準很高的學者在進行這些方面的研究，後來陸續有人延續與充實這些專題的研究工作。比如在吉林集安的高句麗好大王碑曾受到日本學者的極大關注，從清代末年就有人加以研究，當然，那時的研究在很大程度上是為日本侵略朝鮮的政治目的服務的，而後的研究逐漸恢復到史料研究的軌道中來，前後完成研究著作與拓本圖錄等十多種。如水谷悌三郎的《好大王碑考》，至1980年代末，還有武田幸男編的《廣開土王碑原石拓本集成》出版，表現了注重資料搜集的學術傳統。

　　大致對比一下中日兩國學者在中國古代石刻研究上的主要成果與研究

特點，給人印象最深的是日本學者在資料的收集編輯上很下工夫，並且很重視目錄索引等研究工具的編寫工作，這就為相關研究奠定了很好的基礎。而我們的研究工作中則對此相對較為薄弱。因此，這裡著重介紹一下日本學術界在這方面做的工作，特別以氣賀澤保規教授與其研究團隊近年來陸續編寫的《唐代墓誌所在總合目錄》、《北朝墓誌所在總合目錄》、《隋代墓誌所在總合目錄》等為例。

《唐代墓誌所在總合目錄》為氣賀澤保規教授所編，初稿完成於1997年，作為明治大學東洋史資料叢刊第1種由汲古書院出版，其中收錄了唐代墓誌5,482種，墓誌蓋344種，總計5,826種。鑑於此後又不斷有新發現的資料問世，2004年，作者對該目錄做了較大的修改和補充，增加了墓誌名稱索引以利於檢索，並補充了新發表的資料，使之收錄的唐代墓誌達到6,828種，作為修訂本再次出版。此後，作者將這一目錄作為明治大學東亞石刻文物研究所的團體工作繼續加以補充，使其中收錄的墓誌與墓誌蓋總數達到8,737種。可以說是目前對中國唐代墓誌搜集最為詳盡的一種石刻目錄。它所收集的墓誌資料名目主要來源於《石刻題跋索引》、《北京圖書館藏中國歷代石刻拓本彙編》、《唐代墓誌銘彙編附考》、《千唐誌齋藏誌》、《唐代墓誌彙編》、《唐宋墓誌：遠東書院藏拓片圖錄》、《隋唐五代墓誌彙編》、《曲石精廬藏唐墓誌》、《洛陽出土歷代墓誌輯繩》、《新中國出土墓誌·河南卷》等海峽兩岸公開出版的多種石刻目錄與著錄書籍，共近60種，收錄相當完善。在編集時，將所有收錄的墓誌均按照年號及年代順序排列，缺少年代與無法判定年代的墓誌附在有年代者以後，另成一類。最後一部分為只有墓誌蓋的資料。在順序號與墓誌名稱後，劃出12欄，分別為收錄唐代墓誌較多的11種書籍及其他著錄欄，凡有收藏者均在相應欄內註明頁碼或編號，不屬於這11種書籍的收藏品則在其他著錄欄中註明書名簡稱及頁碼或編號。最後附有墓誌名稱索引，按墓誌名稱首字的筆畫排列。不僅可以使讀者迅速了解到同一種墓誌在各種出版物中的收錄情況，

從而便利的查找原始資料，而且簡明易用，便於檢索。

　　由於中國關於唐代墓誌資料的出版物眾多，加以資料分散，地方掌握學術動態有限等問題。唐代墓誌資料在不同出版物中多次重出的情況十分明顯。而且由於拓本品質的優劣不等，釋讀中存在訛誤等情況，有些墓誌的年代與名稱出現誤讀誤判，造成同一種墓誌在不同的出版物中被看作兩種或更多不同的墓誌，甚至在同一種大型彙編中作為兩種墓誌重出。對此，已經有學者陸續在做這一類的訂正工作。《唐代墓誌所在總合目錄》的編輯中，就對這方面的問題做了大量工作，訂正了一些類似的錯誤，對這些校正，也在目錄的附欄中做了說明。這對於全面正確的了解唐代墓誌的存世情況，更好的使用相關史料是很有價值的。

　　如果說這種編目工作尚可深入的話，那麼對於沒有確切年代的墓誌加以考證，透過字形，書體，內容等方面去大致確定其時代應該是一項大有可為的工作。希望能夠爭取做到將其順序排列也能納入年代範圍內，至少劃分為初唐盛唐中唐晚唐幾個階段，而不是現在這樣隨意歸納。這將極大的提升這項工作的學術價值。

　　編纂類似石刻資料目錄索引是一項非常繁重的枯燥工作，但是它對於學術研究的幫助極大，是學者不可或缺的重要工具。如果像這種《唐代墓誌所在總合目錄》那樣在編寫過程中還能對原著的錯誤加以訂正，就更加有益學術研究。實際上，索引等工具書的編纂方法也是學術智慧的一種展現。這類工作應該在學術研究中占有一定的重要地位。然而，中國國內學者對此類工作卻不能予以足夠的重視，更缺乏資金與人力的支持，致使這類工作的進展往往不如人意。而日本學者對這類工作卻一貫予以極大的關注，把它作為學術研究的基礎。日本學界編輯出版的多種資料索引等文史工具書在中國大陸乃至世界各地的學術單位中十分流行，為學者提供了頗多便利。這是值得我們認真思考、大力彌補的。

原載《國際漢學研究通訊》第 3 期，北京大學出版社 2010 年版

後記

承蒙三晉出版社的好意，將我歷年來關於古代石刻的學術論文編輯成這本小冊子。前後三十多年的舊稿，整理出來後，自己都覺得有些汗顏。相比中國古代石刻的浩大廣博，這些小文只能是以蠡測海。如果真能夠對於學術有些許裨益，庶幾可稱「莫等閒白了少年頭」，只是也沒有逃脫「空悲切」。

我以往出書總是不會請人作序。不是自己狂妄，只是不願意去麻煩尊敬的老師與朋友們，大家都忙。魯迅先生有言在先：「無端的浪費他人時間，無異於圖財害命。」因為自己替別人寫序時總得把人家的著作通讀一遍再動筆，耗時良多，想想也要這麼去麻煩師友，就非常不好意思，所以往往就直接上菜吧，即使挨罵也不會連累師友。這次，因為小書內容全部是涉及古代石刻研究的，而我對石刻的學習與研究完全受益於導師孫貫文先生，研究的思路與方法肇始也遵循著孫先生的教誨，所以特地把孫貫文先生的一篇石刻論文借用為序。既想藉此展示孫先生教誨的傳統石刻研究方法，也想用以對照自己研究中有哪些進步與不足，同時更是為了表達自己心中對於恩師的無限懷念與崇敬。有異常規之處，還請讀者予以鑒諒。

孫貫文先生是辛亥革命功臣孫丹林先生的長子。他從1940年代末就供職於北京大學國學門及後來的歷史系考古專業，直至1980年代去世，一直在北大從事考古教學與圖書資料整理，並曾參加馬王堆漢墓帛書、銀雀山漢簡等重大出土文獻整理工作和地震歷史資料的彙集工作，尤其擅長金石銘刻之學，是著名金石學家陸和九先生的私淑弟子，可以說是傳統金石學的嫡派傳人。日前文學所王達敏先生示知，孫先生還是北方桐城派古文大家賀孔才先生的傳人，應該是從曾國藩算起的北方桐城派第六代弟子。只是由於桐城派在1949年後遭到批判，曾是中華人民共和國捐獻文物第一人

的賀孔才先生又被迫自盡，長期蒙受不白之冤，孫先生才對此始終無法提及。與具備中華民族優秀文化傳統的眾多老一輩知識分子一樣，孫先生學識淵深，博聞強記，正直善良，忠厚勤懇，是做人與做學問的崇高典範。由於歷史原因，他的辛勤工作與研究長期沒有得到應有的重視，僅在晚年得到一次招收研究生的機會。我也幸運的在十年文化浩劫後得以跟隨孫先生學習古代銘刻學。孫先生是用全部心血傾注於我這個唯一的學生身上，希望我能將石刻研究有所傳承，以至於舊病復發，早早的離開了人世，使我至今想起來仍難過不已。為了先生的期望，多年來筆耕不輟，自己尚覺不足，但仍希望能有一二心得可博先生一粲，藉以告慰先生在天之靈。

三十多年來，自己就考古文物研究的需求，陸續撰寫了幾本關於石刻的小書與數十篇關於石刻的學術論文，涉及碑刻墓誌、造像題記、畫像石、刻經、摩崖等石刻類型與相關歷史、考古問題。現在從以往在各學術刊物上發表的論文中，選擇了三十三篇自己還看得過去的文章集成此書。近年來石刻研究發展較快，這些論文中有些說法可能已經過時，注解體例也不盡完善統一，但是作為時代的腳印，就不再更改，留此存照吧。

中國古代石刻研究，三十多年前還是比較冷僻的學問，而現在得到學術界越來越多的關注。在近三十年中，不僅出版了上百種的石刻圖錄、彙編等資料專著，還發表了數以千計的各類論文。從以往少量歷史、文物學者的研究發展到現在文史哲各個學科普遍涉入的盛況，從以往國外主要是日本學者研究發展到現在東西方主要漢學研究單位都有所參與，這是以前很難想像的。我們衷心希望中國古代石刻的研究能夠更加深入發展，並透過平時的論文探討一些新的研究視角，提出一些值得關注的問題，如果這些想法能夠對推動石刻學術研究有所幫助，是為至願，也是不揣鄙陋，編集這本小書的目的。

這些論文在當時撰寫時曾經受到過宿白先生、周紹良先生、王去非先

生、徐蘋芳先生、高明先生等老師的關心幫助，謹此再次致以衷心的感謝，並藉以表達對已逝去的周紹良先生、徐蘋芳先生的深切懷念。

老友李零師兄和他的學生孟繁之先生對小書的出版予以大力支持幫助，霍巍先生曾惠贈相關石刻照片，三晉出版社與張繼紅社長為出版貢獻良多，也在這裡一併深致謝忱。

最後，願以此書作為心香一瓣，敬獻給敬愛的老師孫貫文先生。

伏唯

尚饗。

2014 年 6 月

鍥而不捨，中國古代石刻研究：

夢占徵應 × 社會動盪 × 婚姻狀況 × 家族世系，從墓誌溯源到國史考證，銘刻所留下的歷史見證

作　　者：趙超

發 行 人：黃振庭

出 版 者：崧燁文化事業有限公司

發 行 者：崧燁文化事業有限公司

E - m a i l：sonbookservice@gmail.com

粉 絲 頁：https://www.facebook.com/
　　　　　sonbookss/

網　　址：https://sonbook.net/

地　　址：台北市中正區重慶南路一段六十一號八
　　　　　樓 815 室

Rm. 815, 8F., No.61, Sec. 1, Chongqing S. Rd.,
Zhongzheng Dist., Taipei City 100, Taiwan

電　　話：(02)2370-3310

傳　　真：(02)2388-1990

印　　刷：京峯數位服務有限公司

律師顧問：廣華律師事務所 張珮琦律師

定　　價：650 元

發行日期：2023 年 10 月第一版

◎本書以 POD 印製

Design Assets from Freepik.com

國家圖書館出版品預行編目資料

鍥而不捨，中國古代石刻研究：夢占徵應 × 社會動盪 × 婚姻狀況 × 家族世系，從墓誌溯源到國史考證，銘刻所留下的歷史見證 / 趙超著 .-- 第一版 .-- 臺北市：崧燁文化事業有限公司 , 2023.10
面；　公分
POD 版
ISBN 978-626-357-712-1(平裝)
1.CST: 石刻 2.CST: 研究考訂
3.CST: 古代 4.CST: 中國
794.092　112015695

電子書購買

臉書

爽讀 APP